Library of
Davidson College

HISTORY OF IDEAS
IN
ANCIENT GREECE

This is a volume in the Arno Press collection

HISTORY OF IDEAS
IN
ANCIENT GREECE

Advisory Editor

Gregory Vlastos

*See last pages of this volume
for a complete list of titles*

LES PROCÈS D'IMPIÉTÉ

INTENTÉS AUX PHILOSOPHES
A ATHÈNES
AU Vme ET AU IVme SIÈCLES AVANT J.-C.

Eudore DERENNE

ARNO PRESS

A New York Times Company

New York / 1976

Editorial Supervision: EVE NELSON

Reprint Edition 1976 by Arno Press Inc.

Reprinted from a copy in
 The Princeton University Library

HISTORY OF IDEAS IN ANCIENT GREECE
ISBN for complete set: 0-405-07285-6
See last pages of this volume for titles.

Manufactured in the United States of America

Library of Congress Cataloging in Publication Data

Derenne, Eudore.
  Les procès d'impiété intentés aux philosophes
à Athènes au Vme et au IVme siècles avant J.-C.

  (History of ideas in ancient Greece)
  Reprint of the 1930. ed. published by H.
Vaillant-Carmanne, Liège, which was issued as
fasc. 45 of Bibliothèque de la Faculté de philo-
sophie et lettres de l'Université de Liège.
  1. Trials--Athens. 2. Liberty of speecy--
Athens. 3. Philosophers, Ancient. I. Title.
II. Series. III. Series: Bibliothèque de la
Faculté de philosophie et lettres de l' Université
de Liège ; fasc. 45.
Law   345'.385'028   75-13260
ISBN 0-405-07302-X

BIBLIOTHÈQUE

DE LA

FACULTÉ DE PHILOSOPHIE ET LETTRES

DE L'UNIVERSITÉ DE LIÉGE

BIBLIOTHÈQUE DE LA FACULTÉ DE PHILOSOPHIE
ET LETTRES DE L'UNIVERSITÉ DE LIÉGE
===== FASCICULE XLV =====

LES PROCÈS D'IMPIÉTÉ

INTENTÉS AUX PHILOSOPHES
A ATHÈNES
AU Vme ET AU IVme SIÈCLES AVANT J.-C.

PAR

Eudore **DERENNE**

DOCTEUR EN PHILOSOPHIE ET LETTRES
ANCIEN ÉLÈVE ÉTRANGER DE L'ÉCOLE NORMALE SUPÉRIEURE DE PARIS
MEMBRE ÉTRANGER DE L'ÉCOLE FRANÇAISE D'ATHÈNES

Publié avec le concours de la Fondation Universitaire de Belgique

1930

Imp. H. VAILLANT-CARMANNE, S. A.
Imp. de l'Académie
4, PLACE ST-MICHEL, 4
LIÉGE

ÉDOUARD CHAMPION
Libraire-Éditeur
5, QUAI MALAQUAIS, 5
PARIS

A mon Maître
Monsieur Armand DELATTE
Professeur à l'Université de Liége
Hommage reconnaissant

PRÉFACE

On a déjà beaucoup écrit, sinon sur tous, du moins sur les principaux procès d'impiété intentés aux philosophes à Athènes. Mais la plupart des chercheurs qui ont abordé ce sujet n'ont envisagé qu'un seul cas, pris isolément. Jusqu'à ce jour, hormis parfois un chapitre consacré aux procès d'impiété dans des ouvrages généraux, on peut dire qu'il n'existe aucune étude d'ensemble sur la question. C'est cette lacune que nous nous sommes proposé de combler. Nous avons cru qu'un exposé détaillé des faits historiques de chaque cas particulier nous permettrait de tirer des conclusions propres à nous faire mieux comprendre la véritable nature et les causes des poursuites judiciaires dont furent l'objet à plusieurs reprises des philosophes à Athènes.

Sauf pour le procès de Socrate, les difficultés de ce travail résultent surtout du mauvais état de la tradition biographique des philosophes. La plupart de nos renseignements, parfois bien maigres, proviennent d'auteurs tardifs, parmi lesquels Diogène Laërce occupe une place dominante. Nous sommes souvent mis en présence d'une foule de témoignages désespérément contradictoires, mêlés de détails légendaires. Nous nous sommes efforcé de mettre de l'ordre dans ce fatras et de nous approcher de la vérité en éliminant successivement les versions les moins vraisemblables. D'autre part, un des points les plus difficiles et les plus controversés est la chronologie des procès. Il nous a paru nécessaire de déterminer soigneusement la date de chacun d'eux, parce que cela nous permettait d'expliquer l'accusation par la situation politique ou l'état d'esprit du temps.

Le cas de Socrate présente des difficultés d'un autre ordre. Ici nous n'avons à craindre ni la pénurie, ni la provenance tardive des renseignements. Au contraire, les sources abondent, et par surcroît, elles émanent de contemporains du philosophe lui-même. Malheureusement si elles sont nombreuses, elles sont aussi contradictoires. Leur désaccord se manifeste non pas tant à propos des détails du procès qu'au sujet de la personnalité et de la doctrine de Socrate. Conséquence naturelle les opinions des historiens modernes sur ces importantes questions varient aussi considérablement. Or il était indispensable de fonder l'explication du procès sur le caractère de l'accusé, la nature de ses croyances religieuses, de ses théories politiques. Nous nous sommes donc cru obligé d'exposer à notre tour ce qui dans la personnalité, les convictions ou les doctrines du philosophe pouvait avoir influencé les causes ou l'issue du procès.

L'étude particulière à laquelle nous avons dû nous livrer sur Socrate, et l'extraordinaire abondance des renseignements sur le procès ont amené la longueur démesurée de la partie de l'ouvrage qui lui est consacrée. Pour corriger autant que possible cette disproportion, d'ailleurs inhérente au sujet, nous avons réparti la matière en deux chapitres.

Après avoir mis au point l'exposé des faits historiques de chaque cas, après avoir étudié la procédure employée, il s'agissait de dégager les traits communs propres à mettre en lumière la nature des procès d'impiété. Une sorte d'inquisition religieuse a-t-elle existé à Athènes, comme on l'a parfois prétendu ? Ou bien ces actions judiciaires trouvent-elles uniquement leur explication dans la politique ? Athènes seule a-t-elle connu des procès intentés aux philosophes pour leurs convictions religieuses ? C'est à ces questions que nous avons essayé de répondre dans notre dernier chapitre.

Ce nous est un devoir particulièrement agréable de présenter nos vifs remercîments à M. le Professeur A. Delatte qui a bien voulu nous suivre, pour ainsi dire, pas à pas au cours de ce travail. Nous lui devons une foule d'excellentes idées et nous avons largement bénéficié de ses conseils toujours judicieux. En outre, M. A. Delatte a bien voulu se charger du fastidieux travail qu'est la correction des épreuves. Qu'il veuille bien trouver ici l'expression de notre sincère gratitude.

Nous remercions aussi MM. les Professeurs L. Halkin et A. Severyns qui ont lu l'ouvrage en manuscrit et nous ont communiqué de nombreuses remarques et suggestions dont nous avons tiré le plus grand profit, ainsi que M. le Professeur A. L. Corin qui a corrigé avec le plus grand soin les dernières épreuves.

INTRODUCTION

Pour désigner l'impiété, les Grecs se servaient du terme ἀσέβεια. Qu'entendaient-ils par ce mot ? Le pseudo-Aristote donne cette définition : « L'asébeia est une faute envers les dieux ou les démons, » ou encore envers les morts, les parents ou la patrie » (¹).

La phrase complète envisage l'impiété au sens large. C'est de la première partie seulement, celle qui concerne les êtres divins, que nous allons nous occuper. Mais, en ne s'en tenant qu'à ce sens restreint de l'ἀσέβεια, on éprouve quelque peine à classer les délits, tant ils sont nombreux et variés.

1. **Le sacrilège** consiste en la lésion ou la profanation des choses sacrées, soit par des actes, soit par des paroles.

Le vol d'objet sacré (ἱεροσυλία) était souvent puni de mort (²). C'était une faute grave de souiller un temple par des actes inconvenants, tels l'emploi d'un édifice religieux comme habitation privée, l'affectation (³) de l'eau lustrale aux usages ordinaires de la vie. La présence même de certaines personnes profanait la sainteté des temples ; ainsi l'entrée des édifices sacrés était interdite sous menace des peines les plus sévères aux individus souillés de certains crimes (⁴), aux femmes adultères et aux prostituées (⁵).

Une accusation souvent formulée était la profanation, la divulgation ou la parodie des mystères. Alcibiade fut condamné au

---

(¹) [ARISTOTE], *de virtut. et vit.*, 7, p. 1251 *a*, 31 ἀσέβεια μὲν ἡ περὶ θεοὺς πλημμέλεια καὶ περὶ δαίμονας ἢ καὶ περὶ τοὺς κατοιχομένους καὶ περὶ γονεῖς καὶ περὶ πατρίδα ; cf. POLYBE, XXXVI, 9 (XXXVII, 1*c*), 5 et aussi la notion romaine de la « pietas ».

(²) XÉNOPHON, *Mem.*, I, 2, 62.

(³) THUCYDIDE, IV, 97, 3.

(⁴) ANDOCIDE, *de myst.*, 33 ; 71.

(⁵) [DÉMOSTHÈNE], *adv. Neaer.*, 85 sq. ; 113 sq. ; ISÉE, *de Philoctem. hered.*, 50.

dernier supplice pour les avoir parodiés ([1]). La divulgation des saints mystères fut, comme nous le verrons, le chef principal de l'accusation de Diagoras de Mélos.

Les lois défendaient naturellement de détruire ou de détériorer les édifices ou les objets du culte ; l'affaire de la mutilation des Hermès en est un exemple bien connu.

Enfin, était aussi considéré comme acte sacrilège, le fait d'arracher ([2]) les oliviers consacrés à Athéna, de labourer ([3]) les champs plantés de ces arbres ou d'abattre les bois consacrés aux héros éponymes ([4]). En général, labourer les terres consacrées aux dieux était une grave impiété, comme le montrent les célèbres guerres sacrées.

2. **Violation des règlements religieux.** — Pour une religion aussi formaliste que l'était le polythéisme grec, l'exécution des sacrifices et des cérémonies suivant les rites prescrits avait une importance capitale. Les prêtres surtout, qui étaient censés connaître les coutumes mieux que toute autre personne, étaient punis avec la dernière rigueur lorsqu'ils ne se conformaient pas aux rites consacrés. L'hiérophante d'Eleusis Archias avait immolé une victime un jour où, selon la coutume, l'offrande devait être une corbeille de fruits, et le ministre, une prêtresse. Ni le caractère sacré des hautes fonctions qu'il remplissait, ni sa qualité d'Eumolpide n'épargnèrent au malheureux la condamnation à mort ([5]).

Le fait seul de proposer ([6]) une modification des lois relatives aux sacrifices suffisait à justifier une action d'impiété. Le moindre accroc aux règlements religieux pouvait attirer au coupable les sanctions les plus graves. Celui qui déposait pendant les solennités un rameau de suppliant dans le sanctuaire d'Eleusis était passible d'une amende de mille drachmes ([7]). Il était interdit sous peine

---

([1]) ISOCRATE, *pro Alc. filio*, 3 ; ANDOCIDE, *de myst.*, 12 sq. ; PLUTARQUE, *Alc.*, XXII, sq. ; JUSTIN, V, 1.

([2]) LYSIAS, *pro sacra olea*, 3 ; 15 ; 32 ; 41.

([3]) LYSIAS, *loc. cit.*, 25.

([4]) ELIEN, *Varia Historia*, V, 17.

([5]) [DÉMOSTHÈNE], *adv. Neaer.*, 116 sq.

([6]) LYSIAS, *adv. Nicom.*, 17.

([7]) ANDOCIDE, *de myst.*, 116. Une ancienne loi prononçait la peine capitale, 110).

de mort de pénétrer dans le temple de Déméter pendant les Thesmophories (¹).

Celui qui profanait les solennités religieuses par des actes de violence s'exposait à des peines sévères. Un citoyen fut accusé d'impiété pour avoir expulsé violemment du théâtre, pendant les Dionysies, un homme qui y avait usurpé une place (²). Un autre avait donné des coups de fouet à son ennemi au cours de la procession sacrée. L'état d'ivresse où il se trouvait ne fut pas admis comme excuse ; il fut condamné à mort (³).

Enfin la violation du droit d'asile était punie avec la dernière rigueur (⁴).

3. Attentats contre les personnages religieux.

— Les prêtres, en vertu de la sainteté de leur ministère, avaient droit aux égards et au respect des citoyens et ils étaient entourés d'une protection spéciale. Les insulter ou les outrager, n'était-ce pas en même temps blesser la dignité même des dieux qu'ils servaient ?

Il n'était même pas nécessaire que la victime fût ministre du culte proprement dit, pour que son agresseur pût être accusé d'impiété ; il suffisait qu'elle remplît quelque fonction religieuse reconnue par la loi. Ainsi Démosthène put accuser Midias d'impiété, parce que celui-ci l'avait frappé alors qu'il figurait comme chorège de sa tribu durant la célébration des grandes Dionysies (⁵). Des gens de Délos, qui avaient chassé du temple de Delphes les Amphictyons et s'étaient livrés sur leurs personnes à des voies de fait, furent condamnés à Athènes au bannissement perpétuel et à une amende individuelle de 1000 drachmes (⁶).

Enfin, celui qui accomplissait les cérémonies et les sacrifices au nom du peuple sans réunir les conditions voulues, se rendait coupable d'une véritable usurpation de sacerdoce et outrageait à la fois l'Etat et les dieux (⁷).

(¹) [DÉMOSTHÈNE], *adv. Neaer.*, 116 sq.
(²) DÉMOSTHÈNE, *adv. Mid.*, 178.
(³) DÉMOSTHÈNE, *loc. cit.*, 180.
(⁴) THUCYDIDE, I, 136 ; IV, 98 ; HÉRODOTE, V, 71 ; PLUTARQUE, *Solo,* 12 ; POLLUX, I, 10.
(⁵) DÉMOSTHÈNE, *adv. Mid.*, (spécialement 1, 12, 20, 34, 51, 55).
(⁶) I. G., II, 814 (DITTENBERGER, *Sylloge* ³, n° 153), ligne 135.
(⁷) [DÉMOSTHÈNE], *adv. Neaer.*, 73-77.

4. Sorcellerie. — Mêler au culte des dieux des sortilèges, des pratiques qui leur font horreur, était considéré comme un acte impie. Platon, dans les *Lois* (¹), condamne les sorciers, les magiciens, à des peines très sévères. Parmi les griefs que relevait l'accusation d'impiété formulée contre une certaine prêtresse appelée Ninos (²), on lui reprochait d'avoir composé des philtres pour des jeunes gens. Une autre prêtresse, Théoris de Lemnos, fut accusée aussi d'impiété pour s'être livrée à des pratiques magiques. Elle subit la peine capitale ainsi que tous les membres de sa famille (³).

5. Les doctrines impies. — Selon toute probabilité, la loi n'eut à envisager pendant longtemps que les délits matériels contre le culte. Mais dans la dernière moitié du Ve siècle, la libre pensée se montra tout à coup menaçante pour la religion d'Etat. Un décret fut voté qui légalisait les poursuites contre ceux qui niaient l'existence des dieux, ou s'occupaient d'astronomie et de météorologie. Si bien que l'histoire d'Athènes, depuis la guerre du Péloponèse jusqu'à la fin du IVe s., nous présente un certain nombre de poursuites engagées contre les philosophes, et qui mettaient en cause leurs doctrines impies. C'est seulement de cette dernière catégorie de procès que nous allons nous occuper.

(¹) PLATON, *Leges*, X, 909*b*, voyez *infra*, p. 250.
(²) DÉMOSTHÈNE, *de falsa legat.*, 281 et schol., cf. *adv. Boet.*, 2 et *infra*, pp. 224 sq.
(³) [DÉMOSTHÈNE], *adv. Aristog.*, I, 79 : PLUTARQUE, *Dem.*, 14 ; HARPOCRATION, *s. v.* Θεωρίς.

Chapitre I

LE PROCÈS D'ANAXAGORE

1. Son arrivée à Athènes. — Anaxagore naquit à Clazomène, vers 500 avant J.-C. De sa jeunesse nous ne savons rien, si ce n'est qu'il s'adonna à la philosophie dès l'âge de vingt ans. Comme le conjecture Burnet (¹), il se forma probablement à l'ancienne école ionienne de Milet qui, après la destruction de cette ville en 494, survivait peut-être dans d'autres cités de l'Asie Mineure.

Vers 462, Anaxagore (²) se rendit à Athènes. A cette époque, Périclès remplaçait déjà Ephialte défunt à la tête du parti populaire. Le philosophe fut-il appelé par Périclès animé du désir de faire d'Athènes, déjà véritable centre politique, la capitale intellectuelle du monde grec ? Les anciens nous laissent en complète ignorance sur ce point. Peut-être, sans même avoir été invité par Périclès, Anaxagore a-t-il déjà subi l'attraction qu'exerce fatalement toute grande ville au faîte de sa prospérité politique, industrielle et commerciale, attraction qui, dans la suite, devait devenir irrésistible pour tous ceux qui s'occupaient de science, de littérature ou d'art.

2. Sa liaison avec Périclès. — Quoi qu'il en soit, le savant ionien eut la chance de voir s'ouvrir pour lui la maison hospitalière de Périclès. Bientôt il se forma chez l'homme d'Etat, autour d'Anaxagore, un cercle d'hommes de premier plan qui recherchaient sa fréquentation pleine d'intérêt.

Périclès se prit d'une vive amitié pour l'astronome et subit largement son influence. Platon (³) explique, pour une bonne part, le merveilleux talent politique et oratoire de Périclès par les con-

---

(¹) Burnet, *L'aurore de la philosophie grecque* (trad.), pp. 269 sqq.
(²) Pour les questions de date, voyez le paragraphe 10, pp. 30 sq.
(³) Platon, *Phaedrus*, 269e (= *Vors.*, 46 A 15, p. 379, 24).

naissances scientifiques qu'il avait acquises grâce à son commerce avec Anaxagore. Plutarque (¹) de son côté écrit : « Celui qui fré- » quenta le plus Périclès et qui surtout lui donna une majesté et » un esprit plus grave que ne l'ont ordinairement les démagogues... » ce fut Anaxagore. » D'ailleurs nombre d'auteurs (²) nous attestent les relations d'étroite amitié qui unissaient le maître et le disciple.

L'homme d'Etat sut profiter des leçons de son illustre maître et parfois, il ne craignait pas de montrer publiquement qu'il connaissait et admettait les théories astronomiques et météorologiques d'Anaxagore. C'est ce que semble prouver une anecdote rapportée par Plutarque. Au début de la guerre du Péloponèse, pour effrayer les ennemis par un grand déploiement de force, Périclès avait mis à la mer une flotte importante. Malheureusement, à peine les vaisseaux étaient-ils en haute mer, que tout à coup, le soleil s'obscurcit, puis disparut. L'obscurité profonde jeta dans une grande frayeur les matelots et les soldats qui croyaient voir en ce phénomène un présage funeste. Le pilote de la trirème de Périclès avait complètement perdu la tête. Pour le rassurer, Périclès lui tendit sa chlamyde devant les yeux, lui recouvrit la tête et lui demanda s'il considérait cet acte comme un présage funeste. Sur la réponse négative du pilote : « En quoi, dit-il, diffère le phénomène de ceci, si ce n'est » que ce qui cause l'obscurité est plus grand que la chlamyde » (³).

3. Hostilité de la masse. — Admiré des esprits d'élite, Anaxagore n'était cependant pas sympathique à la foule. Aussi, le peuple, incapable de comprendre sa subtile philosophie, lui eut vite décerné le surnom de Νοῦς (⁴).

Mais, parmi toutes les formes de sa personnalité, c'était surtout

---

(¹) PLUTARQUE, *Per.*, 4 (= *Vors.*, 46 A 15, p. 379, 32) ; cf. aussi 5 au commencement.

(²) ISOCRATE, *de permut.*, 235 ; PLATON, *Alc.*, I, 118 *c* ; cf. *Epist.*, II, 311 *a* ; [DÉMOSTHÈNE], *Amator.*, 1414 ; CICÉRON, *Brutus*, 11, 14 ; *de orat.*, III, 34, 138 ; DIOG. LAERCE, II, 13, etc.

(³) PLUTARQUE, *Per.*, 34.

(⁴) Avec ZELLER, *Philos. der Grie*⁶., I, 2, p. 975, note 1 et BURNET, *op. cit.*, p. 292, note 1, nous croyons que le terme νοῦς est ici un sobriquet plutôt qu'un témoignage d'estime. Ce fut probablement quelque comique qui le premier l'appela ainsi. Voy. PLUTARQUE, *Per.*, 4 (= *Vors.*, 46 A 15, p. 379, 35).

au μετεωρολόγος (¹) qu'on en voulait. On voyait d'un très mauvais œil ces théories qui expliquaient d'une façon naturelle et mécanique des phénomènes regardés par tous comme l'œuvre des divinités. Athènes, en effet, n'avait pas encore pris place dans le mouvement philosophique depuis longtemps en honneur dans la vieille Ionie (Anaxagore est le premier philosophe qui se fixa à Athènes). Sur la côte grecque d'Asie, véritable berceau de toutes les sciences, les théories s'étaient développées sans heurt, lentement, graduellement, pour ainsi dire d'une façon naturelle. Le public avait eu largement le temps de s'habituer aux conceptions des philosophes. A Athènes, au contraire, le peuple n'était nullement préparé à accueillir un homme dont les hypothèses sur les phénomènes météorologiques et astronomiques renversaient ses croyances religieuses les mieux établies. On ne reconnaissait pas à cet étranger le droit de chercher continuellement à percer le mystère de choses que les dieux ne permettaient pas aux mortels de connaître. A ce sujet, Xénophon n'avait pas dépassé le point de vue de la plupart de ses contemporains. Il fait dire à Socrate (²), que l'on ne peut certainement pas rendre responsable de tels propos, que celui qui étudie l'astronomie court le risque de perdre la tête, comme cela est arrivé à Anaxagore. Les hommes de cette espèce ne peuvent qu'irriter les dieux, ils sont extrêmement dangereux pour la société. Plus significatif encore est ce passage de la *Vie de Nicias* (³) : « Anaxa-
» gore n'était pas lui-même un auteur ancien, ses théories loin d'être
» vulgarisées, étaient encore tenues secrètes et ne se répandaient
» que parmi un petit nombre de personnes qui n'en parlaient
» qu'avec précaution et défiance. Car on ne supportait pas ceux
» que l'on appelait alors les φυσικοί et les μετεωρολέσχαι, sous
» prétexte qu'ils ruinaient la divinité en la ramenant à des causes
» sans intelligence, à des puissances aveugles, à des phénomènes
» nécessaires. »

(¹) W. CAPELLE, dans *Philologus* (71), 1912, pp. 428-34, a très bien montré que l'on désignait alors par ce terme le savant qui s'occupait des phénomènes astronomiques aussi bien que météorologiques. Le premier Aristote emploie μετεωρολόγος dans le sens restreint de météorologiste.

(²) XÉNOPHON, *Mem.*, IV, 7, 6, (=*Vors.*, 46 A 73, p. 391, 34). On est généralement d'accord pour ne voir ici que l'opinion de Xénophon, qui fait exprimer par Socrate ses propres idées.

(³) PLUTARQUE, *Nicias*, 23.

Une autre cause de l'inimitié de la foule pour l'astronome-philosophe était sa vie très retirée. Anaxagore, que les anciens nous dépeignent comme le type du parfait savant, passait tout son temps dans l'étude, les recherches, la contemplation. Il n'avait guère de rapports qu'avec les habitués de la maison de Périclès. Il en résulta que les Athéniens, si pénétrés de l'esprit démocratique, prirent pour de la morgue ce qui n'était que réserve et noblesse ([1]). La fierté de cet étranger dédaigneux, qui semblait vouloir « se renfermer dans sa tour d'ivoire », les blessait profondément.

4. Rancunes personnelles. — L'action d'Anaxagore était donc forcément réduite à un cercle très restreint : l'entourage de Périclès. Mais là même, Anaxagore s'était fait un ennemi.

En habile politique, Périclès n'avait pas refusé toute considération aux partisans des anciennes croyances. Il recevait notamment chez lui un devin nommé Lampon ([2]). Or, Plutarque ([3]) raconte sur les attitudes différentes de Lampon et d'Anaxagore à l'égard de certains problèmes, une histoire qui, bien que peut-être légendaire, atteste une connaissance si parfaite de la psychologie des personnages et de l'état d'esprit de l'époque, qu'elle mérite d'être rapportée.

Un jour, on apporta chez Périclès un bouc monocère né dans une de ses fermes. Lampon vit en ce phénomène un présage : la puissance politique appartiendrait à celui des deux rivaux (Périclès et Thucydide), chez qui le bélier était né. Mais Anaxagore lui opposa une explication naturelle. Il brisa la tête de l'animal et montra que le cerveau de forme ovoïdale n'occupait pas toute la cavité du crâne, mais qu'il se trouvait précisément ramassé à la place où la corne prenait naissance. C'était, d'après lui, la cause

---

([1]) Alcidamas notamment, (DIOGÈNE LAERCE, VIII, 56), parle de la σεμνότης τοῦ βίου καὶ τοῦ σχήματος propre à Anaxagore. Voyez aussi L. PARMENTIER *Euripide et Anaxagore*, Paris, 1893, pp. 14 sqq. (cf. p. 23 et pp. 31 sqq.) qui a prouvé qu'Euripide dans la *Médée* (vers 292-301 et 214-224) faisait allusion à Anaxagore et ainsi a vivement mis en lumière la nature des sentiments des Athéniens à son égard.

([2]) Les relations de Périclès et de Lampon sont bien établies par le fait que ce devin participa à la fondation de Thurii en 443 : ARISTOPHANE, *Nubes*, 332, schol. ; PLUTARQUE, *Rei publ. ger. praec.*, 15, 812 *d* ; DIODORE, XII, 10, 4. Sur Lampon, voyez : STEIN dans PAULY-WISS., *s. v.*, n° 3 et KIRCHNER, *Pros. Attica.*, *s. v.*, n° 8996.

([3]) PLUTARQUE, *Pericl.*, 6.

du phénomène. Tous les assistants admirèrent la sagesse et la science d'Anaxagore.

On s'imagine facilement de quelle façon Lampon prit l'aventure. Blessé dans son amour-propre, le devin dut concevoir un vif ressentiment contre le naturaliste qui venait le battre si habilement sur son propre terrain, l'explication des présages. Le hasard, il est vrai, lui réserva une revanche : peu de temps après, l'ostracisme de Thucydide devait lui donner raison.

5. **La situation politique.** — D'un autre côté, vers le commencement de la guerre du Péloponèse, l'étoile de Périclès avait considérablement pâli ([1]).

Il était encore le véritable maître d'Athènes, mais l'opposition, réduite au silence pendant longtemps, avait relevé la tête, plus forte que jamais, parce qu'elle ne se recrutait plus seulement chez les aristocrates, mais qu'elle groupait alors des gens de toutes les classes. Les adversaires de la politique guerrière de Périclès avaient trouvé un appui solide dans les rangs des campagnards. Ceux-ci, à cause d'une similitude d'intérêts matériels avec les oligarques, firent cause commune avec ces derniers. Les riches, en effet, possédaient tous des biens ruraux avec de magnifiques maisons de campagne. Les paysans, de leur côté, entendaient avant tout protéger leurs maisons, leurs moissons, leur bétail, et ainsi étaient amenés à se joindre à ceux qui prônaient la conciliation avec les Lacédémoniens. Par l'ostracisme de Thucydide, le parti conservateur avait été privé de son chef, mais il lui restait comme point de ralliement les clubs politiques. D'ailleurs Thucydide rentra en 433.

D'autre part, le parti de Périclès, déjà privé de l'appoint précieux des paysans, voyait sortir de son sein une fraction qui allait constituer la partie la plus redoutable, peut-être, de l'opposition. C'était le parti du bas peuple, conduit par le corroyeur Cléon, qui tâchait de soulever la populace contre Périclès, cet aristocrate de naissance qui n'était pas des leurs.

Enfin, ce qui surtout lui aliénait beaucoup de partisans, c'est

---

[1] Sur la situation politique voyez notamment Busolt, *Griech. Gesch.*, III, 2, pp. 818 sqq. Sur l'hostilité des campagnards à la politique guerrière, voyez Aristophane, *Equites*, 842, sq. ; *Pax*, 296, 508 sq. ; *Eccles.*, 197 ; Pseudo-Xénophon, *Athen. resp.*, II, 14 ; Thucydide, II, 65, 2 ; Plutarque, *Nic.*, 9.

que Périclès, loin de se laisser guider par les désirs du peuple, comme le faisaient les démagogues, était bien décidé au contraire à le diriger. La démocratie apparaissait de plus en plus aux Athéniens, comme la royauté de fait de leur προστάτης τοῦ δήμου. Les comiques, Cratinos, Téleclide, Hermippe, n'étaient que les porte-voix de l'opposition lorsqu'ils appelaient ses amis de nouveaux Pisistratides (¹). On ne respectait même pas sa vie privée : on attaquait sa liaison avec Aspasie, on exploitait ses démêlés domestiques avec ses fils Xanthippe et Paralos (²).

Mais malgré tout, les nombreux adversaires de Périclès n'osaient s'en prendre à lui ouvertement. Sa popularité était encore trop bien établie, sa personnalité trop prépondérante pour qu'on osât attaquer un homme qui pendant tant d'années avait si bien conduit les affaires de l'Etat.

6. Procès intentés aux personnes de l'entourage de Périclès.

— Ses ennemis sentant l'impossibilité de l'attaquer lui-même, s'en prirent à son entourage. Presque en même temps, ou du moins en l'espace de quelques années, vers le commencement de la guerre du Péloponèse (³), Aspasie, Phidias et Anaxagore furent accusés d'impiété.

Nous savons que le poète Hermippe accusa d'impiété la compagne de Périclès, mais les sources ne nous permettent pas de préciser le grief. Elle fut sauvée grâce à l'intervention de Périclès qui dut, paraît-il, user de toute son influence (⁴).

L'illustre sculpteur Phidias, qui était lui aussi un habitué de la maison de Périclès, fut également traduit devant les tribunaux pour impiété. Parmi les griefs (⁵) que l'on faisait valoir contre lui, on

---

(¹) PLUTARQUE, *Per.*, 16.
(²) Cf. PLATON, *Men*., 94 ; *Protag.*, 319 *e*, 328, *c* ; *Alc.*, I, 118 *c* ; voy. BUSOLT, *op. cit.*, III, 2, p. 825.
(³) Il est impossible de déterminer l'ordre chronologique des procès.
(⁴) PLUTARQUE, *Per.*, 32 ; ATHÉNÉE, XIII, 589 *e* ; cf. schol. ARISTOPHANE, *Equites*, 969. D'après Plutarque, on lui reprochait en outre d'avoir livré des jeunes filles libres à Périclès pour ses plaisirs.
(⁵) PLUTARQUE, *Per.*, 5, raconte aussi qu'on lui avait reproché d'avoir représenté sous ses traits et ceux de Périclès des personnages de la scène mythologique ornant le bouclier d'Athéné. Voyez aussi ARISTOPHANE, *Pax*, 605 sqq. et PHILOCHORE dans les scholies. D'après ce dernier, Phidias condamné à l'exil en 438-7 (si toutefois la correction du nom de l'archonte est exacte) se serait retiré

lui reprochait d'avoir soustrait une partie de l'or et de l'ivoire mis à sa disposition pour la création de la fameuse statue de l'Athéné Parthénos. On espérait par là impliquer Périclès dans l'affaire, puisqu'il était membre de la commission préposée au contrôle et à la surveillance des matières précieuses confiées à Phidias. L'issue du procès est douteuse. Selon Plutarque, le sculpteur serait mort en prison à Athènes.

7. **Diopeithès et son décret.** — Il y avait alors à Athènes un certain Diopeithès (¹), devin et chresmologue très en vogue, qui allait de pair avec Lampon (²). Il était devenu le point de mire des comiques. Le personnage prêtait d'ailleurs à railleries : c'était une espèce de charlatan ou de maniaque débitant ses oracles d'une voix tonnante. A en croire les comiques, Diopeithès était quelque peu déséquilibré (³). Peut-être faisaient-ils ici allusion à l'état de

---

à Elis où il aurait été mis à mort par les Eléens en 432-1. Il règne une grande obscurité sur la date et l'issue du procès et les historiens modernes se sont livrés à de nombreuses controverses, dont la lecture de la bibliographie dressée par BUSOLT, *Griech. Gesch.*, 1897. III, 1, p. 457, note 1, donne une idée. Pour la bibliographie postérieure à 1897, voyez : BELOCH, *Griech. Gesch.*², Strasbourg, 1914, II, 1, p. 295, note 2 ; CAVAIGNAC, *Hist. de l'Ant.*, II, p. 108, note 3 et F. E. ADCOCK dans *The Cambridge Ancient History*, 1927, V, pp. 478 sqq. Ce dernier admet la version de Philochore ; mais elle est loin d'être certaine. D'autres comme Frickenhaus et Judeich, croient que Phidias, condamné pour impiété à l'exil vers 433-2, serait mort en prison à Elis (entre 430 et 420) après que ses ennemis eurent provoqué un second procès relatif, cette fois, à la statue de Zeus d'Olympie. Selon d'autres encore, le sculpteur se serait rendu en paix à Elis en 438-7 et serait rentré à Athènes en 432-1, où il aurait été accusé, condamné et où il serait mort en prison. Quoi qu'on en ait dit et bien que, contrairement à ce qu'insinue Aristophane, il n'existe aucun rapport de cause à effet entre les deux événements, il nous paraît difficile de douter de la valeur du passage de la *Paix*, 605 sqq., duquel il ressort que le procès de Phidias (peut-être le second) a précédé de peu le commencement de la guerre du Péloponèse.

(¹) Sur Diopeithès, voyez : ARISTOPHANE, *Equites*, 1085 et scholie ; *Vespae*, 380 et scholie ; *Aves*, 988 et scholie ; PHRYNICHOS, frag. 9 Kock ; TÉLÉCLIDES, frag. 6 K. ; AMEIPSIAS, frag. 10 K. ; Consultez : LOBECK, *Aglaophamus*, p. 981 ; DUNCKER, *Gesch. des Altert.*, II, 346 ; DROYSEN, *Kleine Schriften*, II, 15, 18 ; SWOBODA, dans PAULY-WISS., *s. v* ; DECHARME, *La loi de Diopeithès*, dans les *Mélanges Perrot*, Paris, 1903, pp. 79 sq. et *Critique des trad. relig.*, pp. 154 sq.

(²) ARISTOPHANE, *Aves*, 988 μήτ' ἦν Λάμπων ᾖ, μήτ' ἦν ὁ μέγας Διοπείθης μέγας est ici ironique.

(³) ARISTOPHANE, *Aves*, 988 schol. Σύμμαχος ὅτι Διοπείθης ὁ ῥήτωρ ὑπομανιώδης ἦν, ὡς Τελεκλείδης ἐν Ἀμφικτύοσι δῆλον ποιεῖ..., et plus loin... Διοπείθει τῷ παραμαινομένῳ (AMEIPSIAS).

surexcitation dans lequel le devin feignait de se trouver, lorsqu'on le consultait.

On sait quel était le rôle des chresmologues. C'étaient des gens qui, connaissant une vaste collection d'oracles, les débitaient et les interprétaient à l'occasion. Le comique Ameipsias reprochait à Diopeithès de se prêter aux agissements peu recommandables de mystificateurs qui fabriquaient des prédictions et le chargeaient de les répandre (¹).

Cet illuminé était en même temps orateur politique (²). Nous le trouvons en effet mentionné comme promoteur d'un décret en faveur des habitants de Méthone (Thrace) en 428-7. Un scholiaste nous transmet même un détail qui nous permet de savoir à quel parti il appartenait : il était ami de Nicias et sans doute, comme tel, conservateur.

Si l'on peut ajouter foi à ce que disent les comiques, sa probité n'était pas à l'abri de tout reproche. Mettant à profit son infirmité (sa main déformée était recourbée comme lorsqu'on la tend pour recevoir quelque chose), Aristophane joue sur les deux sens du mot κυλλός (³). Il laisse entendre que Diopeithès aurait accepté des pots de vin.

(¹) ARISTOPHANE, *Aves*, 988 schol. Ἀμειψίας ἐν Κόννῳ ·ὥστε ποιοῦντες χρησμοὺς αὐτοὶ διδόασ' ᾄδειν Διοπείθει τῷ παραμαινομένῳ.

(²) ARISTOPHANE, *Vespae*, 380 schol. ἦν δὲ εἰς τῶν ῥητόρων. Cf. schol. *Aves*, 988 et schol. *Equites* 1085 ἦν δὲ καὶ Νικίου ἑταῖρος. Pour le décret de Méthone, voyez C. I. A., I, 40 *b* 4 = MICHEL, 74 = DITTENBERGER, *Sylloge*³, 75 : Δ[ιοπεί]θες εἶπε. L'identification de ce dernier personnage avec celui qui nous occupe, si toutefois la restitution est exacte, ne nous semble pas douteuse. S'il y avait eu à Athènes, à la même époque, deux orateurs du même nom, on aurait sans doute nommé l'auteur du décret plus explicitement, de façon à empêcher toute confusion.

(³) Il nous semble en effet qu'il faut voir une double plaisanterie dans le passage des *Cavaliers*, 1085 sqq. où le Charcutier interprète un oracle, qui met en garde « contre les ruses de la Creuse », comme une allusion à Cléon qui tendrait toujours la main comme pour mendier. Cléon réplique : « Fausse explication. Par la « Creuse », Phoibos désigne justement la main de Diopithe... » (trad. Van Daele). Généralement les commentateurs se bornent à tirer de ce passage que Diopeithès était estropié de la main, comme le dit d'ailleurs le scholiaste. Mais l'interprétateur ancien y voyait en outre un jeu de mot. Si en effet χεὶρ κυλλή a le sens de « main déformée, tordue », cette expression signifie aussi « main qui forme un creux (pour mendier) ». Cléon fait non seulement allusion à l'infirmité de Diopeithès, mais il l'accuse aussi de corruption. C'est de cette façon, croyons-nous,

L'activité de Diopeithès à Athènes se place, du moins d'après ce que nous savons de lui, entre 433-432, date à laquelle nous situons son décret contre les impies, et 414 (représentation des *Oiseaux*). Entre ces dates, nous le trouvons promoteur du décret de Méthone en 428-427 ; il est en outre cité dans les *Cavaliers* et les *Guêpes*, pièces jouées respectivement en 424 et 422. A la mort d'Agis, en 397, il était à Sparte. Consulté sur le choix d'un successeur au trône (les prétendants étaient le boiteux Agésilas et Léotychidas, fils d'Agis, mais qu'on disait bâtard d'Alcibiade), il répondit par le fameux oracle de la « royauté boîteuse » (¹).

Tel était l'homme qui, vers 433-432, proposa un décret instituant des poursuites contre ceux qui ne croyaient pas aux dieux reconnus par l'Etat.

Les mobiles qui ont décidé Diopeithès à agir ne sont pas difficiles à découvrir. Tout d'abord, c'était un fanatique ; par la nature même de son métier, il devait lutter pour la conservation des anciennes croyances populaires. De plus, par sa manie de vouloir expliquer tout d'une façon naturelle, Anaxagore compromettait gravement l'art de la divination. L'histoire du bélier unicorne, si elle n'est pas historique, est du moins née du souvenir de l'opposition très

---

qu'il faut comprendre la scholie : Σεσίνωτο τὰς χεῖρας ὁ Διοπείθης καὶ ἦν κυλλός · κατὰ καιρὸν οὖν διαβάλλει αὐτὸν ὡς κλέπτην. Cf. schol. *Aves*, 988 : ὁ δὲ Διοπείθης νῦν μὲν ὡς χρησμολόγος, ἑτέρωθι δὲ ὡς κυλλὸς καὶ δωροδόκος. Il convient naturellement de tenir compte de la charge. Ces malheureux devins étaient les victimes ordinaires des comiques. Typique, à cet égard, est la manière dont Pisthétaire reçoit un devin dans les *Oiseaux*, 859 sqq.

(¹) XÉNOPHON, *Hell.*, III, 3, 2 ; PLUTARQUE, *Agesilaus*, 3 et *Lysander*, 22 ; PAUSANIAS, III, 8, 9. Avec C. ALEXANDRE, *Excursus ad Sibyllam*, pp. 141-147 et SWOBODA, dans *Pauly-Wiss.*, s. v. Διοπείθης l'identification de ce devin avec celui qui nous occupe nous paraît tout à fait admissible. BOUCHÉ-LECLERCQ, *Hist. de la div. dans l'Antiq..*, II, p. 222, note 1, objecte bien que l'athénien Diopeithès était un homme politique et que « l'on s'étonnerait fort que les Spartiates l'eussent invité à se mêler de leurs affaires ». Mais il ne faut pas oublier que Sparte a toujours réservé bon accueil aux conservateurs et ennemis du gouvernement démocratique d'Athènes. D'ailleurs Diopeithès ne se mêlait des affaires de Sparte qu'en sa qualité de devin et à titre purement consultatif, comme le montre le peu de cas que les Spartiates firent de son avis, puisqu'ils lui préférèrent l'explication de Lysandre. D'un autre côté, les termes par lesquels on désigne ce Diopeithès s'appliquent d'une façon étonnante au chresmologue athénien : XÉN. Διοπείθης δὲ μάλα χρησμολόγος ἀνήρ. PLUT., *Ages.* Ἦν δὲ Δ. ἀνὴρ χρησμολόγος ἐν Σπάρτῃ. *Lys.* Δ. ἀνὴρ εὐδόκιμος ἐπὶ χρησμολογίᾳ.

réelle qui ne pouvait que se manifester entre le naturaliste et le devin. Pour des gens comme Lampon et Diopeithès, Anaxagore était un adversaire d'autant plus redoutable qu'il existait à cette époque un courant d'opinions critiquant et mettant en doute la valeur des prédictions des devins (¹).

D'un autre côté, Diopeithès appartenait à l'opinion politique hostile à Périclès. Il est donc très probable que notre devin, enchanté d'ailleurs d'une mesure servant aux mieux ses intérêts, n'était que l'instrument du parti conservateur, qui, en se couvrant d'un devin, personnage à demi officiel, espérait mieux dissimuler son dessein politique. Quant à savoir lequel des deux mobiles, la passion religieuse ou l'animosité politique, l'emportait chez Diopeithès, c'est ce que nous ne pouvons pas déterminer. Plutarque ne parle que du motif politique, mais la raison religieuse et la haine du devin contre l'astronome, ennemi de la divination, ont dû aussi le pousser à déposer son décret.

Plutarque nous a conservé, sinon le texte authentique, du moins l'esprit du décret, qu'il a probablement tiré du *Recueil des Décrets* de Crateros (²) : « Diopeithès proposa un décret qui prescrivait de » poursuivre, par voie d'εἰσαγγελία, ceux qui ne croient pas au » surnaturel ou qui enseignent des théories au sujet des choses » du ciel ».

D'après Schömann et Lipsius, hormis la forme des poursuites (εἰσαγγελία), la seconde partie seulement du décret, qui déclarait passibles d'une accusation ceux qui étudiaient les choses du ciel, était une nouveauté. Menzel (³) va plus loin encore ; pour lui la

---

(¹) Voyez DRACHMANN, *Atheism in Pagan Antiq.*, p. 28. Cela est évident par le fait qu'HÉRODOTE, VIII, 77 (toutefois certains critiques frappent d'athétèse ce chapitre) lutte contre le scepticisme à l'égard des oracles de Bacis et que SOPHOCLE, *Oed. rex*, 498 à 863, critique la divination particulière, mais défend vigoureusement l'oracle delphique.

(²) COBET, *Philologica et Critica, Mnemosyne*, nov. ser., I., p. 117 ; KRECH, *De Crateri ψηφισμάτων συναγωγῇ et de aliis locis apud Plutarchum ex ea petitis*, Berlin, dissert., 1888, p. 84 sq. ; PLUT., *Pericles*, 32 (= *Vors.*, 46 A 17, p. 380, 6) ψήφισμα Διοπείθης ἔγραψεν εἰσαγγέλεσθαι τοὺς τὰ θεῖα μὴ νομίζοντας ἢ λόγους περὶ τῶν μεταρσίων διδάσκοντας κτλ.

(³) SCHÖMANN-LIPSIUS, *Das Attische Recht*, p. 360 ; AD. MENZEL, *Untersuchungen zum Sokrates-Process*. 2te *Abhandlung der Sitzungsber. der Kais. Akad. zu Wien (Philos. Histor. Classe)*, n° 145, 1901-2, pp. 25 sqq. Cf. MAIER, *Sokrates*, Tübingen, p. 491, note 1. Nous défendons l'avis de PÖHLMANN, *Sokrates und s. Volk*, p. 122.

nouveauté résidait seulement dans la forme de la procédure. Cette hypothèse est plus que douteuse. Sans doute, il y avait eu précédemment des procès pour ἀσέβεια, mais ces actions ne mettaient très probablement en cause que des délits matériels (sacrilèges, ἱεροσυλία, poursuites contre des prêtres qui n'auraient pas respecté les rites prescrits, etc.). Personne, en effet, du moins à notre connaissance, ne fut poursuivi pour ses croyances religieuses ou ses opinions philosophiques. D'ailleurs tant qu'Athènes resta en dehors du mouvement philosophique, on n'eut pas à envisager un pareil délit ; ce sont les spéculations philosophiques qui ont amené les anciens à l'incrédulité.

Menzel croit que c'était pour donner plus d'importance aux poursuites que Diopeithès proposait une nouvelle forme d'accusation, l'εἰσαγγελία. Cette raison ne nous paraît pas suffisante pour avoir pu décider Diopeithès à faire voter un décret. Si l'on a éprouvé le besoin d'appuyer sur un texte législatif l'accusation que l'on allait déposer contre Anaxagore, c'est que réellement les reproches qu'on était sur le point de formuler contre lui n'étaient envisagés dans aucune loi ou décret. Menzel argue encore de la différence qu'il établit entre νόμος et ψήφισμα. D'après lui, le ψήφισμα règle seulement une disposition concrète ou introduit un règlement abstrait, mais seulement dans les limites des lois en vigueur. Si même nous admettons cette définition — que l'on pourrait d'ailleurs discuter, la différence entre νόμος et ψήφισμα résidant plutôt dans leurs modes d'élaboration et d'abolition, — nous ne voyons en tout cas pas bien quel argument on peut en tirer. Car on sait que les ψηφίσματα réglaient souvent des matières que les νόμοι avaient laissées de côté par oubli ou parce que l'objet n'existait pas encore. C'était dans cette dernière catégorie — tout nous porte à le croire — que rentrait le ψήφισμα de Diopeithès.

Le devin et ceux qui probablement l'avaient poussé à déposer le projet de décret avaient de bonnes raisons de s'attendre à le voir sanctionner par un vote favorable. Les gens du peuple ne pouvaient guère soupçonner leur dessein, qui était évidemment de frapper Périclès en la personne de son ami Anaxagore. Quelques esprits clairvoyants ont peut-être pu deviner que la mesure était spécialement dirigée contre l'astronome, mais ils n'étaient sans doute pas fâchés de manifester d'une façon tangible leur hostilité à son égard. D'ailleurs, un décret qui permettait de poursuivre les athées ne pouvait paraître que l'expression de la sagesse la plus élémentaire à des gens, en grande majorité encore, naïvement et fermement attachés aux vieilles croyances. Quant aux astronomes, ils passaient à leurs yeux pour des incrédules convaincus (¹), des hommes d'une audace inouïe qui osaient chercher à percer des mystères, apanages des divinités. L'idée que le monde vient d'une création des dieux est étrangère à la religion grecque. Sans offense pour les divinités, on pouvait déclarer que le monde tire son origine d'une première substance ou du mélange de plusieurs substances primitives. Mais il n'en va pas de même lorsqu'il s'agit des phénomènes célestes, des éclairs, du tonnerre, par exemple, quand on leur attribue des causes naturelles ou quand on soutient que les corps célestes sont composés de matières naturelles (²). De pareilles affirmations étaient extrêmement dangereuses parce que la négation de la divinité des astres, dieux visibles, supposait a fortiori l'incrédulité à l'égard des dieux invisibles (³). Un personnage d'un drame perdu d'Euripide (⁴) se faisait l'interprète des sentiments du peuple envers les astronomes, quand il s'écriait : « Pourquoi » ne point rejeter au loin les tortueux mensonges de ces météoro- » logues dont la langue pernicieuse se répand en conjectures insensées » sur les mystères de la nature ? » Les croyances superstitieuses relatives aux astres étaient si puissantes et si profondément enracinées, que l'obéissance aveugle aux présages tirés des phénomènes astronomiques conduisit parfois les Grecs à de terribles catastrophes, telle, par exemple, que le fameux désastre de l'expédition de Sicile.

8. L'accusation. — Le décret de Diopeithès n'avait d'autre but que de légaliser des poursuites contre Anaxagore, en qui on

---

(¹) PLATON, *Apol.*, 18 c οἱ γὰρ ἀκούοντες ἡγοῦνται τοὺς ταῦτα (= τὰ μετέωρα) ζητοῦντας οὐδὲ θεοὺς νομίζειν. *Leges*, XII, 967 a οἱ μὲν γὰρ διανοοῦνται τοὺς τὰ τοιαῦτα μεταχειρισαμένους ἀστρονομίᾳ τε καὶ ταῖς μετὰ ταύτης ἀναγκαίαις ἄλλαις τέχναις ἀθέους γίγνεσθαι.

(²) Cf. DRACHMANN, *Atheism in Pagan Antiquity*, p. 22.

(³) Cf. PLATON, *Apol.*, 26 c d.

(⁴) Frag. 913 Nauck². On n'est pas peu surpris de lire ces lignes chez Euripide, lui qui avait été élève assidu d'Anaxagore et qui, dans une foule d'autres passages, vante les bienfaits de la science. Mais, comme le dit L. PARMENTIER, *Eur. et Anax.*, p. 54, ces vers appartiennent à une pièce « où la thèse contraire trouvait aussi son développement ».

voulait atteindre Périclès (¹). La suite des événements le fit bien voir. L'astronome fut immédiatement accusé d'impiété pour avoir osé dire que le soleil était une pierre incandescente (λίθος διάπυρος) plus grande que le Péloponèse et que la lune était une terre (²). Les accusateurs avaient cité le détail le plus propre à choquer les croyances religieuses du peuple, détail extrait des théories qu'Anaxagore avait longuement développées oralement et dans ses livres (³). Une telle accusation dut exciter au plus haut point l'indignation populaire. Il était inouï que l'on eût osé prendre pour un amas de pierres le bel Hélios, adoré (⁴) matin et soir par les Grecs comme par toutes les nations barbares, ce dieu visible auquel on sacrifiait aux fêtes des Pyanepsies et des Thargélies. Aussi n'est-il pas nécessaire, pour comprendre l'émotion générale que provoqua sans doute cette affaire, d'admettre la thèse de J. Geffcken (⁵), d'après laquelle

---

(¹) PLUTARQUE, *Per.*, 32 (= *Vors.*, 46 A 17, p. 380, 8)... ἀπερειδόμενος εἰς Περικλέα δι' Ἀναξαγόρου τὴν ὑπόνοιαν.

(²) PLATON, *Apol.*, 26 d (= *Vors.*, 46 A 35, p. 383, 10)... ἐπεὶ τὸν ἥλιον λίθον εἶναι, τὴν δὲ σελήνην γῆν · Ἀναξαγόρου οἴει κατηγορεῖν. SOTION, chez DIOGÈNE LAERCE, II, 12 (= *Vors.*, 46 A 1, p. 376, 25) διότι τὸν ἥλιον μύδρον ἔλεγε διάπυρον. Cf. DIOGÈNE LAERCE, IX, 34 ; SUIDAS, *s. v.* Ἀναξ. ; AÉTIUS, II, 20,6 ; II, 21, 3, etc.

(³) PLATON, *Apol.*, 26 d ἐπεὶ τὸν ἥλιον... τὴν δὲ σελήνην... τὰ Ἀναξαγόρου βιβλία τοῦ Κλαζομενίου γέμει τούτων τῶν λόγων. Au temps du procès de Socrate, on pouvait se procurer cet ouvrage pour une drachme (PLATON, *loc. cit.*). C'était, paraît-il, le premier livre illustré de figures : CLÉMENT D'ALEXANDRIE, *Strom.*, I, 78 (II, 50, 26 Sf) (= *Vors.*, 46 A 36, p. 383,16) Οἱ δ' Ἀναξαγόραν Ἡγησιβούλου Κλαζομένιον πρῶτον διὰ γραφῆς ἐκδοῦναι βιβλίον ἱστοροῦσιν. (Diels propose en note « peut-être μετὰ διαγραφῆς ») ; PLUTARQUE, *Nic.*, 23 (= *Vors.*, 46 A 18, p. 380, 14) ὁ γὰρ πρῶτος σαφέστατόν τε πάντων καὶ θαρραλεώτατον περὶ σελήνης καταυγασμῶν καὶ σκιᾶς λόγον εἰς γραφὴν καταθέμενος Ἀναξ. et DIOGÈNE LAERCE, *loc. cit.* καὶ βιβλίον ἐξέδωκε διὰ γραφῆς. Le texte des mss. porte συγγραφῆς. Capelle, d'après CLÉM., *loc. cit.*, propose διὰ γραφῆς, tandis que KOHTE, *Jahrb. Fleck.*, 1886, p. 769, suggère σὺν γραφῇ (= « mit einer Zeichnung »). Le sens de ces différentes expressions est douteux. Après Kohte, Diels et Capelle, nous comprenons « avec dessin ». Cf. CLÉM., *Strom.*, VI, 4, 63, p. 754 Pott. où il est dit que les ἱερογραμματεῖς en Egypte doivent notamment connaître la χωρογραφίαν τε τῆς Αἰγύπτου καὶ τῆς τοῦ Νείλου διαγραφῆς. Cf. aussi PLUTARQUE, *Philop.*, 4, où διαγραφή a le sens de « figure géométrique. »

(⁴) Dans le *Banquet* de Platon, 220 d, après une nuit passée dans la méditation, Socrate ne s'en va qu'après avoir fait sa prière au Soleil levant.

(⁵) Dans *Hermes* (42), 1907, pp. 127 sqq. Cette opinion a été admise par CAPELLE, dans *Philologus*, (71), 1912, p. 430 et NESTLE (ZELLER, *Phil. der Griech⁶.*,

Anaxagore se serait livré dans ses ouvrages à une violente polémique contre les conceptions religieuses du temps et spécialement contre la croyance à la foudre de Zeus.

Pour établir son hypothèse, Geffcken a recours à une combinaison, à première vue fort ingénieuse, d'ARISTOPHANE, *Nubes*, 398-402 avec LUCIEN, *Timon*, V, 10 et *Jupp. Conf.*, 16. Chez Aristophane, Socrate dit à Strepsiade : « Et comment, sot que tu es, sentant » l'âge de Cronos, homme prélunaire, comment, s'il frappe les » parjures, n'a-t-il pas foudroyé Simon et Cléonyme et Théôros ? » Ce sont pourtant des parjures. Mais il frappe son propre temple, » et Sunion, « promontoire d'Athènes », et les chênes altiers. Quelle » idée ? Car enfin un chêne n'est point un parjure. » (trad. VAN DAELE).

Voici le texte de LUCIEN, *Timon*, V, 10, qui, d'après Geffcken, est décisif. Zeus déclare qu'il a cassé les deux pointes de sa foudre en tâchant d'atteindre le sophiste Anaxagore « qui persuadait ceux » qui le fréquentaient qu'absolument aucun de nous, les dieux, » n'existait ; mais je l'ai manqué, car Périclès le protégea en étendant » la main au-dessus de lui et la foudre étant tombée sur le temple » des Dioscures le consuma et il s'en fallut de peu qu'elle-même » ne s'écrasât contre le rocher. »

Vient ensuite le passage du *Jupp. conf.*, 16, où le Cynique crie à Zeus : « Pourquoi donc tandis que vous laissez aller impunis les » sacrilèges, les voleurs et tant d'hommes qui se livrent à des excès, » à des violences, qui commettent des parjures, pourquoi donc » foudroyez-vous un chêne ou un rocher, ou un mât de navire qui » cependant n'a rien fait de mal, ou un bon et pieux voyageur ? »

D'après Geffcken, ces deux derniers textes s'expliquent mutuellement. Lucien n'était pas un philosophe, mais la bonne formation générale qu'on peut hardiment lui attribuer suffit pour rendre compréhensible qu'il ait connu les ouvrages d'Anaxagore et ait fait ici allusion à un mot de l'astronome. La plaisanterie n'est réellement caustique, pour Geffcken, que si le dieu maladroit manque l'impie et atteint de la foudre son propre temple, *comme Anaxagore l'avait dit.* « Ce serait la plus étrange coïncidence », dit Geffcken, » si c'était par hasard que Lucien, pour illustrer le lieu commun,

---

I, p. 1205, rem.) tandis que DIELS, *Nachträge zu Vors.*, I, p. XLV, et DRACHMANN, *Atheism in Pagan Antiquity*, p. 28 et note, l'ont rejetée.

» suivant lequel la foudre de Zeus atteint le plus souvent des gens
» auxquels ses coups n'étaient pas destinés, aurait choisi Anaxagore,
» qui avait parlé des μετέωρα et notamment de la foudre. Comme,
» en outre, Aristophane raille sans doute ici une idée philosophique,
» de même qu'un peu plus haut, il se moque de Diogène d'Apollonie,
» je ne vois, en conséquence, d'autre possibilité que de reconnaître
» en Anaxagore l'auteur de la polémique contre les croyances
» populaires à propos de la foudre vengeresse de Zeus. »

Pour nous, on peut tirer de ces textes et d'autres analogues cités par Geffcken cette conclusion que l'idée de la foudre frappant aveuglément, et épargnant le plus souvent les coupables, était un lieu commun fréquemment utilisé par les adversaires des croyances populaires. Mais de là il y a loin à affirmer qu'Aristophane et Lucien l'ont emprunté aux ouvrages d'Anaxagore.

a) Anaxagore n'est jamais appelé athée par les anciens ([1]), probablement parce que rien dans ses livres ne pouvait justifier cette épithète. Ceux-ci paraissent avoir été des ouvrages purement scientifiques. Le fait qu'ils renfermaient des figures (si toutefois nous avons bien compris les textes, voyez p. 25, note 3) le montre déjà suffisamment. Les anciens qui nous en parlent ne font jamais allusion qu'aux théories scientifiques qui y étaient exposées. Les fragments assez nombreux qui nous en sont conservés ne portent aucune trace de polémique contre les croyances religieuses populaires. Il en est spécialement ainsi, lorsqu'ils nous parlent des théories du météorologue sur la foudre et l'éclair. Hippolyte ([2]), sans faire mention qu'Anaxagore aurait mêlé les dieux à la question, dit seulement : βροντὰς δὲ καὶ ἀστραπὰς ἀπὸ θερμοῦ γίγνεσθαι ἐμπίπτοντος εἰς τὰ νέφη. Chez Xénophon ([3]), nous trouvons un essai naïf de réfutation de l'hypothèse d'Anaxagore sur la nature du soleil, mais pas un mot ne peut seulement nous faire supposer que l'astronome s'était livré à des attaques contre les dieux. D'autre part, dans tous les fragments qui nous restent, Anaxagore expose purement

---

([1]) Voy. DRACHMANN, *loc. cit.*, p. 13 et note et p. 22 ; Anaxagore est seulement appelé « atheus » par un auteur chrétien, IRÉNÉE, II, 14,2 (D. 171) (=*Vors.*, 46 A 113), qui lui donne ce nom, sans doute parce qu'il savait qu'il avait été condamné pour impiété.

([2]) HIPPOLYTE, *Refut.*, I, 8, 11 (= *Vors.*, 46 A 42, p. 385, 20).

([3]) XÉNOPHON, *Mem.*, IV, 7, 6 sqq. (= *Vors.*, 46 A 73, p. 391, 33).

et simplement ses théories et jamais on ne remarque qu'il cherche à persuader ses lecteurs de leur exactitude, en s'attaquant ouvertement aux conceptions du vulgaire. Il est au contraire infiniment probable que dans son livre, qui d'après Diogène Laërce (II, 6) était « agréablement et noblement écrit », Anaxagore ne s'occupait nullement des rapports de ses théories avec la religion. Il croyait sans doute déplacé et peu digne de lui d'y mener campagne contre les croyances populaires.

b) Geffcken croit qu'Aristophane, dans le passage qui nous occupe, s'est inspiré directement de l'ouvrage d'Anaxagore. Remarquons d'abord qu'Anaxagore n'est cité nulle part chez Aristophane et que les théories sur les phénomènes météorologiques et astronomiques mises dans la bouche de Socrate sont plutôt une parodie de la doctrine de Diogène d'Apollonie ([1]). Et puis, comme le dit Diels, « le comique n'avait vraiment pas besoin d'emprunter à des livres » de pareilles expressions de scepticisme » ([2]).

Il n'y a non plus aucune raison qui permette d'affirmer que Lucien s'est inspiré d'Anaxagore. Il pouvait trouver ce lieu commun dans la bouche des impies de son époque. On peut aussi donner raison à Diels (*l. c.*), quand il réplique à Geffcken que Lucien a peut-être utilisé le passage même des *Nuées* d'Aristophane, de même qu'il s'est servi du saut des puces dans le *Prométhée*, 34.

Nous n'examinerons pas les différents textes tardifs par lesquels Geffcken croit confirmer son hypothèse. On y retrouve le même lieu commun employé par les Epicuriens, les Académiciens et les Cyniques contre les Stoïciens. Ce qui est faux pour Aristophane et Lucien l'est à plus forte raison pour ceux-ci.

c) D'autre part Geffcken avoue que les auteurs tardifs, qui cependant avaient alors en mains les ouvrages d'Anaxagore (puisque au VIe s. après J.-C., Simplicius, qui nous a donné la plupart des fragments de l'œuvre de l'astronome, a encore pu en consulter un exemplaire), n'ont pas su mieux déterminer les reproches formulés contre l'accusé que ne l'a fait Platon (voyez *supra* p. 25, note 2). Mais il n'y a qu'un moyen d'expliquer cette inconcevable carence des auteurs : c'est que les ouvrages d'Anaxagore purement scienti-

---

([1]) DIELS, *Philol. Vers.*, Stettin, 1880, p. 96 sqq. ; *Rhein. Museum*, 42, p. 1 sqq.

([2]) DIELS, *Nachträge* à la 3e édit. des *Vors.*, I, p. XLV.

fiques ne contenaient pas d'attaque contre les croyances religieuses populaires.

Il semble donc qu'il faut s'en tenir à ce que les anciens disent de l'accusation et que l'on peut de nouveau faire confiance à Zeller (¹) lorsqu'il écrivait : « Il ne paraît pas s'être occupé des » questions religieuses. Son accusation était uniquement fondée » sur ses idées relatives au soleil et à la lune. Il est même probable » qu'il ne s'est pas exprimé sur le rapport de ses doctrines avec » les croyances populaires. Nous pouvons sans doute faire la même » observation à propos des causes naturelles qu'il assignait aux » phénomènes dans lesquels ses contemporains voyaient des miracles » et des présages. »

Dans son ouvrage sur les *Vies des Philosophes*, Satyros (²) disait qu'Anaxagore avait été accusé non seulement d'impiété, mais aussi de médisme. Un tel grief, à cette époque, est assez inattendu ; aussi certains historiens modernes ne le considèrent pas comme historique. Si étrange qu'elle paraisse de prime abord, cette accusation n'est cependant pas invraisemblable. Les Athéniens étaient en effet très sensibles à deux délits souvent présentés conjointement : μηδισμός et τυραννίς (³). Avant chaque ecclésie, le κῆρυξ prononçait des malédictions contre les citoyens qui pourraient être partisans des Mèdes (⁴). Et précisément on parlait à cette époque du médisme (⁵) des Alcméonides, famille à laquelle appartenait Périclès, le protecteur d'Anaxagore. On peut donc croire avec A. Schmidt (⁶) que ce reproche n'avait sa raison d'être que dans l'antipathie de Périclès et de ses amis pour la continuation de la guerre avec les Perses, qui, d'autre part, était chaudement prônée par les aristocrates. Il est également permis d'admettre, avec L. Parmentier (⁷), que l'accusation de médisme était fondée sur les

---

(¹) Zeller, *Philos. der Griechen*⁵, I, 2, pp. 1028 sq. (trad. fr., II, p. 427).

(²) Satyros, chez Diogène Laerce, II, 12. D'après H. Kohte, *Neue Jahrb.* (138), 1886, p. 770 sq., la source de Satyros était Stésimbrote.

(³) Voy. par exemple, Aristoph., *Thesm.*, 335 sqq. Cf. Jacoby, *Apollodors Chron.*, p. 428, note 7.

(⁴) Isocrate, *Panegyr.*, 157.

(⁵) Voy. E. Meyer, *Forsch.*, I, p. 198, 2.

(⁶) A. Schmidt, *Perikleisches Zeitalter*, Iéna, 1877, I, p. 159 sq.

(⁷) L. Parmentier, *Euripide et Anaxagore*, p. 35. Voy. Diogène Laerce, II, 7 πρὸς τὸν εἰπόντα « οὐδέν σοι μέλει τῆς πατρίδος ; » « εὐφήμει. ἔφη, ἐμοὶ γὰρ καὶ σφόδρα μέλει τῆς πατρίδος » δείξας τὸν οὐρανόν. Il observait

idées cosmopolites d'Anaxagore, qui prétendait, parce qu'il s'était assigné comme mission l'étude des astres et du monde, que le ciel était sa patrie.

9. Les accusateurs. — Les anciens ne sont pas d'accord pour la désignation des accusateurs d'Anaxagore : Sotion le fait accuser par Cléon, tandis que selon Satyros ([1]) l'accusateur aurait été Thucydide, l'adversaire politique de Périclès. Ces assertions sont peut-être également vraies ; il est bien possible, en effet, comme ce fut le cas pour Socrate, qu'il y eut plus d'un accusateur: Thucydide représentant le parti aristocratique, Cléon, les démocrates radicaux.

10. La date du procès. — La date du procès est naturellement liée à celles de la naissance et de l'arrivée du philosophe à Athènes. Müller, K. F. Hermann, Schwegler et Unger ([2]) plaçaient sa naissance en 534, sa mort en 462. Mais Zeller et après lui Busolt, rejetant les sources tardives, ont prouvé qu'Anaxagore naquit ([3]) vers 500 environ et qu'il mourut en 428-427. Ces dates sont basées sur une donnée d'Apollodore ([4]). Tout le monde actuellement est d'accord sur ces deux points, mais on ne s'entend ni sur la date de l'arrivée d'Anaxagore à Athènes, ni sur celle de son procès.

Taylor ([5]) a essayé de prouver que le philosophe était venu à Athènes en 480 et y avait été condamné en 450. Cette opinion

---

aussi que la route est partout la même jusqu'à l'Hadès : DIOGÈNE LAERCE, II, 11 ; CICÉRON, *Tusc.*, I, 43, 104.

([1]) SOTION et SATYROS chez DIOGÈNE LAERCE, II, 12.

([2]) MULLER, *Fr. H. Gr.*, II, 24 et III, 504 ; K. F. HERMANN, *De Philos. Ion. aetatibus*, 10 sqq. ; SCHWEGLER, *Gesch. der Griech. Phil.*, 35 ; UNGER, dans *Philol. Supplb.*, IV (1884-5), pp. 534 sqq.

([3]) ZELLER, *de Hermodoro*, Marbourg, 1859 et *Phil. der Griech.*[5], I, 2, p. 968 sq. ; BUSOLT, *Griech. Gesch.*, III, 1, p. 9 sq.

([4]) APPOLODORE chez DIOGÈNE LAERCE, II, 7 (= *Vors.*, 46 A 1, p. 375, 19) λέγεται δὲ κατὰ τὴν Ξέρξου διάβασιν εἴκοσιν ἐτῶν εἶναι, βεβιωκέναι δὲ ἑβδομήκοντα δύο · φησὶ δ' Ἀπολλόδωρος ἐν τοῖς χρονικοῖς γεγενῆσθαι αὐτὸν τῇ ἑβδομηκοστῇ (500-497), τεθνηκέναι δὲ τῷ τρίτῳ ἔτει τῆς ὀγδοηκοστῆς ὀγδόης (428-7). Vraisemblablement Apollodore avait pris ces renseignements dans le *Registre des Archontes* de Démétrios de Phalère ; voy. DIELS, *Rhein. Museum*, XXXI, p. 28. Scaliger a corrigé le ἑβδομηκοστῆς des manuscrits en ὀγδοη-κοστῆς. La correction s'impose ; elle est d'ailleurs universellement admise.

([5]) A. E. TAYLOR, *On the date of the trial of Anaxagoras*, *Clas. Quarterly Review* (XI), 1917, p. 81 sqq. L'opinion de Taylor est admise par J. BURNET, *Platonism*, Berkeley, 1928 p. 33.

repose sur une notice de Démétrios de Phalère chez Diogène Laerce, II, 7 (= *Vors.*, 46 A1, p. 375, 22) : ἤρξατο δὲ φιλοσοφεῖν Ἀθήνησιν ἐπὶ Καλλίου ἐτῶν εἴκοσι ὤν, ὥς φησι Δημήτριος ὁ Φαληρεὺς ἐν τῇ τῶν Ἀρχόντων ἀναγραφῇ, ἔνθα καί φασιν αὐτὸν ἐτῶν διατρῖψαι τριάκοντα.

Il y eut un Calliadès archonte en 480 et un Callias archonte en 456. Mais ici il faut évidemment comprendre avec Taylor Calliadès, sinon il y aurait désaccord avec la donnée ἐτῶν εἴκοσι ὤν. Taylor ([1]) explique d'ailleurs le ἐπὶ Καλλίου de la façon suivante: tout d'abord il est possible que Καλλίου soit une faute pour Καλλιάδου ; ou bien, c'est peut-être une vieille correction basée sur la croyance que le procès d'Anaxagore avait eu lieu au commencement de la guerre du Péloponèse ; ou encore Καλλιάδης était communément appelé Καλλίας par abréviation.

Mais le savant anglais se trompe lorsqu'il rapporte Ἀθήνησιν à ἤρξατο φιλοσοφεῖν et lorsque, en conséquence, il interprète le passage comme suit : « il commença sa vie comme philosophe à » l'âge de vingt ans, dans l'année de Calliadès et à Athènes » (ce qui ferait arriver Anaxagore à Athènes en 480). Diogène Laërce, en effet, ou sa source ont probablement mal compris Démétrios qui avait dû écrire quelque chose comme ([2]) : ἤρξατο φιλοσοφεῖν, Ἀθήνησιν ἄρχοντος Καλλίου (Καλλιάδου), c'est-à-dire : Anaxagore commença à s'adonner à la philosophie à l'époque où à Athènes était archonte Callias. Car il est tout à fait invraisemblable qu'Anaxagore se soit rendu à Athènes en 480. Comment aurait-il pu penser à faire ce voyage à une époque où les flottes de Xerxès sillonnaient la mer Egée ? Comment serait-il entré à Athènes assiégée par l'armée perse ? De plus, dans quel but aurait-il couru tant de dangers ? A vingt ans, Anaxagore n'aurait pu que venir

---

([1]) Taylor, *op. cit.*, p. 82, note 1 ; cf. Jacoby, *Apollodors Chronik*, p. 244, note 1.

([2]) Cf. Busolt, *loc. cit.* ; Zeller, *loc. cit.* et Jacoby, *op. cit.*, p. 245. On a peut-être à faire ici à une simple transposition de mots pour ἄρχοντος Ἀθήνησιν Καλλίου. Cf. Diogène Laerce, I, 22 καὶ πρῶτος σοφὸς ὠνομάσθη, ἄρχοντος Ἀθήνησιν Δαμασίου.... ὥς φησιν ἐν τῇ τῶν ἀρχόντων ἀναγραφῇ Δημήτριος ὁ Φαληρεύς. Une donnée sur la date à laquelle un philosophe aurait commencé à s'adonner à la philosophie semble étrange. Il faut supposer avec Unger, *op. cit.*, p. 547, que Démétrios avait puisé ce renseignement dans un ouvrage d'Anaxagore lui-même, qui y aurait donné ce détail autobiographique.

chercher des maîtres à Athènes. Or, on sait qu'à cette époque, et même dix, vingt ans plus tard, il n'y avait pas dans cette ville un seul homme qui pût porter le nom de φιλόσοφος. D'autre part, Anaxagore était alors trop jeune pour vouloir se donner comme maître et enseigner à des disciples.

Les arguments par lesquels Taylor cherche à confirmer son opinion nous paraissent peu convaincants.

a) De ce que Périclès est appelé par Sotion ([1]), par Hermippe ([2]), et par Isocrate ([3]) μαθητής d'Anaxagore, il déduit que le philosophe a éduqué Périclès jeune. Il est certain, et nous nous sommes efforcé de le montrer, que Périclès a écouté les enseignements d'Anaxagore ; mais le terme μαθητής n'implique nullement la jeunesse de celui qui le porte. Il suffisait de fréquenter un philosophe pour se voir décerner ce titre, si âgé que l'on fût.

b) Taylor rappelle le célèbre passage du *Phèdre* de Platon ([4]), où il est parlé de l'influence qu'a exercée Anaxagore sur le style oratoire de Périclès. Celui-ci, outre ses dispositions naturelles, a eu l'avantage de rencontrer (προσπεσών) Anaxagore, qui était versé dans la météorologie, dans la connaissance de l'intelligence et de la pensée. Ces connaissances scientifiques auraient joué un grand rôle dans la formation du talent de Périclès. Taylor en conclut : « Il est clair que Platon n'a pas voulu dire que Périclès était un » homme accompli et un politicien lorsqu'il a fait la connaissance » du philosophe. »

Il faut d'abord remarquer que Platon cherche ici à prouver une thèse : πᾶσαι ὅσαι μεγάλαι τῶν τεχνῶν προσδέονται ἀδολεσχίας καὶ μετεωρολογίας φύσεως πέρι. Et il donne comme exemple le cas de Périclès, dont on connaissait très bien la longue fréquentation avec Anaxagore. Naturellement, à l'époque où Platon écrit, le Périclès que l'on connaît, c'est le Périclès à l'apogée de son talent oratoire et de sa puissance politique, c'est le maître d'Athènes quelques années avant la guerre du Péloponèse. Or, sa liaison de trente ans avec l'astronome suffisait amplement pour justifier l'influence que celui-ci avait eue sur l'orateur. D'ailleurs Anaxagore,

---

[1]. SOTION chez DIOGÈNE LAERCE, II, 12 = *Vors.*, 46 A 1.
[2] HERMIPPE, *ibid.*, 13.
[3] ISOCRATE, *de permut.*, 235.
[4] PLATON, *Phaedrus*, 270 a.

qui était, en sa qualité d'astronome et de météorologiste, un savant dans toute l'acception du mot, c'est-à-dire un homme de science, ne semble guère être qualifié pour servir d'éducateur à un enfant. De plus le terme προσπεσών employé par Platon évoque l'idée que Périclès n'était pas jeune du tout, lorsqu'il fit sa connaissance. Sinon, Platon n'aurait pas dit que Périclès avait rencontré Anaxagore, mais bien que ses parents lui avaient donné ce maître.

c) Taylor fait état de ce que Platon ne met jamais en scène Anaxagore avec Socrate et que dans le *Phédon* (¹), Socrate est représenté comme apprenant une théorie d'Anaxagore d'après une lecture que quelqu'un lui faisait : ἀκούσας μέν ποτε ἐκ βιβλίου τινός, ὡς ἔφη, Ἀναξαγόρου ἀναγιγνώσκοντος κτλ.

Mais c'est une objection spécieuse. Car Platon n'a nullement prétendu nous faire une description complète de la vie et des entretiens de Socrate. Il faut donc se garder de tirer la moindre conclusion de son silence sur tel ou tel point. D'ailleurs, Platon avait peut-être d'excellentes raisons de ne pas présenter Socrate en relations avec Anaxagore. Sans doute ne se souciait-il guère de mettre en scène Socrate conversant avec un astronome condamné pour impiété, alors que l'on avait précisément reproché à son maître de s'occuper de météorologie et d'astronomie (²). Du reste, même si on admettait avec Taylor qu'Anaxagore avait quitté Athènes en 450, il serait toujours permis de se demander pourquoi Platon ne fait pas converser Socrate avec le philosophe de Clazomène, puisqu'il représente son maître comme tout à fait familier avec Parménide, qui était certainement mort en 450.

d) L'*Hippias major* (³) donne une liste de sages d'autrefois qui commence avec le VIᵉ s. et finit avec Anaxagore : οἱ παλαιοὶ ἐκεῖνοι ὧν ὀνόματα μεγάλα λέγεται ἐπὶ σοφίας, Πιττάκου καὶ Βίαντος καὶ τῶν ἀμφὶ τὸν Μιλήσιον Θαλῆν καὶ ἔτι τῶν ὑστέρων μέχρι Ἀναξαγόρου. Les mots ἔτι... Ἀναξαγόρου, comme le dit Taylor, sont une subdivision des οἱ παλαιοί ; mais remarquons, chose dont le savant anglais ne dit mot, que cette subdivision forme la fin de la série des παλαιοί et qu'Anaxagore en est peut-être exclu (μέχρι Ἀναξαγόρου).

(¹) PLATON, *Phaedo*, 97 *b, c*.
(²) Voyez *infra*, chap. V, § 3.
(³) PLATON, *Hippias major*, 281 *c*.

Ensuite, Taylor a recours à un autre passage (¹) du même dialogue où Hippias et Anaxagore sont donnés comme exemples, le premier des οἱ νῦν ἄνθρωποι et le second des οἱ πρότερον. Taylor conclut que l'opposition entre Hippias comme un contemporain et Anaxagore comme un παλαιός n'aurait pu tenir, si l'auteur avait cru qu'Anaxagore vivait à Athènes à l'époque où éclata la guerre du Péloponèse.

L'erreur nous paraît ici évidente. Tout d'abord le second texte, pas plus que le premier, ne permet de ranger Anaxagore parmi les παλαιοί, mais seulement parmi les πρότερον par rapport à l'époque où l'auteur du dialogue fait vivre Hippias. En second lieu, si même on concédait ce point, le fait de ranger Anaxagore parmi les παλαιοί ne pourrait en aucun cas être justifié par la date de son départ d'Athènes (450 d'après Taylor), mais bien par celle de sa mort (428). Or, comme sur ce point Taylor est d'accord avec les plus récents des modernes, il n'y avait pas lieu de développer ici cet argument qui, au cas où on lui reconnaîtrait quelque valeur, ne pourrait servir qu'à celui qui voudrait placer plus haut que 428 la date de la mort d'Anaxagore.

e) Les autres arguments de Taylor ne sont guère plus probants. Ainsi il ne comprend pas que les habitants de Lampsaque, chez qui se réfugia et mourut Anaxagore, eussent célébré sa mémoire en lui élevant une statue, en frappant des pièces de monnaie à son effigie et en donnant congé aux enfants des écoles, si Anaxagore n'y eût résidé que les « derniers mois de sa vie ».

Tout d'abord, la durée du séjour d'Anaxagore à Lampsaque n'est pas de quelques mois, mais de quatre ans environ (432-428). De plus, en célébrant la mémoire d'Anaxagore, les habitants de Lampsaque rendaient hommage avant tout au philosophe, qui, en daignant choisir leur ville comme lieu de refuge, lui avait donné ainsi un peu de sa gloire.

Nous croyons avoir montré que les arguments de Taylor se réfutent sans peine. Voici maintenant quelques raisons qui, nous semble-t-il, nous obligent à placer la date du procès bien après 450.

a) Si l'on admet la chronologie défendue par Taylor, comment la faire concorder avec celle de la vie de Diopeithès ? Nous avons vu (*supra*, p. 21) que l'activité politique et religieuse de ce devin à

(¹) *Ibid.*, 283 *a*.

Athènes se place entre 432 et 414. En 397 il était encore à Sparte et y remplissait toujours ses fonctions de chresmologue. La date de son décret ne peut à coup sûr qu'être antérieure au procès d'Anaxagore qui n'en est que l'application. Or il est impossible qu'en 450 Diopeithès ait été d'un âge assez mûr pour proposer un décret d'une telle importance.

b) Plutarque raconte (voy. *supra*, p. 16) comment, un jour, Anaxagore sut mettre les rieurs de son côté en donnant de l'unique corne d'un bélier une explication naturelle, tandis que le devin Lampon y voyait au contraire un présage qui annonçait la victoire politique de Périclès sur son rival Thucydide. Au moment même, l'explication du savant frappa d'admiration les assistants, « mais » *peu de temps après*, ce fut Lampon que l'on admira, lorsque » Thucydide ayant été renversé, absolument toutes les affaires du » peuple furent aux mains de Périclès. » Le terme καταλυθέντος du texte grec fait évidemment allusion à l'ostracisme de Thucydide qui eut lieu en 443 ([1]). L'auteur de cette anecdote croyait donc que, peu de temps avant cette date, Anaxagore était à Athènes.

c) Platon dans le *Cratyle* ([2]), dont la date fictive ([3]) ne peut guère être placée plus haut qu'en 420, parlant des théories d'Anaxagore sur la lune, nous dit : ὃ ἐκεῖνος νεωστὶ ἔλεγεν. Platon n'aurait pu faire parler ainsi son personnage, si Anaxagore avait quitté Athènes en 450.

d) Xénophon et Platon ([4]) parlent des théories d'Anaxagore comme si elles étaient parfaitement connues du public vers le commencement du IVe siècle. Si un demi-siècle se fût écoulé depuis son exil, il est infiniment probable que non seulement ses doctrines mais son procès eussent été ignorés de la plupart des Athéniens de cette époque.

e) On cite, parmi les accusateurs d'Anaxagore, le fameux Cléon. Si le procès avait eu lieu en 450, on comprendrait difficilement que Cléon, à cette époque, eût pu jouer quelque rôle dans l'affaire.

([1]) Voy. *infra*, p. 38, note 1.
([2]) PLATON, *Crat.*, 409 *a* (= *Vors.*, 46 A 76, p. 392, 21 sq.).
([3]) Protagoras est déjà mort ; voyez 385 *e* où on parle de lui à l'imparfait : Πρωταγόρας ἔλεγεν (cf. 391 *c*). Or la mort de Protagoras doit se placer vers 416-5 (voy. *infra* pp. 51 sqq.).
([4]) XÉNOPHON, *Mem.*, IV, 7, sq. ; PLATON, *Apol.*, 26 *d*.

Au contraire, si l'on adopte 432, le fait n'a rien de surprenant, puisque depuis quelque temps Cléon s'était mêlé à la politique et s'affirmait de plus en plus comme chef du parti populaire.

f) Enfin, tandis que Taylor ne peut citer aucun texte ancien qui fixerait la date du procès en 450, nous avons à l'appui de notre thèse les témoignages de Plutarque et de Diodore.

Parlant de l'événement, Plutarque (¹) spécifie : περὶ δὲ τοῦτον τὸν χρόνον, c'est-à-dire vers le commencement de la guerre du Péloponèse.

Diodore (²) énumère les causes secondaires de la guerre du Péloponèse : Périclès veut échapper à la reddition des comptes en déclenchant un conflit important ; par le même moyen, il cherche à soustraire ses amis aux procès qui leur sont intentés. Diodore parle du procès de Phidias, dans lequel Périclès lui-même est impliqué ; puis il ajoute : « en outre ils accusèrent le sophiste Anaxagore,
» qui était le maître de Périclès, d'être coupable d'impiété envers
» les dieux. »

Plutarque et Diodore (celui-ci probablement d'après Ephore qu'il cite un peu plus loin : XII, 41, 1) sont donc d'accord pour placer le procès peu de temps avant la guerre du Péloponèse ; or il est impossible qu'Ephore écrivant au IVe s. ait situé l'événement une trentaine d'années plus tard que la date réelle.

Et cependant la valeur des notices de Plutarque et de Diodore a été mise en doute par Swoboda (³). Celui-ci prétend qu'il est impossible d'attribuer avec quelques chances de probabilité des dates déterminées aux procès d'Anaxagore et d'Aspasie, mais que l'on doit toutefois les croire antérieurs à 432.

Selon Swoboda, Plutarque et Diodore ont comme source commune Ephore (⁴). Or, celui-ci se serait peu préoccupé de la suite chronologique des événements ; il les grouperait arbitrairement suivant les besoins de sa thèse. Ici, pour lui, il s'agissait de prouver que Périclès avait poussé les Athéniens à la guerre. Pour montrer

---

(¹) PLUTARQUE, *Per.*, 32 (= *Vors.*, 46 A 17, p. 380, 6).

(²) DIODORE, XII, 38 sq.

(³) SWOBODA, *Ueber den Process des Perikles, Hermes* (XXVIII), 1893, p. 589 sq. Cf. son article *Diopeithes*, n° 8, dans PAULY-WISSOWA.

(⁴) D'après RUD. SCHOELL, *Process des Phidias, Sitzungsb. der Münch. Akad.*, 1888, spécialement p. 12.

que Périclès était dans une situation telle qu'il ne pouvait en sortir que si la guerre éclatait, Ephore aurait reporté à une même époque un procès intenté à Périclès (procès dont Swoboda nie l'existence et qu'il identifie avec un autre procès intenté à Périclès à la fin de sa vie), les procès de Phidias, d'Anaxagore et d'Aspasie. Il est invraisemblable, dit Swoboda, qu'au moment où Périclès est le maître de la politique et où on le suit sans hésiter, on aurait intenté presque en même temps plusieurs procès qui, pour ne l'atteindre qu'indirectement, n'en avaient pas moins pour but d'ébranler profondément sa puissance.

Notre exposé de la situation politique vers 433 répond à l'objection (voyez *supra*, pp. 17 sq.). A cette époque, Périclès se heurta à une forte opposition qui cherchait à lui créer des embarras. Et c'est précisément parce qu'il était encore très puissant et très influent qu'on n'osait s'attaquer à lui ouvertement et qu'on s'efforçait de l'atteindre en la personne de ses amis et de la compagne de sa vie. Le nombre même de ces procès, intentés en un temps relativement court, ne fait que prouver la vitalité du parti hostile à Périclès.

D'ailleurs Swoboda rencontre une difficulté. Il admet en effet que Plutarque a tiré le décret de Diopeithès de la ψηφισμάτων συναγωγή de Crateros. Si celui-ci ne s'est pas aperçu de la faute chronologique, dit-il, c'est que les décrets antérieurs à Euclide ne portaient pas toujours les noms des archontes ou que Plutarque était incapable de se servir convenablement d'une table des archontes [1]. Evidemment ce ne sont que des hypothèses. Suppositions aussi, tout ce qu'on prête à Ephore, puisqu'il ne nous en reste, pour ainsi dire, rien. Il est vrai que les procès intentés aux personnes de l'entourage de Périclès n'ont pas déterminé celui-ci à faire éclater la guerre (le silence qu'observe Thucydide sur ces prétendues causes de la guerre du Péloponèse ne peut pas être sous-estimé [2]) ; comme le dit Swoboda, Ephore aura pris pour historiques des données tirées de la comédie. Mais le fait que les comiques auraient opéré le rapprochement prouve que réellement les procès ont eu lieu peu avant la guerre [3].

---

[1] SWOBODA, *op. cit.*, p. 589 ; cf. p. 539 à propos du décret de Dracontidès.
[2] Voyez notamment BUSOLT, *Griech. Gesch.*, III, 2, pp. 818 sq., note 8.
[3] Voyez pour le procès de Phidias, ARISTOPHANE, *Pax*, 603 sqq.

Swoboda ne peut donc faire valoir en faveur de sa thèse que des arguments en tout cas discutables ou de simples hypothèses qui ne sont pas de nature à nous faire rejeter la date traditionnelle. Bien plus, cette tradition semble confirmée, si l'on admet avec Satyros (voy. *supra*, p. 30) que Thucydide, le fils de Milésias, était un des accusateurs d'Anaxagore. En effet, Thucydide, ostracisé au printemps de 443 pour dix ans (¹), ne put rentrer à Athènes et jouer un rôle dans le procès au plus tôt qu'au cours de l'été 433.

Enfin, comme L. Parmentier (²) s'est efforcé de le montrer, il est très probable (³) que deux passages de la *Médée* d'Euripide (vers 292-301 et 214-224) doivent s'entendre comme une allusion au procès et à l'exil d'Anaxagore. « Ces allusions, dit Parmentier, » ne peuvent s'expliquer que pour l'époque qui a suivi immédia- » tement le procès. » Or, la *Médée* a été représentée au printemps de 431. Cet argument ne peut que nous confirmer dans notre opinion.

11. L'issue du procès. — L'issue du procès est très douteuse. Diogène Laërce nous a conservé une série de témoignages des plus contradictoires, exemple frappant de l'état déplorable où se trouvait, dès l'antiquité, la tradition biographique des philosophes. Voici ce que dit cet auteur : « Au sujet du procès, il y a des versions » différentes. Sotion, dans la *Succession des Philosophes*, dit que, » dénoncé par Cléon, il fut jugé pour impiété, parce qu'il avait dit » que le soleil était une masse de fer incandescente. Défendu par » son élève Périclès, il fut condamné à une amende de cinq talents » et au bannissement. Satyros, dans *Les Vies*, dit que ce fut Thucy- » dide, l'adversaire politique de Périclès, qui intenta l'action et, » non seulement pour impiété, mais aussi pour médisme. Il fut » condamné à mort par contumace... Hermippe, dans *Les Vies*, » déclare qu'il fut traîné en prison pour y être mis à mort ; Périclès » survenant demanda si l'on avait quelque chose à reprocher au

---

(¹) D'après ED. MEYER, *Gesch. des Altert.*, IV, p. 43 et 44 note, ainsi que ADCOCK dans *The ancient Cambridge History*, 1927, V, pp. 167 et 474 ; tandis que BUSOLT, *op. cit.*, III, 2, p. 825, rem. 1 et III, 1, p. 495, rem. 3, adopte 442.

(²) L. PARMENTIER, *Euripide et Anaxagore*, pp. 14 sq.

(³) Voyez toutefois la critique de l'opinion de L. Parmentier par J. DELBŒUF, dans *La Revue de l'Instruction publique en Belgique*, 1893 (XXXVI), pp. 379- 391.

» genre de vie du philosophe. « Rien », lui répondit-on. — « Eh bien !
» je suis son élève », dit-il. « Ne vous laissez pas entraîner par des
» calomnies, ne tuez pas cet homme, mais croyez-moi, laissez-le
» aller ». Et il fut remis en liberté, mais ne pouvant supporter
» l'insulte, il se suicida. Dans le deuxième livre des *Mémoires variés*,
» Hiéronyme dit que Périclès le conduisit au tribunal affaibli et
» amaigri par la maladie, si bien qu'on l'acquitta plutôt par pitié
» que par suite de la justice de sa cause. » ([1]).

Selon Suidas ([2]), Anaxagore s'échappa d'Athènes grâce à l'aide de Périclès, se rendit à Lampsaque et s'y laissa mourir de faim, affligé d'avoir été jeté en prison par les Athéniens.

Plutarque ([3]) nous apprend que Périclès, craignant pour la vie de son ami, prévint la décision des juges en lui faisant prendre la fuite. Cette version est parente de celle à laquelle Lucien ([4]) semble se rallier, lorsque faisant évidemment allusion au procès d'Anaxagore et à l'intervention de Périclès, il raconte que Zeus, dans sa fureur contre l'astronome, lança contre lui sa foudre, mais que Périclès étendit la main et protégea ainsi son ami.

Selon Olympiodore ([5]), il aurait été ostracisé, mais plus tard Périclès mettant en œuvre son talent oratoire aurait réussi à le faire rappeler.

Enfin d'après Josèphe ([6]), il aurait été condamné à mort à une faible majorité.

En présence d'un tel fouillis de témoignages aussi désespérément contradictoires, personne ne se flattera de découvrir sûrement la vérité. Il y a cependant un fait sur lequel les anciens sont d'accord : Périclès a joué un rôle important dans la défense de son ami. Comme Anaxagore était très problablement resté métèque, Périclès l'a peut-être défendu en qualité de « patron ».

Plusieurs auteurs disent qu'Anaxagore fut jeté en prison. Il

([1]) Diogène Laerce, II, 12 sqq. (= *Vors.*, 46 A 1, p. 376, 23 sqq.).

([2]) Suidas, *s. v.* Ἀναξ. (= *Vors.*, 46 A 3, p. 377, 25).

([3]) Plutarque, *Per.*, 32 (= *Vors.*, 46 A 17, p. 380, 9) ; cf. *Nic.*, 23 (= *Vors.*, 46 A 18, p. 380, 20).

([4]) Lucien, *Timon*, V, 10.

([5]) Olympiodore, *in Met.*, p. 17, 19 Stüve (= *Vors.*, 46 A 19, p. 380, 28).

([6]) Josèphe, *adv. Ap.*, II, 265 (= *Vors.*, 46 A 19, p. 380, 23).

s'agit peut-être de la détention préventive qu'aurait subie Anaxagore (¹).

Quant à l'issue du procès, nous en sommes réduits à éliminer les versions les moins vraisemblables. On est généralement d'accord pour écarter le suicide (Hermippe, Suidas). Outre que ce trait paraît bien avoir été introduit par les amateurs d'émotions fortes, nous savons par ailleurs qu'Anaxagore parvint à Lampsaque et y mourut en 428-427. Du reste, Suidas ou sa source probable, Hésychius, sont d'une époque très tardive et Hermippe est tout à fait suspect. Les critiques modernes sont unanimes à lui reprocher une excessive crédulité ou une tournure d'esprit romanesque (²).

Il faut aussi, sans doute, considérer comme légendaire le récit de Hiéronyme, qui nous montre Périclès conduisant lui-même au tribunal son ami émacié, affaibli par la maladie. Ce sont là des détails dictés par le souci de dramatiser les événements.

On doit aussi, semble-t-il, rejeter la version qui le fait condamner à mort (Satyros, Josèphe), car il est peu vraisemblable qu'un condamné à la peine capitale ait pu séjourner quatre ou cinq ans dans une ville alliée d'Athènes, sans y être inquiété (³). La version opposée (Hiéronyme), qui mentionne l'acquittement prononcé par les juges frappés de pitié à la vue d'Anaxagore malade, nous paraît trop bénigne.

Après cette élimination (⁴), il reste en présence la version de Sotion, qui le fait condamner à une amende de cinq talents et au bannissement, et celle de Plutarque (cf. Suidas et Satyros) d'après laquelle Périclès aurait fait fuir Anaxagore avant le procès. Ce qui nous paraît le plus vraisemblable, c'est que grâce à l'intervention de Périclès, Anaxagore bénéficia jusqu'à un certain point de l'indulgence des juges. Nous nous rallierions volontiers à la

---

(¹) Les étrangers étaient soumis à la détention préventive, aussi bien pour les procès criminels que privés, à moins qu'ils n'eussent versé une caution; voyez E. CAILLEMER, dans DAREMBERG ET SAGLIO, *s. v. Carcer*, p. 916.

(²) Voyez DIELS, *Doxographi*, 151 ; WILAMOWITZ, *Phil. Unters.*, III, p. 159. KROLL, dans PAULY-WISS., *s. v. Hermippos*, n° 6. On a remarqué que Hermippe attribuait à tous les grands hommes des morts extraordinaires. Ces récits de τελευταί ont été réunis par KÖRTGE, *Dissert. Hal.*, XIV, 273 sqq.

(³) Cf. PÖHLMANN, *Grundr. der Griech. Gesch.*, P. 148, note 5.

(⁴) Il ne faut évidemment pas tenir compte de la version bizarre et isolée d'Olympiodore.

version de Sotion d'après laquelle les juges auraient prononcé une peine plutôt douce : l'amende et le bannissement.

Quoi qu'il en soit, l'illustre astronome se réfugia à Lampsaque. Les habitants de cette ville se firent, paraît-il, un devoir et un honneur d'accueillir le savant que les Athéniens chassaient. Il y vécut en paix quelques années encore, objet de l'admiration et de la vénération des gens du pays [1]. A l'approche de sa mort, les magistrats lui demandèrent ce qu'il désirait que l'on fît en son honneur. La simplicité et la bonhomie du philosophe lui dictèrent cette réponse touchante : « Que l'on donne congé aux enfants le » jour de l'anniversaire de ma mort ».

12. Conclusion. — Le procès d'Anaxagore était-il au fond un procès politique ou religieux ? A notre avis, cette affaire avait en réalité un double caractère.

Politique par le but que poursuivaient les accusateurs et par les mobiles qui les ont fait agir, le procès est religieux parce que la grande majorité des Athéniens et des juges n'ont vu en cette affaire que la répression d'un délit religieux. Il est certain qu'en condamnant Anaxagore ils ont voulu punir l'impie qui osait rabaisser les dieux du ciel à des masses de pierres et de terre. Mais ce sont des raisons politiques qui ont inspiré les accusateurs ; Thucydide et Cléon ont voulu priver Périclès — qu'ils n'osaient ou ne pouvaient attaquer directement — de ses amis qui passaient pour ses conseillers. Afin d'atteindre leur but, ils se sont placés sur le terrain religieux.

La cause déterminante, si nous pouvons nous exprimer ainsi, est donc politique, mais les causes profondes sont religieuses. C'est en effet la réaction contre la science ionienne expliquant les phénomènes d'une façon mécanique et naturelle qui a permis aux ennemis de Périclès d'accuser et de faire condamner Anaxagore.

---

[1] La plus ancienne autorité concernant les honneurs rendus à Anaxagore à Lampsaque est ALCIDAMAS, élève de Gorgias, chez ARISTOTE, *Rhet.*, II, 23, p. 1398 *b*, 15 (= *Vors.*, 46 A 23, p. 381, 22) : καὶ Λαμψακηνοὶ Ἀναξαγόραν ξένον ὄντα ἔθαψαν καὶ τιμῶσιν ἔτι καὶ νῦν. Cf. DIOGÈNE LAERCE, II, 14 sq. ; EUSÈBE, *Praep. Evang.*, X, 14,13. Voyez TANNERY, *Pour l'histoire de la science hellène*, p. 271, 1 ; BURNET, *L'aurore de la philos. grecque* (trad.), pp. 294 sq. ; W. CAPELLE, *N. Jahrbücher*, 1919, p. 51 ; DIELS, *Vors.*, 46 A 27, pp. 381, 30 sq. Anaxagore fut inhumé aux frais de l'Etat ; on lui éleva un autel, des statues. On a même trouvé des monnaies à son effigie dont les plus anciennes semblent dater d'environ cent ans avant J.-C.

APPENDICE

Les risques courus par Diogène d'Apollonie

On lit chez Diogène Laërce ([1]) la phrase suivante : « Diogène » d'Apollonie vivait à l'époque d'Anaxagore. Dans l'*Apologie de* » *Socrate*, Démétrios de Phalère dit qu'il s'en fallut de peu que, à » cause de la grande jalousie dont il était l'objet, il ne fût traduit » devant les tribunaux à Athènes ».

Diogène Laërce ne spécifie pas le grief sur lequel on comptait fonder l'accusation, mais, comme Démétrios de Phalère parlait de cette affaire dans son *Apologie de Socrate*, où il rappelait sans doute aux Athéniens les cas où ils s'étaient montrés intolérants à l'égard des philosophes ([2]), on peut conjecturer qu'il s'agissait d'impiété. Cette hypothèse s'accorde d'ailleurs avec ce que nous savons de la doctrine de Diogène d'Apollonie ([3]). Il avait très probablement fréquenté Anaxagore dont il avait fait sienne la théorie du Νοῦς. Comme lui, il donnait de l'Univers une explication mécanique où les dieux ne jouaient aucun rôle. La religion et les mythes n'étaient pour lui que des allégories. Aussi passait-il pour athée aux yeux du grand public. Les comiques, en tout cas, l'attaquaient comme tel ; on sait que l'affirmation sacrilège « Trêve de balivernes ; il n'existe même pas, » Zeus... C'est Tourbillon qui règne à sa place » ([4]), qu'Aristophane dans les *Nuées* met dans la bouche de Socrate, ainsi que la plupart

---

([1]) DIOGÈNE LAERCE, IX, 57 ἦν δὲ τοῖς χρόνοις κατ' Ἀναξαγόραν. τοῦτόν φησιν ὁ Φαληρεὺς Δημήτριος ἐν τῇ Σωκράτους ἀπολογίᾳ διὰ μέγαν φθόνον μικροῦ κινδυνεῦσαι Ἀθήνησιν. = DIELS, *Vors.*, 51 A 1, qui croit que la phrase à partir de τοῦτον serait une note marginale introduite dans le texte et se rapportant à Anaxagore. A première vue en effet, τοῦτον semble désigner le dernier nommé, Anaxagore. Mais Diogène Laërce emploie constamment οὗτος pour désigner le personnage qui fait l'objet du paragraphe (par ex. : VII, 168, 179, etc.). D'autre part on ne voit pas pourquoi le scholiaste aurait placé cette remarque à cet endroit, puisqu'au livre II, 12 sq., Diogène Laërce consacre un long passage au procès d'Anaxagore. Enfin la note s'appliquerait mal à Anaxagore ; car tous les auteurs disent qu'il fut accusé.

([2]) Comme LIBANIUS le fait dans son *Apologia Socratis*, 153 et 154.

([3]) Voyez E. WELLMANN, dans PAULY-WISS., s. v. *Diogenes*, nº 42, qui renvoie aux travaux modernes.

([4]) ARISTOPHANE, *Nubes*, 367 ; 380 sq. ; 827 sq. ; 1470 sq.

des théories astronomiques et météorologiques que professe Socrate dans cette comédie sont une parodie de sa doctrine ([1]).

D'un autre côté, l'autorité sur laquelle Diogène Laërce s'appuie, Démétrios de Phalère, est excellente. Cependant, comme ce texte est complètement isolé, certains croient que Diogène Laërce a confondu l'Apolloniate soit avec Diagoras ([2]), soit avec Protagoras ([3]). En fait, une erreur de Diogène Laërce est très possible ; mais cette hypothèse n'est pas nécessaire et elle est par surcroît indémontrable.

Quoi qu'il en soit, nous devons confesser notre ignorance aussi bien au sujet de la date de cette affaire, des circonstances dans lesquelles a failli se produire l'accusation que des causes qui ont empêché l'accusateur d'accomplir son dessein. On ne connaît d'ailleurs presque rien de la vie de Diogène d'Apollonie. Tout au plus est-on généralement d'accord pour en faire un jeune contemporain d'Anaxagore.

---

[1] Références *supra*, p. 28, note 1.
[2] E. ZELLER, *Philos. der Gr.*, I, 1⁵, p. 259, note 2 (trad., p. 260, note 2), qui toutefois ne présente cette confusion que comme possible.
[3] E. WELLMANN, *loc. cit.*

Chapitre II

LE PROCÈS DE PROTAGORAS

1. **Protagoras et la Religion.** — Pendant une quinzaine d'années, Athènes semble ne plus avoir connu d'action pour impiété. Les citoyens engagés à fond dans une lutte terrible qui ensanglantait tout le monde grec, étaient sans doute trop occupés à défendre leur vie, leur patrie et leur empire. Mais le traité de 421 leur donna, sinon la paix définitive, du moins une trêve.

De même que l'époque précédant immédiatement la première phase de la guerre du Péloponèse avait été féconde en procès religieux, les années 416 et 415, après lesquelles devait se rallumer la guerre, virent se produire plusieurs accusations d'impiété.

A cette époque, depuis quarante ans, Protagoras était l'un des plus distingués professeurs de la Grèce. D'après ce que nous savons de lui, rien dans sa conduite ou son genre de vie, ne pouvait offenser les sentiments religieux si susceptibles des Athéniens. Platon, dans le dialogue qui porte le nom du grand sophiste, lui fait raconter un mythe magnifique qui suppose de la part du narrateur, sinon la croyance aux dieux, du moins l'habitude de se conformer aux conventions de ses contemporains. « Si le sophiste, écrit Gomperz ([1]),
» s'était, ne fût-ce qu'à la fin de sa vie, révélé comme opposé au
» culte des dieux, l'écrivain le plus habile à caractériser ses per-
» sonnages eût-il mis dans sa bouche un mythe qui, du commen-
» cement à la fin, ne parle que des dieux et de leur intervention
» dans les destinées des hommes ; un mythe dans lequel se trouve
» la phrase suivante : « Comme l'homme avait part au divin, il
» fut tout d'abord, en raison de sa parenté avec la divinité, le seul
» entre tous les êtres à croire aux dieux et se mit à leur élever
» des statues ? » Cela n'est guère croyable. »

Une autre preuve que Protagoras, loin de s'attaquer aux croyances

---

([1]) Th. Gomperz, *Pens. de la Grèce*, 1, p. 476.

religieuses, avait l'habitude de s'y conformer, réside dans le fait qu'il recourait au serment pour se faire payer ses honoraires. Platon (¹) nous raconte le curieux procédé qu'il employait en cas de contestation à ce sujet. Lorsqu'un disciple, ses études terminées, refusait de payer ses honoraires, Protagoras le conduisait dans un temple et lui faisait estimer sous la foi du serment la somme que le jeune homme lui-même croyait devoir au maître pour l'enseignement reçu.

On peut donc considérer comme à peu près certain que Protagoras n'était pas un contempteur des dieux et qu'en général il se conformait aux usages dans le domaine religieux.

2. **Son livre « Περὶ θεῶν »**. — Vers 416-415, le célèbre sophiste publia (²) un ouvrage intitulé : Περὶ θεῶν. Il en donna lecture, ce qui était le procédé antique habituel de livrer un ouvrage à la publicité, dans la maison de son ami Euripide, ou de Mégaclide, ou encore selon d'autres, au Lycée (³).

De cette œuvre nous n'avons conservé que la première phrase (⁴) : « A propos des dieux, je ne peux savoir ni s'ils existent, ni s'ils » n'existent pas. Beaucoup d'obstacles m'empêchent d'arriver à la

---

(¹) PLATON, *Protag.*, 328 *b c* ; cf. ARISTOTE, *Ethic. Nic.*, IX, 1, p. 1164 *a*, 22 sqq., qui toutefois ne parle pas du serment ; cf. aussi ARISTOPHANE, *Nubes*, 245 sq., où se trouve probablement une allusion à cette coutume de Protagoras.

(²) Cependant certains croient, notamment DRACHMANN, *Atheism in Pagan Antiquity*, pp. 40 sqq., que son livre était depuis longtemps connu. Mais d'après DIOGÈNE LAERCE, IX, 52 (= *Vors.*, 74 A 1), il semble que c'est à la suite de la première lecture de cet ouvrage, qu'il fut accusé. Diogène dit que c'est le premier ouvrage que Protagoras fit lire ; mais il ne résulte pas de là que le περὶ θεῶν était le premier des ouvrages de Protagoras. Au contraire la mention de la brièveté de la vie humaine, paraît indiquer qu'il s'agit d'une œuvre d'un homme âgé.

(³) DIOGÈNE LAERCE, IX, 52.

(⁴) Nous adoptons le texte que donne DIOGÈNE LAERCE, IX, 51 : περὶ μὲν θεῶν οὐκ ἔχω εἰδέναι οὔθ' ὡς εἰσὶν οὔθ' ὡς οὐκ εἰσίν · πολλὰ γὰρ τὰ κωλύοντα εἰδέναι ἥ τ' ἀδηλότης καὶ βραχὺς ὢν ὁ βίος τοῦ ἀνθρώπου. DIELS, *Vors.*, 74 B 4, en combinant Diogène Laërce avec EUSÈBE, *Praep. Ev.*, XIV, 3, 7 ; XIV, 19, 8 et SEXTUS EMPIRICUS, IX, 56, donne à la suite de οὔθ' ὡς οὐκ εἰσίν en plus οὔθ' ὁποῖοί τινες ἰδέαν. Mais à notre avis, Th. GOMPERZ, *Das Götterbruchstück des Protagoras* (*Wiener Studien*, 1910), p. 4-6 a prouvé que ces mots venaient d'un décalque de TIMON DE PHLIONTE, IIᵉ livre des *Silles*, passage cité par SEXTUS EMPIRICUS, *loc. cit.* (voy. *Poesis ludibunda*, p. 163 sq. Wachsmuth). La leçon que prône Gomperz est d'ailleurs confirmée par PLATON, *Theaet.*, 162 *d* (= *Vors.*, 74 A 23).

» connaissance en ce domaine, notamment l'obscurité de la question
» et la brièveté de la vie humaine. » En écrivant ces lignes, Protagoras
ne faisait pas profession d'athéisme, mais d'agnosticisme ; il proclamait seulement l'impossibilité d'arriver à une connaissance
rationnelle et scientifique de l'existence des dieux. C'est ce qu'il
marque très bien en insistant sur le mot εἰδέναι répété deux fois.
Il faut donc donner raison à Gomperz(¹), quand il dit que « savoir
et croire » étaient deux termes que les anciens distinguaient avec
autant de rigueur que nous et que « le thème de l'ouvrage n'était
pas la croyance en dieu, mais la connaissance des dieux ». Nous
ajouterions volontiers que, dans son ouvrage, Protagoras traitait
peut-être de la connaissance des dieux en tant qu'objet des croyances
humaines sans vouloir se prononcer sur le bien-fondé de ces croyances.
Car le livre ne pouvait être consacré à démontrer l'impossibilité
de savoir si les dieux existent ou non. L'auteur, dans sa première
phrase, le déclare comme une chose sûre et il fournit immédiatement
les raisons pour lesquelles il n'examinera pas cette question. D'après
la forme et la place même de cette déclaration, il est invraisemblable
que Protagoras ait consacré de longs développements à prouver
une assertion qu'il paraît poser comme un postulat, dès les premières
lignes de son ouvrage. Il devait donc traiter des dieux à un autre
point de vue, peut-être dans le sens que nous venons d'indiquer.

Protagoras n'était pas athée, mais le début de son livre pouvait
blesser le sentiment religieux des Athéniens. Aux yeux du peuple,
incapable de distinguer les nuances, la négation de la possibilité
d'arriver à la connaissance rationnelle de l'existence des dieux,
devait passer pour la négation de l'existence même des dieux.
Certains auteurs anciens sont aussi tombés dans cette erreur. Ainsi
nous lisons chez Diogène d'Oinoanda (²) à propos de Protagoras :
« il disait ne pas savoir si les dieux existent, c'est la même chose
» que de dire savoir qu'ils n'existent pas. » C'est aussi à une mauvaise
interprétation du passage qu'il faut imputer ce que dit Epiphane (³) :
« Protagoras disait que ni des dieux, ni même absolument aucun
» dieu n'existaient. »

(¹) Voyez GOMPERZ, *Les Penseurs de la Grèce*, I, p. 475 sqq. Cf. LOUIS, *Les doctrines religieuses des Philosophes grecs*, pp. 46 sqq.
(²) *Bulletin de Correspondance hellénique*, XXI, p. 393, fr. 50a, 1 (= *Vors.*, 74 A 23); cf. EUSÈBE, *Praep. Ev.*, XIV, 3, 7 (= *Vors.*, 74 B 4).
(³) EPIPHANE, *adv. Haeres.*, III, 2, 9 (= Diels, *Doxogr.*, p. 591, 16).

3. **Protagoras s'occupait peut-être d'astronomie et de météorologie.** — Capelle (¹) a rendu vraisemblable l'hypothèse d'après laquelle l'accusation de Protagoras, incriminant le début du περὶ θεῶν, lui reprochait aussi les théories astronomiques ou météorologiques qu'il aurait prônées ou enseignées. Il est en effet très probable que le sophiste s'était occupé de ces sciences, sinon Eupolis (²), dans sa pièce intitulée Κόλακες, représentée aux Dionysies de 421, n'aurait guère pu dire de lui :

ὃς ἀλαζονεύεται ἀλιτήριος
περὶ τῶν μετεώρων, τὰ δὲ χαμᾶθεν ἐσθίει.

Cicéron aussi nous confirme que Protagoras se serait intéressé aux sciences naturelles. « Que dirai-je, dit-il, de Prodicos de » Céos, de Thrasymaque de Chalcédoine, de Protagoras d'Abdère ? » Chacun de ces hommes a en son temps beaucoup parlé et écrit » sur la nature » (³).

Capelle rapproche de ces textes un passage de Plutarque, que nous avons déjà cité (p. 15), où l'auteur parle des mauvaises dispositions des Athéniens envers les physiciens et les astronomes et où il cite, comme preuve de cette aversion, les procès de Protagoras et d'Anaxagore : « Aussi Protagoras fut banni et Périclès ne sauva » qu'avec peine Anaxagore emprisonné ». Après ces rapprochements, nous pouvons admettre qu'on reprochait très probablement aussi à Protagoras ses études sur l'astronomie, bien qu'il n'en fît toutefois pas sa principale occupation (⁴).

4. **Les accusateurs.** — Quoi qu'il en soit, un certain Pythodoros, riche aristocrate qui, en se montrant zélé défenseur des croyances ancestrales, espérait peut-être se mettre en faveur ou

---

(¹) CAPELLE, Μετέωρος, μετεωρολογία, dans *Philologus* (71), 1912, pp. 434 sq.

(²) EUPOLIS chez KOCK, *Com. Frag.*, n° 146 *a b*, I, p. 297 (= *Vors.*, II, 1, p. 530, 14 sq.)

(³) CICÉRON, *de orat.*, III, 32, 128.

(⁴) Le texte le plus net, qui nous oblige à faire cette restriction, se trouve chez PLATON, *Protag.*, 318 *a*; Protagoras y dit que Hippocrate, qui est désireux de se mettre à son école, n'aura pas à craindre un inconvénient qu'il rencontrera chez d'autres sophistes : οἱ μὲν γὰρ ἄλλοι λωβῶνται τοὺς νέους · τὰς γὰρ τέχνας αὐτοὺς πεφευγότας, ἄκοντας πάλιν αὖ ἄγοντες ἐμβάλλουσιν εἰς τέχνας, λογισμούς τε καὶ ἀστρονομίαν καὶ γεωμετρίαν καὶ μουσικὴν διδάσκοντες....

qui trouvait gênant Protagoras, dont les opinions démocratiques étaient bien connues (¹), crut bon de porter contre lui une accusation d'impiété incriminant notamment le début du περὶ θεῶν.

Ceci se passait, croyons-nous (²), vers 416-415. Ce Pythodoros était un riche conservateur, qui joua plus tard un rôle assez important dans la politique (³). En 411, il fit partie des Quatre-Cents. Archonte en 404-403, c'est lui-même, d'après Aristote, qui fut l'auteur du projet de loi instaurant la tyrannie des Trente.

Généralement, les historiens modernes croient que Pythodoros était le seul accusateur de Protagoras, sur la foi de Diogène Laërce (⁴) : « Pythodoros, fils de Polyzèlos, l'un des Trente, l'accusa ; mais » Aristote dit que ce fut Euathlos ». Ils ne tiennent donc pas compte de la grave divergence qui se trouve en ce passage : Aristote, dont (est-il besoin de le dire ?) l'autorité a incomparablement plus de valeur que la source anonyme de Diogène, cite un autre accusateur.

Le fait mérite que l'on s'y arrête un instant, d'autant plus que nous possédons un autre texte mentionnant aussi Euathlos comme accusateur de Protagoras. Un scholiaste anonyme (⁵) nous dit, en effet : εἶτα Πρωταγόραν Εὐάθλου τινὸς τῶν μαθητῶν συκοφαντήσαντος αὐτόν.

Les modernes qui se refusent à voir en Euathlos l'accusateur ou un des accusateurs de Protagoras objectent qu'Aristote a probablement confondu le procès d'impiété avec une autre action que Protagoras aurait intenté à Euathlos. On connaît par Aulu-Gelle (⁶) le différend qui avait surgi entre Protagoras et Euathlos.

(¹) Les opinions démocratiques de Protagoras sont bien établies par le mythe que lui fait raconter PLATON, *Protag.*, spécialement 322 *c d* ; cf. MAIER, *Sokrates*, p. 464 et A. MENZEL, *Beitr. zur Gesch. der Staatslehre, Sitz. der Wien. Akad.* (Phil. Hist. Kl.), 210, 1. *Abh.*, 1929, p. 177 sq.

(²) Voyez le paragraphe n° 5 réservé à la chronologie.

(³) Sur Pythodoros, voyez : DIOGÈNE LAERCE, IX, 54 (= *Vors.*, 74 A 1); ARISTOTE, Ἀθ. πολ., XXIX, 1, où Blass a restitué : Πυθόδωρος Πολυζήλου ['Αναφλ]ύ[σ]τιος. Cf. *Neue Jahrb.*, 1892, p. 573. Sans doute identique avec le Pythodoros mentionné par XÉNOPHON, *Hell.*, II, 3, 1 ; LYSIAS, VII, 9 ; ARISTOTE, Ἀθ. Πολ., XXXV, 1 ; LXVI, 1 ; cf. E. MEYER, *Forschungen*, II, p. 417, note 2 ; WILAMOWITZ, *Aristoteles und Athen*, II, 173 ; M. A. I., XIV, p. 399 ; KIRCHNER, *Pros. Att.*, s. v, n° 12412 et 12389.

(⁴) DIOGÈNE LAERCE, IX, 54 (= *Vors.*, 74 A 1).

(⁵) CRAMER, *Anecdota Graeca e codd. manuscriptis Bibliothecae Regiae Parisiensis*, I, 172. μαθητῶν est une corr. de F. RITSCHL, le ms. a ἀθλητῶν.

(⁶) AULU-GELLE, *Noct. Att.*, V, 10 ; cf. QUINTILIEN, *Inst. Orat.*, III, 1, 10.

Celui-ci, jeune homme de famille riche, fut pris du désir de s'initier à l'éloquence judiciaire. Il se mit à l'école de Protagoras et lui promit comme salaire une importante somme d'argent dont il versa d'abord la moitié. Selon leurs conventions, il devait lui payer l'autre moitié, dès qu'il aurait gagné sa première cause. Mais Euathlos, son apprentissage terminé, ne plaidait pas et par conséquent ne payait pas non plus son maître. Protagoras le traduisit devant le tribunal, où, dans son discours, il aurait fait valoir l'argument suivant : dans tous les cas Euathlos doit me payer : s'il perd ce procès, il devra me payer, en vertu de l'arrêt des juges ; dans le cas contraire, il devra quand même solder sa dette, parce qu'il aura gagné son premier procès, éventualité prévue par notre convention. Mais Euathlos, qui en cela faisait vraiment honneur à son professeur, lui répliqua tout aussi habilement : dans tous les cas je ne dois pas payer, car si je gagne mon procès, en vertu du jugement, je suis libéré de ma dette ; dans le cas contraire, je n'aurai pas gagné de procès, et alors en vertu de notre convention, je ne suis nullement tenu de payer (¹). Les juges complètement déroutés, ne sachant à qui donner raison, prirent le parti de renvoyer les plaideurs dos à dos.

Comment serait-il possible qu'Aristote, travaillant d'une façon scientifique, ait pu commettre la méprise qu'on veut lui attribuer ? Dans l'affaire du payement des honoraires, Euathlos n'est pas accusateur, il est au contraire défendeur.

Or, il semble bien qu'Euathlos était homme à accuser ou même à calomnier son ancien maître, pour satisfaire ses ressentiments. Les comiques l'appellent couramment ῥήτωρ συκοφάντης et Aristophane dans les *Guêpes* en parle comme d'un traître (²). Rien

---

(¹) Van Leeuwen, édit. d'Aristophane ne considère pas ce procès comme historique, sous prétexte qu'il y aurait contradiction avec ce que nous dit Platon (voy. supra p. 46) de la méthode qu'employait Protagoras pour se faire payer ses honoraires. Mais il est très possible que ce ne soit qu'à la suite de l'échec qu'il avait éprouvé dans l'affaire d'Euathlos, que Protagoras reconnaissant l'inanité du recours aux tribunaux ait imaginé le système du serment prêté dans un temple.

(²) Sur Euathlos, voyez Aristophane, *Vespae*, 592 et scholie : Εὔαθλος ῥήτωρ συκοφάντης ; *Acharn.*, 710, scholie ; Suidas, s. v. Εὐάθλους δέκα · οὗτος ὁ Εὔαθλος ῥήτωρ πονηρός · Ἀριστοφάνης ἐν Ὁλκάσιν · « ἔστι τις πονηρὸς ἡμῖν τοξότης συνήγορος ὥσπερ Εὔαθλος.... παρ' ὑμῖν τοῖς νέοις ». ἦν δὲ καὶ εὐρύπρωκτος καὶ λάλος · εἴη δ' ἂν καὶ ἀγεννής · διὸ καὶ τοξότην αὐτὸν καλεῖ.

ne nous empêche donc de faire confiance à Diogène Laërce, lorsqu'il nous rapporte qu'Aristote citait comme accusateur Euathlos. Toutefois, comme nous n'avons aucune preuve non plus que Pythodoros n'était pas mêlé à l'affaire, nous pouvons admettre que l'accusation formulée contre Protagoras était soutenue par deux accusateurs.

5. **La date du procès.** — Aucun auteur ancien ne nous a transmis la date du procès de Protagoras. Car on ne peut considérer comme indication chronologique ce que dit Diogène Laërce ([1]) : κατηγόρησε δ'αὐτοῦ Πυθόδωρος Πολυζήλου, εἷς τῶν τετρακοσίων. Ceci peut signifier trois choses : *a)* Pythodoros qui à cette époque était membre des Quatre-Cents (411) ; *b)* P. qui plus tard fit partie du Conseil des... ; *c)* P. qui précédemment avait été membre du... Le désaccord des interprétateurs prouve que l'on ne peut tirer parti de cette donnée. Ainsi Müller Strübing ([2]), qui place le procès en 415, pense que si Diogène avait voulu faire entendre que Pythodoros était membre du Conseil des Quatre-Cents, lorsqu'il accusa Protagoras, il aurait écrit : Πυθ... ὤν ou plutôt εἷς ὤν τῶν τετρακοσίων. Mais P. de Koning ([3]), qui veut voir en ces mots un indice chronologique et place en conséquence le procès en 411, réplique que si Diogène avait voulu dire que Pythodoros fit *plus tard* partie du Conseil des Quatre-Cents, il aurait écrit : Πυθ... μετὰ ταῦτα εἷς...

Tout ceci nous montre que les mots εἷς τῶν τετρακοσίων ne servent pas à indiquer la date du procès, mais à caractériser la personnalité de l'accusateur. D'ailleurs, si l'on pense à la méthode de travail déplorable de Diogène Laërce, consistant à rassembler au petit bonheur les renseignements qu'il avait consignés sur fiches, moins que jamais on voudra tirer parti de ce texte.

Heureusement, nous avons d'autres moyens d'arriver à une date, sinon précise, du moins approximative. Dans un beau raisonnement que l'on nous permettra de citer, Gomperz ([4]) a prouvé que

---

οἷον ὑπηρέτην · Cf. KOCK, *Com. Att. Frag.*, I, p. 36, nº 75 ; p. 498, nº 411 ; p. 628, nº 102 ; KIRCHNER, *Pros. Att.*, s. v., nº 5238.

([1]) DIOGÈNE LAERCE, IX, 54 (= *Vors.*, 74 A 1).
([2]) Dans *Jahrbücher für Klass. Phil.* (121), 1880, p. 84.
([3]) P. DE KONING, *Protagoreae Quaestiones*, p. 58.
([4]) TH. GOMPERZ, *Les Penseurs de la Grèce* (trad.), I, p. 466, note 3.

le procès devait avoir eu lieu au moins cinq ans avant 411 : « Platon
» fait dire à Protagoras dans le dialogue qui porte son nom (317*e*) :
» « Il n'est aucun de vous dont je ne puisse être le père pour ce qui
» est des années ». En cette occasion, Platon qui n'avait pas le
» moindre motif de brouiller les dates, devait penser avant tout à
» Socrate. Or, comme celui-ci, mort en 399, ne peut guère être
» né après 471 — car la leçon πλείω ἑβδομήκοντα dans l'*Apologie*,
» 17 *d* peut être considérée comme inattaquable — mais ne peut
» non plus être né avant, car autrement le chiffre rond de 70 ans
» serait inadmissible dans le *Criton* 52 *e*, nous voyons que Pro-
» tagoras ne peut être né après 485, et qu'il naquit plus probablement
» en 486 ou 487. Cette date s'accorde avec celle de la législation
» de Thurium (443), dont Protagoras, qui avait embrassé la profession
» de sophiste vers l'âge de 30 ans, d'après le *Ménon* 91 *e*, ne pouvait
» guère être chargé avant d'avoir acquis l'autorité nécessaire par
» une pratique de quelque durée. Or, comme Apollodore le fait
» vivre 70 ans (environ 70 selon Platon, *loc. cit.*) on est obligé de
» placer sa mort qui, dit-on, suivit immédiatement l'accusation,
» plusieurs années, au moins cinq ou six avant 411. »

D'autres textes (¹) de Platon, cités par Taylor, viennent d'ailleurs

---

(¹) Ainsi *Prot.*, 320 *e* où Protagoras propose d'exposer son opinion au moyen d'un mythe ὡς πρεσβύτερος νεωτέροις. A la fin de ce même dialogue (361 *e*), Protagoras prédit à Socrate qu'il se distinguera : οὐκ ἂν θαυμάζοιμι εἰ τῶν ἑλλογίμων γένοιο ἀνδρῶν ἐπὶ σοφίᾳ. Une personne plus âgée de 10 ans seulement ne pourrait prendre cette attitude sans arrogance. Cf. aussi *Theaet.*, 171 *e*, où Socrate dit en parlant de Protagoras : εἰκός γε ἄρα ἐκεῖνον πρεσβύτερον ὄντα σοφώτερον ἡμῶν εἶναι. En exploitant ces textes, TAYLOR, *Varia Socratica*, Oxford, 1911, pp. 135 sq. note, va même jusqu'à prétendre qu'il faudrait placer la naissance de Protagoras vers 500 et son procès vers 430. Cette opinion est erronée, parce qu'elle ne tient pas compte de « termini post quos » de beaucoup postérieurs à 430. Dans sa pièce Κόλακες représentée en 421, Eupolis faisait dire à un de ses personnages :

ἔνδον μέν ἐστι Πρωταγόρας ὁ Τήιος
ὃς ἀλαζονεύεται μὲν ἀλιτήριος
περὶ τῶν μετεώρων, τὰ δὲ χαμᾶθεν ἐσθίει.

(KOCK, I, p. 297, frag. 146). Les présents ἐστί, ἀλαζονεύεται et ἐσθίει prouvent clairement que Protagoras était bien vivant lors de la représentation de cette pièce, comme le constatait déjà ATHÉNÉE, V, 218 *b* : ἐν οὖν τούτῳ τῷ δράματι Εὔπολις τὸν Πρωταγόραν ὡς ἐπιδημοῦντα εἰσάγει. Il est même plus que probable, comme le suppose Kock, que le sophiste était mis en scène dans la pièce ; ce qui serait impossible, si, à cette époque, une dizaine d'années s'étaient écoulées

à l'appui de l'opinion de Gomperz et prouvent sûrement que Protagoras était de quinze ans, au moins, l'aîné de Socrate.

Une autre preuve que Pythodoros n'était pas membre des Quatre-Cents lors du procès, c'est qu'Apollodore, quand il a recherché les dates de la vie de Protagoras, ne s'est pas servi de cet indice chronologique. On lit chez Diogène Laërce ([1]) : « Apollodore dit » que Protagoras vécut soixante-dix ans, qu'il mena la vie de » sophiste pendant quarante ans et qu'il florissait vers la 84ᵉ olym- » piade » (444-1).

Jacoby ([2]) a très bien montré comment Apollodore était arrivé à fixer l'ἀκμή de Protagoras à la 84ᵉ olympiade. La source de notre chroniqueur est Platon ([3]), qu'il ne fait que répéter et qui ne lui donnait ni la date de la naissance ni celle de la mort du sophiste. De même qu'il a placé l'ἀκμή de Xénophane à la fondation d'Elée (540-539) et qu'il a fait fleurir Hérodote et Empédocle lors de la fondation de Thurii parce qu'ils avaient visité tous deux cette ville, de même Apollodore a fixé l'ἀκμή de Protagoras à la 84ᵉ olympiade, parce qu'il avait participé à la fondation de Thurii en 444-443 (= Ol. 84). Apollodore le faisait donc naître en 483-482 et mourir en 414-413. Si Pythodoros avait été membre des Quatre-Cents lorsqu'il accusa Protagoras, Apollodore, qui connaissait certainement

---

depuis sa mort. De plus, la date proposée par le savant anglais ne s'accorde pas avec les indications chronologiques que l'on peut tirer du *Protagoras* de Platon. L'auteur n'a pas bien précisé la date fictive du dialogue. D'après les indices les plus nombreux (voyez ALFRED CROISET, édition du *Prot.*, *Les Belles Lettres*, textes et trad., p. 22, note 1), la scène paraît être censée se passer aux environs de 432. Quelques détails, au contraire, indiquent une date postérieure à 421 : ainsi Callias est déjà en possession de l'héritage que lui a laissé son père Hipponicos (315 *d*), mort peu avant 421 (SWOBODA, dans PAULY-WISS., *s. v. Hip.*, n° 2) et Protagoras parle des « sauvages que montra sur la scène l'autre année le poète Phérécrate aux Lénéennes » (327 *d*), Il s'agit de la pièce *les Sauvages* jouée en 421. Platon se serait-il permis ce flottement dans la détermination de la date fictive du dialogue, si Protagoras était mort en 430 ? En tout cas, il se serait certainement rendu compte de l'impossibilité qu'il y aurait eu à faire parler Protagoras d'une comédie jouée 10 ans après sa mort.

([1]) DIOGÈNE LAERCE, IX, 56.
([2]) JACOBY, *Apollodors Chronik*, Berlin, 1902, pp. 267 sq. Cf. J. BURNET, *Platonism*, Berkeley, 1928, p. 18 sq.
([3]) PLATON, *Mena*, 91 e: Πρωταγόρας δὲ ἄρα τὴν Ἑλλάδα ἐλάνθανεν διαφθείρων τοὺς συγγιγνομένους καὶ μοχθηροτέρους ἀποπέμπων ἢ παρελάμβανεν πλέον ἢ τετταράκοντα ἔτη · οἶμαι γὰρ αὐτὸν ἀποθανεῖν ἐγγὺς καὶ ἑβδομήκοντα ἔτη γεγονότα, τετταράκοντα δὲ ἐν τῇ τέχνῃ ὄντα.

le procès mieux que nous, se serait d'abord aperçu de la faute de chronologie qu'il commettait ; en second lieu, il aurait mieux déterminé les dates de la naissance et de la mort de Protagoras, puisqu'il aurait su d'une façon certaine que le sophiste avait été condamné en 411.

Si nous adoptons 416 environ comme date du procès, nous pouvons rapporter à Protagoras ce que disait Euripide dans son *Palamède* représenté en 416-415 : « Vous avez tué, oui, vous avez tué, Grecs, le très sage, l'inoffensif rossignol des Muses » ([1]). Les anciens y avaient déjà vu une allusion, mais ils croyaient ([2]), à tort évidemment, qu'Euripide avait voulu faire penser à Socrate, mort en 399 seulement. Ce qui nous fait d'autant mieux admettre cette suggestion de Gomperz, c'est que Protagoras était surnommé la « Sagesse » (Σοφία) et que l'épithète πάνσοφον lui convient ainsi particulièrement.

Enfin, il n'est guère croyable que les Quatre-Cents, déjà si préoccupés par l'affaire de Samos, aient songé, au cours des quelques mois pendant lesquels ils restèrent au pouvoir, à sévir contre les doctrines religieuses d'un sophiste. De tout cela il paraît donc ressortir un ensemble de probabilités qui nous forcent à placer le procès de Protagoras vers 416, peut-être même une année ou deux avant cette date.

6. L'issue du procès. — A ce sujet, les anciens nous laissent en complet désarroi : Plutarque, Cicéron, Diogène Laërce, Philostrate, Valère Maxime, Eusèbe et Minucius Félix ([3]) disent qu'il fut chassé ou condamné à l'exil. Au contraire, Sextus Empiricus et Josèphe rapportent qu'il fut condamné à mort par contumace ([4]).

Il est impossible de savoir laquelle de ces versions est la vraie ; il y a cependant un point sur lequel elles sont toutes d'accord : Protagoras échappa à la mort, soit qu'il fût condamné à l'exil, soit qu'il se fût enfui sans attendre la décision des juges.

([1]) NAUCK², frag. 588. Pour la date, voyez ELIEN, *Var. Hist.*, II, 28.
([2]) DIOGÈNE LAERCE, II, 44.
([3]) PLUTARQUE, *Nic.*, 23 (= *Vors.*, 46 A 18) ; CICÉRON, *de nat. deor.*, I, 24, 63 (= *Vors.*, 74 A 23) ; DIOGÈNE LAERCE, IX, 52 (= *Vors.*, 74 A 1) ; PHILOSTRATE, *Vit. Soph.*, I, 10, 2 (= *Vors.*, 74 A 2) ; VALÈRE MAXIME, I, 1 ext. 4, 7 ; EUSÈBE, *Praep. Ev.*, XIV, 19, 20 et MINUCIUS FÉLIX, *Oct.*, 8, 3.
([4]) SEXTUS EMPIRICUS, IX, 55 (= *Vors.*, 74 A 12) ; JOSÈPHE, *adv. Ap.*, II, 37 ; cf. TIMON DE PHLIONTE, chez SEXTUS EMPIRICUS, *loc. cit.*

Quoi qu'il en soit, le fugitif ou le banni s'embarqua sur un petit esquif, pour tâcher de gagner la Sicile (¹). Mais, comme le dit Diogène dans son épigramme, s'il avait pu échapper aux juges, il n'échappa pas à Pluton : l'embarcation qui le portait fit naufrage et se perdit corps et biens. Cette fin malheureuse est attestée par des auteurs assez tardifs, dont le plus ancien est Philochore ; aussi serait-on peut-être tenté de considérer le naufrage de Protagoras comme une légende inventée par les anciens désireux de satisfaire leur besoin de voir l'impie châtié par la justice divine, si Philochore ne nous assurait pas qu'Euripide y faisait allusion dans son *Ixion* et si Platon ne paraissait pas vouloir rappeler le même événement dans le *Théétète* (171 *d*). Dans ce passage, Socrate dit à Théodore, l'ami de Protagoras (ce dernier est déjà mort : 164 *e*) : « Il est naturel
» que Protagoras, étant plus âgé, soit plus sage que nous ; et si
» tout à coup, ici même il surgissait de terre jusqu'aux épaules,
» il prouverait que je dis beaucoup de sottises, probablement, et
» que tu en approuves aussi de nombreuses, puis s'enfonçant de
» nouveau, il disparaîtrait précipitamment. » Les expressions ἀνακύψειε μέχρι τοῦ αὐχένος, qui signifient littéralement « émerger la tête jusqu'au cou » et καταδύς, qui est le mot propre pour désigner l'acte de s'enfoncer dans l'eau, sont peut-être des allusions au naufrage, tandis que les mots οἴχοιτο ἀποτρέχων, rappellent probablement sa fuite précipitée (²).

Les Athéniens ne se bornèrent pas à condamner à l'exil ou à mort le sophiste contumax ; ils ordonnèrent par décret et par la voix du héraut d'apporter sur l'agora tous les exemplaires de son œuvre impie et de les brûler (³). Athènes s'était ainsi rendue coupable du premier « autodafé » littéraire que mentionne l'histoire.

(¹) PHILOCHORE, chez DIOGÈNE LAERCE, IX, 55 (= *Vors.*, 74 A 1); PHILOSTRATE, *Vit. Soph.*, I, 10, 2 ; SEXTUS EMPIRICUS, *loc. cit.*; HÉSYCHIUS, *Onom.*, chez le schol. à PLATON, *Resp.*, 600 *c* (= *Vors.*, 74 A 3).

(²) C'est A. B. KRISCHE, *Die theol. Lehren der gr. Denker*, I, p. 136 qui le premier a donné cette explication ; elle a été acceptée par FREI, *Quaestiones Protagoreae*, p. 54 sq. et MULLER-STRUBING, dans *Jahrb. f. Klass. Phil.*, 1880 (121), p. 196. Toutefois PALEY, dans sa traduction anglaise, donne une autre interprétation.

(³) DIOGÈNE LAERCE, IX, 52 (= *Vors.*, 74 A 1) : καὶ τὰ βιβλία κατέκαυσαν ἐν τῇ ἀγορᾷ ὑπὸ κήρυκι ἀναλεξάμενοι παρ' ἑκάστου τῶν κεκτημένων. HÉSYCHIUS, *loc. cit.*; EUSÈBE, *Chron.*, ol. 84,1 ; SYNCELLUS, 248 A ; CICÉRON, *de nat. deor.*, I, 24, 63 (= *Vors.*, 74 A 23) ; MINUCIUS FÉLIX., *Oct.*, 8, 3.

APPENDICE

Le prétendu procès de Prodicos

Un scholiaste à Platon et Suidas (¹), dont la source commune est très probablement Hésychius de Milet (²), déclarent que Prodicos mourut à Athènes, condamné à boire la ciguë, comme corrupteur de la jeunesse. Mais les historiens modernes (³) considèrent généralement cette indication comme inexacte. En effet, le témoignage d'Hésychius, complètement isolé, ne peut guère inspirer confiance, d'autant plus qu'il semble bien que ce soit à dessein ou par suite de confusion que l'on a attribué à Prodicos une fin semblable à celle de Socrate.

(¹) Schol. à PLATON, *Resp.*, 600 c; SUIDAS, *s. v.* Πρόδικος.
(²) Voyez A. DELATTE, *La vie de Pythagore de Diogène Laërce*, p. 13, note 1.
(³) Notamment WELCKER, *Rhein. Mus.*, 1893, p. 637 sq.; ZELLER, *Philos. der Griech.*⁵., I, p. 1064, note 1.

Chapitre III

LE PROCÈS DE DIAGORAS

1. Diagoras poète et philosophe. — Diagoras, fils de Téléclide, était né à Mélos, probablement vers la fin du premier quart (¹) du Ve s. avant J.-C. Dès sa jeunesse, il s'adonna à la poésie lyrique et se spécialisa surtout dans le genre du dithyrambe (les anciens l'appellent διθυραμβοποιός). Mais il quitta bientôt sa patrie pour gagner le pays classique de la poésie lyrique, le Péloponèse. Vers le milieu du Ve s., il y menait, en même temps que Pindare et Bacchylide, la vie de poète errant. Il séjourna notamment à Mantinée où il s'éprit d'un jeune pugiliste, un certain Nicodoros (²). A l'occasion d'une des victoires de son amant, il lui dédia une ode, dont nous avons conservé le titre εἰς Νικόδωρον τὸν Μαντινέα et deux vers :

κατὰ δαίμονα καὶ τύχαν
τὰ πάντα βροτοῖσιν ἐκτελεῖται.

« C'est selon la divinité et le destin que tout ce que font les mortels s'accomplit ». Il nous reste en outre le titre d'un autre poème, ἐγκώμιον εἰς Μαντινέας et trois vers d'une poésie composée en l'honneur d'un certain Arianthe d'Argos :

Θεός, θεὸς πρὸ παντὸς ἔργου βροτείου
νωμᾷ φρέν' ὑπερτάταν
αὐτοδαὴς δ'ἀρετὰ βραχὺν οἶμον ἕρπει.

« C'est Dieu, oui, c'est Dieu plutôt que n'importe quel travail humain, qui donne un esprit très élevé ; mais le talent que l'on

---

(¹) Pour les questions de chronologie, voyez *infra* pp. 66 sqq.
(²) ELIEN, *Var. Hist.*, II, 23 ; SEXTUS EMPIRICUS, IX, 53 ; PHILODÈME, *de pietate*, p. 85 Gomperz, dans les *Herculanische Studien*. Philodème nous fournit tous ces fragments. Voyez aussi SEXTUS EMPIRICUS, IX, 53 ; cf. BERGK, *Poetae Lyr.*⁴, III, p. 152.

acquiert de soi-même ne parcourt péniblement qu'un court trajet. »

D'après les anciens, les œuvres poétiques de Diagoras étaient imprégnées d'un vif sentiment religieux. Et en effet, dans ces fragments, Diagoras se montre très respectueux de la divinité et de la providence. Frappé de la contradiction qui existait entre le caractère très pieux des poésies et le renom d'impiété de Diagoras, l'auteur (¹) d'un ouvrage apocryphe attribué à Diagoras, avait imaginé que le Mélien, poète très religieux dans sa jeunesse, était devenu philosophe athée dans son âge mûr. Ce revirement complet se serait produit à la suite des circonstances suivantes. Un jour, un disciple, ou simplement un poète, lui aurait volé un péan et aurait affirmé par serment n'avoir rien dérobé. Plus tard, voyant que son voleur n'en était pas moins heureux, Diagoras aurait été amené à rejeter la providence et l'existence des dieux (²).

L'effet, on le voit, est disproportionné par rapport à la cause. Aussi, déjà dans l'antiquité, certains esprits critiques n'admettaient pas le prétendu changement de convictions de Diagoras. Philodème (³) nous a conservé l'avis d'Aristoxène de Tarente à cet égard : « Dans le poème qui seul semble être réellement de lui, il ne dit » absolument rien d'impie ; au contraire, *en poète* il parle en termes » convenables de la divinité. » Aristoxène veut dire qu'il était impossible de composer des pièces lyriques impies ou simplement ignorant les dieux. Supprimer la mythologie et l'inspiration religieuse, c'était retrancher le principal thème poétique, la véritable base de la littérature ancienne. Et spécialement dans les épinicies, genre favori de Diagoras, où l'on rattachait à quelque dieu la généalogie du héros, il ne pouvait guère s'éloigner de la voie que lui avaient tracée les Pindare et les Bacchylide. Comment l'athéisme aurait-il trouvé place dans des pièces comme l'ἐγκώμιον en l'honneur des Mantinéens, pièces qui devaient être récitées dans des fêtes qu'il ne fallait pas troubler et où le poète, au lieu de s'exposer à la malveillance du public par des opinions hardies, devait au contraire chercher à s'attirer les applaudissements. D'ailleurs ce que nous savons de la désinvolture de Diagoras, nous montre qu'il était

---

(¹) Voyez *infra* pp. 59 sqq.
(²) SUIDAS, *s. v.* Διαγόρας ; scholie à ARISTOPHANE, *Nubes*, 830 ; cf. SEXTUS EMPIRICUS, IX, 59.
(³) PHILODÈME, *loc. cit.* ; voy. *infra* p. 61.

homme à chanter les dieux, si les circonstances le voulaient ainsi, quitte ensuite à les bafouer. Peut-être cette contradiction dans sa conduite n'était-elle que la forme la plus scandaleuse de son impiété.

Ce ne seraient donc pas les injustices de la vie qui auraient amené Diagoras à l'impiété, mais peut-être bien l'influence de Démocrite ([1]). Rien en effet ne nous oblige à pousser la défiance à l'égard de Suidas ([2]) jusqu'à rejeter son témoignage, lorsqu'il nous dit que Diagoras avait été l'élève de Démocrite. Or, les doctrines de ce philosophe étaient propres à produire l'incrédulité chez des disciples qui en tiraient les conclusions. Démocrite, on le sait, expliquait l'origine de la croyance aux dieux, par l'étonnement et la frayeur qu'ont éprouvés les premiers hommes à la vue des phénomènes météorologiques et astronomiques, l'éclair, le tonnerre, etc...

Expliquer la naissance de la croyance aux dieux par l'ignorance et la naïveté des premiers humains, n'était-ce pas en fait supprimer cette croyance même ? Dès lors, rien d'étonnant que Diagoras ait poussé les conclusions de cette doctrine jusqu'à leurs dernières limites.

L'histoire du péan volé était racontée dans un ouvrage intitulé ἀποπυργίζοντες λόγοι qui était attribué à Diagoras ([3]). Nous ne savons rien de ce livre. Quant à son titre bizarre, on s'est ingénié à en trouver une explication. Certains ont pensé qu'il s'agissait de « discours où les dieux étaient jetés du haut du ciel ». Mais le verbe ἀποπυργίζειν n'a jamais pu avoir ce sens. FABRICIUS (*Bibl.*, I, p. 627), BERGK (*de Antiq. Com.*, p. 173) et FRITZSCH (*Aristoph. Ranae*, p. 183) ont été mieux inspirés : ce seraient « des discours qui démolissaient les dieux ». On traduirait plus exactement « discours qui démolissent les tours ». Ce que ces auteurs n'ont pas vu, c'est que le verbe ἀποπυργίζειν, si nous le comparons aux

---

([1]) Cf. DECHARME, *Crit. des Trad. Rel.*, p. 132.

([2]) SUIDAS, *s. v.* Διαγόρας. Toutefois libre à nous de ne pas croire que Diagoras avait été l'esclave de Démocrite et que celui-ci l'avait acheté au prix de 10.000 drachmes. Remarquons aussi que l'on attribuait à Démocrite un Φρύγιος λόγος (DIOGÈNE LAERCE, IX, 49) et à Diagoras des Φρύγιοι λόγοι. Cette coïncidence n'est peut-être pas l'effet du hasard.

([3]) Suidas mentionne trois fois ce livre *s. v.* Ἀποπυργίζοντας, Πυργίσκοι et Διαγόρας. Dans ce dernier endroit, après avoir raconté l'histoire du péan volé, il dit : Ὁ Διαγόρας ἔγραψε τοὺς καλουμένους Ἀποπυργίζοντας λόγους ἀναχώρησιν αὐτοῦ καὶ ἔκπτωσιν ἔχοντας τῆς περὶ τὸ θεῖον δόξης.

autres verbes du même genre, n'a pu exprimer l'idée de destruction qu'à partir du 1er siècle de notre ère. A l'époque de Diagoras, ce mot n'aurait pu signifier que « fortifier par des tours » (¹), sens qui ne peut guère convenir au titre d'un ouvrage impie. Il faut donc en conclure que les ἀποπυργίζοντες λόγοι étaient un ouvrage apocryphe présenté sous le nom du grand impie ou peut-être, comme nous essayerons de le montrer plus loin, que ce n'était qu'un deuxième titre donné tardivement à un autre ouvrage aussi attribué à Diagoras: les Φρύγιοι λόγοι (²).

Ces *Discours Phrygiens* ne sont connus que par une phrase de Tatien qui fait bien voir leur caractère impie ainsi que l'extraor-

---

(¹) Ainsi ἀπογεφυρῶ « protéger par une digue (HÉRODOTE, II, 99) ; ἀποικοδομῶ « intercepter par des constructions ou des barricades » (THUCYDIDE, I, 134 ; VII, 73 ; DÉMOSTHÈNE, p. 1273, 6 et 8 ; 1277, 12) ; ἀποστεγάζω signifie « recouvrir » chez ARISTOTE (*Probl.*, 924 a, 37) et THÉOPHRASTE (*de causis plant.*, V, 65) et n'a le sens de « ôter le toit, découvrir » que chez SRABON, (VIII, 3, 30), une inscription de Théra du 2ᵉ s. ap. J.-C. (I. G., XII, 3, 325, l. 30) et dans l'*Ev. St-Marc* (II, 4). ἀποτειχίζω, « séparer au moyen d'un mur, élever un retranchement » chez HÉRODOTE (VI, 36 ; IX, 8), THUCYDIDE (IV, 300, etc.), XÉNOPHON (*Hell.*, I, 3, 4, etc.). Aristophane emploie l'expression ἀποτειχίζειν τοὺς θεούς (*Aves*, 1576) non pas pour signifier « jeter les dieux en bas de la muraille », mais dans le sens d'« intercepter les communications avec les dieux ». Au contraire, chez POLYEN (I, 3, 5), tacticien du 2ᵉ s. ap. J.-C., ἀποτειχίζειν signifie « raser des fortifications » ; ARRIEN, du 2ᵉ s. ap. J.-C., (IV, 188) emploie l'expression ἀποτειχίζειν τὴν ἀκρόπολιν dans le sens de « démanteler ». De même ἀποτείχισις, qui signifie « fortification défensive » chez THUCYDIDE (I, 65), a chez POLYEN (I, 3, 5) le sens de « démantèlement de fortifications ». Dans son article sur les composés en ἀπο (*Indogerm. Forsch.*, XXIV, 1909), K. DIETERICH n'étudie pas les verbes qui expriment l'idée de détruire.

(²) Le titre de *Récits Phrygiens* avait été donné dans l'antiquité à plusieurs ouvrages complètement différents qu'il importe de ne pas confondre. DIOGÈNE LAERCE, IX, 49, cite parmi les œuvres de Démocrite un Φρύγιος λόγος. Il existait des Φρύγια γράμματα (ou Φρύγιοι λόγοι) qui paraissent avoir été un traité théologique présenté comme ayant été écrit par Héraclès (CICÉRON, *de nat. deor.*, III, 16, 42 ; PLUTARQUE, *Isis et Osiris*, 29, p. 362 d ; EUSÈBE, *Praep. Ev.*, III, 1 ; scholie à APPOLLONIUS DE RHODES, I, 558 ; DAMASCIUS, II, 154, 17 Ruelle ; cf. DIELS, *Vors.*, 55 B 299 e et J. B. MAYOR, éd. de CICÉRON, *de nat. deor.*, t. III, pp. 108 sq. Enfin les Φρύγιοι λόγοι attibués à Diagoras et qui ne sont cités que par TATIEN, *ad. Graecos*, 27 : Διαγόρας Ἀθηναῖος ἦν (ce qui est une erreur) ἀλλὰ τοῦτον ἐξορχησάμενον τὰ παρ' Ἀθηναίοις μυστήρια τετιμωρήκατε καὶ τοῖς Φρυγίοις αὐτοῦ λόγοις ἐντυγχάνοντες ἡμᾶς μεμίσηκατε. LOBECK, *Aglaophamus*, I, p. 370, en rapprochant de ce texte un passage d'ATHÉNAGORE, *Suppl. pro Christ.*, 4 : Διαγόραν μὲν γὰρ εἰκότως ἀθεότητα ἐπεκάλουν Ἀθηναῖοι, μὴ μόνον τὸν Ὀρφικὸν εἰς μέσον κατατιθέντι λόγον καὶ τὰ ἐν Ἐλευσῖνι καὶ τὰ τῶν Καβείρων δημεύοντι, conjecture que dans ce livre, outre Cybèle, auraient aussi été ridiculisés les dieux orphiques et Dionysos.

dinaire succès qu'ils remportaient encore au Ve s. après J.-C. « Diagoras était athénien, mais vous l'avez puni pour avoir profané » les mystères célébrés par les Athéniens ; malgré cela vous lisez » ses *Discours Phrygiens* et cependant vous nous haïssez (nous » Chrétiens). » Dans cette phrase, la mention de la profanation des mystères d'Athènes, sans doute ceux d'Eleusis, est tellement rapprochée de la citation de l'ouvrage de Diagoras que l'on pourrait peut-être conjecturer que l'auteur du livre les attaquait. Comme Déméter est la fille de Rhéa, qui était parfois confondue avec la grande déesse phrygienne Cybèle, cette hypothèse s'accorderait assez bien, à la rigueur, avec le titre de l'ouvrage. Mais à en juger d'après ce titre seul, c'était surtout à des railleries et des attaques contre le culte orgiastique de Cybèle que le livre devait être consacré. Or le nom énigmatique de l'autre ouvrage attribué à Diagoras, les *Discours qui démolissent les tours*, suggère la même idée. Comme l'a fait ingénieusement remarquer Worth [1], la Grande Mère des dieux phrygienne était en effet ordinairement représentée la tête ceinte d'une couronne de tours. Les anciens lui donnaient même très souvent l'épithète de πυργοφόρος. D'autre part, les auteurs qui citent les ouvrages attribués à Diagoras ne parlent respectivement que d'un seul livre : Suidas mentionne trois fois les Ἀποπυργίζοντες λόγοι et Tatien ne semble connaître que les Φρύγιοι λόγοι. Il est donc probable que nous n'avons affaire qu'à deux titres différents (dont l'un ne peut être que tardif) d'un seul et même ouvrage [2].

Un texte de Philodème nous semble aussi se rapporter au livre attribué à Diagoras. Dans un passage du *Traité sur la piété* [3], Philodème parle des disciples de Zénon le Stoïcien et les accuse d'être plus coupables envers la religion que Diagoras lui-même, parce qu'ils niaient la pluralité des dieux et leur refusaient la forme humaine : ὥστ' ἔγωγε κἂν τεθαρρηκότως εἴπαιμι, τούτους Διαγόρου μᾶλλον

---

[1] WORTH, édit. de TATIEN, 44, p. 96. Voyez des représentations et des textes dans l'art. *Kubele* de RAPP dans le *Lexicon* de ROSCHER, col. 1643 et 1647. Cf. FRITZSCH, *Aristoph. Ranae*, p. 183.

[2] Peut-être pourrait-on conclure du texte suivant d'ARNOBE, *adv. nat.*, IV, 29, que l'auteur de ce livre essayait aussi de prouver l'origine humaine des Dieux : *et possumus quidem hoc in loco omnes istos nobis quos inducitis atque appellatis deos homines fuisse monstrare, vel Acragantino Euhemere replicato... vel Hippone ac Diagora Meliis.*

[3] PHILODÈME, *de pietate*, p. 85 Gomperz, *Herculanische Studien*.

πλ(η)μελεῖν· ὁ μὲν γὰρ ἔπαιξεν, εἴπερ ἄρα καὶ τοῦτ' (αὐτ ο(ῦ) ἐστιν, ἀλλ' οὐκ ἐπενήνεκ(τ)αι (κ)αθά(περ ἐ)ν τοῖς Μαντινέων ἔθεσιν Ἀριστόξενός φησιν· ἐν δὲ τῇ ποιήσει τῇ μόνῃ δοκούσῃ⟨ι⟩ κατ' ἀλήθειαν ὑπ αὐτοῦ γεγράφθαι τοῖς ὅλοις οὐ(δ)ὲν ἀσεβὲς παρενέφ(η)νεν. ἀλλ' ἔστιν εὔφημ(ος) ὡς ποιητὴς εἰς τὸ δαιμόνιον κτλ. « De sorte que je pourrais dire résolument
» que ceux-ci (les Stoïciens) sont plus coupables que Diagoras.
» Celui-ci en effet a raillé, si toutefois *ceci* est de lui, mais il n'a
» pas attaqué avec violence, comme le dit Aristoxène dans les
» *Coutumes des Mantinéens*. Dans la poésie qui seule semble être
» réellement de lui, il ne dit absolument rien d'impie, au contraire,
» en poète il parle en termes convenables de la divinité. »

On ne peut voir en ce passage, à partir des mots ὁ μὲν γὰρ jusqu'à la fin, qu'une citation probablement textuelle d'Aristoxène de Tarente. En effet Philodème le suit si servilement, qu'il introduit dans sa phrase un τοῦτο qui ici ne se rapporte à rien. Mais comme ce τοῦτο est opposé aux mots ἐν δὲ τῇ ποιήσει μόνῃ..., on peut conjecturer qu'il s'agit d'un ouvrage en prose où Diagoras se moquait des dieux, singulier accord avec les railleries sur les mystères qui lui sont attribués. Aristoxène, lui aussi, avait remarqué le caractère profondément différent des œuvres philosophiques et poétiques attribuées à Diagoras. Mais il jugeait avec assez d'indulgence, semble-t-il, l'attitude du Mélien en tant que philosophe; pour lui le fameux impie dans son ouvrage en prose aurait raillé les dieux, plutôt qu'il ne les aurait assaillis violemment. Il constatait ensuite que, comme poète, il s'était montré religieux.

Si l'interprétation que nous donnons de ce texte est correcte, nous aurions donc ici la preuve qu'Aristoxène de Tarente, à la fin du IVe s., connaissait un ouvrage en prose, où les dieux étaient ridiculisés et que l'on attribuait à Diagoras, mais dont l'authenticité lui paraissait douteuse. Il n'est sans doute pas trop hardi de supposer que ce livre n'est autre que celui qui est connu sous le nom de *Discours Phrygiens*. Moins qu'Aristoxène, nous pouvons trancher la question d'authenticité. Nous croyons cependant que cet ouvrage impie était une œuvre apocryphe du IVe s. avant J.-C. Le pseudo-Lysias, Crateros, Mélanthios ([1]), c'est-à-dire les auteurs les plus

---

([1]) [LYSIAS], VI, 17; CRATEROS et MÉLANTHIOS, chez le scholiaste à ARISTOPHANE, *Aves*, 1073.

anciens qui parlent de Diagoras et de son procès paraissent en effet l'ignorer complètement.

2. **Diagoras à Mantinée et à Athènes**. — Le séjour préféré de Diagoras dut être longtemps Mantinée. Il y était encore lors de la réforme de la constitution de cette ville (¹) vers 425. Il aida (²), paraît-il, Nicodoros devenu législateur dans l'élaboration d'une constitution démocratique, qui devait valoir à Mantinée les éloges des anciens pour son εὐνομία. Cette évolution de Mantinée dans le sens démocratique était un acheminement vers l'alliance avec Athènes. Aussi Mantinée devint-elle un appui de la politique athénienne lorsqu'après le traité de Nicias, Athènes tâcha de gagner à sa cause les Etats du centre du Péloponèse. Il est donc assez naturel de voir Diagoras à Athènes (³), déjà en 423, où il s'était rendu peut-être pour préparer le terrain.

Peut-être retourna-t-il encore de temps en temps à Mantinée, chez son ami Nicodoros, mais il dut se fixer définitivement à Athènes lorsqu'en 418 la bataille devant Mantinée donna le coup de grâce à la politique d'influence des Athéniens dans le Péloponèse. Mais à Athènes, il ne trouva pas la même tolérance que dans les villes qui l'avaient précédemment accueilli et avaient écouté sans l'inquiéter ses railleries impies. La lutte d'Athènes contre Mélos (416-15) devait d'ailleurs le signaler particulièrement à l'attention du public. D'un autre côté, les esprits étaient surexcités au plus haut point par le récent procès de Protagoras, l'affaire de la pro-

---

(¹) Voyez FOUGÈRES, *Mantinée*, Paris, 1898, p. 381.

(²) ELIEN, *Var. Hist.*, II, 23 φασὶ δὲ αὐτῷ (Nicodoros) Διαγόραν τὸν Μή- λιον συνθεῖναι τοὺς νόμους ἐραστὴν γενόμενον · εἶχον δέ τι καὶ περαιτέρω ὑπὲρ Νικοδώρου εἰπεῖν · ὡς δ'ἂν μὴ δοκοίην καὶ τὸν ἔπαινον τὸν τοῦ Διαγόρου προσπαραλαμβάνειν, ἐς τοσοῦτον διηνύσθω τὰ τοῦ λόγου · θεοῖς γὰρ ἐχθρὸς Διαγόρας καὶ οὔ μοι ἥδιον ἐπὶ πλεῖστον μεμνῆσθαι αὐτοῦ. Il est fâcheux qu'Élien ait été retenu par ce scrupule.

(³) ARISTOPHANE, *Nubes* (représentées en 423), 830 ; Strepsiade dit à son fils qu'il n'y a plus de Zeus ; c'est le Tourbillon qui règne. Phidippide τίς φησι ταῦτα; — Streps. Σωκράτης ὁ Μήλιος. Aristophane veut faire entendre que Socrate est athée comme tel individu bien connu, originaire de Mélos. Il est plus que probable qu'il s'agit de Diagoras. Mais on ne peut inférer de ce passage que Diagoras avait déjà été condamné en 423 (ou en 418, date de la seconde édition des *Nuées*) mais seulement qu'à cette époque, il était bien connu à Athènes pour esprit fort. Or, pour que cette simple allusion pût être saisie par le public, il fallait qu'il y séjournât depuis quelque temps.

fanation des Mystères et la mutilation des Hermès. On recherchait avec acharnement tous ceux qui de près ou de loin avaient attenté au respect dû aux Mystères. Diagoras ne pouvait échapper.

3. **Les crimes impies de Diagoras.** — Vers 415-414, les Athéniens le traduisirent devant les tribunaux pour impiété. A en croire les anciens, nul plus que lui ne méritait une telle accusation. Ils en parlent avec un sentiment d'horreur, de répulsion. Parfois même, ils poussent le scrupule jusqu'à déclarer qu'ils préfèrent se taire sur le compte de cet homme chargé de la réprobation universelle ([1]).

On reproche à Diagoras une foule de crimes. Un grand nombre d'auteurs ([2]) disent qu'il ne croyait à aucun dieux. Sans doute, peut-on craindre avec Sittl ([3]) que cet athéisme n'ait été attribué à Diagoras simplement d'après le fameux ouvrage écrit sous son nom. Mais Aristophane parle déjà de lui comme d'un incrédule notoire.

Les anciens racontent plusieurs anecdotes qui montrent bien la grande réputation d'impiété que s'était acquise Diagoras. Un jour, Diagoras était invité à dinei chez un autre philosophe qui faisait cuire un plat de lentilles. Comme son hôte était sorti pour quelque motif et que les lentilles ne pouvaient achever de cuire, parce que le feu manquait de combustible, Diagoras ayant jeté un regard circulaire trouva à sa portée une statue d'Héraclès ; il la brisa et

---

([1]) ELIEN, *Var. Hist.*, II, 23, voy. *supra* p. 63, note 2.

([2]) PLUTARQUE, *de plac. phil.*, 880 d cité par EUSÈBE, *Praep. Ev.*, XIV, 16 = AÉTIUS, *plac.*, 1, 7, 1 (= *Doxogr.*, p. 297) ; CICÉRON, *de nat. deor.*, I, 1 et 23 ; SEXTUS EMPIRICUS, IX, 51 et 53, etc.

([3]) SITTL, *Gesch. der Griech. Lit.*, III, p. 110 (cf. II, p. 585). Sittl prétend que l'athéisme de Diagoras lui aurait été attribué par des auteurs tardifs, d'après quelques passages des comiques où des libres penseurs sont affublés en guise d'injure du sobriquet de « Diagoras ». Ainsi ARISTOPHANE, *Ranae*, 320 (cf. W. WINKELMANN, *Acta societatis grecae*, II, pp. 8 sqq. : selon lui, il serait fait allusion ici à Euripide. Cf. aussi MULLER-STRUBING, *Jahrb. für Klass. Phil.* (121), 1880, pp. 81 sqq.) et *Nubes*, 830. Nous ne croyons pas que « Diagoras » ait jamais servi de nom générique pour désigner un athée quelconque. Dans ces passages d'ARISTOPHANE, il s'agit bien du vrai Diagoras (voyez *infra* p. 67, note 2). Remarquons d'ailleurs que si l'on admettait l'hypothèse de Sittl d'après laquelle Diagoras ne serait en ces passages qu'un sobriquet donné aux incrédules, il faudrait cependant conclure de cet emploi du nom de Diagoras que, déjà à l'époque d'Aristophane, Diagoras passait pour athée.

la jeta au feu en disant : « En plus de ses douze travaux, voilà que
» le divin Héraclès en a accompli un treizième (¹) ».

Une autre fois qu'il s'était rendu à Samothrace, un ami lui
demanda : « Toi qui penses que les dieux ne s'occupent pas des
» affaires humaines, ne vois-tu pas, d'après toutes ces peintures,
» combien sont nombreux ceux qui, grâce à des vœux, ont échappé
» à la fureur de la tempête et sont parvenus au port sains et saufs ?
» — Non, dit-il, car nulle part on n'a peint tous ceux qui ont fait
» naufrage et ont péri en mer » (²).

Mais son hostilité envers les dieux se traduisait surtout par des
actes qui visaient directement le culte. Ainsi il aurait vulgarisé le
fameux Ὀρφικὸς λόγος et divulgué les mystères des Cabires et ceux
d'Eleusis (³). Non content de profaner les mystères en les imitant,
il s'employait à dissuader les personnes qui voulaient se faire
initier (⁴). Dionysos non plus n'aurait pas trouvé grâce devant les
railleries de l'impie (⁵).

4. **Sa tête est mise à prix.** — Les crimes attribués à Diagoras
sont nombreux, trop nombreux même pour que l'authenticité de
certains d'entre eux ne paraisse pas douteuse. Les auteurs tardifs
en effet, connaissant sa grande réputation d'impiété, ont pu commettre quelque exagération. Une chose semble en tout cas certaine :
Diagoras a profané les mystères, au moins ceux d'Eleusis, en s'en

---

(¹) BRUNO KEIL, *Ein neues Bruchstück des Diag. von Melos*, dans *Hermes*,
55, 1920, pp. 63 sqq., a prouvé que cette version de l'anecdote donnée par une
scholie inédite du *Vatic. graec.*, n° 1298, au discours d'ARISTIDE, ὑπὲρ τῆς
ῥητορικῆς, II, 80, 15 Dind., est la meilleure. Cependant nous ne croyons pas
devoir admettre avec lui que les deux vers qui terminent l'anecdote [(πρὸς δώδεκα
τοῖσιν ἄθλοις | τρισκαιδέκατον τόνδ' ἐτέλεσ(σ)εν Ἡρακλῆς δῖος], auraient été
empruntés à une poésie de Diagoras lui-même.

(²) CICÉRON, *de nat. deor.*, II, 37, 89, où se trouve encore une troisième anecdote, et DIOGÈNE LAERCE, VI, 39, qui l'attribue aussi à Diogène le Cynique.

(³) ATHÉNAGORE, *loc. cit.*

(⁴) Crateros chez le scholiaste à ARISTOPHANE, *Aves*, 1073 ; SUIDAS, *s. v.*
Διαγόρας.

(⁵) ARISTOPHANE, *Ranae*, 320 : ᾄδουσιν γοῦν τὸν Ἴακχον ὅνπερ Διαγόρας....
(cependant certains écrivent δι' ἀγορᾶς)...: sous entendu ἐχλεύαζε que Xanthias
ne veut pas exprimer par respect pour le dieu (d'après Aristarque, dans les scholies).
Le scholiaste prétend qu'il aurait introduit de nouvelles divinités ὡς Σωκράτης.
Mais ceci n'est très probablement qu'une conjecture de quelque grammairien
pour expliquer le Σωκράτης ὁ Μήλιος chez ARISTOPHANE, *Nubes*, 830 ;
cf. *supra* p. 63, note 2.

moquant, en les parodiant, peut-être même en les divulguant. C'est sûrement le motif principal qui a provoqué son accusation, car nos meilleures sources, Crateros, Mélanthios et le pseudo-Lysias ne parlent que de ce délit ([1]).

Quoi qu'il en soit, lorsqu'il se sentit menacé, Diagoras jugea prudent de franchir au plus tôt la frontière de l'Attique. Il trouva un refuge à Pellène, ville d'Achaïe, alliée de Sparte. Par décret, les Athéniens mirent sa tête à prix : « celui qui l'amènerait vivant recevrait deux talents, mort, un talent ». Ils sommèrent même les Pelléniens de leur livrer le fugitif. Mais à ce moment là, tout le monde se rendait compte de l'imminence de la guerre ; la lutte d'Athènes contre Syracuse lui avait d'ailleurs aliéné définitivement le Péloponèse. Aussi Pellène refusa-t-elle l'extradition. Furieux, les Athéniens auraient répondu en mettant aussi à prix la tête des Pelléniens récalcitrants ([2]). Quelques mois plus tard, la guerre éclatait. A partir de ce moment, nous perdons la trace de Diagoras. Il devait d'ailleurs être, à cette époque, d'un âge avancé. Suidas dit qu'il mourut à Corinthe.

5. La date du procès. — La date du procès de Diagoras est très controversée. Traditionnellement, sur la foi de Diodore de Sicile ([3]), on plaçait l'action contre l'athée vers 415. Le premier, Fritzsch, essaya de prouver qu'elle avait eu lieu en réalité avant la guerre du Péloponèse. De nombreux savants ont adopté son opinion, notamment : Müller-Strübing, Sittl, Ed. Meyer et Kock ([4]).

([1]) MÉLANTHIOS et CRATEROS chez le scholiaste à ARISTOPHANE, *Aves*, 1073 ; [LYSIAS], VI, 17.

([2]) Scholiaste à ARISTOPHANE, *Aves*, 1073 Μελάνθιος δὲ ἐν τῷ περὶ μυστηρίων προφέρεται τῆς χαλκῆς στήλης ἀντίγραφον ἐν ᾗ ἐπεκήρυξαν καὶ αὐτὸν καὶ τοὺς ⟨μὴ⟩ ἐκδιδόντας Πελλανεῖς ἐν ᾗ γέγραπται καὶ ταῦτα· ἐάν δέ τις ἀποκτείνῃ Διαγόραν τὸν Μήλιον, λαμβάνειν ἀργυρίου τάλαντον· ἐάν δέ τις ζῶντα ἀγάγῃ, λαμβάνειν δύο. CRATEROS, *ibid.* ; schol. ARISTOPHANE, *Ranae*, 320 ; SUIDAS, *s. v.* Διαγόρας.

([3]) DIODORE, XIII, 6.

([4]) FRITZSCH, *Aristophanis Ranae*, Turin, 1845, pp. 180 sqq. ; MULLER-STRUBING, *Protagorea*, dans *Jahrbücher für Klas. Phil.* (121), 1880, pp. 81 sqq. ; KARL SITTL, *Gesch. der Griech. Liter.*, Munich, 1887, III, pp. 110 sq. ; ED. MEYER, *Gesch. des Altert.*, 1901, IV, pp. 104 sq. ; KOCK, édit. d'*Aristophane, Oiseaux*, note au vers 1073. Parmi les savants qui restent fidèles à la date traditionnelle, citons : P. DE KONING, *Quæstiones Atticae*, Leyde, 1891, pp. 56 sqq. ; WILAMOWITZ-MOEL-

Fritzsch s'appuie sur des auteurs tardifs (¹) qui placent l'ἀκμή de Diagoras vers 466. Si Diagoras était âgé de 40 ans à cette date, il est peu probable qu'il fût encore en vie en 415-414, époque à laquelle il aurait eu plus de 90 ans, et il est encore moins vraisemblable qu'il eût été poursuivi à cet âge avancé.

Parti de ces données, Fritzsch a dû rejeter le témoignage de Diodore et expliquer d'une façon erronée, nous semble-t-il, le passage suivant des *Oiseaux* d'Aristophane (v. 1071 sqq.), pièce représentée aux grandes Dionysies de 414. Le chœur formé d'oiseaux chante : « En ce jour, plus que jamais on proclame : « Celui de vous » qui tuera Diagoras le Mélien recevra un talent, celui qui tuera » l'un des tyrans morts recevra un talent ». Nous voulons donc » nous aussi publier de même : « Celui de vous qui tuera Philocratès » le Strouthien recevra un talent, celui qui l'amènera vivant en » aura quatre... » (trad. Van Daele, *Les Belles Lettres*).

Fritzsch croit que dans ce passage, Aristophane, pour se moquer de la crainte que les Athéniens ont des tyrans, imagine un décret qui « ordonne de tuer une seconde fois, avec promesse de récom- » pense, Diagoras et les fameux tyrans « Pisistratides » morts et » enterrés depuis longtemps ». Mais cette explication, de même que celles qu'ont proposées Müller-Strübing et P. de Koning, n'est pas exacte (²). Il est vrai que vers 415-414, les Athéniens redoutaient le retour de la tyrannie ; Thucydide l'atteste et il rapporte (³) même le décret contre les tyrans, c'est-à-dire les Hermacopides, cité par Aristophane. Il est également certain que le comique ne manquait jamais l'occasion (⁴) de se moquer de cette peur de la tyrannie,

---

Lendorf, *Textgeschichte der Griech. Lyriker* (*Abh. der. Kön. Ges. der Wis. zu Göttingen*), Berlin, 1900, pp. 80 sqq. et Van Leeuwen, éd. d'*Aristophane*, Leyde, 1901, *Aves*, notes au vers 1073 et 1074.

(¹) Eusèbe, *Chron.*, Ol. 78, 3 ; Syncellus, 254 B ; Suidas, *s. v.* Διαγόρας ; cf. schol. Aristophane, *Ranae*, 320.

(²) Persuadé que le procès de Diagoras a eu lieu avant la guerre du Péloponèse, Müller-Strübing corrige dans le texte Διαγόραν τὸν Μήλιον en Διαγόραν τὸν Τήιον. D'après lui, Diagoras ne serait ici qu'un nom générique pouvant s'appliquer à n'importe quel athée. En lui adjoignant l'ethnique τὸν Τήιον, Aristophane aurait voulu faire allusion au procès de Protagoras condamné vers 415. P. de Koning a fait justice de cette audacieuse conjecture. Cependant nous ne nous rallions pas à son interprétation du passage.

(³) Thucydide, VI, 60, 4.

(⁴) Notamment *Vespae*, 463 sqq. ; 487 sqq. Cf. Van Leeuwen, édit. d'*Aristophane*, *Aves*, 1074.

puérile d'après lui, qui avait saisi les Athéniens. Mais il est faux de dire qu'Aristophane invente le décret contre Diagoras et de l'expliquer en le mettant en rapport avec le décret contre les tyrans. Un simple examen du texte suffit à nous convaincre qu'Aristophane distingue soigneusement deux espèces de décrets : d'abord deux décrets (celui de Diagoras et celui des tyrans) qui ont été réellement promulgués récemment par les Athéniens ; ensuite un décret fictif qu'il imagine être promulgué par les oiseaux contre l'oiseleur Philocrate (Aujourd'hui on proclame surtout... ; nous aussi (les oiseaux) nous voulons porter le même décret).

La plaisanterie ne consiste pas uniquement, comme le veulent Fritzsch et P. de Koning, à se moquer de la terreur que les Athéniens ont de la tyrannie (du moins là n'est pas le fond du jeu d'esprit), mais réside dans le fait que les oiseaux promulguent un décret contre leur ennemi, l'oiseleur Philocrate, exactement dans les mêmes termes que les Athéniens contre Diagoras et les tyrans. C'est tellement vrai que, si l'on supprime le mot τεθνηκότων, le sens n'en souffrira nullement : il y aura toujours une bouffonnerie dans le rapprochement des décrets les uns réels, l'autre fictif. Mais Aristophane a joint à cette plaisanterie, déjà suffisante en elle-même, une boutade que nous appellerons « accessoire » ; car ce n'est qu'en passant que le génie railleur et mordant du grand comique a lancé cette raillerie : « Vous poursuivez les tyrans ; mais ce sont des morts » que vous attaquez : depuis longtemps il n'y a plus de tyrans. »

Cette explication, de beaucoup la plus simple, doit, nous semble-t-il, s'imposer. L'erreur de Fritzsch, qui veut mettre Diagoras et les tyrans sur le même pied et comprendre l'impie dans les τεθνηκότων, est d'autant plus évidente que dans la même pièce au vers 1421, Aristophane fait de nouveau allusion à la fuite de Diagoras à Pellène. « Veux-tu voler tout droit à Pellène ? » dit Pisthétaire au Délateur. Les spectateurs n'avaient pas de peine à suppléer : « comme récemment Diagoras (¹) ». Cette mention de Pellène dans une pièce jouée en 414, prouve clairement que cette ville venait

---

(²) Les scholiastes à ce passage donnent, il est vrai, une autre explication. Le délateur était affublé d'un manteau en haillons qui ne le garantissait guère du froid. Or, on fabriquait des manteaux de laine à Pellène, disent les scholiastes. Ceci peut être vrai, mais il se cache ici évidemment une allusion. Sinon, pourquoi Aristophane aurait-il choisi Pellène ? Il y avait certainement d'autres villes en Grèce où l'on fabriquait des manteaux.

d'être signalée à l'attention du grand public, par la fuite de Diagoras et l'accueil qu'il y avait reçu.

Aristophane, en citant le décret promulgué contre Diagoras, parle donc d'un événement récent. D'ailleurs, tous les auteurs anciens qui on écrit au sujet du procès, le placent vers 415-414. Il en est notamment ainsi de Diodore (¹), qui, on le sait, remonte très souvent à Ephore (IVe av. J.-C.). Il serait imprudent de soutenir que les auteurs (peut-être Ephore) sur lesquels Diodore s'appuie, n'avaient comme source que le passage des *Oiseaux*.

Aristarque, chez le scholiaste à ce passage, expliquait le vers 320 des *Grenouilles* de la façon suivante : « ... le comique excite les » Athéniens ; aussi, ceux-ci ayant condamné Diagoras parce qu'il » se moquait des dieux, firent proclamer par la voix du héraut » que celui qui le tuerait recevrait un talent d'argent, celui qui » l'amènerait vivant, deux talents. » Aristarque se trompe ; il n'a pas pensé à la date de la représentation des *Grenouilles*, pièce jouée en 406. Et s'il l'a fait consciemment, a fortiori ne croyait-il pas que le décret avait été promulgué avant la guerre du Péloponèse.

Les scholiastes mettent en relation le sac de Mélos (415) avec l'arrivée ou la condamnation de Diagoras à Athènes. Celui du vers 1073 des *Oiseaux* (cf. Suidas, *s. v.* Διαγόρας) écrit : « Diagoras, » après la prise de Mélos, habitait à Athènes ; il dépréciait les Mystères, » à tel point qu'il détournait beaucoup de gens de l'initiation. » Aussi les Athéniens firent-ils proclamer ceci (le décret rappelé » par Aristophane) par le héraut et graver le décret sur une stèle » de bronze, comme le dit Mélanthios dans le livre *Sur les Mystères* » et plus loin : ἐκκεκήρυκται δὲ μάλιστα ὑπὸ τὴν ἅλωσιν Μήλου, οὐδὲν γὰρ κωλύει πρότερον. Cette dernière phrase signifie « vers l'époque de la prise de Mélos, car rien n'empêche que cela se soit passé auparavant » ; c'est-à-dire que le scholiaste place l'événement vers 415, mais il ne peut préciser ; car il ignore si la mesure a été prise immédiatement avant ou après la chute de Mélos (²).

Il est à remarquer que ces scholiastes citent d'excellentes sources : Crateros, sans doute dans le *Recueil des Décrets* et Mélanthios dans le livre *Sur les Mystères*. Ce dernier rapportait dans son ouvrage

---

(¹) Diodore, XIII, 6.
(²) Cf. Wilamowitz, *Textgeschichte der griech. Lyriker*, p. 18 sq.

le décret qu'il avait lui-même copié sur la stèle authentique (¹). Or ce décret devait être daté; les scholiastes connaissaient donc d'une façon sûre la date de l'événement.

A côté de tout cela, on ne peut avoir confiance dans les auteurs tardifs qui placent un peu trop tôt l'ἀκμή de Diagoras. D'ailleurs il est bien possible que, comme certains de ces auteurs le disent (voy. *supra*, p. 67, note 1), le célèbre impie ait vécu dans le Péloponèse en même temps que Bacchylide, mort en 450 et Pindare qui ne mourut qu'en 430.

(¹) Schol. *Aves*, 1073... ὥς φησι Μελάνθιος ἐν τῷ περὶ μυστηρίων · ταῦτα ἐκ τοῦ ψηφίσματος εἴληφεν. Et plus loin: Μελάνθιος δὲ ἐν τῷ περὶ μυστηρίων προφέρεται τῆς χαλκῆς στήλης ἀντίγραφον, ἐν ᾗ κτλ. Toujours au même endroit... καθάπερ Κράτερος ἱστορεῖ.

Chapitre IV

LE PROCÈS DE SOCRATE

1. Le problème des sources. — Un exposé du procès de Socrate ne peut avoir quelque valeur que si l'action dont fut victime le grand philosophe est expliquée en fonction de sa personnalité. Or rien n'est moins facile que de dire ce qu'était Socrate. Sur l'homme qu'il fut, sur son rôle dans la société athénienne, sur son action morale, ses opinions religieuses et philosophiques, nous possédons des documents nombreux et provenant de contemporains du philosophe lui-même. Et cependant, malgré les innombrables ouvrages parus sur la question, malgré les progrès de la critique moderne, on doit encore en rester au point de vue résigné de Harnack, qui disait que le problème socratique « est un de ces problèmes de » l'Histoire qui ne seront jamais résolus ».

Le motif de cette impuissance de la recherche moderne, c'est que si nos documents sur Socrate sont très nombreux, ils sont malheureusement contradictoires : Aristophane, Platon, Xénophon, Aristote nous donnent chacun un Socrate différent. Auquel de ces auteurs doit-on se fier ?

Schleiermacher (¹) avait fixé la méthode critique qui resta longtemps en honneur. On prenait pour base les ouvrages de Xénophon à qui on accordait beaucoup de confiance, parce qu'il est plus historien que philosophe. On corrigeait et on enrichissait les données de Xénophon par des éléments empruntés à Platon, tout en prenant Aristote comme règle de la mesure de ces enrichissements. Les plus récents chercheurs ont cru devoir abandonner ce système de compromis pour choisir parmi les sources l'une d'entre elles qu'ils considèrent comme la seule ou, du moins, la plus digne de foi. C'est ainsi qu'on

---

(¹) SCHLEIERMACHER, *Werke*, III, 2, p. 297, 4 = *Abh. der Berl. Akad., phil. Klas.*, 1818.

se sert presque exclusivement tantôt de Platon, tantôt de Xénophon, tantôt d'Aristote pour faire le portrait de Socrate et reconstituer l'ensemble de sa doctrine. Joël ([1]), par exemple, partant des données d'Aristote, fait de Socrate un intellectualiste et un pur rationaliste, un théoricien et un dialecticien. Son Socrate est en opposition formelle avec celui de Xénophon qu'il regarde comme non historique. Au contraire, pour Döring ([2]), Xénophon est le seul auteur qui nous donne des documents historiques sur Socrate. D'autre part, John Burnet ([3]) et A. E. Taylor ([4]) identifient le Socrate platonicien (non seulement celui des premiers dialogues mais même celui des œuvres de la dernière période) avec le Socrate historique. A côté de Platon, ils reconnaissent dans les *Nuées* d'Aristophane un document historique de première valeur ([5]).

L'emploi de ces différentes méthodes a naturellement fourni des résultats contradictoires. D'où, pour nous, l'obligation, avant de traiter le procès de Socrate en lui-même, d'exposer brièvement non pas quelle fut la philosophie de Socrate dans son contenu formel, mais du moins quelle fut son attitude vis-à-vis de certaines questions, quand cette attitude a pu avoir quelque influence sur les causes et l'issue du procès. Il faut aussi que nous disions à notre tour la manière dont nous nous servirons des sources mises à notre disposition.

Aristote sera pour nous de peu d'utilité ; ses données, qui proviennent presque toutes des deux premiers livres de la *Métaphysique*, se rapportent aux doctrines purement philosophiques de Socrate et ne disent rien ni de sa personnalité, ni de ses convictions religieuses.

Nous croyons que les *Nuées* d'Aristophane constituent pour nous un document de premier ordre. Platon et Xénophon n'ont connu ([6]) Socrate que dans les dernières années de sa vie ; en 423, ils n'étaient

---

([1]) JOEL, *Der echte und der xenophontische Sokrates*, Berlin, 1893-1901.

([2]) DÖRING, *Die Lehre des Sokrates als soziales Reformsystem, Neue Vers. zur Lösung des Problems der sokrat. Philosophie*, Munich, 1895.

([3]) J. BURNET, dans l'introduction à son édition du *Phédon*, Oxford, 1911, sa *Greek Philosophy*, Part I, Londres, 1914 et *Platonism*, Berkeley, 1928.

([4]) A. E. TAYLOR, *Varia Socratica, first series*, Oxford, 1911.

([5]) Voyez un intéressant aperçu des différentes positions qu'ont prises les derniers modernes vis-à-vis de la question des sources, chez UEBERWEG-PRAECHTER, *Grundriss der Geschichte der Philosophie* [11], 1920, I, 147 sqq. et plus récemment chez A. DIÈS, *Autour de Platon*, 2e volume, Paris, Beauchesne, 1927.

([6]) Voyez BURNET, *Platonism*, notamment pp. 15 sq.

que de tout jeunes enfants. Aristophane est donc notre seul témoin direct pour une période de l'activité de Socrate inconnue de ses deux disciples. Si donc la pièce du grand comique nous présente un Socrate différent de celui que nous décriront plus tard Platon et Xénophon, il ne faut pas le rejeter a priori comme non historique. Socrate quadragénaire a pu être différent de ce qu'il fut vingt ou trente ans plus tard. En outre la pièce d'Aristophane est l'unique document sur Socrate qui n'émane pas de Socratiques et n'ait pas de tendances apologétiques. Ce n'est, il est vrai, qu'une comédie ; aussi nous efforcerons-nous, en utilisant les *Nuées*, de faire la part de l'exagération nécessaire à produire l'effet comique.

Quant à Platon et à Xénophon, nous en resterons au point de vue de Schleiermacher, tout en diminuant cependant la confiance qu'il accordait à Xénophon. Ce soldat campagnard, très bigot, n'était pas en état de comprendre parfaitement Socrate. Il a dû aussi, soit inconsciemment, soit dans un but apologétique, exagérer le sentiment religieux de son maître. De plus, ses relations avec le philosophe ont été d'une durée relativement courte et, par surcroît, intermittentes. Elles doivent avoir été interrompues plusieurs fois par le cours de sa carrière militaire. Spécialement pour les détails du procès, nos préférences iront franchement à Platon qui en fut un témoin oculaire. Xénophon, au contraire, partit pour l'Asie trois ans avant la mort du maître, qu'il ne revit plus ; il n'était donc pas présent au procès. Tout ce qu'il en dit, il ne le sait que par ouï-dire ou pour l'avoir lu.

2. **Socrate et les Nuées.** — Vers le commencement de la guerre du Péloponèse, Socrate était déjà une personnalité si connue à Athènes que les comiques (¹) le raillaient souvent dans leurs pièces. Aux Grandes Dionysies de 423, deux des trois comédies présentées au concours avaient pour thème Socrate : c'étaient le Κόννος d'Ameipsias et les Νεφέλαι d'Aristophane. Dans sa pièce, Ameipsias représentait Socrate fréquentant l'école du cithariste Connos. Aristophane l'attaquait plus sérieusement.

(¹) Ainsi CALLIAS, dans les Πεδῆται, pièce jouée probablement vers le commencement de la guerre du Péloponèse (KOCK, I, p. 697, 12 = MEIN., II, p. 739,2), EUPOLIS (KOCK, I, p. 352, n° 353 = MEIN., II, p. 553, n° 16 ; K., I, p. 355, n° 361 = M., II, p. 532, n° 9), TÉLÉCLIDE (K., I, p. 218, n° 39, 40 = M., II, p. 371, n° 3).

On connaît assez la pièce pour qu'il nous suffise de la résumer brièvement. Un paysan, Strepsiade, autrefois heureux lorsqu'il menait une vie simple, a épousé une « demoiselle » de la ville appartenant à une grande famille. De ce mariage mal assorti est né un fils, Phidippide, qui comme sa mère est épris de l'amour du luxe et des grandeurs. Pour faire face aux dettes de son fils et satisfaire sa passion des chevaux, Strepsiade a dû contracter de nombreux emprunts ; ne pouvant payer les intérêts échus des sommes empruntées, il est à la veille de la ruine. Mais il croit avoir trouvé le moyen de sortir de cette situation difficile. Près de sa maison, habite précisément Socrate ; il sait que dans cette espèce d'école, ce « pensoir », comme il l'appelle, Socrate enseigne l'art de faire triompher la faible cause de la plus forte. Voilà le vrai moyen de ne pas payer ses dettes ! Il va donc trouver Socrate, dans l'espoir d'acquérir ce merveilleux talent oratoire qui le tirera d'embarras. Malheureusement le vieux paysan Strepsiade a la tête trop dure ; il ne fait rien qui vaille à l'école de Socrate. Mais il parvient à décider son fils à étudier à sa place. Phidippide, jeune et intelligent, fait des progrès étonnants et rapides ; bientôt il est passé maître dans l'art de subtiliser et d'avoir toujours raison. Strepsiade a immédiatement l'occasion de s'en apercevoir à ses dépens. A la suite d'une discussion qu'il a avec son fils, celui-ci le bat et lui prouve péremptoirement qu'il a raison de frapper son père et qu'il aurait à l'occasion autant de droit de maltraiter sa mère. Strepsiade, à la fois désespéré et furieux du résultat de l'enseignement de Socrate, en tire vengeance en démolissant et en incendiant le « pensoir ».

Dans sa comédie, Aristophane fait de Socrate un maître de rhétorique ; c'est sur cette caractéristique principale du personnage que repose toute l'économie de la pièce, puisque Strepsiade ne se met à son école que pour y apprendre le secret de l'argument faible, moyen infaillible, d'après lui, d'échapper à ses créanciers. Il a d'ailleurs raison de s'adresser à Socrate ; celui-ci est en effet un véritable professeur de rhétorique, de métrique, de rythmique (636 sqq.), de grammaire (658 sqq.) ; mais, en outre, il s'occupe d'astronomie et de météorologie (94, 170 sqq., 193 sqq., 200, 225 sqq., 368 sqq., 375 sqq., 395 sqq., 489 sq.), de géologie (186 sqq., 192), de géographie (206 sq.), de géométrie (144 sqq., 202), de problèmes de physique (145 sqq.). Conséquence naturelle chez un homme adonné à de telles études, notre philosophe professe l'incrédulité la plus complète à l'égard des dieux de la religion grecque (246 sqq., 365 sqq., 825 sqq.) ; les divinités qu'il adore sont le Tourbillon, le Vide, les Nuées, la Langue (253, 365, 423, 827). Enfin comme un véritable sophiste qu'il est, il reçoit de l'argent pour prix de ses leçons (99, 245, 1146 sq.).

Les jugements des savants sur la valeur historique de ce portrait de Socrate sont très différents. Schanz (¹) refuse d'y voir des traits même caricaturés du vrai Socrate. D'après lui, Aristophane a voulu dépeindre au public ce qu'était la nouvelle science, la rhétorique, la sagesse des sophistes. Or pour atteindre ce but, la concentration sur une seule tête de caractéristiques appartenant à l'ensemble de la sophistique était si pas nécessaire, du moins opportune. Le personnage des *Nuées* ne correspond en rien au Socrate historique : c'est un type.

Ivo Bruns (²) reconnaît que nombre de traits du Socrate d'Aristophane, surtout les caractéristiques extérieures, forment un portrait expressif et vrai du Socrate historique. Toutefois, il est faux que Socrate se soit occupé de sciences naturelles, qu'il corrige les idées courantes sur les dieux et qu'il enseigne l'art de faire triompher la mauvaise cause. Mais Aristophane n'a pas voulu créer un type ; il n'a fait que représenter Socrate d'après l'idée, en partie fausse d'ailleurs, que la grande masse des citoyens se faisaient de lui.

Pour Heinrich Maier, (³) le Socrate des *Nuées* est la concrétisation de deux types complètement différents : celui du philosophe naturaliste sans aucun sens pratique, éloigné du monde, qui étudie les choses du ciel et de la terre, mais reste tout à fait étranger à ce qui se passe dans la vie, combiné avec celui du sophiste, brillant homme du monde, esprit pratique sans idéal qui cherche à acquérir par son

---

(¹) SCHANZ, *Ausgew. Dialoge Plat.*, *Apologia*, Leipzig, 1893, p. 45 sqq. ; R. PÖHLMANN, *Sokratische Studien*, 1906, p. 70 sq. est d'accord avec lui. WILAMOWITZ, *Platon*, 2ᵉ éd., Berlin, 1920, I, p. 99 est aussi d'un avis analogue. Selon lui, le Socrate des *Nuées* est un sophiste ; dans ce portrait, il n'y a rien de vrai, sauf les caractères extérieurs.

(²) IVO BRUNS, *Lit. Portr. der Griech.*, Berlin, 1896, p. 181 sqq.

(³) H. MAIER, *Sokrates, sein Werk und seine geschichtliche Stellung*, Tübingen, 1913, p. 158 sqq. HORNEFFER, *Der Junge Plat.*, 1ˢᵗᵉʳ Teil, *Sokrates und die Apologie*, Giessen, 1922, p. 76 sqq. adopte ce point de vue, tout en faisant remarquer (p.92) que la juxtaposition des deux types dans le personnage de Socrate était relativement facile, parce qu'il n'existait pas une antithèse aussi forte que le pense Maier entre les philosophes naturalistes vieux style et les sophistes.

enseignement gloire et richesse. Le but d'Aristophane n'était pas de faire une caricature, mais de présenter en un portrait, dans une forme concentrée, le résultat de l'action des deux courants intellectuels de l'époque : la philosophie naturaliste et la sophistique. Ce qui aurait justifié le choix de Socrate pour la concrétisation des deux types, c'est que Socrate, sans avoir jamais enseigné les sciences naturelles, s'en serait cependant occupé dans sa jeunesse et aurait été en rapport avec les physiciens du temps : Anaxagore, Archélaos, etc.

Selon Chiappelli (¹), Socrate, dans sa jeunesse, se serait surtout occupé de sciences naturelles, mais à la suite de l'oracle delphique rendu à Chéréphon, il aurait abandonné la physique pour s'adonner à l'éthique. Bien qu'ils refusent de voir en l'oracle la cause du changement d'orientation de l'activité de Socrate, A. E. Taylor et John Burnet (²) admettent aussi deux périodes dans la vie du philosophe. Reconnaissant aux *Nuées* une grande valeur historique, ces deux savants s'élèvent contre l'habitude de considérer le Socrate d'Aristophane comme un type, une concrétisation réunissant les traits de plusieurs sophistes. En réalité, le comique a voulu faire une caricature du vrai Socrate qui, à cette époque, s'occupait de sciences naturelles avec un cercle restreint de $\mu\alpha\theta\eta\tau\alpha i$.

Nous croyons aussi qu'il est impossible de considérer comme un type le Socrate des *Nuées*. Les recherches qu'a faites Bruns (³) sur les rôles dans les comédies d'Aristophane montrent que lorsque le comique représente sur la scène un de ses contemporains, en le nommant, il l'effleure très souvent superficiellement, mais ne l'utilise jamais comme un masque sous lequel il voudrait atteindre plusieurs personnes. Quand il lui arrive de créer un type, ou bien il ne donne pas de nom au personnage (le Proboule, le Fabricant de faux) ou il invente un nom de toute pièce (Strepsiade, Trygée, Dicaiopolis). Et il est spécialement faux de voir dans le Socrate d'Aristophane le

---

(¹) CHIAPPELLI, *Il naturalismo di Socrate e li prime Nubi d'Aristophane*, Rendiconti della R. Acad. dei Lincei, 1886, pp. 284-302 et *Nuove ricerche sul naturalismo di Socrate*, dans l'*Arch. f. Gesch. d. Philos.*, (IV) 1891, pp. 369-413.

(²) A. E. TAYLOR, *Varia Socratica, first series*, Oxford, 1911, pp. 130 sqq.; J. BURNET, *Plato's Phaedo edited with introduction and notes*, Oxford, 1911, pp. XXXIX sqq.; *Greek Philosophy*, p. 144 et *Platonism*, Berkeley, 1928.

(³) BRUNS, *op. cit.*, p. 196 sq.; cf. J. BURNET, *Greek Philos.*, p. 147.

type de sophiste parce que beaucoup de traits qui lui sont attribués le différencient complètement des sophistes. Ceux-ci étaient de brillants hommes du monde qui ne s'adressaient qu'à la jeunesse des grandes familles dont ils exigeaient d'importants honoraires. Les φροντισταί des *Nuées*, au contraire, sont des misérables couverts de haillons, au teint livide (102, 504, 835 sqq.), qui ne sont même pas sûrs de leur dîner (175). L'enseignement n'est pas donné dans la somptueuse habitation du riche Callias, mais dans la pauvre bicoque de Socrate.

Comment d'ailleurs concevoir un type fictif en un personnage dont une foule de traits correspondent exactement au physique, au genre de vie d'une personnalité bien connue des Athéniens ? Le Socrate d'Aristophane va pieds nus (364, cf. 103), il ne se coupe pas les cheveux, ne se oint pas, ne se baigne pas (835) ; il déambule orgueilleusement dans les rues en louchant des deux yeux (362). Son genre de vie est rigoureux (363) ; il est pauvre (102). C'est un dialecticien oisif et un amateur de bavardages creux (359). Il apprend à ses élèves à se connaître eux-mêmes et leur prouve leur ignorance ([1]). Il se rend compte exactement des dispositions de ses élèves (476 sqq.) et leur recommande l'endurance vis-à-vis de la fatigue, du froid, l'abstinence des plaisirs des sens (422 sqq.). Il leur demande de méditer et s'abîme parfois lui-même dans ses réflexions (695 sqq.).

Ce portrait est expressif et conforme à ce que Platon et Xénophon nous disent de Socrate. La comédie exagère seulement, lorsqu'elle représente Socrate ne se souciant nullement des soins corporels les plus élémentaires. Mais dans l'ensemble, on peut dire que le portrait est vrai. Comment alors concevoir qu'un personnage si habilement croqué d'après nature ne soit qu'un type ? S'il en était ainsi, on s'attendrait plutôt à voir Aristophane laisser dans l'ombre les caractéristiques personnelles et mettre en lumière les traits génériques de l'espèce dont il veut présenter une concrétisation.

Ce qui semble justifier l'opinion d'après laquelle le Socrate des *Nuées* ne serait que le type du sophiste, c'est qu'en effet Aristophane lui attribue des traits qui conviennent parfaitement à un sophiste : ses études d'astronomie, de géométrie et de sciences naturelles, sa

---

([1]) V. 842 Strepsiade dit à son fils qu'en fréquentant Socrate γνώσει δὲ σαυτὸν ὡς ἀμαθὴς εἶ καὶ παχύς.

prétention d'enseigner l'éloquence, son habitude de toucher des honoraires. Mais ces traits ont pu être attribués à Socrate sans pour cela qu'il soit conçu comme un type. Bruns (¹) a raison de soutenir que le portrait de Socrate dans les *Nuées* a été fait d'après l'idée que la grande masse des Athéniens se faisaient alors du philosophe. Platon nous en donne la preuve dans l'*Apologie*. Avant de répondre à l'accusation officielle, Socrate croit d'abord devoir réfuter les calomnies qui depuis de nombreuses années courent sur son compte. « Car il y a déjà beaucoup d'années que j'ai été accusé auprès de
» vous, et par de nombreux adversaires qui ne disaient rien de vrai ;
» je les crains cependant beaucoup plus qu'Anytos et ceux qui se
» joignent à lui, bien que ceux-ci soient aussi redoutables. Mais les
» autres sont bien plus terribles pour moi ; ce sont eux, juges, qui s'em-
» parant des esprits de la plupart d'entre vous dès votre enfance,
» vous ont fait croire aux accusations mensongères qu'ils répan-
» daient contre moi ; il y a, disaient-ils, un certain savant du nom
» de Socrate, qui se livre à des spéculations sur les phénomènes
» célestes, à des recherches sur les secrets cachés au sein de la terre
» et s'applique à faire triompher la faible cause de la plus forte...
» D'ailleurs, il s'est trouvé un nombre considérable de ces accusateurs
» qui m'ont accusé depuis très longtemps, et qui s'adressant à vous
» dans l'âge où vous étiez le plus susceptibles de crédulité, puisque
» vous étiez des enfants et quelques-uns de vous des adolescents,
» poursuivaient un procès pour ainsi dire abandonné, puisqu'il n'y
» avait là personne pour se défendre. Ce qu'il y a de plus étrange,
» c'est qu'il m'est impossible de les connaître, ni de dire le nom
» d'aucun d'entre eux, à l'exception toutefois d'un certain faiseur
» de comédies (²). » Lorsque donc Socrate parle des bruits, qui depuis de longues années courent sur son compte, et qui coïncident précisément avec les reproches des *Nuées*, il pense bien à Aristophane, mais seulement comme à un individu qu'il peut citer parmi beaucoup d'autres qu'il lui est impossible de nommer et qui pensent comme lui. Si Aristophane avait été le premier à formuler ces calomnies, on ne voit pas pourquoi Socrate ou Platon n'aurait pas dit que ces bruits tiraient leur origine d'une comédie et que comme tels il

---

(¹) BRUNS, *Litt. Port.*, p. 183 sqq.
(²) PLATON, *Apol.*, 18 *bc* ; cf. 18 *e* et 23 *c* où Socrate insiste de nouveau sur l'ancienneté et la fréquence de ces calomnies.

ne fallait pas y ajouter foi. Mais au contraire, il insiste sur le grand nombre, dès l'origine, de ces calomniateurs : Aristophane n'est pas l'auteur de ces bruits malveillants ; il n'a fait que les prendre à la foule (cf. Ivo Bruns).

A l'époque du procès, on tenait encore fréquemment les mêmes propos à l'adresse de Socrate. Dans son discours de défense, l'accusé s'est senti obligé de répondre à ces calomnies anciennes, mais toujours vivantes, puisque Mélétos a beaucoup compté sur elles pour faire triompher la thèse de l'accusation [1]. La condamnation de Socrate prouve d'ailleurs que la majorité des Athéniens s'en faisaient une idée très différente de celle que nous devons à ses disciples. Or il est impossible de rendre responsable de cette extraordinaire vitalité des calomnies une comédie jouée vingt-quatre ans auparavant. Il a fallu que ces idées, en partie fausses, sur le philosophe aient été, comme il le dit lui-même dans l'*Apologie* [2], profondément enracinées dans l'esprit des Athéniens et que pour cela d'autres causes aient agi.

Enfin, nous n'avons aucune raison sérieuse de douter de la véracité de Platon [3], quand il raconte comment s'est développée la fausse idée que la foule avait de Socrate. A la suite d'un oracle rendu à Chéréphon et proclamant Socrate le plus sage des hommes, le philosophe se serait mis en campagne pour vérifier les paroles du dieu. Il se serait rendu successivement chez les politiques, les poètes et les artisans afin de les interroger sur leur savoir. Cette enquête aboutissait toujours au même résultat : ces gens croyaient savoir quelque chose, mais en réalité, ils ne savaient rien. Socrate leur montrait qu'ils devaient partir de cette connaissance de leur ignorance pour adopter un nouveau genre de vie au point de vue moral. Naturellement très peu de gens acceptaient avec reconnaissance son généreux traitement ; le plus souvent, Socrate ne récoltait que haine et que ressentiment. Chose plus grave encore, ses disciples l'imitèrent ; ils se mirent eux aussi à éprouver leurs concitoyens. Ils offensèrent ainsi beaucoup de personnes, qui évidemment reportèrent leur haine,

---

[1] PLATON, *Apol.*, 19 a b Ἀναλάβωμεν οὖν ἐξ ἀρχῆς, τίς ἡ κατηγορία ἐστίν, ἐξ ἧς ἡ ἐμὴ διαβολὴ γέγονεν, ᾗ δὴ καὶ πιστεύων Μέλητός με ἐγράψατο τὴν γραφὴν ταύτην.

[2] PLATON, *Apol.*, 19 a ; 24 a.

[3] PLATON, *Apol.*, 20 c sqq.

non pas sur les jeunes moralistes, mais sur le maître qui leur enseignait cette détestable pratique. Ensuite, lorsqu'on demandait à ces gens-là, devenus ennemis du philosophe, les raisons de leur hostilité, honteux d'en avouer le véritable motif, ils reproduisaient contre Socrate les bruits que la foule aime à formuler contre les philosophes. Ces bruits se répandaient facilement de proche en proche et trouvaient toujours des crédules. Ce que les premiers disaient en mentant sciemment, les autres le répétaient de bonne foi et ainsi se forma l'énorme masse des calomniateurs (cf. Ivo Bruns).

Le processus est clair, compréhensible et d'une vraisemblance indéniable. Il paraîtra encore plus naturel, lorsque nous aurons montré que ces bruits n'étaient pas tous des calomnies et que, même lorsqu'ils étaient faux, ils reposaient cependant sur un fond de vérité.

Nous examinerons dans la suite l'accusation d'athéisme ; nous aurons l'occasion de montrer que l'attitude de Socrate vis-à-vis de la religion explique en quelque sorte ce reproche.

Aristophane représente Socrate comme un professeur de rhétorique qui enseigne à faire triompher la mauvaise cause de la bonne. On sait que c'était une prétention de Protagoras et souvent, en conséquence, on voit ici un trait dirigé contre le célèbre sophiste. Il est certain, en effet, que jamais Socrate n'a enseigné la rhétorique au sens propre du mot. Son art est la dialectique, et précisément ce qui la distingue de la rhétorique, c'est qu'elle ne vise pas à la persuasion sans se soucier de la justice ou de la vérité, mais qu'elle a simplement pour objet la recherche de la vérité. Cette différence essentielle devait fatalement échapper à la grande masse des contemporains de Socrate. Ils le voyaient, comme un sophiste, entouré de jeunes gens qui, pour la plupart, appartenaient aux plus grandes familles athéniennes, tels Critias, Alcibiade, plus tard Charmide, Platon, Xénophon, etc. Ils entendaient parler de son habileté merveilleuse à conduire les discussions qui aboutissaient toujours à la réfutation de l'adversaire. Personne ne le dépassait dans l'art d'embarrasser ses interlocuteurs, de les jeter dans la perplexité (¹), de les forcer à se contredire (²). C'était donc, pour la masse, un homme extrêmement habile dans les discours, possédant l'art dangereux de

---

(¹) Voyez PLATON, *Meno*, 79 *e*, 80 *a* ; *Theaet.*, 149 *a* ; *Hipp. min.*, 373 *b*.
(²) Par exemple, PLATON, *Gorg.*, 482 *d*.

prouver n'importe quelle opinion, bonne ou mauvaise. Et en fait, certains des jeunes gens qui passaient pour ses disciples ne le recherchaient que dans l'espoir de s'assimiler cette maîtrise dans la discussion, arme terrible et nécessaire pour la carrière politique. Critias et Alcibiade avaient bien vu l'intérêt pratique considérable de la dialectique socratique. On peut croire Xénophon quand il nous dit qu'ils ne fréquentèrent Socrate que par ambition. « Ils » savaient que Socrate vivait en se contentant des moindres biens, » qu'il était absolument maître de tous les plaisirs, mais que dans » les discours, il pouvait faire tout ce qu'il voulait de ses inter- » locuteurs (¹). » Ce n'était pas, continue Xénophon, dans le dessein d'imiter la vie simple de Socrate qu'ils recherchaient sa société, mais en vue d'acquérir à son école cet art de la parole dont ils avaient besoin pour se lancer dans la politique.

Le public moyen n'était capable que de retenir le côté éristique de la dialectique, ce qui la rapprochait étrangement de la rhétorique sophistique. Platon d'ailleurs nous représente parfois un Socrate soutenant consécutivement deux thèses contradictoires. Dans ses dialogues, ils nous le dépeint, tantôt démontrant la possibilité de l'enseignement de la vertu, tantôt luttant pour la proposition contraire. En outre, les conclusions des discussions de Socrate, malgré leur élévation de pensée, blessaient parfois le sens commun. Quand Socrate, dans le *Gorgias* par exemple, soutient qu'il vaut mieux subir l'injustice que de la commettre, il se fait le champion d'une règle morale toute nouvelle pour les gens de son temps, d'une idée qui ne fut répandue dans les masses que des siècles plus tard par le Christianisme. De même, n'est-ce pas un véritable paradoxe, le principe qu'il établit dans ce dialogue, d'après lequel de deux personnes coupables d'une injustice, celle qui reçoit son châtiment est plus heureuse que celle qui reste impunie ? Celui qui parvient à faire admettre par ses auditeurs la vérité de semblables propositions ne fait rien autre que τὸν ἥττω λόγον κρείττω ποιεῖν (²).

(¹) XÉNOPHON, *Mem.*, I, 2, 14 : ᾔδεσαν δὲ Σωκράτην ἀπ' ἐλαχίστων μὲν χρημάτων αὐταρκέστατα ζῶντα, τῶν δ'ἡδονῶν δὲ πασῶν ἐγκρατέστατον ὄντα, τοῖς δὲ διαλεγομένοις αὐτῷ πᾶσι χρώμενον ἐν τοῖς λόγοις ὅπως βούλοιτο.

(²) Dans l'*Hippias minor*, Socrate défend même une théorie franchement mauvaise au point de vue moral : celui qui commet une injustice volontairement

Enfin, si l'on considère que Socrate se trouvait fréquemment avec les sophistes, qu'il entendait leurs discours, aimait à discuter avec eux (¹), on ne peut plus trouver étrange qu'un grand nombre d'Athéniens l'aient tout simplement pris pour l'un d'eux. « Erreur
» très naturelle en réalité ; car cet adversaire des sophistes était
» plus près d'eux, à beaucoup d'égards, que les défenseurs de la
» tradition. Pour qui voit les choses en gros, Rousseau et Voltaire
» sont des alliés (²). »

Si Aristophane calomnie Socrate, quand il en fait un maître de rhétorique, nous avons tout lieu de croire qu'il avait plus de droit de le représenter comme un astronome, un physicien, un géomètre.

Nous ne savons rien de précis sur la première orientation des études de Socrate. Cependant Platon, dans un seul endroit de son œuvre, nous donne à ce sujet une notice intéressante au plus haut point.

Dans le *Phédon*, Socrate s'exprime ainsi : (³) « Lorsque j'étais
» jeune, Cébès, c'est étonnant comme je me passionnai pour ce genre
» de savoir que l'on appelle enquête sur la nature. Elle me paraissait
» être, en effet, d'une incomparable splendeur cette science qui sait
» les causes de chaque chose, celle qui les fait naître, périr, exister.
» Et souvent, il m'arrivait de me mettre la tête à l'envers en exa-
» minant d'abord des questions comme celles-ci : si les animaux
» naissent à la suite d'une putréfaction que subissent le chaud et
» l'humide, comme certains le disaient, si c'est avec le sang que nous
» pensons, ou avec l'air, ou le feu, ou bien, au contraire, si c'est le

---

vaut mieux que celui qui la commet à son insu ; de même le menteur volontaire, c'est-à-dire qui possède la science, vaut mieux que celui qui dit la vérité sans le savoir. Que ce soit en badinant ou pour montrer qu'il n'était pas difficile de pratiquer l'art détestable dont les sophistes se faisaient gloire, Socrate n'a-t-il pas pris parfois cette attitude ? Platon ne craint pas de le représenter sous ce jour, au risque de ternir sa mémoire, lui à qui on a toujours reproché d'idéaliser son maître. Lui ferons-nous maintenant un grief de le rabaisser ?

(¹) Dans ses dialogues, Platon le fait très souvent converser avec des sophistes. Ses rapports avec l'un d'eux, Prodicos, ont été, paraît-il, assez fréquents pour que Platon puisse lui faire dire qu'il était son élève (*Protag.*, 341 *a* ; *Meno*, 96 *d* ; *Charm.*, 163 *d* ; *Cratyl.*, 384 *d* ; *Hipp. maj.*, 282 *c* ; cf. *Phaedrus*, 267 *b*). Et ce n'est certainement pas pure ironie. L'attention que Prodicos portait aux synonymes, n'était au fond que le souci de distinguer les idées. Socrate, qui s'efforçait de définir les concepts, a pu s'intéresser aux recherches du sophiste et en tirer grand profit. Cf. *Euthyd.*, 277 *e*.

(²) A. CROISET, *Hist. de la litt. grecque*, Paris, 1887, t. IV, p. 232.

PLATON, *Phaedo*, 96 sqq.

» cerveau qui nous procure les sensations de l'ouïe, de la vue, de
» l'odorat, sensations qui donneraient naissance à la mémoire et au
» jugement, qui eux-mêmes, lorsqu'ils ont acquis la stabilité, crée-
» raient le savoir. Et inversement, j'examinais la façon dont tout cela
» se corrompt et les phénomènes qui se rapportent au ciel et à la
» terre, et à la fin, il me sembla que pour cette recherche, j'étais d'une
» inaptitude à nulle autre pareille. » Le résultat de ces recherches,
c'était que Socrate désapprenait des choses dont auparavant il
avait une connaissance assurée. Les prétendues explications de la
Physique ne parvenaient qu'à faire naître en lui des incertitudes ;
cette méthode ne satisfaisait donc pas son désir de savoir. « Mais,
» continue Socrate, ayant entendu un jour quelqu'un faire la lecture
» d'un livre d'Anaxagore, où il disait que c'est une intelligence qui
» arrange tout et est cause de toutes choses, je me réjouis de voir
» intervenir cette cause et il me sembla que, d'une certaine manière,
» c'était bien de faire de l'Esprit la cause universelle et je croyais que,
» d'après ce principe, l'intelligence organisatrice ordonnerait et
» disposerait toute chose de la meilleure façon possible... Ces réflexions
» me comblèrent de joie ; je croyais avoir trouvé en Anaxagore un
» maître qui m'enseignerait la cause intelligible, pour mon esprit,
» de ce qui est, qui me dirait d'abord si la terre est plate ou ronde, qui
» m'en expliquerait ensuite en détail la cause et pourquoi cela est
» nécessaire, en me disant ce qui vaut mieux et aussi que pour la
» terre telle forme valait mieux. Et s'il me dit que la terre
» est au centre de l'univers, il m'expliquera que, pour elle,
» c'était la meilleure situation... Naturellement, au sujet du soleil,
» j'étais prêt à recevoir cette même sorte d'enseignement, de même
» que pour la lune et les autres astres, tant pour leur vitesse relative
» que pour leurs solstices et leurs autres vicissitudes, c'est-à-dire
» comment il vaut mieux pour chacun de faire et de subir ces choses
» là. » Dans cet espoir, Socrate lit lui-même le livre. Mais il éprouve
une forte désillusion. En avançant dans sa lecture, il constate qu'Anaxagore, après avoir si bien commencé, oublie complètement l'Esprit.
Pour expliquer les causes particulières des choses, Anaxagore a
recours à des actions mécaniques de l'air, de l'éther, de l'eau etc. ;
mais le Νοῦς ne joue plus aucun rôle. C'est ce qu'il reproche à Anaxagore en particulier et aux physiciens en général. Ils ont pris pour
causes, ce qui ne constitue que les conditions secondaires (l'air,
l'éther, etc.) de l'action de la cause réelle qui, pour lui, est l'idée du

bien dont s'est inspiré le démiurge dans la création. Cette erreur de méthode n'a abouti qu'à la diversité et à la contradiction des théories : « la conséquence, c'est que l'un entoure la terre d'un tourbillon et » pense que c'est le ciel qui maintient la terre en place, tandis qu'un » autre conçoit la terre comme une sorte de vaste huche à laquelle » l'air sert de base et de support. » Quant à savoir quelle est la puissance qui a réalisé cette disposition, ils ne s'en inquiètent pas. Ils ne voient pas que c'est l'idée du bien qui relie et supporte tout. « Mais moi, pour savoir comment se comporte cette cause, avec » quelle joie, je me serais mis à l'école de n'importe qui ! Puisque » cette cause s'était dérobée à moi, et que je ne pouvais la trouver » par moi-même, ni l'apprendre de personne, je changeai de navi- » gation. » Ce δεύτερος πλοῦς de Socrate aurait consisté en l'abandon de l'étude des choses (τὰ ὄντα), c'est-à-dire de la physique, pour celles des idées (οἱ λόγοι).

Telle aurait été l'évolution de Socrate d'après Platon ; mais est-t-elle vraiment historique ?

On a reconnu (¹) que les théories dont parle Socrate, dans ce passage du *Phédon*, sont précisément celles qui devaient préoccuper les esprits vers le milieu du Ve siècle, avant donc que les sophistes et spécialement Protagoras n'aient tourné l'attention du public cultivé vers la question de l'éducation de l'homme. Socrate, pour reprendre ses propres termes, « se mettait la tête à l'envers » pour savoir si les animaux naissent à la suite d'une putréfaction du chaud et de l'humide. C'était la théorie d'Archélaos d'Athènes, maître de Socrate, d'après la tradition ; il mêlait l'esprit d'Anaxagore à l'air d'Anaximène et de ce mélange faisait naître le monde par raréfaction et condensation ; le froid se séparait du chaud, principe moteur dont l'action sur le limon produisait les vivants (²). Notre philosophe s'est ensuite demandé si ce avec avec quoi nous pensons est l'air, ou le sang, ou le feu ou le cerveau. La première hypothèse est la théorie de Diogène d'Apollonie (³) ; comme Anaximène déjà bien longtemps

---

(¹) Voyez TAYLOR, *Varia Socratica*, p. 163 sq. ; cf. J. BURNET, dans l'introduction à son édition du *Phédon*, Oxford, 1911, p. XXXIX sq. et *Greek Philosophy*, p. 145.

(²) HIPPOLYTE, *Refut.*, I, 9, 5 (D. 563) = *Vors.*, 47 A 4, p. 412; DIOGÈNE LAERCE, II, 17 = *Vors.*, 47 A 1, p. 410.

(³) DIOGÈNE D'APOLLONIE, *de natura*, *Vors.*, 51 B 4 sqq., pp. 335 sqq. Voyez tous les textes réunis par DIELS, *Vors.*, 51 A, pp. 328 sqq.

avant lui, il faisait de l'air la première substance. La deuxième est la doctrine d'Empédocle, pour qui le sang, surtout près du cœur, est le plus parfait mélange des éléments qui constituent la connaissance, laquelle est assimilation de l'objet à l'objet (¹).C'est Héraclite(²) qui faisait du feu l'élément de la connaissance, tandis qu'Alcméon (³) de Crotone professait que le cerveau est l'organe où aboutissent les sensations, où elles sont conservées et groupées de façon à constituer une connaissance stable. Bref, l'ensemble des théories qui, d'après Platon, passionnaient Socrate dans la première période de sa vie, sont bien celles qui devaient préoccuper les esprits vers 450. Rien donc ne nous empêche d'admettre que telle était réellement la position de Socrate à cette époque.

D'un autre côté, on ne peut raisonnablement douter que Socrate se soit d'abord intéressé aux problèmes de sciences naturelles. Il n'est guère vraisemblable que Socrate ait été autodidacte (⁴) ; les gens de cette espèce sont très rares, et leur formation intellectuelle, forcément incomplète, les trahit toujours, Or, lorsque Socrate était jeune, la vieille science était encore la maîtresse incontestée du progrès. La sophistique n'était pas encore née. Toute la philosophie tendait encore tous ses efforts vers l'explication de la nature. Et à Athènes même, la physique ionienne venait de s'établir avec Anaxagore. Il est difficile de douter que Socrate ait pris part au mouvement. Les auteurs anciens (⁵) sont d'ailleurs unanimement d'accord pour lui donner comme maître Archélaos. Et cette tradition repose sur des bases solides, puisqu'elle remonte à Théophraste et qu'elle dérive donc de l'enseignement du Lycée. Ceci est encore confirmé par le fait que le péripatéticien Aristoxène de Tarente (⁶) racontait dans ses

---

(¹) EMPÉDOCLE, *de natura*, *Vors.*, 12 B 105 sqq., pp. 202 sqq.

(²) Voyez DIELS, *Vors.*, 12 A 5 sqq.

(³) THÉOPHRASTE, *de sensu*, 25 sq. (= *Vors.*, 14 A 5, p. 101); AÉTIUS, IV, 17, 1, (= *Vors.*, 14 A 8, p. 101).

(⁴) Comme le lui fait cependant dire XÉNOPHON, *Conv.*, I, 5 : ἡμᾶς δ'ὁρᾷς αὐτουργούς τινας τῆς φιλοσοφίας ὄντας, ce qui est d'ailleurs contredit par PLATON, *Alcib.*, I, 118 c : Λέγεταί γέ τοι, ὦ Σώκρατες, οὐκ ἀπὸ τοῦ αὐτομάτου σοφὸς γεγονέναι, ἀλλὰ πολλοῖς καὶ σοφοῖς συγγεγονέναι.

(⁵) SIMPLICIUS, *Phys.*, 27, 23 dont la source est THÉOPHRASTE, *Phys. opin.*, frag. 4 ; PORPHYRE, *Hist. Phil.*, frag. 12 (Nauck², p. 11, 23); SEXTUS EMPIRICUS, *adv. math.*, VII, 14 ; DIOGÈNE LAERCE, II, 16 ; SUIDAS, *s. v.* Ἀρχέλαος et Σωκράτης. Tous ces textes sont rassemblés chez DIELS, *Vors.*, 47 A, pp. 410 sqq.

(⁶) DIOGÈNE LAERCE, II, 19 : (Σωκ.) διήκουσεν Ἀρχελάου τοῦ φυσικοῦ οὗ

ouvrages que Socrate avait été le mignon d'Archélaos, qu'il était âgé de 17 ans lorsque ses rapports avec le physicien commencèrent et que ses relations se continuèrent pendant de nombreuses années. Cette calomnie implique nécessairement une liaison bien connue entre nos deux philosophes. Outre l'autorité de Théophraste et d'Aristoxène, Diogène Laërce nous apporte encore celle d'un contemporain de Socrate lui-même, Ion de Chios, d'après lequel Socrate, dans sa jeunesse, aurait accompagné Archélaos dans un voyage à Samos (¹).

Il paraît donc impossible de nier les relations d'Archélaos et de Socrate et, en conséquence, on doit admettre que Socrate connut et fréquenta Anaxagore et son entourage, comme on le lit d'ailleurs chez Platon (²). Car le fait qu'Anaxagore n'est jamais mis en présence de Socrate, dans les dialogues platoniciens, n'a pas plus de signification que le silence absolu qu'observent Xénophon et Platon sur ses rapports avec Archélaos. Outre qu'ils sont généralement muets sur l'histoire de la jeunesse de Socrate, qu'ils ne connaissaient d'ailleurs que

---

καὶ παιδικὰ γενέσθαι φησὶν Ἀριστόξενος ; cf. PORPHYRE, *Hist. philos.*, frag., 12 (Nauck) = *Vors.*, 47 A 3, p. 411... ἐλέγετο δὲ περὶ αὐτοῦ (S.) ὡς ἄρα παῖς ὢν οὐκ εὖ βιώσειεν, οὐδὲ εὐτάκτως... ἤδη περὶ τὰ ἑπτακαίδεκα ἔτη (donc vers 452) προσελθεῖν αὐτῷ Ἀρχέλαον, τὸν Ἀναξαγόρου μαθητήν, φάσκοντα ἐραστὴν εἶναι · τὸν δὲ Σωκράτην οὐκ ἀπώσασθαι τὴν ἐντευξίν τε καὶ ὁμιλίαν τὴν πρὸς Ἀρχέλαον ἀλλὰ γενέσθαι παρ' αὐτῷ ἔτη συχνὰ καὶ οὕτως ὑπὸ τοῦ Ἀρχελάου προτραπῆναι ἐπὶ τὰ φιλόσοφα.

(¹) DIOGÈNE LAERCE, II, 25 = *Vors.*, 47 A 3, p. 411 : Ἴων δὲ ὁ Χῖος καὶ νέον ὄντα (S.) εἰς Σάμον σὺν Ἀρχελάῳ ἀποδημῆσαι. Cf. ION, fr. 73 (Köpke). Il racontait aussi la visite de Périclès et de Sophocle, lors du siège de Samos en 441. Le voyage de Socrate se rapportait sans doute à la même occasion. Il était alors âgé de 38 ans. Cette notice n'est pas en contradiction avec le texte du *Criton*, 52 b, où Socrate affirme n'être jamais sorti d'Athènes que pour prendre part à des expéditions militaires et pour s'être rendu une fois aux jeux isthmiques, car il s'agit précisément ici d'une expédition militaire. Il n'y a donc pas lieu d'admettre avec WILAMOWITZ, *Philolog. Unters.*, I, 24, 42, qu'il s'agirait d'un autre Socrate (cette année là, il y avait un stratège de ce nom) et que l'on aurait cru par erreur que la notice se rapportait au philosophe. Wilamowitz (*Platon* ², Berlin, 1920, I, p. 97) a d'ailleurs abandonné son hypothèse et a reconnu la possibilité que Socrate ait été élève d'Archélaos, parce que, dit-il, il est difficile de concevoir une erreur chez Aristoxène. Pour les rapports d'Arch. et de Socr., voyez en outre : TAYLOR, *Varia Socratica*, p. 164 ; H. MAIER, *Sokrates*, pp. 165 sq. ; J. BURNET, *Greek Philos.*, p. 124 ; TH. GOMPERZ, *Les Pens. de la Grèce* (trad.), II, p. 47.

(²) PLATON, *Alc.*, I, 118 c : Λέγεται γέ τοι, ὦ Σώκρατες,... πολλοῖς καὶ σοφοῖς συγγεγονέναι καὶ Πυθοκλείδῃ καὶ Ἀναξαγόρᾳ. J. BURNET, *Platonism*, p. 33, est de l'avis contraire, parce qu'il admet la chronologie prônée par Taylor ; mais voyez *supra* pp. 30 sqq.

par la tradition, il était de leur intérêt d'apologistes de ne pas faire mention de relations de leur maître qui en quelque sorte auraient pu justifier son accusation. Du reste on ne peut douter que Socrate ait été en rapports avec deux autres personnes de l'entourage de Périclès et d'Anaxagore : le musicien Damon ([1]) et la célèbre Aspasie ([2]). On sait maintenant que cette femme était, au point de vue intellectuel, de beaucoup supérieure ([3]) aux Athéniennes du temps, qu'elle s'intéressait aux problèmes philosophiques et qu'elle possédait un jugement sûr dans les questions de rhétorique.

Tout donc nous pousse à admettre comme historique l'évolution de Socrate telle que la décrit Platon. Dans sa jeunesse, il s'est vivement intéressé aux problèmes des sciences naturelles, d'astronomie, de géométrie etc., qui étaient les seuls objets de la philosophie du temps ; il a été en contact avec Archélaos, Aspasie et sans doute avec Anaxagore lui-même, dont la théorie du Νοῦς attira surtout son attention. Mais dans la suite, constatant le désaccord des doctrines des physiciens, trompé dans son espoir de voir Anaxagore tirer les conclusions de son système pour l'explication logique de l'univers, sans doute aussi, persuadé que, dans l'état des connaissances de l'époque, ces recherches ne pouvaient donner des résultats satisfaisants, il abandonne ces spéculations pour se tourner peut-être vers l'étude des idées, comme le dit Platon et comme l'a soutenu J. Burnet ([4]),

---

([1]) PLATON, *ibid.* (cf. *Laches*, 18 d) ; ALEXANDROS, dans ses διαδοχαί, chez DIOGÈNE LAERCE, II, 19.

([2]) PLATON, *Menex.*, 235 e ; XÉNOPHON, *Mem.*, II, 6, 36 ; *Oec.*, III, 14 ; DIODORE LE PÉRIÉGÈTE, chez le scholiaste à PLATON, *Menex.*, 235 e ; LUCIEN, *Imag.*, 17 ; *de saltat.*, 25 ; ATHÉNÉE, V, 219 c ; 220 e ; CLÉMENT D'ALEXANDRIE, *Stromata*, 124, p. 264, 22 St. etc. Voyez JUDEICH, dans PAULY-WISS., s. v. *Aspasia*, qui admet avec raison le caractère historique de ces relations.

([3]) ANTISTHÈNE, chez PLUTARQUE, *Per.*, 24, 5 (cf. 32, 3) ; ATHÉNÉE, XIII, 589 a.

([4]) J. BURNET, *Plato's Phaedo with introduction and notes* (cf. *Greek Philos.*, Part I, pp. 132 sqq. et *Platonism*, pp. 35 sqq.) considère le *Phédon* comme le récit historique de ce qui s'est dit et fait le dernier jour de la vie de Socrate. Il croit donc aussi, contrairement à l'opinion générale, que l'auteur de la théorie des idées n'est pas Platon, mais Socrate. L. ROBIN, *Une hypothèse récente relative à Socrate*, Revue des Et. Gr., XIX, 1916, p. 129 sq. (cf. son édition du *Phédon* dans Les Belles Lettres), tout en concédant que le *Phédon* contient de nombreux détails historiques, a essayé de montrer, en s'appuyant surtout sur Aristote, qu'il fallait conserver l'opinion traditionnelle suivant laquelle Platon serait l'inventeur de la théorie des idées. Il ne serait donc pas vrai, comme le dit Platon, que Socrate a abandonné l'étude de la nature dans les choses et les phénomènes, pour l'étudier

en tout cas vers l'éthique, les problèmes de l'éducation que la sophistique venait de mettre à l'ordre du jour.

Si telle a été la voie suivie par Socrate, il a dû conserver jusqu'à la fin de sa vie les marques de sa formation scientifique, il a dû montrer dans ses paroles et dans ses actes qu'il n'était pas ignorant de ces questions. Or précisément, Xénophon et Platon sont d'accord pour nous représenter un Socrate parfaitement au courant des problèmes scientifiques. Xénophon déclare qu'il recommandait à ses disciples d'apprendre autant de géométrie et d'astronomie qu'il était nécessaire d'en connaître pour la pratique ordinaire de la vie, mais qu'il désapprouvait d'aller jusqu'à étudier les difficultés de ces sciences. « Cependant », dit-il, « lui-même ne les ignorait pas (¹). »

Dans le *Phédon* (²), Platon lui fait exposer sous forme mythique ce qu'est d'après sa conviction la forme et la nature de la terre et des régions souterraines. Cet exposé est un véritable système complet de cosmographie, géographie, géologie et hydrographie terrestre et subterrestre. En lisant ce long passage, on ne peut s'empêcher d'y voir une confirmation de la scène des *Nuées* où les élèves de Socrate s'adonnent à l'étude des τὰ ὑπὸ γῆς. Sans doute, ne faut-il pas y reconnaître la véritable théorie de Socrate sur ces questions à la fin de sa vie. Le mythe, qui accuse une forte influence pythagoricienne, semble bien être une libre construction de Platon. Mais la question n'est pas de savoir si Socrate a réellement raconté le mythe, le jour de sa mort, mais plutôt si son disciple agit contre la vraisemblance en le lui faisant raconter. Or Platon n'était pas libre d'inventer un récit du dernier jour de Socrate où toute la conversation roule sur des sujets notoirement connus comme étant en dehors du cercle de ses études (³).

---

dans les idées (λόγοι). Notre intention n'est pas d'entrer dans le débat. Remarquons seulement que même si Robin a raison, il ne s'en suit pas qu'il faille rejeter comme non historique la volte-face de Socrate dont parle Platon. Celui-ci ne décrit pas ici sa propre évolution qui, on le prouverait sans peine, a été différente. Mais on peut toujours supposer qu'il utilise le changement de direction de Socrate dans ses études, pour lui attribuer la paternité de la théorie des idées. Cela pouvait en effet facilement se présenter à son esprit, l'abandon de l'étude des τὰ ὄντα s'opposant naturellement à celle des λόγοι.

(¹) XÉNOPHON, *Mem.*, IV, 7, 2 sq. ; pour la géométrie (3) καίτοι οὐκ ἄπειρός γε αὐτῶν ἦν ; pour l'astronomie (5) οὐδὲ τούτων γε ἀνήκοος ἦν.

(²) PLATON, *Phaedo*, 108 c sq.

(³) Cf. TAYLOR, *Varia Socratica*, p. 156.

De même comment expliquer que Platon fait paraître Socrate dans le *Timée* où sont traitées les questions scientifiques les plus ardues : la formation du monde, la nature du corps humain, problèmes où interviennent l'astronomie, les mathématiques, la géométrie, la médecine, les sciences naturelles, en un mot toutes les sciences connues à cette époque ? Peut-on vraiment nous objecter que le Socrate du *Timée* n'est plus que le personnage fictif obligatoire du genre littéraire qu'est devenu le dialogue socratique, quand Platon lui-même prend soin de nous assurer que Socrate était capable de comprendre et de suivre les développements scientifiques ([1]) ?

D'ailleurs, comme Xénophon, Platon affirme que Socrate était loin d'être un ignorant en fait de sciences. Dans le *Théétète*, Socrate s'entretient en ces termes avec le personnage qui a donné son nom à cet ouvrage ([2]) :

SOCRATE. — Dis-moi, Théétète, apprends-tu la géométrie avec Théodore ?

THÉÉTÈTE. — Oui.

SOCRATE. — Et l'astronomie, l'harmonie et le calcul ?

THÉÉTÈTE. — Je m'y efforce du moins.

SOCRATE. — Et moi, mon garçon, j'étudie ces sciences auprès de lui et d'autres personnes que je crois êtes compétentes en l'une de ces disciplines.

Sans doute, Socrate aiguille immédiatement l'entretien vers son but, qui n'est pas de discuter de géométrie ou d'astronomie pour elles-mêmes, mais de rechercher une définition de la science. Et il le fait par une transition qui ne peut-être qu'ironique : « Mais bien que je » sois personnellement assuré du reste, il y a cependant un détail » que je voudrais examiner avec toi et avec ceux-ci ». En réalité, Socrate est persuadé que ses propres connaissances en ces matières, comme d'ailleurs celles de n'importe lequel de ses contemporains, ne sont nullement certaines. Mais ce qui n'est pas ironique, c'est l'affirmation que Socrate s'intéresse à l'astronomie et à la géométrie...

([1]) PLATON, *Tim.*, 27 a : CRITIAS. — Σκόπει δὴ τὴν τῶν ξενίων σοι διάθεσιν, ὦ Σώκρατες, ᾗ διέθεμεν. Ἔδοξε γὰρ ἡμῖν Τίμαιον μὲν, ἅτε ὄντα ἀστρονομικώτατον ἡμῶν... — « le meilleur astronome », ce qui suppose que les interlocuteurs et donc aussi Socrate pouvaient passer pour ἀστρονομικοί.

([2]) PLATON, *Theaet.*, 145 d.

et qu'il est au courant des différents problèmes que soulève l'étude de ces sciences.

Si Socrate n'avait pas connu la géométrie, Platon n'aurait pu lui faire parler le jargon des géomètres, sans nuire considérablement à la vraisemblance, que son art si subtil a toujours veillé à respecter dans la façon dont il campe ses personnages. Dans le *Ménon*, par exemple, Socrate recourt souvent à la géométrie et il connaît si bien les termes techniques de cette science qu'il n'est pas toujours facile pour nous de comprendre la pensée ([1]).

Le Socrate de Xénophon et de Platon est donc parfaitement au courant des questions scientifiques de son temps, il est à même de suivre et de comprendre l'exposé des théories et des systèmes les plus compliqués ; chez Platon, il expose lui même ses propres théories ; son langage, émaillé d'expressions techniques, a subi l'influence de ses études scientifiques : tout cela n'est naturel et cohérent que chez un homme qui « s'est passionné pour les sciences dans sa jeunesse ».

Quels sont donc les textes qui ont permis de dire que le Socrate astronome et physicien des *Nuées* est une pure fiction ? On recourt d'ordinaire à certains passages des *Mémorables* ([2]), où Xénophon nie catégoriquement que Socrate se soit jamais occupé de physique et d'astronomie. D'après lui, Socrate considérait comme des fous ceux qui s'adonnaient à ces sciences, et déduisait, des contradictions des différentes théories, l'impossibilité absolue d'arriver jamais à une connaissance scientifique en ces domaines. Mais Xénophon est partiellement en contradiction avec lui-même, puisque, dans un autre endroit, il avoue que Socrate connaissait même les difficultés de ces sciences. Quant au reste, c'est Xénophon qui parle, c'est le conservateur profondément réactionnaire qui, devant les contradictions et les luttes de la philosophie grecque, conclut immédiatement à la faillite absolue des recherches scientifiques ; c'est l'homme pratique, complètement dépourvu d'esprit spéculatif, qui ne peut priser qu'une science utile à la vie. Le point de vue de Socrate était analogue, mais il comportait une différence essentielle. Nous savons déjà, d'après Platon, que le désaccord des doctrines des physiciens est une des

---

([1]) Notamment PLATON, *Meno*, 73 *d*-75 *b*, 81 *e*-84 *a*, 86 *e* sq. ; *Gorg.*, 456 *b* Cf. *Theaet.*, 143 *d* où Socrate parle en excellents termes de la géométrie.

([2]) Par exemple XÉNOPHON, *Mem.*, IV, 1, 11.

causes pour lesquelles Socrate abandonna la philosophie naturaliste. Les philosophes du Ve siècle s'étaient appliqués à expliquer les phénomènes ; ils n'avaient abouti qu'à formuler des hypothèses contradictoires qui, loin d'être plausibles, paraissaient le plus souvent absurdes. Dès lors, on comprend que Socrate ait douté de l'exactitude de ces théories (^{1}). Pour lui, les recherches naturalistes étaient prématurées ; mais il ne dut pas aller jusqu'à proclamer l'impossibilité d'arriver jamais à la connaissance scientifique du monde.

Le chapitre 7 du IVe livre des *Mémorables* où Xénophon dit que Socrate conseillait d'apprendre autant de géométrie, d'astronomie et de calcul que l'exigent les besoins ordinaires de la pratique, mais qu'il détournait ses amis de l'étude approfondie de ces sciences, sous prétexte qu'il n'en voyait pas l'utilité, que de telles recherches employeraient toute la vie humaine, sans cependant donner la solution de problèmes que les dieux ne permettent pas aux mortels de résoudre, exprime bien l'idéal de formation de Xénophon (^{2}). Cette hostilité à l'égard de la science, ces scrupules religieux, cette sagesse pédagogique ne peuvent convenir qu'à ce soldat-campagnard, conservateur, superstitieux et utilitaire.

Dans l'*Apologie*, le Socrate de Platon nie aussi avec énergie qu'il se soit occupé de sciences naturelles. Il n'entend rien aux non-sens que lui a fait débiter Aristophane. Il ne se mêle pas de cosmologie. Aucun de ses juges ne l'a jamais entendu discourir sur de tels sujets (19 c sq.) ; c'est absurde de lui attribuer des théories que tout le monde sait être d'Anaxagore (26 d e). Mais tout cela est compatible avec la donnée du *Phédon* d'après laquelle Socrate, dans la première partie de sa vie, aurait pris plus d'intérêt à la cosmologie qu'il ne le f t plus tard. Et même à la fin de sa vie, s'il n'a pas parlé de ces sujets en public, il peut les avoir traités avec ses compagnons habituels (les μαθηταί des *Nuées*, les auditeurs du *Phédon*, les φίλοι de Xénophon (cf. *Mem.*, I, 6, 14). Quant aux assertions de Socrate, qu'il n'entend

---

(^{1}) PLATON, *Apol.*, 19 c : καὶ οὐχ ὡς ἀτιμάζων λέγω τὴν τοιαύτην ἐπιστήμην, εἴ τις περὶ τῶν τοιούτων σοφός ἐστι.

(^{2}) Combien différemment s'exprime à ce sujet le Socrate de Platon, qui dans le *Phèdre*, 269 e, rend ce bel hommage à la valeur éducative des études naturalistes : « Tous les grands arts ont besoin de spéculations subtiles et de haut vol sur la » nature ; car c'est de là que semblent venir l'élévation de la pensée et l'aisance à » arriver jusqu'à la perfection ».

absolument rien à cette espèce de connaissances, outre qu'elles sont en contradiction avec des données précises de Xénophon et de Platon citées plus haut, elles ressemblent étrangement à celles qu'il oppose à l'accusation de corrompre les jeunes gens : il n'a été le maître de personne, il n'a jamais fait profession d'enseigner, il n'a jamais rien enseigné (33 *a b*). Or il est évident que Mététos et Aristophane ont raison d'appeler les jeunes gens qui fréquentaient Socrate ses μαθηταί. Si même on concédait à notre philosophe qu'il n'enseignait ni la rhétorique, ni l'éthique, mais seulement une méthode de recherche, la dialectique, ceci constituerait déjà une matière d'enseignement. C'est une distinction tout aussi subtile qu'il emploie, lorsqu'il proclame qu'il n'entend rien à la science de la nature. Ces paroles sont vraies, si on les prend dans ce sens : je ne sais rien d'une façon certaine de la formation du monde, la nature et les révolutions des astres ; mais elles ne signifient pas que Socrate ignore les différents systèmes qui prétendent donner une explication du monde.

Aristote non plus ne contredit pas les développements du *Phédon*. Il dit seulement que Socrate a appliqué sa nouvelle méthode de définitions universelles uniquement à des sujets éthiques (¹). Or, puisque le Phédon présente la découverte de cette théorie comme une conséquence des études scientifiques de Socrate, il n'y a pas du tout de contradiction. Aristote ne nie nulle part que Socrate serait parti de la science de son temps.

Nous pouvons donc considérer comme historique l'évolution de Socrate telle que nous l'a racontée Platon. La vie du philosophe se divise en deux périodes. Dans la première, il s'est intéressé aux sciences naturelles, seuls objets de la philosophie de l'époque et c'est à cette période que s'applique le témoignage d'Aristophane. Dans la seconde, il s'est tourné vers l'éthique ; c'est la partie de sa vie qu'ont connue Platon et Xénophon. Quant à déterminer le moment où Socrate a abandonné la physique pour la morale, les textes ne nous permettent pas de le faire d'une façon précise. Dans l'*Apologie*, Platon représente la vie de Socrate comme étant divisée en deux

---

(¹) ARISTOTE, *Metaph.*, A, 987 *b* 1 : Σωκράτους δὲ περὶ μὲν τὰ ἠθικὰ πραγματευομένου, περὶ δὲ τῆς ὅλης φύσεως οὐδέν, ἐν μέντοι τούτοις, τὸ καθόλου ζητοῦντος καὶ περὶ ὁρισμῶν ἐπιστήσαντος πρώτου τὴν διάνοιαν... voy. aussi, 1078 *b* 17; *Part. an.*, 642 *a*, 28 ; cf. J. BURNET, *Plato's Phaedo*, Oxford 1911, p. XXXIX.

périodes par l'oracle rendu par la Pythie à Chéréphon. Mais nous ne connaissons pas la date du voyage de Chéréphon à Delphes ; toutefois, d'après l'exposé de l'*Apologie*, il semble avoir eu lieu avant la représentation des *Nuées*, puisque les calomnies dont Aristophane s'est fait l'écho, n'ont vu le jour qu'à la suite de l'exercice de la mission prescrite à Socrate par Apollon. D'ailleurs, si même l'oracle a déterminé un changement dans le cours de la vie de Socrate (ce qui, comme nous le verrons, n'est pas sûr, voy. *infra*, p. 165), il est peu probable que ce changement soit précisément l'abandon de la physique pour la morale. Platon ne fait pas jouer ce rôle à l'oracle puisqu'il le présente seulement comme le point de départ de la mission publique de Socrate et que dans le *Phédon*, il ne le fait pas intervenir pour expliquer la « deuxième navigation » du philosophe. Du reste, déjà avant l'oracle, Socrate pouvait avoir concentré son intérêt principalement sur l'éthique, car on comprend difficilement que des hommes comme Critias et Alcibiade, élèves de ce temps là, aient été attirés par un enseignement purement scientifique ; ils ont dû fréquenter Socrate dans un intérêt éthico-politique.

Il ne nous paraît pas possible non plus d'utiliser les dates des scènes fictives des dialogues platoniciens pour fixer l'époque du changement d'activité de Socrate, parce que Platon n'a très probablement pu faire que projeter dans le passé l'image de son maître, tel qu'il le connaissait à la fin de sa vie. Nous en sommes donc réduit à proposer ce qui nous paraît le plus vraisemblable.

Socrate s'est probablement senti attiré vers la morale, au moment où cette partie de la philosophie fut mise à l'ordre du jour par la Sophistique naissante. Le premier séjour de Protagoras à Athènes se place entre 450 et 445. Il est certain que, comme tous les autres Athéniens, Socrate s'est vivement intéressé au célèbre sophiste. Ses fréquentations postérieures avec d'autres sophistes l'auront amené à ne plus voir en la cosmologie, le seul objet de la philosophie, mais à étendre son domaine à l'homme lui-même considéré comme sujet pensant. Il n'est guère probable que Socrate ait abandonné tout à coup la physique, pour se cantonner dans la morale ; il a dû au contraire, pendant une période de transition plus ou moins longue, mener les deux études de front. Petit à petit, l'éthique aura pris le pas sur la physique et aura fini par l'exclure complètement. La date de la représentation des *Nuées* nous empêche de placer ce dernier stade trop tôt dans la vie de Socrate.

3. Socrate et la Religion.

— La position de Socrate vis-à-vis de la religion est une des questions auxquelles les historiens modernes ont donné les solutions les plus diverses (¹). Tantôt on fait de Socrate un rationaliste à outrance et par conséquent un athée radical, tantôt on le considère comme un esprit profondément religieux. Entre ces deux positions extrêmes se place toute la gamme des nuances que permet la combinaison de deux tendances qui semblent apparaître dans le caractère de Socrate : piété, croyance au polythéisme et rationalisme.

On ne peut d'ailleurs s'étonner de la grande diversité des opinions des savants sur cette question, si l'on songe à la contradiction dans laquelle se présentent à nous les témoignages des contemporains mêmes du philosophe.

Le Socrate d'Aristophane rejette absolument les dieux de la religion populaire : Zeus n'existe pas, c'est le Tourbillon qui règne à sa place (v. 830 ; cf. 246, 365, 825). A côté du Tourbillon, Socrate reconnaît aussi la divinité des Nuées, du Vide, de la Langue (425), étrange accord avec l'accusation qui lui reprochera plus tard d'introduire de nouvelles divinités. Si l'on prenait ceci à la lettre, le Socrate de la comédie ne serait donc pas un athée au sens moderne du mot. Il nierait l'existence des dieux de l'Etat, mais il admettrait celle d'autres divinités. Mais telle ne semble pas avoir été la pensée d'Aristophane. La divinisation du tourbillon cosmique, de la langue n'est évidemment qu'une invention burlesque destinée à ridiculiser l'astronome et le rhéteur Socrate. C'est une façon de dire : Socrate est à ce point épris de l'amour des recherches sur la nature et de l'éloquence que ses dieux à lui sont le Tourbillon, la Langue. Cette explication

---

(¹) Certains chercheurs, prenant pour historiques les données d'Aristophane dans les *Nuées*, font de lui un athée radical (H. RÖCK, *Der unverfälschte Sok., der Atheist u. Sophist*, Innsbruck, 1903. D'autres, comme R. PÖHLMANN, *Sokratische Studien, Sitzungsber. der K. B. Akad. der Wissensch. zu München, philos. philol. hist. Klasse*, 1906, p. 49 sqq. croient que Socrate admettait l'existence d'une divinité abstraite, mais qu'il exerçait sa critique rationaliste sur les dieux de la religion populaire, qu'il rejetait complètement les dieux de l'Etat, la valeur prophétique des oracles, des songes, les mythes, etc. (Cf. HEINR. GOMPERZ, *Die Anklage gegen Sokrates in ihrer Bedeutung für die Sokratesforschung, Neue Jahrbücher*, 1924 (53), p. 129-173). HORNEFFER, *Der Junge Platon* (erster Teil, *Sokrates und die Apologie*) Giessen, 1922, s'élève contre Pöhlmann et voit en Socrate un personnage profondément religieux, croyant sincèrement aux dieux de la mythologie, à sa mission et à son inspiration divines. Pour lui, Socrate est une sorte de prophète de l'Ancien Testament.

nous permet de rendre toute leur force aux paroles que prononce Socrate au vers 247 : « D'abord, les dieux n'ont pas cours chez nous ». Le Socrate d'Aristophane est donc un véritable athée.

Platon nous dépeint son maître sous un jour complètement différent. Le portrait qu'il nous trace de lui fait ressortir deux caractéristiques, à première vue contradictoires, du Socrate religieux : une forte tendance au mysticisme et par contre un scepticisme non déguisé.

Le Socrate de l'*Apologie* est convaincu de l'existence des dieux ; il y croit plus qu'aucun de ses accusateurs (¹). Il se déclare chargé d'une mission que lui a confiée le dieu de Delphes (23 b). Sa soumission à la volonté du dieu va si loin qu'il préférerait mourir plutôt que de désobéir à l'oracle (29 c d, 37 e ; cf. 30 e sqq.). Cette mission lui a aussi été prescrite par des songes et par d'autres moyens (33 c). Il reçoit en outre des avertissements d'une voix divine qui se manifeste à lui, depuis son enfance, toujours pour le détourner de quelque fâcheuse entreprise où il allait s'engager (31 c d).

L'attitude de Socrate dans le *Phédon* est aussi foncièrement religieuse. Il n'y a pas d'allusion explicite à la mission que lui a conférée Apollon, mais l'idée du dieu de Delphes imprègne en quelque sorte tout le dialogue : il visite Socrate en songe ; c'est à cause de lui que sa mort est retardée ; Socrate est à son service comme les cygnes et c'est de lui qu'il tient ses dons prophétiques (60 e-61 b ; 84 e sq.). Dans sa prison, il a mis en vers des fables d'Esope et un hymne à Apollon, pour se conformer à l'ordre d'un songe, par pur scrupule religieux (ἀφοσιούμενος 60c-61b).

D'autres dialogues platoniciens nous montrent Socrate accomplissant ponctuellement ses devoirs religieux. Dans le *Phèdre* (279 b c) par exemple, il se refuse à quitter le ruisseau et le platane consacré aux nymphes avant d'avoir fait une prière à Pan et aux autres divinités du lieu. De même, dans le *Banquet* (220 d), après une nuit passée dans la méditation, Socrate ne s'en va qu'après avoir fait sa prière au Soleil levant. Enfin, le jour de sa mort, au moment où il allait rendre le dernier soupir, sa pensée suprême fut de recommander à Criton de ne pas oublier de sacrifier un coq promis à Asclépios (²).

(¹) PLATON, *Apol.*, 35 d : νομίζω τε γὰρ, ὦ ἄνδρες Ἀθηναῖοι, (θεοὺς εἶναι) ὡς οὐδεὶς τῶν ἐμῶν κατηγόρων.

(²) PLATON, *Phaedo*, 118 a.

Mais à côté de ces passages, où Socrate manifeste un vif sentiment religieux, on en trouve d'autres où il adopte une attitude sensiblement différente. Dans l'*Apologie* elle-même, on relève des traces de son esprit rationaliste. Si convaincu qu'il soit de la valeur prophétique et de la véracité des oracles d'Apollon, il n'en soumet pas moins à un véritable examen critique l'oracle qui le proclame le plus sage des hommes. Après avoir hésité longtemps, il prend le parti d'aller questionner ceux qui passaient pour être les plus sages, « croyant trouver » là un moyen de réfuter l'oracle et de lui déclarer : celui-ci est plus » sage que moi et tu avais dit que c'était moi qui étais le plus sage » ([1]). Plus loin, il déclare qu'il ne sait pas exactement ce que sont les Enfers et qu'il se rend compte qu'il ne le sait pas ([2]). Dans le dernier discours qu'il adresse à ses juges, il revient sur la même idée. Il envisage cette alternative : ou celui qui meurt devient un pur néant, privé à jamais de sentiment, ou bien la mort n'est que le passage des lieux que nous habitons dans un autre séjour, où sont rassemblés tous ceux qui ont quitté la vie et où l'on trouve ceux qui passent pour être là-bas les dispensateurs de la justice : Minos, Rhadamanthe, Eaque, Triptolème, et autres demi-dieux (40 *c* sq.). Enfin l'*Apologie* se termine par une proclamation d'ignorance : personne ne sait si la mort nous réserve un sort meilleur ou pire que la vie, excepté Dieu ([3]). Ceci, il est vrai, semble être corrigé par un passage du *Phédon* ; Socrate y dit son espoir d'une vie future au cours de laquelle il se rendra auprès des dieux sages et bons et rencontrera des hommes trépassés meilleurs que ceux d'ici-bas. « J'ai bon espoir, dit-il, qu'il » y a quelque chose après la mort, et, comme le dit une antique tra- » dition, un sort beaucoup meilleur pour les bons que pour les mé- » chants ([4]) ». Mais ce n'est qu'un espoir, tout au plus une croyance confiante et non une certitude.

([1]) PLATON, *Apol.*, 21 *c* : ὡς ἐνταῦθα εἴπερ που ἐλέγξων τὸ μαντεῖον καὶ ἀποφανῶν τῷ χρησμῷ ὅτι « οὑτοσὶ ἐμοῦ σοφώτερός ἐστι, σὺ δ' ἐμὲ ἔφησθα ».

([2]) PLATON, *Apol.*, 29 *b* : καὶ εἰ δή τῳ σοφώτερός του φαίην εἶναι, τούτῳ ἄν, ὅτι οὐκ εἰδὼς ἱκανῶς περὶ τῶν ἐν Ἅιδου, οὕτω καὶ οἴομαι οὐκ εἰδέναι.

([3]) PLATON, *Apol.*, 42 *a* ; ὁπότεροι δὲ ἡμῶν ἔρχονται ἐπὶ ἄμεινον πρᾶγμα, ἄδηλον παντὶ πλὴν ἢ τῷ θεῷ.

([4]) PLATON, *Phaedo*, 63 *c* ; cf. 69 *d e*. H. MAIER, *Sokrates, sein Werk und seine geschichtliche Stellung*, Tübingen, 1913, p. 435 sq., croit que les idées exposées dans le *Phédon* sur l'au-delà n'appartiennent pas au véritable Socrate. L'homme moral, dit-il, est certain que la mort n'est pas un mal ; cela lui suffit. Il n'a donc

Une seule fois, chez Platon, Socrate est mis en demeure, en termes clairs et nets, de préciser son attitude à l'égard de la croyance aux mythes. Dans le dialogue qui porte son nom (229 c), Phèdre lui demande à propos d'Orythie, la fille du roi Erechthée, qui fut enlevée par Borée : « Mais dis moi, par Zeus, Socrate, crois-tu que ce mythe » soit vrai ? » Et Socrate répond : « Si je n'y croyais pas, comme les » sages, je ne serais pas ridicule ». Il parle ensuite du système qui veut expliquer la mythologie par la physique. Mais il le rejette, parce que, dit-il, ces explications, bien qu'intéressantes, exigent trop d'ingéniosité et de labeur et qu'ensuite la matière est trop vaste. Car après avoir expliqué le mythe d'Orythie, il faudra « redresser la forme des Hippocentaures et celles des Chimères, puis vient l'avalanche » des Gorgones, des Pégases et des multitudes d'êtres étranges, mons- » trueux et inconcevables ». Une semblable méthode demande trop de temps. Lui d'ailleurs, n'a pas le loisir de se livrer à de semblables recherches. « Et en voici la cause, mon cher. Je ne peux, pour parler » comme l'inscription delphique, me connaître moi-même ; il me sem- » ble, dans ce cas, ridicule, alors que je m'ignore moi-même, de me » livrer à des recherches sur des objets qui me sont étrangers. Aussi » je les laisse de côté, me fiant à la coutume, à leur égard (¹) ». Ici Socrate adopte une attitude qui se rapproche beaucoup de celle

---

pas à s'occuper spécialement de la question de savoir ce qui se passe après la mort. A première vue, il est vrai, les développements du *Phédon* paraissent contredire les affirmations d'ignorance sur l'au-delà répétées dans l'*Apologie*. Mais dans ce dernier ouvrage, il s'agit de « savoir ». Or Socrate, qui possédait si bien les nuances des sens des mots, pouvait très bien déclarer ignorer quel sort est réservé à l'homme après sa mort, mais en même temps espérer et croire même en une vie future. Maier pense aussi que lorsque Socrate se demandait si la mort est un néant ou un séjour en d'autres lieux, il penchait pour la première hypothèse. Mais rien ne justifie cette opinion ; au contraire les textes sont favorables à la seconde hypothèse.

Nous ne tiendrons pas compte d'un passage du *Gorgias*, où Socrate raconte la migration des âmes, comment elles se présentent devant leurs juges, Eaque, Rhadamanthe, Minos. A deux reprises, Socrate affirme qu'il voit dans ce récit non une légende, mais la vérité (523 *a* et 526 *d*). Mais l'inspiration de ce mythe eschatologique est trop visiblement orphique et pythagoricienne, pour qu'on puisse l'interpréter autrement que comme l'expression d'idées religieuses propres à Platon.

(¹) R. Pöhlmann, *Sokrat. Studien, Sitzungsb. der philos. philol. und hist. Kl. der Münchener Ak.*, 1906, p. 103 sq. conteste qu'on puisse utiliser ce passage pour le Socrate historique, parce que la condamnation de l'explication rationaliste des mythes serait une attaque contre Antisthène. Mais voyez H. Maier, *Sokrates*, Tübingen, 1913, p. 441.

de Protagoras. Il admet que le doute est possible, peut-être même raisonnable, mais il considère qu'il est ridicule, vu l'état des connaissances du temps sur l'homme lui-même, de se livrer à des recherches qui ne peuvent aboutir à aucune certitude. En ce cas, il se contente de suivre la coutume, tout en ne se faisant pas illusion sur la véracité certaine des mythes.

Toutefois, Socrate n'accordait pas également cette confiance à toutes les légendes relatives aux dieux ; l'*Euthyphron*, nous fournit à cet égard un passage intéressant. Pour justifier l'action qu'il intente à son père, Euthyphron rappelle le cas de Zeus qui enchaîna son père Saturne, parce qu'il dévorait ses enfants, et ensuite celui de Saturne qui mutila son père pour quelque faute analogue. Socrate lui demande: « Serait-ce là, Euthyphron, la cause pour laquelle je suis accusé, que
» lorsqu'on raconte sur les dieux de semblables histoires, je les
» admets difficilement. Or si toi, qui est si habile en ces matières,
» tu adoptes ces fables, il faut aussi, ce me semble, que nous les croy-
» ions... Mais, dis-moi, au nom de l'amitié, crois-tu que de telles choses
» se soient vraiment passées ? ...Crois-tu que les dieux se font vrai-
» ment la guerre les uns aux autres, que de terribles inimitiés les
» divisent et qu'ils se livrent à toutes ces actions étranges que les
» poètes nous racontent et que les grands peintres nous repro
» duisent dans les tableaux et dont on remplit le voile que l'on porte
» en procession à l'Acropole, dans les grandes Panathénées ? Dirons-
» nous que tout cela est vrai, Euthyphron ? ([1]) » Le Socrate platonicien rejette donc délibérement tous les mythes, et on le sait, ils étaient légion, qui portaient atteinte à la morale ou qui prêtaient aux dieux des sentiments ou des actes incompatibles avec l'idée qu'il s'en faisait.

Quant à ces dieux eux-mêmes, le Socrate de Platon n'hésite pas à proclamer non pas son incrédulité, mais son ignorance à leur sujet. Ainsi, il répond à Hermogène qui lui demande d'examiner les noms des dieux ([2]) : « Par Zeus, Hermogène, si nous sommes raisonnables,
» ce qu'il y aurait de mieux à faire, d'abord, ce serait de reconnaître
» qu'au sujet des dieux, nous ne savons rien, ni sur eux-mêmes, ni
» sur les noms dont ils s'appellent eux-mêmes ; car il est évident qu'il

---

([1]) PLATON, *Euthyphro*, 6 *a* sqq.
([2]) PLATON, *Cratylus*, 400 *d* sq.

» se donnent leurs vrais noms. Et ensuite, le meilleur moyen de ne
» pas se tromper, puisque nous ne savons rien à leur sujet, c'est de
» les appeler des noms qu'il est coutume de leur donner dans les
» prières, noms dont ils aiment à être appelés. » Pour le Socrate de
Platon, donc, les dieux comme les mythes de la religion d'Etat, sont
des objets qui doivent rester en dehors de la recherche scientifique.
Nous ne savons rien à leur sujet, pas même leurs noms, et nous sommes
dans l'impossibilité d'en acquérir une connaissance certaine. Dans
ce cas, il faut se contenter, dans la pratique, de suivre la coutume.

Cette profession d'ignorance, au sujet des dieux, mise dans la bouche du Socrate platonicien, nous permet de le rendre responsable de propos analogues que Platon fait tenir à d'autres personnages.
« Quand il s'agit des choses célestes et divines, dit Critias, nous
» sommes satisfaits même si ce qu'on en dit n'a avec elles qu'une
» petite ressemblance ; mais pour les choses mortelles et humaines,
» nous les soumettons à un examen sérieux [1] ». Le même personnage dit à un autre endroit : « Il semble, en effet, Timée, qu'il est
» plus facile de parler pertinemment des dieux à des hommes, que
» de vous parler des hommes, à vous qui êtes des hommes. Car
» lorsqu'il s'agit des dieux, l'inexpérience et l'ignorance complètes
» du sujet où sont les auditeurs, rend grandement facile la tâche de
» celui qui veut leur en parler. Oh ! au sujet des dieux, nous ne
» savons que trop où nous en sommes [2] ! »

En résumé, le Socrate platonicien, lorsqu'il s'agit de la pratique, est profondément religieux : il adresse des prières aux dieux, croit à la valeur prophétique des songes et des oracles, reçoit des avertissements d'une voix divine, se croit même chargé d'une mission par Apollon, en un mot se conforme aux pratiques de la religion grecque.

---

[1] PLATON, *Critias*, 107 d.
[2] PLATON, *ibid*, 107 a b. Il est hors de doute que Critias exprime ici la pensée de Platon qui demande l'indulgence de ceux qui liront ce qu'il a écrit sur un sujet si difficile. De même Platon, qui croit à la divinité des astres (dieux visibles), est sceptique pour ce qui touche aux autres dieux de la mythologie populaire. On peut lire dans le *Timée*, 40 d sqq. un passage visiblement ironique (comme l'a constaté F. WEBER, *Platonische Notizen über Orpheus*, Munich, 1899, p. 12 sq.) où il se moque finement des Orphiques, « qui, dit-il, doivent connaître très bien » les généalogies de ces dieux, puisqu'ils se prétendent leurs descendants. Il » faut donc les croire, quand ils débitent là leurs histoires de famille ». Dès lors il n'est peut-être pas trop hardi d'admettre que Platon ne fait que suivre les traces de son maître.

Mais lorsqu'il s'agit de certitude scientifique, son attitude est beaucoup plus réservée. Il déclare ignorer le sort réservé à l'homme après sa mort, mais il espère en une vie future où les bons et les mauvais seront récompensés ou punis suivant leurs œuvres. Il avoue son ignorance complète sur les dieux et considère qu'on ne peut leur appliquer une critique serrée et scientifique. Vis-à-vis des mythes, même attitude sceptique. Les mythes sont incontrôlables ; on doit rejeter absolument les mythes immoraux et faire confiance, dans la pratique, seulement aux légendes qui ne blessent pas la morale.

Voyons maintenant ce que nous dit Xénophon des croyances religieuses de son maître.

Son Socrate est absolument convaincu de l'existence de la Divinité. Xénophon raconte deux entretiens, auxquels il prétend avoir assisté, et au cours desquels, Socrate prouve à Aristodème le Petit et à Euthydème l'existence de Dieu. Sa démonstration est fondée sur l'ordre final des organes du corps humain et de l'Univers. Toutes les parties du corps de l'animal et spécialement de celui de l'homme ont été façonnées en vue d'une fonction qu'elles remplissent pour le plus grand bien de l'individu vivant. De même l'Univers entier est ordonné et organisé en vue du bien de l'humanité. Cet ordre final, que l'on rencontre partout dans la nature, ne peut avoir été réalisé que par une intelligence supérieure. En outre le *daimonion* qui a créé le monde ne l'a pas abandonné à son sort ; Socrate montre qu'il s'en soucie continuellement et veille sur les créatures qui y vivent (*Mem.*, I, 4, 2-19 et IV, 3, 3-17).

Socrate croit que les dieux voient tout, entendent tout et sont présents en tout lieu (I, 4, 18 ; I, 1, 19). Ils envoient des signes aux hommes sur toutes les choses humaines (I, 1, 19). Socrate n'entreprenait jamais rien sans l'avis des dieux (IV, 8, 11), car il savait que si nous sommes dans l'impossibilité de prévoir ce qu'il convient de faire pour les choses qui se rapportent à l'avenir, les dieux viennent à notre aide en nous indiquant l'avenir par la mantique, pourvu que nous les questionnions (IV, 3, 12). Lorsque quelqu'un désirait plus que ne pouvait lui donner la sagesse humaine, il conseillait de recourir à la mantique. Car celui qui connaît les signes par lesquels les dieux communiquent avec les hommes, ne manquera jamais du conseil des dieux (IV, 7, 10). Sa confiance en eux était si grande que, s'il lui semblait remarquer que les dieux lui envoyaient un signe, plutôt que d'agir contre les présages, on l'aurait plus facilement persuadé de suivre un guide aveugle et ne connaissant pas le chemin (I, 3, 4). D'autre part, Socrate se conformait complètement aux usages du culte. On pouvait le voir sacrifier souvent chez lui aussi bien que sur les autels publics (I, 1, 12). Bien plus, de tous les hommes, Socrate était celui qui servait le mieux les dieux (I, 2, 64).

Cependant Xénophon ne tient pas toujours le même langage ; on relève par-ci, par-là, dans les *Mémorables*, des passages qui contredisent partiellement ce portrait du parfait bigot qu'il nous fait de Socrate. Ainsi quand il dit que Socrate aimait à répéter qu'il fallait honorer les dieux suivant la loi de l'Etat (νόμῳ πόλεως) (I, 3, 1 ; IV, 3, 16), il a beau couvrir Socrate de l'autorité de la Pythie, qui paraît-il, donnait cette réponse, lorsqu'on la consultait sur la façon d'honorer les dieux, il n'en reste pas moins que ces paroles, mises dans la bouche de Socrate, ont bien l'air d'une manifestation d'indifférence vis-à-vis des formes du culte (¹).

Socrate, continue-t-il, demandait aux dieux dans ses prières de lui donner simplement les biens, parce qu'ils savent mieux que personne ce qui est notre véritable avantage. Demander de l'or ou de l'argent, ou la tyrannie ou quelque autre avantage de cette sorte, c'était, suivant lui, les prier pour un jeu de dés, un combat ou d'autres choses analogues dont l'issue est évidemment incertaine (I, 3, 2). Cette conception élevée de la prière, par laquelle le fidèle ne doit demander que le bien général et non des biens particuliers, concrets et personnels, était un coup droit porté à la piété traditionnelle. Xénophon fait encore entrer Socrate en conflit avec la piété cultuelle lorsqu'il écrit (I, 3, 3) : « En offrant les modestes sacrifices
» que lui permettait son maigre avoir, il ne croyait pas être inférieur
» à ceux qui grâce à leur grande fortune offrent de nombreux et
» grands sacrifices. Ce serait indigne des dieux, disait-il, de préférer
» les grands sacrifices aux petits ; dans ce cas, les dons des mauvais
» auraient souvent trouvé près d'eux plus grande faveur que ceux
» des bons, et les hommes ne trouveraient plus de prix à la vie, si les
» dons des méchants plaisaient plus que ceux des bons. Il croyait
» au contraire que les dieux se réjouissent surtout des honneurs
» qu'ils reçoivent des plus pieux. Il aimait à citer ce vers : « c'est

---

(¹) Voyez Joel, *Der echte und der xen. Sokr.*, I, pp. 90 sq.

» selon vos moyens que vous devez offrir des sacrifices aux dieux
» immortels ». En proclamant que les grands sacrifices des riches ne
plaisent pas plus aux dieux que les modestes sacrifices des pauvres,
le Socrate de Xénophon limite la signification des sacrifices et pose
comme condition de l'efficacité de l'offrande une disposition morale
sans laquelle le zèle cultuel reste sans effet.

Aux passages que nous avons cités, dans lesquels Socrate prêche
le recours à la divination en toute circonstance, s'opposent d'autres
endroits des *Mémorables* où il restreint résolument le rôle de la mantique : « Il appelait aussi insensés ceux qui consultent les oracles sur
» ce que les dieux nous ont donné de résoudre par nos propres lumières,
» par exemple, demander s'il vaut mieux confier son char à un cocher
» expérimenté ou inexpérimenté, ou son vaisseau à un pilote habile
» ou maladroit, de même pour ce que nous pouvons connaître par le
» calcul, la mesure ou le poids. Il considérait que poser de telles ques-
» tions aux dieux, n'est pas permis par la loi divine. Il disait que ce
» que les dieux nous ont donné de pouvoir faire en apprenant, il
» fallait l'apprendre, mais que ce qu'ils nous ont caché, ils nous est
» permis de le savoir des dieux par la divination » (I, 1, 9 ; cf. I,
1, 7).

Quel sera pour nous maintenant, le vrai Socrate ? Il est certain
qu'il est impossible de lui attribuer l'athéisme radical que lui prête
Aristophane dans les *Nuées*. Nous devons croire Xénophon, lorsqu'il
dit que Socrate n'était pas athée ([1]). Le fait qu'aucune des écoles
socratiques ne rejetait l'existence de la divinité suffirait déjà à nous
faire écarter les données d'Aristophane. Il s'agit d'ailleurs ici d'une
comédie, où l'exagération est de règle et nous verrons que l'attitude
de Socrate à l'égard de la religion permettait en quelque sorte cette
exagération.

Socrate n'a pu être athée ; il a dû au contraire être absolument
convaincu de l'existence de la Divinité et de la Providence divine.
Les passages des *Mémorables* où Socrate prouve l'existence d'un
δαιμόνιον, d'un θεός organisateur du monde, par l'ordre final
de la nature, s'ils ne sont pas socratiques dans tous leurs détails ([2]),

---

([1]) XÉNOPHON, *Mem.*, I, 1, 5 et I, 2, 64.

([2]) Spécialement la forte tendance étroitement anthropocentrique des entretiens de Socrate avec Aristodème et Euthydème doit très problablement être
attribuée à Xénophon, comme le croient JOEL, *Der echte und der xen. Sokr.*,
I, p. 139 et TH. GOMPERZ, *Les Penseurs de la Grèce*, II, p. 92 (trad.), bien que

développent cependant une idée fondamentale que l'on doit attribuer au vrai Socrate : celle d'une Divinité ou d'une « Raison universelle » qui a organisé le monde, le gouverne et s'occupe des créatures tout en se laissant guider par le souci du bien. On sait, en effet, que les mêmes idées sont développées dans le *Philèbe* et le *Timée* de Platon. De plus le *Phédon* (97 *b* sq.) expose que la vraie explication du monde doit être finale et nous avons vu qu'on n'a pas le droit de ne pas croire Platon, quand il dit que c'est parce qu'elles ne satisfaisaient pas à cette condition que Socrate a abandonné les explications des physiciens. D'ailleurs, pour ceux qui avec nous admettent que Socrate s'est d'abord intensément occupé de sciences naturelles, ses idées sur l'ordre final du monde ne sont qu'une conséquence de ses relations avec Anaxagore. Même dans le cas où on lui refuserait des rapports personnels avec l'astronome, on ne peut aller jusqu'à nier qu'il ait subi des influences indirectes ([1]). Il resterait quand même, comme le dit Joël, « ce fluide magique, non expliqué, mais constaté » qui donne à chaque temps sa propre atmosphère et produit un » contact des idées, même sans le contact des penseurs ».

Socrate était donc pleinement convaincu de l'existence d'une divinité raisonnable, ordonnatrice de l'Univers. Mais que pensait-il des dieux de la religion grecque ? Si l'essence de la divinité consiste réellement dans le νοῦς, qu'on ne peut guère concevoir que comme un, on s'achemine fatalement vers l'idée de l'unité de la divinité ([2]). Socrate avait-il tiré cette conséquence logique de son système ? On serait tenté de répondre affirmativement à cette question, si l'on songe que deux écoles socratiques professaient l'unité de la divinité : Euclide de Mégare s'est fait le champion de l'Etre unique des Eléates et Antisthène ([3]), dans son livre *Sur la Physique*, déclarait que « d'après » l'opinion générale, il y a beaucoup de dieux, mais que d'après la

---

H. GOMPERZ, *Die Anklage gegen Sokr. in ihrer Bedeutung für der Sokratesforsch.*, *Neue Jahrb.*, 1924 (53), p. 129-173, soutienne qu'elle appartient aussi au vrai Socrate. Beaucoup de modernes (v. JOEL, *op. cit.*, pp. 118 sq.) ont frappé d'athétèse tantôt des parties, tantôt la totalité de ces deux dialogues, sous prétexte que leur contenu dériverait d'idées stoïciennes. Mais ils ont été réfutés par JOEL, MAIER, *Sokrates*, p. 430 sqq. et H. GOMP., *op. cit.*, p. 144 sqq.

([1]) Comme l'admettent UEBERWEG-PRAECHTER, *Grundr. der Phil.*, 11ᵉ éd., p. 160 ; HEINZE,. *Ber. sachs. Ges.*, 1890, p. 44 ; WINDELBAND, *Gesch. der alt. Phil.*, p. 191 et JOEL, *op. cit.*, I, p. 132 sq.

([2]) Cf. JOEL, *op. cit.*, I, p. 131.

([3]) PHILODÈME, *de pietate*, Gomperz, p. 72 ; cf. CICÉRON, *de nat. deor.*, I, 13, 32.

» nature, (c'est-à-dire en réalité), il n'y en a qu'un seul ». Mais ces deux disciples, n'ont-ils pas été plus loin que leur maître ? La doctrine de l'ordre final du monde préparait celle de l'unité de la divinité, mais il n'est pas sûr que Socrate soit arrivé à cette dernière conclusion. C'est d'autant moins probable, que Platon, si toutefois on peut se faire une idée exacte de sa doctrine théologique, a suivi une voie complètement différente de celle d'Euclide et d'Antisthène. Lui aussi parle d'une divinité cosmique, d'un démiurge (¹). Mais ce dieu, après avoir façonné et ordonné la matière, adjoint à chacun des corps qu'il a créé, une âme tirée de lui-même et qui participe à sa propre substance. C'est ainsi qu'à côté du démiurge existent les divinités visibles : la Terre, le Soleil, la Lune, les planètes, les étoiles fixes (²). En outre, si l'on tient compte du Xe livre des *Lois*, où il se fait le zélé défenseur des dieux de l'Etat, Platon ne devait pas avoir perdu toute croyance aux dieux Olympiens. Comme il n'est guère concevable que Platon ait rétrogradé par rapport à son maître, nous admettrons qu'Euclide et Antisthène, en affirmant l'unité de la divinité, ont dépassé Socrate.

En réalité, notre philosophe, qui n'apportait pas une grande attention aux problèmes théologiques, a maintenu à sa façon les opinions traditionnelles : à côté de sa divinité souveraine, il réservait une place aux nombreux dieux de la religion populaire. Il croyait pouvoir démontrer avec certitude l'existence d'une force et intelligence, en même temps créatrice et providence de l'Univers. Il ne pouvait concevoir la nature divine sans lui attribuer des propriétés supérieures à celles de l'homme : la perfection, la bonté, l'omniscience et l'omniprésence. Mais il ne s'aventurait pas plus loin dans la recherche des choses divines. Il savait imposer des bornes aux prétentions de l'intelligence humaine. Pour lui, l'homme était aussi incapable de savoir d'une façon certaine la nature du sort qui lui est réservé après la mort que de démontrer l'existence ou la non-existence des dieux de la religion populaire. Comme Protagoras, il affirmait courageusement son ignorance à ce sujet. C'étaient des questions qui pour lui restaient complètement en dehors du domaine scientifique et des possibilités humaines.

Mais Socrate distinguait la « science » de la « croyance ». Ce qu'il ne pouvait savoir, il ne le rejetait pas pour cela même qu'il devait

---

(¹) Notamment, *Tim.*, 28 *c* sqq.
(²) PLATON, *Tim.*, 40 sqq.

avouer son ignorance. Aussi pour se faire une idée de la vraie attitude qu'il adoptait vis-à-vis de la religion, convient-il, croyons-nous, de le considérer sous deux aspects différents : Socrate donnant libre cours à son esprit rationaliste et établissant les vérités auxquelles il adhérera sans restriction aucune et Socrate mis devant les exigences de la vie pratique. Or, qu'il ait réellement rempli ses devoirs religieux envers les dieux de l'Etat, qu'il leur ait sacrifié et adressé des prières, c'est ce qu'il ne nous est guère permis de mettre en doute (¹). Certes, sa croyance aux dieux de l'Olympe n'était pas la même que sa foi à la Divinité souveraine. Elle n'était pas soutenue par un raisonnement qu'il estimait inébranlable. Mais, puisqu'il était aussi incapble de prouver l'inexistence que l'existence de Zeus, puisqu'il déclarait que de tels problèmes dépassaient les possibilités humaines, il ne se reconnaissait pas le droit de rejeter a priori les croyances dont son esprit avait été nourri dès son enfance (²).

Si Socrate adorait les dieux de l'Etat, il les concevait cependant d'une tout autre façon que le peuple. Ses dieux à lui étaient dépouillés des imperfections, des vices, des haines, des passions que leur prêtaient les croyances populaires et les poètes. Contrairement à l'opinion courante, suivant laquelle les divinités connaissaient telle chose et ignoraient telle autre, étaient présentes tantôt ici, tantôt là, les dieux de Socrate voyaient, entendaient, savaient tout et étaient présents partout à la fois. Il est certain que, partant de ce point de vue, il s'attaqua à l'habitude, si tenace chez ces concitoyens, de se représenter les dieux à l'image des hommes.

Son attitude à l'égard des mythes lui était aussi dictée par l'idée qu'il se faisait des divinités. Il rejetait toutes les légendes qui attribuaient aux dieux des actes ou des sentiments immoraux. Quant aux autres plus convenables, il se déclarait incapable de porter un jugement à leur sujet. Douter de leur véracité ne lui paraissait pas déraisonnable. Il n'était pas cependant favorable à l'explication naturaliste. A ses yeux, cette méthode était loin de fournir des résultats certains et, par surcroît, elle demandait un temps considérable

---

(¹) Voyez *supra* l'accord de Platon et de Xénophon sur ce point. Ce dernier déclare qu'il était notoire (φανερὸς ἦν) qu'il accomplissait ses devoirs cultuels (*Mem.*, I, 1, 2). Il ne se donne même pas la peine de donner des exemples tant il paraît certain de l'assentiment du public à ce sujet.

(²) H. GOMPERZ, *op. cit.*, p. 152 sq., a cependant essayé de prouver que Socrate niait l'existence des dieux de l'Etat ; il ne nous a pas convaincu.

qu'il préférait consacrer à une occupation plus sérieuse. Dans ces conditions, il lui paraissait sage de faire confiance, dans la pratique, aux mythes qui ne blessaient pas la morale.

Sa manière de remplir ses devoirs religieux n'était pas non plus celle du forgeron ou du corroyeur. La formule qu'il aimait à répéter : « honore les dieux suivant les coutumes du pays », loin de lui être inspirée par son respect pour le rituel, dissimule mal son indifférence (¹). En réalité, la forme des pratiques n'a aucune importance à ses yeux. Les divinités doivent être satisfaites lorsqu'on les honore selon les principes enseignés par les ancêtres. Celui qui croit accomplir son devoir fait ce qu'il doit. Mais plus importante que la liturgie est la disposition morale de l'adorateur. Les dieux n'accordent pas leurs faveurs en proportion de la magnificence et du nombre des sacrifices qu'on leur offre. Les méchants perdent leur temps à immoler des victimes ; pour être écouté des divinités, il faut les approcher d'un cœur pur (²). L'espèce de trafic (³) entre les dieux et les hommes, qui était alors l'expression ordinaire de la piété, répugne à Socrate, qui considère comme une impiété de croire que l'inflexible justice des divinités se laisse corrompre par des offrandes.

Sa prière n'était pas non plus celle du peuple. Il s'élevait contre la piété grossière et intéressée de la plupart de ses contemporains, assiégeant les autels de requêtes égoïstes, demandant aux dieux des biens particuliers, parfois les plus vulgaires. Socrate ne sollicite que le bien en général, laissant aux divinités, qui en sont seules capables, le soin de discerner ce qui nous sera profitable. Platon respecte cette haute conception de la piété qu'avait son maître, lorsqu'il lui met dans la bouche la belle prière de la fin du *Phèdre* : « Oh ! cher Pan et autres » divinités de ce lieu, donnez-moi la beauté intérieure ; faites que » tous les biens extérieurs que je possède ne nuisent pas à mes biens » intérieurs, faites que je considère riche le sage, que je possède autant » d'or que ne peut en emporter nul autre homme que le sage » (⁴).

(¹) Outre les passages de Platon et de Xénophon cités plus haut, voy. encore PLATON, *Resp.*, 427 *b c* où Socrate déclare à propos des rites : ἐὰν νοῦν ἔχομεν, οὐδὲ χρησόμεθα ἐξηγητῇ ἀλλ' ἢ τῷ πατρίῳ.

(²) Comparez avec les textes de Xénophon cités plus haut, PLATON, *Leges*, 716 *e* et PSEUDO-PLATON, *Alc.*, II, 149 *d*.

(³) PLATON, *Euthyphro*, 14 *e*. Ἐμπορικὴ ἄρα τις ἂν εἴη, ὦ Εὐθύφρων, τέχνη ἡ ὁσιότης θεοῖς καὶ ἀνθρώποις παρ' ἀλλήλων.

(⁴) PLATON, *Phaedrus*, 279 *b c*.

Au sujet de la mantique, Socrate n'adoptait pas sans d'importantes restrictions les opinions courantes. Sans doute, convaincu comme il l'était de la sollicitude divine pour les hommes, croyait-il que les dieux communiquaient avec eux, qu'ils consentaient parfois à soulever un coin du voile qui leur cache l'avenir. Avec l'immense majorité de ses contemporains, il voyait dans les songes des manifestations de l'intervention divine, il croyait que les dieux envoient aux hommes des présages. Nous connaissons d'autant mieux la nature de ses convictions sur les rapports entre les immortels et les mortels, qu'il pensait être à cet égard, comme le dit Xénophon (¹), l'objet d'une faveur spéciale des dieux. Depuis son enfance, il lui était souvent arrivé, au moment où il allait accomplir une action, d'être retenu par un ordre intérieur qu'il appelait tantôt une « voix » mais plus souvent « son signe familier », « le signe démoniaque » (²). Dans

---

(¹) XÉNOPHON, *Mem.*, IV, 3, 12.

(²) Xénophon dénature la vraie portée du signe (*Mem.*, I, 1, 4 ; I, 1, 6 ; IV, 3, 12 et *Apol.*, 13). D'après lui, son action n'aurait pas été simplement négative, mais aussi positive. Le « daimonion », aurait conseillé à Socrate de faire telle chose, de ne pas faire telle autre. En outre les avertissements que recevait Socrate ne se rapportaient pas seulement, comme chez Platon, à sa conduite strictement personnelle mais aussi à celle de tierces personnes. Mais Platon (sauf dans l'inauthentique *Theag.*, 128 d sqq.) ne sait rien de l'action positive du « daimonion », ni des recommandations que par son intermédiaire Socrate aurait transmises à ses amis. Le passage de l'*Apol.*, 31 d est absolument décisif à cet égard. Xénophon et Platon sont en complète contradiction et il a fallu que H. Gomperz (*Neue Jahrbücher*, 1924 (53), p. 160 note) ait intérêt à sauver la valeur du témoignage de Xénophon, pour qu'il ait essayé, d'ailleurs en vain, de concilier les données des deux auteurs. Dans son intéressant article (p. 151 sqq.), H. Gomperz veut prouver que Socrate voyait dans le signe une manifestation de la Divinité souveraine, seule divinité que d'après lui il reconnaissait, et qu'il désignait sous le vocable τὸ δαιμόνιον. Sa démonstration repose sur le fait que Xénophon appelle assez souvent la divinité cosmique de Socrate τὸ δαιμόνιον (*Mem.*, I, 4, 2 ; I, 4, 10 ; IV, 3, 14 ; IV, 3, 15). Il observe cependant que cet auteur emploie dans le même sens τὸ θεῖον (notamment I, 4, 18 ; IV, 3, 14), ou ὁ θεός (I, 4, 13 ; I, 4, 17 ; IV, 3, 13) et qu'il parle aussi concurremment de θεοί, tandis que Platon ne se sert jamais du mot τὸ δαιμόνιον pour signifier la divinité (il dira le plus souvent τὸ θεῖον). Par des textes de Xénophon (notamment *Mem.*, I, 1, 3 τὸ δαιμόνιον ἔφη σημαίνειν ; I, 1, 4 sq. τοῦ δαιμονίου προσημαίνοντος..., ὡς ὑπὸ θεοῦ φαινόμενα) l'auteur de l'article montre que σημαίνειν signifie « donner un signe » que donc pour Xénophon le δαιμόνιον n'est pas le signe lui-même mais plutôt la force divine qui donne à Socrate le signe et, avec le dernier texte, que le « daimonion » se confond avec le « dieu ». Mais H. Gomperz concède que chez Platon, du moins dans ses ouvrages authentiques, il est impossible de voir dans le « daimonion » une divinité, ou la divinité souveraine créatrice de l'Univers. Dans tous les passages relatifs au signe de Socrate, excepté un seul (*Apol.*, 40 a), Platon

l'impossibilité où il était d'expliquer ce phénomène et aussi en raison de l'excellence de ses effets, il le considérait comme l'œuvre d'une divinité, ou plutôt comme l'œuvre d'un démon servant d'intermé-

---

adjoint au mot τὸ δαιμόνιον le verbe γίγνεσθαι (*Apol.*, 31 *cd* ; *Euthyphro*, 3 *b* ; *Theaet.*, 151 *a* ; *Phaedrus*, 242 *b*) et ajoute encore trois fois le substantif σημεῖον (*Euthyd.*, 272 *e*, *Phaedrus*, 242 *b*, *Resp.*, 496 *e* ; cf. *Apol.*, 40, *c*), si bien qu'on ne peut prendre τὸ δαιμόνιον, comme chez Xénophon, pour un adjectif employé substantivement, mais qu'on est obligé de le traduire par « le signe démoniaque » ou parfois « quelque chose de démoniaque ». Mais ce serait à dessein que Platon a évité l'expression τὸ δαιμόνιον pour désigner la divinité souveraine et qu'il réduirait le daimonion de Socrate à un phénomène « divin », sans indiquer de quelle divinité il émane. D'après H. Gomperz, Mélétos avait raison d'accuser Socrate d'introduire un nouveau daimonion : ce grief visait la divinité souveraine de Socrate, de qui il croyait recevoir des avertissements. Pour cacher le rapport qui existerait entre le signe et la divinité cosmique, Platon aurait évité soigneusement dans tous ses ouvrages d'appeler cette dernière τὸ δαιμόνιον. — Il est superflu de faire remarquer combien est invraisemblable la ligne de conduite qu'aurait suivie Platon, d'après H. Gomperz. Mais toute son ingénieuse construction sera bien ébranlée, croyons-nous, lorsque nous aurons montré que, pour agir ainsi, Platon avait une excellente raison, qui n'a rien de commun avec l'intention apologétique que lui prête le savant autrichien. On sait ce que Platon et très probablement Socrate, à la suite des Pythagoriciens, désignaient par le terme δαίμονες : ce sont des êtres d'une nature intermédiaire entre celles des mortels et des immortels (μεταξὺ θνητοῦ καὶ ἀθανάτου. *Conv.*, 202 *d* sqq.), chargés d'établir la liaison entre les dieux et les hommes. La divinité n'entre pas en rapport direct avec l'homme (θεὸς δὲ ἀνθρώπῳ οὐ μίγνυται *ibid.*, 203 *a*). Ce sont les « démons » qui portent aux dieux les prières et les sacrifices des humains et, en revanche, communiquent à ces derniers les ordres et les bienfaits des dieux. Toute la mantique aussi s'opère par leur intermédiaire. Dès lors, pour Platon l'adjectif δαιμόνιος ne peut plus avoir le sens général de divin, mais il le restreint à celui de « relatif au démon », « démoniaque ». Partout dans ses œuvres, il est resté fidèle à ce sens. Il suffit pour s'en rendre compte de parcourir l'article δαιμόνιος dans le *Lexicon Platonicum* de Ast. L'auteur de cet ouvrage donne cependant comme premier sens « divinus » ; mais c'est une erreur, car les quelques passages où le mot employé au figuré pourrait avoir ce sens (*Gorg.*, 456 *a* ; *Resp.*, 509 *c*, 531 *c* ; *Conv.*, 219 *b* ; *Critias*, 117 *b*), il gagne à être traduit par « surnaturel », « extraordinaire », « admirable ». En réalité, nulle part chez Platon, δαιμόνιος n'est l'équivalent de θεός. Chose très naturelle chez un homme qui écrit : πᾶν τὸ δαιμόνιον μεταξύ ἐστι θεοῦ τε καὶ θνητοῦ (*Conv.*, 202 *d*). D'où pour Platon et probablement aussi pour Socrate, qui possédaient une théorie si précise sur les δαίμονες, l'impossibilité de donner à la divinité souveraine le nom de τὸ δαιμόνιον (Mais Xénophon, qui semble ignorer totalement cette théorie, continue à prendre δαιμόνιος dans l'acceptation générale de divin). C'est en accord avec cette doctrine que Socrate appelait le plus souvent le phénomène dont il était le siège « le signe démoniaque », puisque d'après lui c'était un démon qui en était l'agent immédiat. Mais ce démon n'était que l'instrument d'une divinité. Ce qui permet à Platon de lui faire appeler une seule fois le « signe du dieu », τὸ τοῦ θεοῦ σημεῖον (*Apol.*, 40 *b*) et une autre fois, d'une façon plus complète « quelque chose en même temps de divin et de démoniaque » τι... θεῖόν τε καὶ δαιμόνιον (*Apol.*, 31 *c d*), expression nullement redon-

diaire entre lui et la divinité. De quel dieu le démon était-il l'émissaire? C'est ce que nous ne pouvons préciser et ce que Socrate lui-même probablement ne savait pas (¹). Nous ne sommes pas mieux documentés sur la nature du phénomène. Que ce ne fût, comme on l'a dit, que la voix de la conscience, ou « une sorte d'instinct, une appréciation obscure mais exacte de ses propres aptitudes qui émergeait des courants subconscients ou inconscients de sa vie psychique » (²), « ou la voix intérieure du jugement individuel », (³) que « les avertissements venus des profondeurs de l'inconscience » prissent « la forme d'hallucinations réelles de l'ouïe », ou qu' « à côté de cela, des sentiments » d'inhibition de peu d'importance, comme nous en connaissons » tous » fussent « aussi regardés par Socrate comme des interventions divines » (⁴), ce sont là autant de formules et d'hypothèses plus un moins probables entre lesquelles rien ne nous autorise à choisir.

Quoi qu'il en soit, le signe démoniaque constituait pour Socrate un phénomène d'ordre religieux (⁵) qui jouissait certainement de toute

---

dante comme pourrait le faire croire la traduction inexacte de MAURICE CROISET dans l'édit. des *Belles Lettres* : « une certaine manifestation d'un dieu *ou* d'un *esprit divin* ».

(¹) Cependant un passage de PLATON, *Phaedo*, 85 *a b*, pourrait faire penser. à première vue, que Socrate croyait voir dans son signe l'intervention d'Apollon : « Et moi aussi j'estime être attaché au même service que les cygnes et être » consacré au même dieu (Apollon) et ne pas posséder moins qu'eux le don de » divination qui me vient du maître ». Mais ce don de divination n'a rien de commun avec le signe. Simmias et Cébès sont désireux de poser une question à Socrate, mais ils en sont retenus par la crainte que leur ami ne soit mal disposé par suite de l'approche du moment fatal (84 *d*). C'est lorsqu'il apprend leurs scrupules que Socrate parle des cygnes : leur chant harmonieux à l'approche de leur mort n'est pas, comme on le croit communément, une lamentation mais un cri de joie ; car étant les oiseaux d'Apollon, ils ont un don divinatoire et c'est la prescience des biens qu'ils vont trouver chez Hadès qui les fait chanter si harmonieusement. A moitié plaisantant Socrate se dit comme les cygnes serviteur d'Apollon (sans doute parce qu'il a été chargé d'une mission par l'Oracle de Delphes, ou en tant que philosophe : la philosophie étant, comme il l'a dit plus haut, la plus haute expression de la musique) ; en cette qualité, il jouit comme eux d'un don prophétique à l'approche de la mort, qui lui permet d'entrevoir que le trépas n'est pas un mal et ainsi de répondre à ses interlocuteurs en toute liberté d'esprit.

(²) TH. GOMPERZ, *Les Pens. de la Gr.* (trad.), II, p. 90.

(³) MAIER, *Sokrates*, p. 458.

(⁴) TH. GOMPERZ, loc. cit.

(⁵) Contrairement à R. PÖHLMANN, *Sokr. Studien, Sitzungsb. der K. B. Akademie der Wissensch. zu München (philos. philol. hist. Klas.)* 1906, p. 121 sqq., qui soutient que le « daimonion » ne dérive pas d'une disposition mystique ou d'une croyance spécialement religieuse, mais que le phénomène peut être compris à la lumière de la psychologie et de la théorie de la connaissance socratique. — Sur le

sa confiance. Evidemment il ne pensait pas être le seul homme qui entrait en relations avec la divinité ; il devait réellement admettre l'existence de devins visités par l'inspiration divine (¹). De même il partageait jusqu'à un certain point la confiance générale dans les oracles des prêtresses inspirées. Il semble avoir eu un respect particulier pour l'Oracle de Delphes (²), qui s'était déjà attiré sa sympathie, par l'inscription gravée sur l'un de ses murs, le fameux γνῶθι σεαυτόν, dont il avait fait sa devise et la règle de sa vie.

S'il était assez bien disposé à l'égard de la μαντικὴ ἔνθεος, il paraît avoir été plus sceptique et plus défiant vis-à-vis de la divination fondée sur l'explication du vol des oiseaux et des autres signes (³). Ce qui est certain, c'est qu'il n'était pas un adepte fanatique de la divination, dans le genre du superstitieux Xénophon. Celui-ci nous assure que Socrate se servait couramment de la mantique, mais ni lui, ni Platon ne nous en fournissent un seul exemple : preuve que cette pratique jouait un rôle très effacé dans la vie de Socrate. Ce n'était sans doute pas scepticisme à l'égard de la divination, du moins de la divination inspirée, mais pour ses besoins personnels Socrate était suffisamment servi par son signe démoniaque. Quant aux autres personnes qui ne jouissaient pas de la faveur dont il était l'objet, il leur recommandait de ne faire appel à la mantique qu'après avoir épuisé tous les moyens de connaissance naturels mis à leur disposition. C'était fou et criminel d'après lui de questionner les dieux sur ce qu'ils nous ont donné de connaître par le seul secours de nos facultés. Il n'était sans doute pas adversaire de la divination, mais il limitait

---

« daimonion » de Socrate, voyez outre les ouvrages déjà cités : RIBBING, *Sokraische Studien*, II, *Uber Sokrates Daimonion*, p. 1 sqq.; FOUILLÉE, *Philos. de Socrate*, II, p. 266-316 ; ED. MEYER, *Gesch. des Altert.*, IV, p. 452 sq. et la bibliographie sur cette question chez UBERWEG-PRAECHTER, *Grundr. der Philos.*[11], I, pp. 96* sqq.

(¹) PLATON, *Io*, 534 d sqq., *Phaedrus*, 244 b sqq. C'était aussi l'opinion de Platon. Contrairement à Aristote qui juge la divination avec scepticisme (*Eth. Nic.*, IV, 13, 1127 b, 20), il parle toujours avec révérence des devins, du moins de ceux que visite l'inspiration divine. Voy. *Leges*, 772 d ; 914 a ; *Tim.*, 70 d sqq.

(²) PLATON, *Apol.* passim ; *Resp.*, 427 b c ; 469 a ; 540 c ; 461 e ; XÉNOPHON, *Anab.*, III, 1, 5.

(³) C'est le genre de mantique que Socrate chez PLATON, *Phaedrus*, 244 c d, désigne sous le nom de οἰωνιστική pris dans le sens général de divination par l'explication des signes et qu'il oppose assez dédaigneusement à la μαντική (divination procédant des troubles psychiques) : ὅσῳ δὴ οὖν τελεώτερον καὶ ἐντιμότερον μαντικὴ οἰωνιστικῆς.

considérablement son rôle. Il agrandissait le champ d'action de l'intelligence humaine, et restreignait d'autant celui du destin (¹).

4. **Socrate et la politique.** — Socrate ne s'est jamais mêlé activement à la politique (²). Dans l'*Apologie*, Platon lui en fait donner la raison : son signe divin s'oppose à ce qu'il s'occupe en rien des affaires publiques. Opposition d'ailleurs très bien justifiée, dit-il. Car un défenseur de la justice agissant dans les assemblées publiques serait insupportable pour le peuple et tomberait tôt ou tard victime de sa généreuse activité. Celui qui veut combattre l'iniquité, et qui néanmoins désire conserver la vie pendant quelque temps, doit nécessairement rester simple particulier.

Mais, bien que le philosophe n'ait jamais joué aucun rôle dans la direction de la politique athénienne, bien qu'il n'ait jamais fait des assemblées délibérantes le théâtre de son activité, on a souvent expliqué son procès en faisant appel à des raisons politiques. Il est donc nécessaire que nous nous efforcions de déterminer quelle était l'attitude de Socrate vis-à-vis de l'Etat athénien.

Socrate semble avoir toujours accompli scrupuleusement ses devoirs de soldat et de citoyen. Nous savons qu'il prit part à trois expéditions militaires, en qualité d'hoplite. Il se signala au siège de Potidée (432-429) par son endurance à supporter les fatigues, la faim et les intempéries. Au cours de cette campagne, il sauva la vie et les armes d'Alcibiade blessé (³). A Delion (424), pendant la retraite qu'il fit en compagnie de Lachès, il eut de nouveau l'occasion de prouver son intrépidité (⁴). Enfin, il prit encore part à la bataille d'Amphipolis (⁵) (422).

(¹) Socrate notamment ne trouve pas de place pour la mantique dans l'exercice des métiers, des professions qui nécessitent seulement un apprentissage ou l'étude d'une science ou d'un art. Catactéristique est à ce sujet la parole que lui fait dire PLATON, *Laches*, 198 e ἡ στρατηγία... οὐδὲ τῇ μαντικῇ οἴεται δεῖν ὑπηρετεῖν ἀλλὰ ἄρχειν, ce qui est en absolue contradiction avec XÉNOPHON, *Mem.*, I, 1, 7 et 8. Voyez au sujet de l'attitude de Socrate vis-à-vis de la mantique et de la religion en général, l'excellente étude de K. JOEL, *Der echte und der xenoph. Sokrates*, I, pp. 70-175, à laquelle nous devons beaucoup.

(²) PLATON, *Apol.*, 31 c sqq. ; 36 b c ; *Gorgias*, 473 e ; XÉNOPHON, *Mem.*, I, 6, 15.

(³) PLATON, *Conv.*, 219 e sq. et commencement du *Charmide*.

(⁴) PLATON, *Laches*, 181 b et *Conv.*, 221 a, où l'auteur met dans la bouche d'Alcibiade un brillant éloge de la tenue de Socrate dans ces combats. Cf. *Laches*, 188 e ; *Charm.*, 156 d.

(⁵) DIOGÈNE LAERCE, II, 22 ; cf. pour tous ces combats, PLATON, *Apol.*, 28 e.

Bien qu'il fût un adversaire déclaré de l'attribution par le sort des fonctions publiques, lorsque le hasard l'appela à siéger au Conseil des Cinq-Cents, loin de se dérober, il s'efforça d'exercer consciencieusement sa charge. En bon' Athénien, il refuse d'engager Xénophon à se rendre auprès de Cyrus, qui avait été l'allié de Sparte ; il se contente de le renvoyer à l'oracle de Delphes. Et quand Xénophon vient lui annoncer la réponse de la Pythie, il le blâme de ne pas avoir posé la question comme il aurait dû le faire ([1]).

Véritable enfant d'Athènes, né, grandi et vieilli entre ses murailles qu'il avait « moins quittées que les aveugles, les boiteux et les autres infirmes » ([2]), déclinant les invitations les plus flatteuses des princes étrangers ([3]), Socrate aimait sa patrie d'un amour sincère et profond. Platon dit de lui qu'il n'avait préféré à sa ville natale ni Sparte ni la Crète, dont il vantait si souvent les lois, ni aucune autre cité grecque ou barbare, « tant Athènes lui plaisait plus qu'aux autres Athéniens » ([4]). Xénophon nous le représente combattant le cosmopolitisme d'Aristippe ([5]) et, à un autre endroit ([6]), il lui met dans la bouche un brillant éloge de l'héroïsme et de la vertu de la vieille Athènes, qui est imprégné du plus fervent patriotisme. Toute la scène finale du *Criton* nous montre un Socrate pénétré du même sentiment. Il y proclame que « la patrie est quelque chose de plus précieux, de » plus vénérable, de plus sacré, et qu'au jugement des dieux et des » hommes sensés, elle occupe un rang plus élevé qu'un père, qu'une » mère et que tous les ancêtres » ([7]). Enfin, qu'un homme, qui a accepté de courir les risques d'un procès d'impiété, qui, menacé d'une condamnation à mort, s'est refusé à sauver sa vie en proposant comme peine l'exil, qui, en outre, dans sa prison, a résisté victorieusement aux supplications de ses amis l'adjurant de fuir, tout cela parce que, à

---

[1] XÉNOPHON, *Anab.*, III, 1, 5 sq.

[2] PLATON, *Crito*, 53 *a*.

[3] Socrate refusa les offres du roi de Macédoine Archélaos que s'empressèrent d'accepter Euripide et Agathon, le poète épique Choerilos, le peintre Zeuxis et d'autres (ARISTOTE, *Rhet.*, II, 23, 8, p. 1398 *a*, 24 ; cf. SÉNÈQUE, *de benef.*, V, 6, 2-7 ; ARRIEN, chez STOBÉE, 97, 28 ; LIBANIUS, *Apol. Socr.*, 165 Foerster). Il aurait aussi décliné les invitations des princes thessaliens, Scopas de Crannon et Eurylochos de Larissa (DIOGÈNE LAERCE, II, 25).

[4] PLATON, *Crito*, 53 *a*.

[5] XÉNOPHON, *Mem.*, II, 1, 14.

[6] XÉNOPHON, *Mem.*, III, 5, 9 ; cf. III, 3, 12 sq.

[7] PLATON, *Crito*, 51 *b* sq.

ses yeux, la vie hors d'Athènes n'avait aucun prix, qu'un homme pareil fût un adepte du cosmopolitisme, c'est ce que nous ne pouvons accorder à Gomperz (¹). Toute la vie de Socrate est au contraire celle d'un Athénien solidement attaché à sa ville natale.

Mais notre philosophe était un citoyen qui ne craignait pas de braver la colère du peuple déchainé, lorsqu'il estimait que son devoir lui ordonnait d'empêcher une injustice. Quand les généraux de la bataille des Arginuses furent traduits devant les tribunaux, le hasard ayant voulu que ce fût précisément le tour de prytanie de sa tribu, seul des prytanes, Socrate s'opposa énergiquement à la mise aux voix d'un probouleuma aux termes duquel les stratèges devaient être jugés en bloc (²). Bien qu'il ne fît, en cette affaire, que défendre la légalité, Socrate mécontenta tout le monde. La grande majorité de l'assemblée du peuple comprenant de nombreux parents des naufragés que les stratèges avaient laissés périr, et des morts qu'ils avaient abandonnés sans sépulture, réclamait à grands cris la mise en jugement des responsables. Seul Socrate refusait au πλῆθος une satisfaction qui lui paraissait très légitime. D'un autre côté, les démocrates modérés durent être très mécontents de son intransigeance. Théramène et ses partisans, on le sait, étaient les plus acharnés à réclamer la condamnation en bloc des stratèges. Socrate s'était donc montré hostile au parti « théraméniste », dont un des personnages les plus en vue était Anytos, son futur accusateur (³).

Quelques années après, son attitude sous les Trente faillit lui attirer de graves difficultés. Son opposition à la tyrannie était si notoire que Critias se crut obligé de prendre des mesures pour le réduire au silence. Xénophon raconte que Critias vexé des réprimandes que

---

(¹) Th. Gomperz, *Les Pens. de la Grèce*, II, p. 118 (trad.) soutient que Socrate et ses amis manquaient d'un amour sincère et profond de la patrie. Ceci est plus facile à prouver pour certains disciples que pour leur maître. R. Pöhlmann, *Sokr. und sein Volk*, 1899, pp. 38 sq., nous semble avoir pleinement refuté l'opinion de Gomperz.

(²) Platon, *Apol.*, 32 b c; cf. *Gorg.*, 473 e; Xénophon, *Mem.*, I, 1, 18; IV, 4, 2; *Hell.*, I, 7, 15. Voy. Paul Cloché, *L'Affaire des Arginuses*, dans la *Revue Historique*, 1919, t. 1.

(³) C'est Paul Cloché, *op. cit.*, p. 55 sq., qui a mis en lumière ce détail. Xénophon, *Mem.*, I, 1, 18, dit que Socrate dut tenir tête aux furieuses clameurs du πλῆθος et d'un certain nombre d'hommes influents : ὀργιζομένου μὲν αὐτῷ τοῦ δήμου, πολλῶν δὲ καὶ δυνατῶν ἀπειλούντων. Paul Cloché montre qu'il faut voir dans ces « citoyens influents » les amis de Théramène, parmi lesquels figurait en bonne place Anytos.

Socrate lui avait adressées pour l'amour pervers qu'il portait à Euthydème, défendit par une loi l'enseignement de la rhétorique, lorsqu'il fut nomothète sous les Trente. Le trait suivant, dit Xénophon, prouve que cette mesure visait Socrate : « quand les Trente eurent
» fait périr de nombreux citoyens, et non des moindres, et qu'ils en
» eurent poussé beaucoup d'autres au crime, Socrate un jour déclara
» qu'il serait bien étonnant qu'un gardien de troupeau, qui en égor-
» gerait une partie et rendrait l'autre plus maigre, ne voulût pas
» s'avouer mauvais pasteur ; mais qu'il serait plus étrange encore
» qu'un chef de gouvernement, qui détruirait une partie de ses
» concitoyens et corromprait le reste, ne se reconnût pas mauvais
» chef de gouvernement. Ces paroles étant venues aux oreilles de
» Critias et de Chariclès, ils mandèrent Socrate, lui montrèrent la
» loi et lui défendirent de s'entretenir désormais avec les jeunes
» gens (¹) ». Le premier motif de l'animosité de Critias envers Socrate n'est pas historique. Si même nous accordons à Xénophon l'authencité des réprimandes du philosophe, Critias, en 404, devait avoir perdu de vue l'incident depuis longtemps. Il n'en est pas de même du second grief. Sans doute, ne faut-il pas prendre à la lettre la comparaison du mauvais pasteur et du mauvais homme d'Etat ; mais il est très probable que Socrate, qui ne craignait jamais de dire la vérité, critiqua sévèrement les agissements des Trente. En prenant une mesure contre l'enseignement de la rhétorique, Critias n'avait pas pour but de satisfaire les vœux des conservateurs, adversaires déclarés du nouveau système d'éducation. C'était en réalité une mesure de protection ; parmi les intellectuels, il se trouvait des hommes de premier plan auxquels le régime n'était pas sympathique. En supprimant l'enseignement de la rhétorique, Critias espérait détruire les points d'appui qu'étaient pour l'opposition les cercles éclairés. Il visait surtout Socrate qui réprouvait ouvertement ce régime de violences et augmentait ainsi l'animosité et le mécontentement du peuple.

Les Trente essayèrent encore de se débarrasser du philosophe d'une autre manière. Ils voulurent le compromettre en lui ordonnant de procéder, avec quatre autres de ses concitoyens, à l'arrestation de Léon de Salamine. Les tyrans avaient probablement escompté

(¹) XÉNOPHON, *Mem.*, I, 2, 29 sqq.

que Socrate refuserait d'exécuter l'ordre ; c'est ce qu'il fit en effet. Cette fois, ils avaient un bon prétexte pour supprimer ce critique gênant. Heureusement pour Socrate, le temps leur manqua ; ils furent renversés presque immédiatement après cet incident (¹).

L'antipathie de Socrate pour la tyrannie se justifie non seulement par les violences dont les Trente se rendaient coupables, mais encore parce qu'il la considérait comme une forme de gouvernement illégal, imposé par la force et ne relevant que du bon plaisir du tyran. « Socrate », dit Xénophon, « voyait en la royauté et la tyrannie, » deux formes de gouvernement, mais il croyait qu'elles différaient » entre elles. Le régime établi suivant le consentement des citoyens » et en conformité avec les lois de l'Etat, il l'appelait royauté, tandis » que le gouvernement établi contre le consentement des citoyens, » contrairement aux lois et qui ne relève que de la volonté arbitraire » du chef de l'Etat, il le nommait tyrannie (²) ».

Que pensait maintenant Socrate de la démocratie ? On ne peut douter que la démocratie radicale fût loin de lui plaire. Xénophon, passant en revue les définitions que son maître donnait des différents systèmes de gouvernement, écrit (³) : « Il appelait aristocratie le régime » politique dans lequel les magistrats satisfont aux conditions exi- » gées par les lois, ploutocratie, le système dans lequel les magis- » trats sont recrutés d'après la richesse, et démocratie, celui dans » lequel les magistrats sont recrutés parmi tous les citoyens ». L'aristocratie qui place le gouvernement et l'administration aux mains de ceux qui font preuve d'une certaine capacité personnelle exigée par la loi, cette vraie aristocratie, le Socrate de Xénophon, qui doit être ici l'authentique, l'oppose avec une indéniable sympathie, à la ploutocratie, qui dans le recrutement des magistrats fait intervenir un facteur impersonnel et irrationnel, l'argent, et à la démocratie, qui prend ses magistrats dans l'ensemble des citoyens, sans distinction.

Le pouvoir doit appartenir à celui qui sait, qui possède la science : voilà l'idée fondamentale de Socrate en politique. « Les rois et les » archontes, disait-il, ne sont pas ceux qui tiennent le sceptre, ni » ceux qui sont élus par les premiers venus, ni ceux qui sont désignés

---

(¹) PLATON, *Apol.*, 32 d ; *Epist.*, VII, 324 d sqq., XÉNOPHON, *Mem.*, IV, 4, 3.
(²) XÉNOPHON, *Mem.*, IV, 6, 12.
(³) *Ibid.*

» par le sort..., mais ceux qui savent gouverner (¹) ». « Quand on est
» le chef de quelque entreprise, si l'on sait ce qui est nécessaire, si
» on peut le procurer, on sera un bon chef, soit qu'il s'agisse de diriger
» un chœur, une maison, un Etat ou une armée (²) ». Gouverner est
pour lui une science et même une science très difficile accessible à un
très petit nombre (³). Le troisième livre des *Mémorables* contient des
entretiens de Socrate avec des gens qui désirent devenir stratège,
hipparque, homme d'Etat, et tous ils aboutissent à cette conclusion :
l'aptitude et la compétence sont les premières conditions auxquelles
il faut satisfaire pour pouvoir exercer utilement une fonction publique (⁴). Notre philosophe prouvait l'exactitude de sa manière de voir
en recourant à son procédé habituel, l'induction. Sur les navires,
c'est celui qui possède la science de la navigation qui commande ;
en cas de maladie, on obéit à celui qui connaît l'art de la médecine ;
pour l'agriculture, on suit les avis de celui qui est au courant des
choses de l'agriculture ; il en est de même pour l'équitation, de
même pour l'art de filer la laine, où les femmes sont supérieures aux
hommes, de même pour le gouvernement des Etats qui doit appartenir à ceux qui savent (⁵).

Comme l'a très bien montré R. Pöhlmann, ce que voulait Socrate,
c'était un régime où la distribution des charges ne dépendrait pas du
bon plaisir du démos ignorant, mais dans lequel les fonctions publiques seraient confiées à ceux qui possèdent les connaissances nécessaires pour remplir leur emploi (⁶). On ne peut s'étonner que, parti
d'un semblable point de vue, Socrate ait fait de la pratique du tirage
au sort un des thèmes favoris de ses sarcasmes contre la démocratie.
« C'était folie », disait-il, « d'attribuer par le sort les fonctions publi-

---

(¹) XÉNOPHON, *Mem.*, III, 9, 10.
(²) XÉNOPHON, *Mem.*, III, 4, 6.
(³) PLATON, *Politicus*, 293 a où Socrate dit ... ἑπόμενον δὲ οἶμαι τούτῳ τὴν μὲν ὀρθὴν ἀρχὴν περὶ ἕνα τινὰ καὶ δύο καὶ παντάπασιν ὀλίγους δεῖν ζητεῖν, ὅταν ὀρθὴ γίγνηται. Ceci doit être considéré comme véritablement socratique, comme l'ont montré KAERST, *Studien zur Entwicklung und theoretischen Begründung der Monarchie im Altertum*, p. 21 et R. PÖHLMANN, *Sokr. und sein Volk*, p. 82, note 3.
(⁴) Spécialement XÉNOPHON, *Mem.*, III, ch. 1, 2, 3, 6, 9. Voy. aussi PLATON, *Gorg.*, 514 *a b* sqq.
(⁵) XÉNOPHON, *Mem.*, III, 3, 9 ; 9, 11 ; cf. 5, 21 sq.
(⁶) R. PÖHLMANN, *op. cit.*, spécialement, p. 83.

» ques, alors que personne ne voudrait ni d'un pilote, ni d'un archi-
» tecte, ni d'un flûtiste désigné par le sort, ni d'aucun autre homme
» de métier dont les fautes sont cependant beaucoup moins nui-
» sibles que celles des magistrats (¹) ».

Mais les critiques de Socrate allaient plus loin encore ; elles atteignaient l'essence même du régime démocratique qui fait dépendre la direction de la politique d'une assemblée délibérante composée de tous les citoyens. A Athènes, le δῆμος était le juge souverain et compétent dans tous les domaines, la dernière instance et le dernier tribunal qui décidait de toutes les questions de la vie politique et sociale. Socrate ne pouvait être favorable à un tel régime, lui qui voyait en l'ecclésie « la masse ignorante et impuissante des foulons,
» des corroyeurs, des charpentiers, des forgerons, des paysans et des
» marchands qui ne pensent qu'à vendre cher ce qu'ils ont acheté à
» bon compte mais qui n'entendent réellement rien aux choses de la
» politique (²) ». Ce jugement que Xénophon met dans la bouche de Socrate, n'est pas plus sévère que le langage que lui fait tenir Platon. « Plût aux dieux », dit-il quelque part, « que la foule fût
» capable de faire les plus grands maux, car elle serait aussi capable
» de faire les plus grands biens et ce serait heureux ; mais elle ne peut
» ni l'un ni l'autre, car elle est incapable de rendre les hommes sensés
» ou insensés, elle agit au hasard (³) ». Dans le *Protagoras*, Socrate s'en prend aussi à l'activité législative du peuple. Lorsqu'il s'agit de constructions à entreprendre, dit-il, la βουλὴ s'en réfère à des

---

(¹) XÉNOPHON, *Mem.*, I, 2, 9 Λέγων ὡς μῶρον εἴη τοὺς μὲν τῆς πόλεως ἄρχοντας ἀπὸ κυάμου καθιστάναι, κυβερνήτῃ δὲ μηδένα ἐθέλειν χρῆσθαι κυαμευτῷ, μηδὲ τέκτονι, μηδ' αὐλητῇ μηδ' ἐπ' ἄλλα τοιαῦτα, ἃ πολλῷ ἐλάττονας βλάβας ἁμαρτανόμενα ποιεῖ τῶν περὶ τὴν πόλιν ἁμαρτανομένων.
Ce ne sont, il est vrai, que les propos que Polycrate, dans sa κατηγορία, reprochait à Socrate de tenir et par lesquels, d'après lui, il poussait les jeunes gens à mépriser les institutions établies. Mais ces paroles sont certainement socratiques, non seulement parce qu'elles sont la conséquence logique du point de vue de Socrate, mais aussi parce que Xénophon loin de nier que Socrate ait tenu de tels propos confirme involontairement leur authenticité en se contentant de contester que le philosophe ait jamais conseillé à ses amis de recourir à la violence pour changer l'organisation de l'Etat. Voyez d'ailleurs *Mem.*, III, 9, 10 où la même critique est mise, cette fois, dans la bouche de Socrate.

(²) XÉNOPHON, *Mem.*, III, 7, 5, sq., où la minorité des φρονιμώτατοι et des ἰσχυρότατοι est opposée au grand nombre des ἀφρονέστατοι et des ἀσθενέστατοι (Cf. PSEUDO-PLATON, *Alc. min.*, 146 c). Pour le reste voy. 6 et 7.

(³) PLATON, *Crito*, 44 d.

architectes, s'il s'agit de navires, à des constructeurs de navires et ainsi de suite pour ce qui est du ressort des techniciens. « Mais s'il » s'agit des intérêts généraux de l'Etat, on voit se lever et prendre la » parole, indifféremment, architectes, forgerons, corroyeurs, mar- » chands et marins, riches et pauvres, nobles et roturiers (¹) ». Pour lui, aucune assemblée populaire ne possédera jamais la science du gouvernement et jamais elle ne sera capable d'administrer raisonnablement un Etat (²). Car, non seulement il déniait à une assemblée populaire la vraie connaissance des intérêts du pays et le pouvoir de prendre une décision rationnelle, mais il regardait comme un nonsens le principe de toute réunion parlementaire d'après lequel les résolutions sont prises à la majorité des voix. La valeur d'un jugement ou d'une décision, déclarait-il, ne dépend pas de la majorité, mais de la science (³).

De semblables opinions sapaient évidemment par la base le principe de la souveraineté populaire (⁴). Pour Socrate, qui avait si nettement rompu avec la croyance à la majesté du peuple, à l'infaillibilité du suffrage universel et à la valeur des décisions prises à la majorité des voix, pour lui, l'activité législative du démos, comme le dit Pöhlmann, ne pouvait être rien autre que le règne de l'ignorance, là où devrait seule être maîtresse la connaissance. La démocratie radicale telle qu'elle existait à Athènes, devait réellement lui apparaître comme la tyrannie du πλῆθος ignorant et aveugle (⁵).

Cette tyrannie du démos, Socrate la reconnaissait encore dans la façon dont les chefs démocrates étaient obligés de se comporter devant les assemblées populaires. « A l'ecclésie », dit-il à Calliclès dans le *Gorgias*, « si le peuple d'Athènes te contredit, tu changes

---

(¹) PLATON, *Protag*., 319 b c d ; cf. 324 c.

(²) PLATON, *Politicus*, 297 b ὡς οὐκ ἄν ποτε πλῆθος οὐδ' ὡντινωνοῦν τὴν τοιαύτην λαβὸν ἐπιστήμην οἷον τ' ἂν γένοιτο μετὰ νοῦ διοικεῖν πόλιν, assertion que Kaerst, *loc. cit.*, et R. Pöhlmann, *op. cit.*, p. 82, note 4, admettent avec raison comme véritablement socratique. Cf. d'ailleurs le jugement de Socrate sur la psychologie des assemblées populaires dans l'*Apol.*, 31 e.

(³) PLATON, *Laches*, 184 e Ἐπιστήμῃ γάρ, οἶμαι, δεῖ κρίνεσθαι ἀλλ' οὐ πλήθει τὸ μέλλον καλῶς κριθήσεσθαι.

(⁴) Au sujet des opinions anti-démocratiques de Socrate, voyez aussi A. CROISET, *Les démocraties grecques*, Paris, 1909, p. 122 ; G. GLOTZ, *La cité grecque*, Paris, 1928, p. 172 ; STENZEL, dans PAULY-WISS., art. *Sokrates*, col. 811 sq.

(⁵) ELIEN, *Var. Hist.*, II, 542 (III, 17). Σωκράτης τῇ μὲν Ἀθηναίων πολιτείᾳ οὐκ ἠρέσκετο, τυραννικὴν γὰρ καὶ μοναρχικὴν ἑώρα τὴν δημοκρατίαν εἶναι.

» immédiatement ton attitude et tu dis ce qu'il veut (¹) ». Car « si
» tu désires être aimé du peuple et être puissant dans l'Etat, il faut
» que tu ressembles complètement au peuple athénien (²) ». Et cette
ressemblance ne doit pas être une imitation superficielle, mais une
imitation de nature (³). Or, ce rôle de courtisans serviles, que les
politiciens sont forcés de jouer dans toute démocratie radicale, est
en complète opposition avec la tâche que Socrate assignait au vrai
politique. Son devoir envers ses concitoyens est semblable à celui du
berger envers son troupeau (c'est le ποιμὴν λαῶν d'Homère), il doit
les rendre heureux (τὸ εὐδαίμονας ποιεῖν ὧν ἡγῆται) (⁴), c'est-
à-dire — car pour Socrate le bonheur c'est la vertu et réciproque-
ment (⁵) — qu'il doit s'efforcer de les rendre meilleurs (⁶). Pour arriver à ce résultat, loin de flatter le peuple, loin de ne lui tenir que le
langage qu'il aime à entendre, il faut lui livrer un véritable combat
analogue à celui que le médecin engage contre un malade (⁷). Combien
différente était aux yeux de Socrate, la conduite des politiciens dans
une démocratie ! « Les orateurs qui s'adressent au peuple d'Athènes,
» comme à tous les autres peuples, ne tendent pas par leurs discours à
» rendre leurs concitoyens vertueux ; ils sacrifient au contraire les
» intérêts de la communauté à leurs intérêts propres, ils traitent les
» peuples comme des enfants, s'efforçant seulement de leur plaire,
» sans se soucier si leurs paroles les rendront meilleurs ou pires (⁸) ».

(¹) PLATON, *Gorg.*, 481 *d*.
(²) *Ibid.*, 513 *a*.
(³) *Ibid.*, 513 *b*.
(⁴) XÉNOPHON, *Mem.*, III, 2, 4 ; cf. I, 2, 22.
(⁵) A propos de l'eudémonisme de Socrate, voy. TH. GOMPERZ, *Les Pens. de la Gr.*, II, p. 74 sq. (trad).
(⁶) PLATON, *Gorg.*, 503, *a* παρασκευάζειν ὅπως ὡς βέλτισται ἔσονται τῶν πολιτῶν αἱ ψυχαὶ καὶ ἀεὶ διαμάχεσθαι λέγοντα τὰ βέλτιστα, εἴτε ἡδίω, εἴτε ἀηδέστερα ἔσται τοῖς ἀκούουσιν et 513 *e*; 515 *b* etc.
(⁷) *Ibid.*, 521 *a b* où l'on voit τὴν (θεραπείαν τῆς πόλεως) τοῦ διαμάχεσθαι Ἀθηναίους ὅπως ὡς βέλτιστοι ἔσονται, ὡς ἰατρόν opposée à la θεραπεία consistant à διακονήσοντα καὶ πρὸς χάριν ὁμιλήσοντα.
(⁸) *Ibid.*, 502 *e* ; cf. 513 *b c* et 521 *d* où Socrate prétend être le seul de ses concitoyens à pratiquer convenablement la politique ἅτε οὖν οὐ πρὸς χάριν λέγων τοὺς λόγους οὓς λέγω ἑκάστοτε, ἀλλὰ πρὸς τὸ βέλτιστον, οὐ πρὸς τὸ ἥδιστον, καὶ οὐκ ἐθέλων ποιεῖν ἃ σὺ (Calliclès) παραινεῖς, τὰ κομψὰ ταῦτα. La conception qu'a Socrate du rôle du vrai politique aboutira plus tard chez Platon, dans la *République*, au système qui, en proclamant la royauté des philosophes, leur reconnaît à eux seuls le droit de gouverner. Mais ce n'est pas une raison pour refu

D'où, le sévère jugement qu'il portait sur les plus grands hommes de la démocratie, puisqu'aucun d'eux ne s'était préoccupé de cet idéal. Périclès a corrompu ses concitoyens, il les a rendus paresseux, lâches et cupides par la création d'un salaire pour les fonctions publiques. Et la preuve qu'il a laissé ses concitoyens plus injustes et plus mauvais qu'il ne les avait trouvés, c'est qu'à la fin de sa vie ils l'ont condamné pour vol et faillirent même le mettre à mort, bien qu'il fût innocent. La même remarque s'applique à Cimon qui fut ostracisé, à Thémistocle qui, outre l'ostracisme, se vit condamner à l'exil perpétuel, à Miltiade qui aurait été précipité dans le Barathron, sans l'opposition d'un prytane. « Les bons cochers se maintiennent-ils » d'abord sur le siège et n'est-ce que lorsqu'ils ont dressé leurs chevaux » et appris eux-mêmes leur métier, qu'ils sont précipités sur le sol ? » Non seulement ces hommes d'Etat tant vantés ont corrompu leurs concitoyens sans profit pour eux-mêmes, mais ils sont responsables des désastres qu'a subis Athènes. Le bien-être matériel qu'ils ont procuré aux Athéniens, en s'abaissant à jouer un rôle servile, a été plus tard payé chèrement par la ruine de l'Etat et des particuliers, ruine qu'ils ont en réalité préparée en négligeant d'inculquer à leurs concitoyens la sagesse et la justice (¹).

---

ser aux idées que nous tirons du *Gorgias* le caractère proprement socratique. Nous n'avons ici que « l'embryon qui se développera plus tard dans la *République* à la lumière de la théorie des idées » (UEBERWEG-PRAECHTER, *Grundriss der Philos.* ¹¹, I, p. 262). Or cet embryon, la doctrine de Socrate le possédait déjà. Xénophon nous en fournit la preuve, lorsqu'il dit que le devoir de l'homme d'Etat est de rendre ses concitoyens heureux. Car l'εὐδαιμονία pour Socrate ne peut-être procurée que par la vertu. Le plaisir le plus élevé, c'est de devenir meilleur (τοιαύτην ἡδονὴν εἶναι ὅσην ἀπὸ τοῦ ἑαυτόν τε ἡγεῖσθαι βελτίω γίγνεσθαι. *Mem.*, I, 6, 9.) D'ailleurs, le *Gorgias* écrit entre 393-389 (UEBERWEG-PRAECHTER *op. cit.*, p. 233) est encore un ouvrage fortement imprégné d'idées purement socratiques. De plus dans l'*Euthyphron*, 2 c d, qui, quoi qu'on en ait dit, est un des premiers dialogues de Platon (396 ou 395 d'après M. CROISET, éd. des *Belles Lettres*, notice), on retrouve la même idée.

(¹) PLATON, *Gorg.*, 515 *e*-519 *b*. Ce jugement sévère n'est pas en contradiction avec le passage du *Ménon*, 93 *a*-94 *b*, où les hommes d'Etat athéniens semblent être mieux traités. Car dans ce dernier dialogue, comme le dit Socrate lui-même, il ne s'agit pas de rechercher s'il y a eu ou s'il y a encore de bons politiciens à Athènes, mais si la vertu peut s'enseigner (τοῦτο γάρ ἐστι περὶ οὗ ὁ λόγος ἡμῖν τυγχάνει. ὤν · οὐκ εἰ εἰσὶν ἀγαθοὶ ἢ μὴ ἄνδρες ἐνθάδε, οὐδ' εἰ γεγόνασι ἐν τῷ ἔμπροσθεν, ἀλλ' εἰ διδακτόν ἐστιν ἀρετὴ πάλαι σκοποῦμεν '. Or pour prouver le contraire, il suffit d'admettre comme honnêtes gens, les Thémistocle, les Périclès etc. et de montrer ensuite qu'ils n'ont pas su rendre leurs fils vertueux.

Peut-être y a-t-il dans ce verdict sévère et injuste quelque exagération dont on doit rendre Platon responsable (¹). Mais on ne peut cependant douter que Socrate ait pu tenir un langage analogue. L'abîme entre la haute tâche qu'il assignait au vrai politique et la façon dont les hommes d'Etat comprenaient et remplissaient leur devoir était trop grand pour qu'il leur ait épargné ses critiques.

Quoi qu'il en soit, il est certain que pour Socrate, la règle suprême de l'activité politique était de travailler au bien de l'humanité, c'est-à-dire de la rendre meilleure. Mais ici, comme dans d'autres domaines, il s'est probablement contenté de formuler une règle, sans se préoccuper de bâtir un système capable de réaliser l'idéal qu'il proposait à ses concitoyens. Nous ne lui attribuerons donc aucune construction dans le genre de celles qu'élaborera plus tard Platon dans la *République* ou les *Lois* (²). Mais si Socrate n'a pas recherché les moyens grâce auxquels son rêve merveilleux pourrait être réalisé, il n'en est pas moins vrai qu'il était un novateur en politique. Ennemi de la démocratie radicale, il n'était pas non plus partisan de l'aristocratie, parce qu'il ne pouvait reconnaître le droit de gouverner, ni à la naissance, ni à la fortune, facteurs irrationnels. Il se séparait aussi des démocrates progressifs par le respect qu'il avait pour l'ordre positif de l'Etat et de la société. Il rêvait d'un régime où le pouvoir aurait appartenu aux plus capables et aux plus vertueux, un régime librement accepté du peuple, où les dirigeants ne se seraient pas seulement contentés de veiller aux intérêts matériels de la population, mais auraient travaillé de toutes leurs forces à son amélioration morale. Le programme d'aucun parti ne correspondant à cet idéal, Socrate ne pouvait s'affilier à aucun d'eux ; il devait rester seul à poursuivre sa propre voie.

(¹) L'accent passionné des attaques de Socrate contre les hommes d'Etat de la démocratie s'expliquerait par le fait que Platon se livre ici à une polémique. Tout ce passage serait une réplique de Platon à Polycrate, qui dans son « pamphlet » faisait, paraît-il, un brillant éloge de ces grands hommes (A. GERCKE, *Einleint. z. Ausg. d. Gorgias*, p. XLIV sqq. et TH. GOMPERZ, *Les Pens. de la Gr.*, II, p. 360). Mais WILAMOWITZ, *Berl. Sitzungsb.*, 26 oct. 1899, et plus récemment M. POHLENZ, *Aus Plat. Werdezeit*, 1913, pp. 164 sqq., admettent le rapport contraire.

(²) Toutefois, J. BURNET, *Platonism*, p. 82, croit que, dans la *République*, Platon nous donnerait les idées politiques de Socrate à l'époque de Périclès, tandis que dans les *Lois*, l'auteur exposerait ses propres convictions.

CHAPITRE V

LE PROCÈS DE SOCRATE

(Suite)

1. Les accusateurs. — Après avoir fixé les particularités de la personnalité et de la doctrine de Socrate qui nous serviront à expliquer son procès, il convient maintenant que nous disions ce que l'on peut savoir des accusateurs.

La thèse de l'accusation fut soutenue devant le tribunal par trois orateurs ; mais un seul avait la qualité d'accusateur officiel ; c'était celui qui avait remis à l'archonte-roi la γραφή rédigée en son propre nom. Les deux autres n'étaient que ses συνήγοροι (¹).

L'accusateur officiel était un certain Mélétos (²) du dème de Pitthos, médiocre poète (³) tragique et lyrique. Il avait écrit une *Œdipodie* (⁴), qui paraît avoir eu peu de succès, ainsi que des poèmes érotiques (⁵). Dans l'*Euthyphron* (⁶), Platon nous le dépeint comme un jeune homme peu connu, à cheveux plats, barbe rare et nez aquilin. Ces traits sont certainement empruntés à la réalité. Dans l'*Apologie* aussi,

---

(¹) PLATON, *Apol.*, 36 a.

(²) Cela est établi non seulement par le texte de l'accusation (v. *infra*, p. 140) qui ne cite que Mélétos comme accusateur, mais aussi par PLATON, *Apol.*, 19 c ; 24 b sqq. ; 25 c sqq. ; 26 b sqq. ; 27 a sqq. ; 28 a ; 34 a ; 36 a ; 37 b ; *Euthyphro*, 2 b ; 5 a ; 15 e ; *Theaet.*, 210 d ; XÉNOPHON, *Mem.*, IV, 4, 4 : 8, 4 ; *Apol.*, 11 ; 19 sq.

(³) PLATON, *Apol.*, 23 e : Μέλητος ὑπὲρ τῶν ποιητῶν ἀχθόμενος.

(⁴) Schol. PLATON, *Apol.*, 18 b.

(⁵) Il est encore cité comme poète érotique par EPICRATE dans l' Ἀντιλαίς (K. II, p. 234) représentée vers 376 (MEIN., I, p. 414).

(⁶) PLATON, *Euthyphro*, 2 b : Σωκ. — οὐδ' αὐτός πάνυ τι γιγνώσκω, ὦ Εὐθύφρον, τὸν ἄνδρα· νέος γὰρ τίς μοι φαίνεται, καὶ ἀγνώς· ὀνομάζουσι μέντοι αὐτόν, ὡς ἐγῷμαι, Μέλητον. ἔστι δὲ τῶν δήμων Πιτθεύς, εἴ τινα νῷ ἔχεις Πιτθέα Μέλητον οἷον τεταντότριχα καὶ οὐ πάνυ εὐγένειον, ἐπίγρυπον δέ. — Εὐθ.-Οὐκ ἐννοῶ, ὦ Σώκρατες.

Socrate insiste sur sa jeunesse ([1]). Toutefois, c'est par ironie que Platon le dit peu connu. Au contraire, depuis une dizaine d'années, Mélétos était très souvent attaqué par les comiques qui le raillaient pour son extérieur grotesque autant que pour ses œuvres. Dans sa pièce Γηρυτάδης jouée probablement en 407, Aristophane imaginait que, dans la détresse où était tombé l'art dramatique après la mort de Sophocle et d'Euripide, les poètes envoyaient aux Enfers trois des leurs pour demander secours et conseil aux princes de l'art défunts. Ces trois singuliers ambassadeurs étaient Sannyrion pour les comiques, Mélétos pour les tragiques et Cinésias pour les dithyrambiques ([2]). Dans les *Grenouilles* (1302), jouées en 405, Euripide était accusé de piller les σκόλια (poésies érotiques) de Mélétos. Aristophane voulait faire entendre qu'Euripide s'inspirait des vers des plus misérables poètes. Dans les Πελαργοί, autre pièce d'Aristophane ([3]), Mélétos était appelé « fils de Laïos » peut-être ([4]) parce que Laïos passait pour l'inventeur de la pédérastie que chantait Mélétos dans ses poésies. Enfin, Sannyrion s'était moqué de sa maigreur ([5]), et dans sa comédie Γέλως, il faisait allusion à la plaisanterie de l'ambassade aux Enfers, lorsqu'il le surnommait τὸν ἀπὸ Ληναίου νεκρόν ([6]).

([1]) PLATON, *Apol.*, 25 d : τί δῆτα, ὦ Μέλητε, τοσοῦτον σὺ ἐμοῦ σοφώτερος εἶ τηλικούτου ὄντος, et 26 e où Socrate dit que Mélétos ne l'a accusé que parce qu'il s'est abandonné à la violence naturelle à son caractère et à sa jeunesse. Cf. encore *Euthyphro*, 2 c : νέον ὄντα ; l'acte d'accusation qu'il dépose est son premier acte politique ; les jeunes gens qu'il accuse Socrate de corrompre sont qualifiés de ἡλικιώτας αὐτοῦ.

([2]) KOCK, *Com. Frag.*, I, p. 428, frag. 149, 150.

([3]) Schol. PLATON, *Apol.*, 18 b : Μέλητος δὲ τραγῳδίας φαῦλος ποιητής, Θρᾷξ γένος ὡς Ἀριστοφάνης Βατράχοις (1302), Πελαργοῖς (K., I, p. 505, n° 438) Λαΐου υἱὸν αὐτὸν λέγων, ἐπεὶ ᾧ ἔτει οἱ Πελαργοὶ ἐδιδάσκοντο καὶ Μέλητος Οἰδιπόδειαν ἔθηκεν, ὡς Ἀριστοτέλης Διδασκαλίαις... μέμνηται αὐτοῦ καὶ Λυσίας ἐν Σωκράτους Ἀπολογίᾳ. Mélétos ne semble pas être originaire de la Thrace, comme le scholiaste le dit ; dans nos fragments des comiques, Mélétos n'est jamais raillé pour son origine étrangère. Le scholiaste aura probablement mal compris le passage du Γηρυτάδης où, avant de citer les noms des trois ambassadeurs, on parle de Θρακοφοῖται.

([4]) C'est MEINEKE, *Quaest. scen.*, II, p. 18, qui le premier a trouvé cette explication en comparant le texte de la scholie avec ATHÉNÉE, XIII, 602 f. Il serait difficile d'y voir une allusion à l'*Œdipodie* de Mélétos, puisqu'elle fut représentée la même année que la comédie d'Aristophane (voy. note précédente).

([5]) ÉLIEN, *Var. Hist.*, X, 6. Aussi Aristophane dans sa comédie Γηρυτάδης, ATHÉNÉE, XII, 551 a ; cf. HÉSYCHIUS, s. v. ἀϊδοφοῖται.

([6]) KOCK, I, p. 793, n° 2.

Depuis C. F. Hermann (¹), on dédouble ordinairement notre personnage en distinguant le poète tragique de l'accusateur ; ce dernier serait le fils de l'auteur de l'*Œdipodie*. Avec Schanz (²), nous croyons au contraire que le poète tragique et l'accusateur ne sont qu'une seule et même personne. Les adversaires de l'identification s'appuient sur le passage de l'*Euthyphron* où l'accusateur est représenté comme un jeune homme peu connu. Il est certain que l'accusateur de Socrate n'était pas dans son âge mûr, mais cela n'est pas un obstacle à l'identification, puisque la plus ancienne pièce où le poète Mélétos est mentionné, le Γηρυτάδης d'Aristophane, n'a été jouée qu'en 407. Si nous donnons 30 ans à l'accusateur, lors du procès, ce qui permet toujours à Socrate de l'appeler νέος, il aurait eu 23 ans en 407 et pouvait donc déjà avoir fait représenter son *Œdipodie*. Et quand Socrate dit qu'il est peu connu, c'est de l'ironie pure ; n'était-ce pas se moquer cruellement de Mélétos que de le faire passer pour ignoré, alors qu'il prétendait à la célébrité par ses œuvres littéraires ? Dès lors on s'explique pourquoi Platon insiste sur l'obscurité du poète et fait dire à Euthyphron qu'il ne le connaît pas (³). Aucun texte d'ailleurs ne nous dit que le père de Mélétos était poète. Nous savons par l'acte d'accusation qu'il portait le même nom que son fils, mais ce n'est pas une raison pour lui attribuer des prétentions littéraires. Le père de notre Mélétos a pu très bien être un simple profane. Enfin, c'est sans fondement que l'on rejette la donnée du scholiaste de Platon (⁴) qui ne connaît qu'un Mélétos

---

(¹) C. F. HERMANN, *De Socratis accusatoribus* (*Index schol.*, Göttingen), 1854-5, p. 6, sqq. ZELLER, *Philos. der Griech.*⁴, II, 1, p. 192, note 5 ; KIRCHNER, *Pros. Attica*, n° 9829 et 9830 ; BEYSCHLAG, *Die Anklage des Sokrates, Programm des k. hum. Gymn. Neustadt*, 1899-1900, p. 6, note 3, etc. ont adopté cette opinion.

(²) SCHANZ, *Ausgewählte Dialoge Platos, Apologia*, Leipzig, 1893, p. 160 sq.

(³) Voy. *supra*, p. 123 note 6. Si le père de Mélétos eût été le poète si fréquemment attaqué par les comiques et si, comme le veulent Hermann et ceux qui adoptent son avis, le passage de l'*Euthyphron* n'était pas ironique, Euthyphron aurait répondu qu'il ne connaissait pas ce jeune homme, mais qu'il avait entendu parler de son père.

(⁴) Voy. *supra*, p. 124, note 3. Ce qui semble à première vue donner raison à Hermann, c'est que le scholiaste parle d'un Mélétos cité dans les Γεωργοί d'Aristophane, pièce représentée en 422 (date d'après KAIBEL, dans PAULY-WISS., II, p. 978, 41) : (Ἀριστοφάνης) ἐν δὲ Γεωργοῖς ὡς Καλλίαν περαίνοντος

poète, d'autant plus qu'il cite d'excellentes sources : les διδασκα-λίαι d'Aristote et l'ἀπολογία Σωκράτους de Lysias.

Mais le véritable accusateur, celui qui était l'âme de l'entreprise, c'était Anytos (¹). Son père Anthémion, fils de Diphilos, sorti d'une humble famille, s'était enrichi par son travail dans le métier de tanneur (²). Aristote (³) nous a conservé l'inscription qu'il avait fait

---

αὐτοῦ (= Mélétos) μέμνηται (KOCK, I, p. 420, fr. 114). Bergk corrige à tort en ὡς Καλλίου περαίνοντος αὐτὸν parce que, persuadé qu'il s'agit de l'accusateur de Socrate, il le croit plus jeune que Callias. Mais il est impossible que Mélétos, qualifié de νέος en 399, ait pu être le mignon de Callias en 422 (D'après notre calcul, il aurait eu à peu près 7 ans à cette dernière date). Il ne s'agit pas non plus du prétendu poète, père de l'accusateur de Socrate (le texte ne dit pas que le personnage était poète), mais, comme l'a très bien vu SCHANZ, op. cit., p. 18, ce Mélétos est probablement identique à l'accusateur d'Andocide, en 399 ; ses relations avec Callias lui conviennent très bien, puisque Andocide se plaint que Callias aurait poussé à l'accusation (ANDOCIDE, I, 132). Mais Schanz se trompe, lorsqu'il prétend que le Mélétos cité par XÉNOPHON, Hell., II, 4, 36, ne doit pas être distinct de l'accusateur de Socrate. Il est vrai, comme il le dit, que notre Mélétos doit appartenir, comme Anytos et Lycon, au parti démocratique ; mais, contrairement à ce qu'il prétend, le Mélétos des Helléniques n'est pas un envoyé du Pirée, mais d'Athènes. Ce Mélétos, probablement conservateur, est donc le même homme que l'ancien mignon de Callias et l'accusateur d'Andocide ; c'est lui qui, en 404, sous les Trente, conduisit Léon de Salamine à la mort (ANDOCIDE, I, 94) et qui, en 415, avait été accusé d'avoir divulgué les Mystères (ANDOCIDE, I, 12 ; 13) et d'avoir participé à la mutilation des Hermès (Ibid., 35 ; 63 ; cf. KIRCHNER, Pros. att., n° 9825). Maintenant, qu'il faille distinguer ce Mélétos, cité dans le discours d'Andocide, de l'accusateur de Socrate, c'est ce qui est suffisamment prouvé par le fait que Socrate, dans l'*Apologie* platonicienne, lorsqu'il rappelle qu'il a refusé de participer à l'arrestation de Léon de Salamine, ne dit pas qu'au contraire son accusateur a exécuté l'ordre cruel des Trente. Il est, de plus, invraisemblable qu'Anytos (défenseur d'Andocide en 399) et Mélétos, alliés dans le procès de Socrate, aient été adversaires dans un procès analogue dont les débats se déroulèrent la même année.

(¹) Cela est suffisamment prouvé par PLATON, *Apol.*, 18 a ; 28 a ; 29 c ; 30 b ; 31 a ; cf. 36 a. Il est digne de remarque que Polycrate avait mis son discours contre Socrate dans la bouche d'Anytos. Significative aussi, bien que non historique, est la notice du schol. à PLATON, *Apol.*, 18 b (cf. LIBANIUS, *Socr. Apol.*, 29 ; 33 Foerster), d'après laquelle Anytos aurait donné de l'argent à Mélétos pour qu'il accusât Socrate. (cf. MAIER, *Sokrates*, p. 171, note 1). Sur Anytos voy. notamment : KIRCHNER, *Pros. Att., s. v.*, n° 1324 ; JUDEICH, dans PAULY-WISS., *s. v.*, n° 2 ; WOLF ALY, *Anytos, der Ankläger des Sokrates*, Neue Jahrbücher (31), 1913, pp. 169 sqq.

(²) PLATON, *Meno*, 90 a : Ἄνυτος... ἐστὶ πατρὸς πλουσίου τε καὶ σοφοῦ Ἀνθεμίωνος, ὃς ἐγένετο πλούσιος οὐκ ἀπὸ τοῦ αὐτομάτου οὐδὲ δόντος τινός,... ἀλλὰ τῇ σοφίᾳ κτησάμενος καὶ ἐπιμελείᾳ.

(³) ARISTOTE, Ἀθ. Πολ., 7 ; cf. POLLUX, VIII, 131, qui a fait du premier vers un mauvais hexamètre : Διφίλου Ἀνθεμίων τόνδ' ἵππον θεοῖς ἀνέθηκεν.

graver sur un cheval offert aux dieux à l'occasion de son entrée dans la classe des Cavaliers :

Διφίλου Ἀνθεμίων τήνδ' ἀνέθηκε θεοῖς
θητικοῦ ἀντὶ τέλους ἱππάδ' ἀμειψάμενος.

Il fit donner à son fils une éducation au-dessus de la moyenne (¹), mais uniquement inspirée des anciens principes. Anytos continua avec succès l'industrie de son père et se trouva ainsi à la tête d'une grande fortune (²), ce qui lui permit de jouer un rôle important dans la vie politique d'Athènes. Vers la fin du Ve siècle, il était un des hommes les plus en vue et il fut élu aux plus hautes magistratures (³).

Son premier acte politique connu est d'une certaine signification pour nous. Lors de son deuxième séjour à Athènes, c'est-à-dire vers le commencement de la guerre du Péloponèse, Hérodote fit une lecture publique de son œuvre. Sur la proposition d'un certain Anytos, qui est très probablement le nôtre, les Athéniens firent présent à Hérodote d'une forte somme d'argent (⁴) (10 talents, dit la tradition). La proposition d'honorer l'œuvre d'Hérodote,

---

(¹) PLATON, *Meno*, 90 b : ἔπειτα τοῦτον (Anytos) εὖ ἔθρεψεν καὶ ἐπαίδευσεν ὡς δοκεῖ Ἀθηναίων τῷ πλήθει. Platon fait une restriction ironique, parce que l'éducation qu'avait reçue Anytos ne correspondait pas à l'idéal socratique.

(²) XÉNOPHON, *Apol.*, 29 sq. ; Schol. PLATON, *Apol.*, 18 b ; DION CHRYSOSTOME, XV, 22 ; cf. PLUTARQUE, *Alc.*, IV, 4 et *Amat.*, 17, p. 762c ; SATYROS chez ATHÉNÉE, 534ef. D'après ce dernier texte, Anytos aurait été un des nombreux admirateurs de la beauté d'Alcibiade.

(³) PLATON, *Meno*, 90 b : αἱροῦνται... αὐτὸν (An.) ἐπὶ τὰς μεγίστας ἀρχάς.

(⁴) C'est DIYLLOS, le continuateur d'Ephore, qui raconte qu'Hérodote aurait été honoré d'un don de 10 talents par les Athéniens sur la proposition d'un certain Anytos (PLUTARQUE, *de malign.*, 26 ; EUSÈBE, *Ol.*, 83, 4). Wolf Aly, *op. cit.*, p. 171, nous semble avoir prouvé qu'il s'agit de l'accusateur de Socrate. Les textes, donnant simplement le nom d'Anytos, sans patronymique, paraissent indiquer qu'il s'agit d'un personnage bien connu, qu'il n'est pas nécessaire de mieux déterminer. La somme fantastique, dit encore Wolf Aly, qui aurait été offerte à Hérodote, prouve qu'il s'agit de notre personnage. Les villes, dans des cas semblables, ne donnaient que 500 ou 1000 drachmes. Il y a donc eu exagération postérieure, exagération qui ne se lie pas au nom d'Hérodote, mais à celui du riche Anytos. Quant à la date, si Eusèbe donne 445-444, c'est qu'il pense à l'époque à laquelle on fixait traditionnellement l'ἀκμή d'Hérodote. En réalité, il faut placer l'événement lors du deuxième voyage de l'historien à Athènes, soit vers 435. Ed. MEYER, *Forsch. zur Alt. Gesch.*, I, p. 200 (cf. II, p. 229) est du même avis.

qui, quoi qu'on en ait dit, était un croyant convaincu (¹), ne pouvait guère venir que d'un homme fermement attaché aux croyances religieuses ancestrales.

En 409, Anytos commanda en qualité de stratège une flotte de trente vaisseaux envoyée au secours des Athéniens assiégés dans Pylos. Mais le mauvais temps l'ayant empêché de doubler le cap Malée, il dut rentrer à Athènes sans avoir rempli sa mission. Traduit en justice sous l'inculpation de trahison, il fut acquitté (²). Quelques années plus tard, après la défaite d'Athènes, à la fin de la guerre du Péloponèse, Anytos se prononça avec Théramène, Archinos, Clitophon et consorts pour une réforme de la constitution dans le sens de la démocratie tempérée (³) (πάτριος πολιτεία). Sous les Trente, son hostilité à la tyrannie le fit dépouiller d'une partie de ses biens (⁴) et exiler, probablement à l'époque de l'exécution de Théramène. Nous le retrouvons au camp de Phylé, où les bannis l'élurent stratège (⁵). A partir de ce moment, il semble avoir partagé entièrement les vues de Thrasybule. A la tête de l'armée des bannis, il prit une grande part à la lutte contre les Trente et contribua puissamment à ramener le démos à Athènes. Rentré dans la ville à la chute des tyrans, il fut, avec Thrasybule et Archédamos, l'un des chefs les plus influents du parti démocratique (⁶). Il collabora avec eux à l'organisation de l'amnistie. C'était une des clauses

---

(¹) Voy. JACOBY, art. *Herodotos*, dans PAULY-WISS., col. 480.

(²) ARISTOTE, 'Αθ. πολ., XXVII, 5: DIODORE, XIII, 64, 6: PLUTARQUE, *Coriol.*, 14: HARPOCRATION, s. v. δεκάζων ; schol. ESCHINE, I, 87, etc. Tous ces auteurs disent qu'il se sauva en corrompant les juges. Mais ceci n'est très probablement qu'une des nombreuses calomnies répandues sur le compte d'Anytos par les Socratiques (voy. *infra*, pp. 133, note 1), calomnie à laquelle la grande richesse du personnage donnait facilement créance.

(³) ARISTOTE, 'Αθ. πολ., XXXIV, 4. L'auteur en ce passage parle de l'état des partis, à la suite de la bataille d'Aegos-Potamos (405) et de la prise d'Athènes par Lysandre. La paix étant rétablie, les uns cherchaient à sauver le peuple par la démocratie, tandis que les γνώριμοι, ceux qui faisaient partie des hétairies et les bannis rentrés après la conclusion de la paix désiraient l'oligarchie. οἱ δ'ἐν ἑταιρεία μὲν οὐδεμιᾷ συγκαθεστῶτες, ἄλλως δὲ δοκοῦντες οὐδενὸς ἐπιλείπεσθαι τῶν πολιτῶν, τὴν πάτριον πολιτείαν ἐζήτουν· ὧν ἦν μὲν καὶ Ἀρχῖνος καὶ Ἄνυτος καὶ Κλειτοφῶν καὶ Φορμίσιος καὶ ἕτεροι πολλοί, προεστήκει δὲ μάλιστα Θηραμένης.

(⁴) ISOCRATE, XVIII, 23.

(⁵) LYSIAS, XIII, 78.

(⁶) ISOCRATE, XVIII, 23 : μέγιστον δυνάμενος ἐν τῇ πόλει : XÉNOPHON, *Hell.*, II, 3, 42 et 44: cf. ANDOCIDE, I, 150.

du traité de paix que les gens de la ville avaient conclu avec ceux du Pirée, par l'entremise de Pausanias. Cette amnistie générale proclamait l'oubli des faits passés et interdisait d'intenter un procès à quiconque pour un délit antérieur à la restauration démocratique, exception faite de certaines catégories de personnes déterminées (¹). Cette stipulation du traité de paix fut complétée, dès la rentrée des exilés par différentes dispositions : le serment prêté par les citoyens le jour de la rentrée (²), le serment héliastique (³), le serment bouleutique. Enfin l'amnistie fut consolidée par la loi d'Archinos (⁴), permettant à toute personne poursuivie contrairement aux serments d'oubli, d'intenter à son tour une « paragraphè » à son accusateur. A côté du démocrate Thrasybule et du modéré Archinos, qui ont joué un rôle prépondérant dans l'organisation de l'amnistie, Anytos a dû aussi montrer du zèle pour cette mesure de clémence et d'apaisement. Dans un de ses plaidoyers (⁵), Lysias écrit : « les plus illustres » combattants du Pirée... vous ont déjà souvent engagés à observer » les conventions, estimant qu'une telle conduite serait la sauvegarde » de la démocratie ». Parmi ces « plus illustres combattants du Pirée », il faut sans doute comprendre aussi Anytos à côté de Thrasybule (⁶). D'ailleurs l'année même du procès de Socrate, Anytos donna encore une preuve de son désir d'apaisement et de son attachement à l'amnistie en défendant comme σύνδικος (⁷), l'orateur Andocide accusé d'impiété au mépris de la loi d'oubli.

Anytos est encore signalé comme « sitophylaque » (⁸) (fonctionnaire tiré au sort et préposé à la surveillance du commerce des grains

---

(¹) ARISTOTE, 'Αθ. Πολ., 39, 6 : τῶν δὲ παρεληλυθότων μηδενὶ πρὸς μηδένα μνησικακεῖν ἐξεῖναι, πλήν..., les Trente, les Dix, les Onze, etc. Sur l'établissement de l'amnistie, voy. P. CLOCHÉ, *La Restauration démocratique à Athènes*, p. 251 sqq. Comparez le texte d'Aristote avec CORNÉLIUS NEPOS, *Thras.*, 3 et voy. la critique de ce passage par Cloché, *op. cit.*, p. 263, note 1.

(²) ANDOCIDE, I, 90 : « Je ne garderai aucun souvenir du passé en ce qui concerne mes concitoyens, excepté les Trente et les Onze ». Voyez à ce sujet P. CLOCHÉ, *op. cit.*, p. 273 sqq.

(³) ANDOCIDE, I, 91. Il stipulait l'oubli du passé et l'obéissance aux lois écrites.

(⁴) ISOCRATE, XVIII, 2, 3.

(⁵) LYSIAS, XXV, 28.

(⁶) Comme le fait P. CLOCHÉ, *op. cit.*, p. 302, note 2.

(⁷) ANDOCIDE, I, 150.

(⁸) LYSIAS, XXII, 8 ; cf. WILAMOWITZ, *Aristot. und Athen*, II, pp. 375 sqq.

et de la farine) vers 388-387). C'est le dernier renseignement historique que nous possédons sur lui.

Pendant longtemps, on qualifia Anytos de démocrate radical (1) ; actuellement on en fait un modéré de la nuance de Théramène (2). On ne peut en effet mettre en doute la valeur de la notice d'Aristote qui le range nettement parmi les « Théraménistes » en 405-404. Ce n'était donc pas un extrémiste à la Cléon ; il appartenait plutôt à l'aile droite du parti démocratique.

Platon a mis en scène Anytos dans le *Ménon* (3) et nous en a tracé un portrait qui ne lui est pas défavorable au point qu'on ne puisse lui reconnaître quelque fidélité historique. Il y apparaît comme un homme d'action, ennemi acharné des semeurs d'idées, des sophistes parmi lesquels il range visiblement Socrate. Ses réponses brèves, dédaigneusement sèches sont bien celles d'un homme fanatiquement convaincu de la nuisance des nouvelles théories. Tel devait être Anytos, un « homo novus », que la richesse avait fait entrer dans une société intellectuellement supérieure à celle qu'il avait connue dans son enfance.

Le troisième accusateur était un nommé Lycon (4). D'ori-

---

(1) Voyez les opinions des historiens modernes passées en revue par P. CLOCHÉ, *op. cit.*, p. 147, note 3.

(2) Notamment : AD. MENZEL, *Untersuchungen zum Sokrates Processe*, 2te *Abhandlung der Sitzungsber. d. kais. Akad. zu Wien*, n° 145, 1901-1902, p. 37 ; KLIMEK, *Der Sokrates Prozess, Vortrag gehalten am 10. Dez. 1919, in der Vereinigung der kathol. Akad. zu Breslau*, 1920, et surtout P. CLOCHÉ, *op. cit.*, p. 147.

(3) PLATON, *Meno*, 90-94e. Il n'en faut pas conclure, comme le font JUDEICH et KIRCHNER (*l. cit., supra*, p. 126 note 1), qu'il aurait fréquenté Socrate. Sa présence à l'entretien, qui doit avoir eu lieu dans un gymnase ou sur une place publique, n'est que l'effet du hasard (89e). La conversation est d'ailleurs très courte et de plus finit par un éclat : Anytos brise l'entretien et, dans sa fureur, il va même jusqu'à menacer Socrate parce qu'il a mal parlé des grands hommes d'Athènes.

(4) Sur Lycon, voy. PLATON, *Apol.*, 23e (ὑπὲρ τῶν ῥητόρων ἀχθόμενος) et scholie ; *ibid.*, 36a ; XÉNOPHON, *Conv.*, I, 4 sqq. ; III, 12 sqq. ; VIII, 7 ; IX, 1 ; ARISTOPHANE, *Vespae*, 1301 ; *Lysistr.*, 270 et schol. ; CRATINOS, Πυτίνη, frag. 203 (K., I, p. 75) ; EUPOLIS, Φίλοι, fr. 273, I, p. 332 K. ; Πόλεις, fr. 215, I, p. 317 K. ; Πρῶτος Αὐτόλυκος, fr. 53, I, p. 271 K. ; MÉTAGÈNE, fr. 10, I, p. 707 K. Parmi les modernes voyez : TÖPFER, *Att. Gen.*, p. 267 ; KIRCHNER, *Pros. Att.*, s. v., n° 9271 ; SCHANZ, *Ausgew. Dial., Apol.*, p. 21 ; WILAMOWITZ, *Aristot. und Athen*, II, p. 150, note 25. Töpfer veut corriger dans la scholie à PLATON, *Apol.*, 23e, Ἴων γένος en Ἰωνίδης, parce qu'il croit qu'il s'agit du nom d'une famille attique. C'est une erreur ; Lycon pouvait très bien être ionien puisque les comiques le raillaient pour son origine étrangère notamment Eupolis, dans le Πρῶτος Αὐτόλυκος, et Métagène.

gine ionienne, il avait acquis la qualité de citoyen et s'était fait inscrire dans le dème de Thoricos. Les comiques attaquaient les mœurs prétendument légères de sa femme nommée Rhodia. Ils le raillaient aussi pour sa pauvreté et sa qualité de nouveau citoyen. C'était un médiocre politicien qui appartenait vraisemblablement comme Anytos et Mélétos, au parti démocratique (¹). Il aurait joué un rôle peu brillant dans l'affaire de Naupacte ; Métagène, dans une comédie de l'époque, l'accusait ouvertement d'avoir livré la ville pour de l'argent (²). Xénophon l'a mis en scène dans le *Banquet* ; son fils Autolycos avait remporté la victoire du pancrace aux grandes Panathénées de 422. Callias, fortement épris du jeune homme qui était d'une grande beauté, aurait donné en son honneur un banquet auquel assistaient Lycon et Socrate. Chose curieuse, Xénophon les représente tous deux comme s'ils étaient en bons termes. Socrate fait l'éloge de Lycon et, à la fin du festin (IX, 1), Lycon proclame : « Par Héra, Socrate, tu me parais être un homme de bien ». Ce n'est pas une raison pour nier, avec Cobet (³), l'identité du père d'Autolycos et de l'accusateur de Socrate. Mettre dans la bouche de Lycon un tel éloge de Socrate, c'était lui faire critiquer d'une façon élégante l'accusation qu'il soutint plus tard (⁴).

(¹) Diogène Laerce, II, 38, dont la source semble être Hermippe, cité quelques mots plus haut, l'appelle δημαγωγός. De plus, il était pauvre (schol. Platon, *Apol.*, 23e, et Cratinos, *loc. cit.*). D'autre part, son fils Autolycos fut mis à mort sur l'ordre des Trente en 404 (Plutarque, *Lys.*, 15,5 : Diodore, XIV, 5, 7 : Pausanias, IX, 32, 8).

(²) Schol. Platon, *Apol.*, 23e (cf. Kock, I, p. 707, fr. 10) : Μεταγένης ἐν Ὁμήρῳ εἰς προδότην (κωμῳδεῖ τὸν Λύκωνα)...
καὶ Λύκων ἐνταῦθά που
... προδοὺς Ναύπακτον ἀργύριον λαβὼν
ἀγορᾶς ἄγαλμα ξενικὸν ἐμπορεύεται.
Kock propose ἄγαλμ᾽ ἀγορᾶς ξένοισιν ἐμπ. et explique « inlustre peregrinis exemplum ad quantam in foro et contione potentiam Athenis pervenire possint, dummodo civitatem furari discant». Pour la bataille de Naupacte (400 av. J.-C.), cf. Diodore, XIV, 34 ; Pausanias, IV, 26, 2 ; X, 38, 10.

(³) Cobet, *Prosop. Xen.*, p. 56. Aussi E. Meyer, *Gesch. d. Alt.*, V, 852 rem. Au contraire, sont favorables à l'identification : Schanz, *op. cit.*, p. 21 : Kirchner, *loc. cit.*, et Obst dans Pauly-Wiss., *s. v.*

(⁴) D'ailleurs Platon représente aussi dans son *Banquet* Aristophane et Socrate en relations amicales, bien que quelques années avant la date fictive du dialogue Aristophane ait fortement attaqué Socrate dans les *Nuées*. D'autre part, Xénophon, *Conv.*, VIII, 7, dit du père d'Autolycos qu'il est ὀνομαστός. C'est probablement une allusion ironique à la carrière politique de Lycon. Cobet dit que le scholiaste de Platon, quand il identifie le père d'Autolycos et l'accusateur de So-

2. Causes de l'accusation.

— Anytos, nous le savons, était l'instigateur de l'entreprise ; Mélétos et Lycon n'étaient que ses acolytes. Ce sont donc les raisons qui poussèrent Anytos à accuser Socrate qu'il est le plus intéressant de connaître.

On ne peut guère penser à faire intervenir, du moins en première ligne, des motifs d'intérêt privé (¹). S'il avait pu le faire, Platon n'aurait sans doute pas manqué de montrer que les accusateurs ne s'étaient pas laissés guider par le souci du bien de l'Etat, mais simplement par le désir de satisfaire des rancunes ou de servir des intérêts personnels ; mais il ne leur attribue aucun mobile particulier. Cependant, certains auteurs anciens parlent de motifs personnels. D'après Libanius, Socrate aurait provoqué la colère d'Anytos, parce que, dans ses discussions dialectiques où il aimait à parler des artisans, Socrate aurait fait fréquemment allusion au métier de tanneur d'Anytos (²). Mais il n'est guère vraisemblable qu'un homme tel qu'Anytos ait pu se décider à agir pour un motif aussi futile.

Plus grave est ce que raconte l'auteur de l'*Apologie* attribuée à Xénophon (³) : d'après lui, Anytos voulait la mort de Socrate, parce que le philosophe lui aurait déclaré un jour qu'il ne convenait pas à un homme assumant les plus hautes fonctions publiques de faire de son fils un tanneur. L'auteur laisse entendre que voyant le jeune homme bien doué, Socrate lui aurait conseillé de ne plus pratiquer le métier servile de son père. Ainsi Anytos aurait eu personnellement à se plaindre de l'action corruptrice du philosophe, qui aurait tenté de lui enlever son fils et de lui faire prendre une autre voie que celle de son choix. Qu'y a-t-il de vrai dans cette anecdote ? De prime abord, on est tenté de n'y voir qu'une invention des Socratiques ; après la mort du maître, ils essayèrent de ternir la mémoire

---

crate, est victime d'une confusion ; mais il n'en donne pas de preuve. En tout cas, lorsque Métagène, cité par le scholiaste, se moque d'un Lycon comme d'un ἀγορᾶς ἄγαλμα, ceci convient bien à notre personnage, homme politique qui devait fréquenter assidument l'agora.

(¹) Opinion cependant défendue par plusieurs historiens modernes, notamment : FOUILLÉE, *La phil. de Socr.*, II, p. 410 ; WINDELBAND, *Uber Sokr., Präludien*, p. 83.

(²) LIBANIUS, *Apol. Socr.*, 25 sq. : cf. DION CHRYSOSTOME, *Or.* 55 (fin) et *Epist. Socr.*, 14.

(³) XÉNOPHON, *Apol.*, 29 ; cf. schol. PLATON, *Apol.*, 18b.

d'Anytos sous des flots de calomnies (¹). Ils devaient naturellement s'efforcer de montrer qu'en accusant Socrate Anytos ne s'était nullement préoccupé du bien général, mais simplement de la satisfaction d'une mesquine rancune. Mais, comme dans le *Ménon* Platon (²) aussi semble y faire allusion, l'anecdote peut reposer sur un fond de vérité. Il ne faut toutefois pas exagérer l'influence que l'incident a pu avoir sur la conduite de l'accusateur. Platon n'avait aucune raison de le représenter meilleur qu'il n'était en réalité ; or, du passage du *Ménon* où il apparaît, il ressort qu'Anytos n'était pas homme à se laisser guider simplement par sa haine personnelle. Si l'incident est historique, il aura, tout au plus, confirmé Anytos dans sa conviction que Socrate, en soustrayant les jeunes gens à l'autorité du père et en les détournant du travail matériel, compromettait dangereusement le retour aux anciennes mœurs et le relèvement économique du pays.

Il n'est pas non plus vraisemblable qu'Anytos ait voulu punir l'impie Socrate et venger les dieux offensés. Le rôle qu'il joua la même année dans le procès d'Andocide, où il défendit l'orateur aussi accusé d'impiété, prouve qu'il n'était pas fanatique. En réalité, l'accusation de Socrate n'est le produit ni d'une haine privée (³), ni du fanatisme religieux ; comme nous allons tâcher de le montrer, elle fut inspirée par des raisons plus nobles. Anytos était réellement et sincèrement convaincu que Socrate menaçait sérieusement l'ordre politique, moral et religieux de sa patrie. Comme chef du peuple, il se sentait le devoir de sauvegarder la démocratie et de supprimer les obstacles qui auraient pu entraver le relèvement matériel d'Athènes.

Pour comprendre les raisons qui ont conduit Anytos à réclamer la condamnation du vertueux philosophe, il est nécessaire de se représenter la situation d'Athènes au début du IVᵉ siècle. Cette

---

(¹) Platon le laisse clairement entendre dans le *Ménon*, 95a ; Socrate y dit d'Anytos furieux d'avoir entendu le philosophe médire des grands hommes d'Athènes :« si un jour il sait ce que c'est que de médire, il cessera de se fâcher, maintenant il l'ignore ».

(²) PLATON, *Meno*, 91c, où Anytos s'écrie : μηδένα τῶν γ' ἐμῶν, μήτε οἰκείων, μήτε φίλων..... τοιαύτη μανία λάβοι, ὥστε παρὰ τούτους ἐλθόντα λωβηθῆναι. Cf. 92b.

(³) ISOCRATE, *contra Callim.*, 23, témoigne expressément qu'Anytos, comme Thrasybule, n'employa pas sa puissance à la satisfacction de rancunes personnelles. Cf. MAIER, *Sokrates*, p. 467, note 24.

petite république venait de traverser la période la plus tragique de son histoire. Pendant près de trente ans, elle avait mené contre Sparte une lutte sans merci dont elle était sortie vaincue et ruinée. Elle avait perdu toutes ses possessions étrangères ; elle n'avait plus ni flotte, ni fortifications ; le trésor était vide ; l'industrie, le commerce étaient ruinés ; les champs abandonnés des paysans réfugiés derrière les murailles de la ville étaient ravagés et retournés en friche ; la fleur de la population avait péri dans les combats, le reste était appauvri. Echappée aux affres de la guerre, elle avait eu à souffrir de plus grands malheurs encore. Les Athéniens n'avaient acheté la paix qu'au prix de la perte de leurs vieilles institutions démocratiques. Sparte leur avait imposé un gouvernement oligarchique qui ne s'était maintenu pendant un an que par la terreur, multipliant les confiscations de biens, les bannissements, les exécutions. Enfin, grâce au courage des démocrates conduits par Thrasybule et Anytos, l'oligarchie avait été vaincue, la démocratie rétablie (403). Mais ce résultat si chèrement acquis aurait été vain, si les chefs démocrates n'avaient fait voter par le peuple une mesure propre à pacifier les esprits. Depuis toujours, la lutte des partis, en Grèce, avait été menée avec une violence inouïe. La victoire d'une faction politique avait comme suite naturelle le massacre des chefs, le bannissement, la confiscation des biens des membres en vue du parti adverse. A ce sujet, aristocratie et démocratie, oligarchie et tyrannie n'avaient rien à se reprocher. A Athènes, depuis la mutilation des Hermès, des milliers de citoyens avaient péri dans ces luttes de parti, et la plus grande partie étaient tombés sous les coups des oligarques, qui maintenant étaient à la merci de la démocratie triomphante. Dans de pareilles conjonctures, peu de familles n'avaient pas à réclamer vengeance de la mort d'un des leurs. Si Athènes s'était alors, comme autrefois, laissée aller au sanglant plaisir de la satisfaction des rancunes, la victoire des démocrates aurait eu comme conséquence inévitable la mise à mort, le bannissement de centaines de personnes, la naissance d'un nombre formidable de procès, bref une guerre de tous contre tous. Heureusement les chefs démocrates comprirent le danger et y parèrent en faisant voter une amnistie générale. Par l'adoption de cette mesure, le peuple n'accomplissait pas seulement un acte de haute sagesse politique, mais il donnait un admirable exemple de domination de soi-même. En brisant si complètement avec le passé, il affirmait qu'il voulait faire de la restauration de la démocratie le commencement d'une nouvelle vie. Il était fatigué aussi bien des combats contre l'étranger que des luttes fratricides. Le pays ruiné exigeait maintenant le travail fécond dans la paix. Le moment était venu de reprendre l'exploitation des mines, de remettre les terres en culture, de faire revivre le commerce et l'industrie, de reconstruire la flotte perdue. C'était une période d'activité matérielle, de dur et fébrile travail. Arrière les philosophes bavards, les raisonneurs creux, place aux travailleurs ! Tel devait être le mot d'ordre des dirigeants, dont la première préoccupation était de faire face à la catastrophe économique et financière. C'était pour eux un devoir patriotique de favoriser de tout leur pouvoir le relèvement économique du pays ; ils devaient donc lutter contre tous ceux qui faisaient passer les productions de l'esprit pour plus importantes que celles du travail matériel.

Mais là ne se bornait pas le programme des chefs démocrates. A leurs yeux, l'effort économique ne pouvait durer et produire des résultats valables, que s'il était secondé par une réforme générale des mœurs. Le temps glorieux d'Athènes avait été celui où les Athéniens ignorant les spéculations philosophiques étaient fortement attachés aux croyances religieuses et où la famille solidement unie formait la base de la société. Tels avaient été les facteurs de la prospérité nationale, telles étaient encore les causes de la force de Sparte. A partir du jour où Athènes avait connu les philosophes et les sophistes, sa déchéance avait commencé, tandis que Sparte, en éloignant systématiquement ces funestes rêveurs, ces bavards inutiles, en conservant jalousement les mœurs simples des ancêtres, n'avait fait que grandir pour abattre finalement sa rivale affaiblie. Ce contraste était trop évident pour qu'il n'eût pas frappé l'esprit de ceux qui s'étaient donné comme tâche de relever le pays. Et plus que tout autre, Anytos devait rendre responsable du désastre d'Athènes le nouveau système d'éducation.

C'était un homme d'action qui ne devait sa fortune qu'à son propre travail et à celui de son père. Le travail honnête et utile était pour lui synonyme de vertu. Resté homme du peuple, il avait des vues assez étroites. Il professait une haine farouche contre toutes les manifestations de l'esprit moderne. Les sophistes, parmi lesquels il rangeait Socrate, étaient pour lui des objets d'horreur [1] et il était persuadé

---

[1] Voyez le vivant portrait que Platon nous a tracé de lui dans le *Ménon*,

qu'Athènes ne retrouverait sa grandeur que lorsque les anciennes mœurs, le vieux système d'éducation vivifieraient de nouveau le peuple menacé de corruption définitive par les idées modernes.

De tous les historiens modernes, c'est H. Koechly (¹), qui nous semble avoir le mieux compris ce côté du caractère d'Anytos. Pour peindre d'une façon plus vivante le personnage, il l'a représenté discutant avec des disciples de Socrate, après la représentation des *Nuées* en 423. Il lui fait tenir à l'adresse de Socrate un langage sévère, mais tout à fait digne du maître tanneur, que seule la crainte d'être trop long nous empêche de reproduire.

Mais combien plus sévèrement encore Anytos devait-il critiquer le philosophe quelque 25 ans plus tard, lorsque la ruine d'Athènes faisait sentir impérieusement le besoin d'un travail matériel productif et que le désastre semblait être l'œuvre de ceux qui, comme Socrate, se vouaient exclusivement aux spéculations philosophiques. Tandis que tout se renouvelait, se rajeunissait, le vieux philosophe était resté le même ; il était de ceux qui n'avaient rien appris et rien oublié. Plus que jamais, entouré d'une pléiade de jeune gens à qui leur fortune permettait cette oisiveté, il parcourait les rues, questionnant ceux que le hasard lui faisait rencontrer, parlant toujours d'ânes et de chevaux, de flûtistes et de forgerons, de la sagesse et de la vertu. Il continuait à essayer de « persuader ses concitoyens, » jeunes et vieux, que les soins du corps, l'amour des richesses » ne doivent les préoccuper d'abord, ni aussi fortement que les soins » de leur âme et les moyens de la rendre meilleure ; il leur disait que » les richesses ne donnent pas la vertu, mais que la vertu procure » les richesses et qu'elle est pour les hommes la source de tous les » biens tant publics que privés » (²). Au moment où la patrie en détresse n'attendait son salut que du travail de ses enfants, il continuait à discourir de choses abstraites, peut-être justes, mais en tout cas inutiles et hors de saison, avec des jeunes gens qu'il empêchait

---

90*a* sqq. Qu'Anytos ne distinguait pas Socrate des sophistes, c'est ce que Platon paraît avoir voulu indiquer dans ce passage : Socrate ici semble se montrer favorable aux sophistes, et il les défend même, quand il parle à Anytos (90*c*-92*b*). En outre, Platon souligne qu'Anytos ne connaît pas les sophistes, comme pour faire entendre qu'il ne pourrait pas faire de différence entre eux et Socrate (92*c*).

(¹) Hermann Koechly, *Akademische Vorträge und Reden*, I, p. 262 sqq., à qui nous faisons pour les considérations qui vont suivre de nombreux emprunts.

(²) Platon, *Apol.*, 30*ab*.

de collaborer au redressement du pays. Au moment où l'on voulait rendre à la famille son ancienne cohésion en restaurant l'autorité du père, il continuait à inspirer à des jeunes gens, qu'il détournait de leur famille, une admiration inouïe pour sa personne, leur faisant préférer sa compagnie à celle de leurs pères. Alors, comme par le passé, les jeunes apprenaient à son école à douter des dieux, à se moquer des mythes, à passer au crible de ce qu'ils appelaient la raison toutes les croyances, toutes les notions admises. Chose plus grave encore, alors, comme précédemment, Socrate critiquait le régime politique existant ; la démocratie n'avait pas l'heur de lui plaire. Affectant dans son genre de vie et son habillement les mœurs lacédémoniennes, entouré de jeunes aristocrates, il exerçait journellement sa critique sarcastique sur le tirage au sort des magistrats, l'impuissance de la foule réunie en assemblée, l'ignorance des orateurs politiques. On connaissait maintenant les résultats funestes qu'avaient produits ces dangereuses théories dans l'âme de ceux qui le fréquentaient. Les deux hommes qui avaient le plus cruellement fait souffrir leur patrie étaient précisément ses disciples. On se souvenait du trop fameux Alcibiade qui, non content d'avoir commis les plus graves impiétés, avait provoqué le désastre de Sicile, était passé à l'ennemi et s'était employé de tout son pouvoir à consommer la défaite et la ruine de son pays. Les crimes de cet impie et de ce traître n'avaient d'égaux que ceux d'un autre disciple de Socrate, le sanguinaire Critias, à qui un an de despotisme avait suffi pour envoyer à la mort ou en exil des milliers de citoyens et en ruiner de plus nombreux encore. Il avait été efficacement secondé dans sa terrible besogne par un autre familier de Socrate, Charmide, et, tout récemment, Xénophon venait de donner une preuve nouvelle du grand patriotisme que le philosophe savait inculquer à ses admirateurs ; il s'était enrôlé dans l'armée de Cyrus, sans se soucier que cet aventurier révolté contre son frère était un ennemi d'Athènes, qui avait fourni contre elle des secours à Lysandre. Ainsi, de tous les disciples de Socrate, les pires avaient commis les plus grands crimes contre la religion et la patrie, les meilleurs n'avaient rien fait pour le pays.

Telle devait apparaître aux yeux d'Anytos l'influence désastreuse de Socrate sur les jeunes gens. On a prétendu (¹) qu'il n'avait pu

---

(¹) Notamment P. CLOCHÉ, *La restauration démocratique à Athènes*, p. 306, note 3, et *Revue des Etudes Grecques* (XXXV), 1922, p. 449, note 1.

être poussé à accuser le philosophe par des raisons politiques, parce qu'il était lui-même un modéré. Mais nous avons vu que le régime auquel se serait rallié Socrate n'avait rien de commun avec la démocratie modérée telle qu'elle existait en 399 à Athènes. La véritable aristocratie à laquelle il rêvait, celle qui confierait le gouvernement aux plus capables et aux plus vertueux, devait le faire passer aux yeux de la majorité de ses contemporains pour un partisan de l'aristocratie dans le sens courant du mot, c'est-à-dire l'oligarchie. Ses louanges à l'adresse du régime spartiate (¹), son habillement et son genre de vie, son entourage de jeunes nobles ne pouvait que les confirmer dans cette opinion. D'ailleurs les mobiles de l'accusation étaient autant moraux que politiques : Anytos a cru sincèrement aux conséquences désastreuses au point de vue moral et social des théories socratiques ; les exemples récents de Critias et de Charmide achevèrent de le persuader de leur nuisance. Mais ce qui surtout dut le décider à agir, ce fut l'état précaire du nouvel ordre de choses (²) : Athènes enfin sauvée n'était qu'en convalescence ; elle était encore si faible qu'un rien pouvait de nouveau la précipiter à l'abîme. Dès lors, dans l'opinion d'Anytos, Socrate était un véritable danger public. Il fut honnêtement et loyalement convaincu que son devoir de patriote et de chef du peuple lui ordonnait impérieusement de le mettre hors d'état de nuire.

Mais comment atteindre ce but ? On ne pouvait accuser Socrate d'aucun délit politique précis ; il s'était toujours tenu soigneusement à l'écart de la vie politique active, il n'avait jamais pris part à aucun complot. D'ailleurs, si c'eût été le cas, l'amnistie aurait empêché Anytos de se servir de ce moyen. Critias avait pu défendre

---

(¹) PLATON, *Crito*, 52e, où les lois personnifiées disent à Socrate : σὺ δὲ οὔτε Λακεδαίμονα προῃροῦ οὔτε Κρήτην, ἃς δὴ ἑκάστοτε φῂς εὐνομεῖσθαι.

(²) En présence des attaques réitérées des comiques et des procès intentés aux autres philosophes, on a le droit de s'étonner que Socrate ait pu, sans être inquiété et pendant plus de trente ans, déployer son activité jugée si pernicieuse. Mais il ne faut pas oublier que tous les philosophes accusés jusqu'ici étaient des étrangers. Sans doute, ne formulait-on pas à la légère une accusation aussi grave que celle d'impiété contre un citoyen qui pouvait disposer de meilleurs moyens de défense qu'un métèque ou un étranger de passage. Pour que Socrate ait été amené devant les juges, il a fallu un concours de circonstances que nous nous sommes efforcé de mettre en relief : la ruine d'Athènes à la suite de la guerre du Péloponèse et de la guerre civile, l'ébranlement de l'Etat, la comparaison si défavorable entre le présent et le passé et, par dessus tout cela, la tragique coïncidence qui fit de certains disciples de Socrate les hommes les plus abhorrés du peuple.

à Socrate de s'entretenir avec les jeunes gens ; Anytos ne le pouvait pas. Parmi les lois à la revision desquelles Euclide venait d'attacher son nom, il n'y en avait aucune qui permettait de faire bannir ou emprisonner un Athénien coupable d'avoir tenu des propos dangereux pour la sûreté de l'Etat. Il ne restait donc à Anytos qu'une seule voie : c'était celle qu'on avait déjà suivie pour se débarrasser d'Anaxagore, de Protagoras, de Diagoras, c'était d'accuser Socrate d'impiété. Les bruits qui couraient sur Socrate et auxquels Anytos n'était peut-être pas loin d'ajouter foi favorisaient singulièrement ce dessein. D'ailleurs il savait que la foule admettait facilement de telles accusations (¹).

Mais Anytos comprit qu'il ne pouvait pas déposer l'accusation en son nom. Sa situation politique était trop exposée et trop connue pour qu'on pût croire qu'il n'agissait pas pour des raisons politiques. Or, il fallait autant que possible ne pas éveiller ce soupçon. La moitié du jury, ne l'oublions pas, était composé des anciens Trois-Mille qui auraient pu faire échouer l'entreprise, s'ils l'avaient considérée comme une manœuvre politique de leur ancien ennemi. D'un autre côté, Anytos, un des champions de l'amnistie, avait trop prêché la concorde, pour qu'il pût intenter un procès, sans risquer de se voir reprocher de faire précisément ce qu'il demandait à ses concitoyens d'éviter. C'est ce qui le décida à gagner à sa cause Mélétos, un jeune poète, qui jusqu'alors n'avait joué aucun rôle dans la politique. Ainsi, Mélétos n'était que « l'homme de paille » d'Anytos et la religion n'était une fois de plus que le manteau commode qui recouvrait le mobile politique de l'accusation.

3. L'accusation. — Ce fut un jour de février (²) 399 que Mélétos se rendit au portique royal pour y déposer entre les mains de l'archonte-roi une plainte contre Socrate. Le texte authentique de la formule d'accusation nous a été conservé par Favorinos (³), qui put le copier d'après un document officiel qui subsistait encore de

---

(¹) PLATON, *Euthyphro*, 3b : εἰδὼς ὅτι εὐδιάβολα τὰ τοιαῦτα πρὸς τοὺς πολλούς.

(²) Pour les dates du procès et de la mort de Socrate, voyez : C. ROBERT dans *Hermes* (XXI), 1886, pp. 161 sqq. ; K. PRAECHTER, dans *Hermes* (XXXIX), 1909, pp. 473 sqq. ; JACOBY, *Apollod. Chron.*, pp. 284 sqq. ; STENZEL, dans PAULY-WISS., art. *Sokrates*, n° 5.

(³) DIOGÈNE LAERCE, II, 40.

son temps dans les archives du Métrôon. Ce document portait ces mots : τάδε ἐγράψατο καὶ ἀντωμόσατο Μέλητος Μελήτου Πιτθεὺς Σωκράτει Σωφρονίσκου Ἀλωπεκῆθεν · ἀδικεῖ Σωκράτης οὓς μὲν ἡ πόλις νομίζει θεοὺς οὐ νομίζων, ἕτερα δὲ καινὰ δαιμόνια εἰσηγούμενος · ἀδικεῖ δὲ καὶ τοὺς νέους διαφθείρων. Τίμημα θάνατος. (Voici la plainte que rédigea et que confirma par serment contradictoire Mélétos, fils de Mélétos, du dème de Pitthos, contre Socrate, fils de Sophroniskos, du dème d'Alopékè : Socrate est coupable de ne pas croire aux dieux reconnus par l'Etat et d'introduire de nouvelles divinités ; il est en outre coupable de corrompre les jeunes gens. Peine : la mort.)

On ([1]) a remarqué que les mots τάδε ἐγράψατο καὶ ἀντωμόσατο ne pouvaient pas figurer en tête de l'accusation qui fut portée officiellement à la connaissance du public. Nous ne pouvons avoir affaire ici qu'au texte qui fut mis dans les archives après l'instruction préliminaire. Il faut en effet se rappeler que, lorsque la plainte écrite (γραφή) était remise à l'archonte-roi, celui-ci procédait à l'instruction préliminaire (ἀνάκρισις). Il convoquait les deux parties : l'accusateur et l'accusé devaient prêter serment, l'un pour affirmer le bien-fondé de sa plainte, l'autre pour protester de son innocence. Le serment de l'accusé s'appelait ἀντωμοσία. Cependant, immédiatement après l'accomplissement de ces formalités, non seulement le serment de l'accusateur, mais aussi le texte de l'accusation ([2]) pouvait être aussi appelé ἀντωμοσία, puisque, dès lors, il était possible de l'opposer au démenti de l'accusé. La plainte écrite (γραφή) ne pouvait donc porter le terme ἀντωμόσατο, puisqu'il exprime une action qui n'est accomplie que plus tard, lors de l'ἀνάκρισις. Mais il est facile d'expliquer sa présence en tête du texte de Favorinos. Ou bien le document qu'il a vu était un procès-verbal du serment de Mélétos, ou bien il reproduisait la γραφή même de Mélétos, qui, après son exposition officielle, aurait été mise dans les archives du Métrôon après avoir été pourvue par le γραμματεύς des mots τάδε ἐγράψατο καὶ ἀντωμόσατο ([3]). En somme, peu importe,

---

([1]) ARGWOHN, *Att. Prozess*², pp. 800 sqq. ; SCHANZ, *Ausgew. Dial. Plat., Apologia*, p.13.

([2]) Comme le fait PLATON, *Apol.*, 24b : λάβωμεν αὖ τὴν τούτων ἀντωμοσίαν.

([3]) Cf. F. BEYSCHLAG, *Die Anklage des Sokrates*, *Programm des kais. human. Gymnasiums Neustadt*, 1899-1900, p. 5.

puisque le serment de l'accusateur devait reproduire les termes mêmes de la γραφή.

Schanz a essayé de prouver que Favorinos n'avait pas consulté le texte des archives du Métrôon, mais qu'il aurait en réalité fabriqué son accusation d'après la formule que donne Xénophon dans les *Mémorables* ([1]), formule qui n'est pas non plus authentique, d'après lui. Le texte de Favorinos, dit-il, est identique à celui de Xénophon, sauf que l'εἰσφέρων (qui est selon lui le terme authentique) est remplacé chez Favorinos par εἰσηγούμενος. Or Xénophon fait précéder son accusation des mots τοιάδε τις ἦν ; il veut indiquer par là qu'il ne donne pas exactement l'original. Puisque Favorinos prétend nous donner le texte authentique de l'accusation et que d'un autre côté Xénophon nous livre la même formule, tout en nous prévenant que ce n'est qu'un à-peu-près, l'un des deux ment. Et, pour Schanz, le menteur ne peut être que Favorinos ([2]).

Ce raisonnement est loin d'être irréfutable. Et d'abord, il est inexact que le texte de Favorinos soit identique à celui de Xénophon. Celui-ci passe sous silence les trois noms de l'accusateur, de même que le patronymique et le démotique de Socrate ; il ne cite pas non plus la peine requise et remplace εἰσηγούμενος par εἰσφέρων ([3]).

([1]) XÉNOPHON, *Mem.*, I, 1, 1 : Ἡ μὲν γραφὴ κατ' αὐτοῦ τοιάδε τις ἦν · ἀδικεῖ Σωκράτης οὓς μὲν ἡ πόλις νομίζει θεοὺς οὐ νομίζων, ἕτερα δὲ καινὰ δαιμόνια εἰσφέρων · ἀδικεῖ δὲ καὶ τοὺς νέους διαφθείρων.

([2]) SCHANZ, *op. cit.*, pp. 13 sqq. Ont adopté son opinion : ZELLER, *Arch. für Gesch. d. Philos.* (VIII), 1895, p. 588 ; HICKS, *Classical Review* (X), 1896, pp. 68 sqq. ; E. RICHTER, *Jahresb. d. Alt.* (XXVII), 1899, p. 69 ; SCHÖMANN-LIPSIUS, *Att. Recht*, p. 363, note 24. Elle a été combattue par : E. MEYER, *Griech. Gesch.*, V, p. 227 ; MENZEL, *Untersuchungen zum Sokr. Process* (*Wiener Akad. Sitz.*, n° 145, II), pp. 7 sq. ; BEYSCHLAG, *loc. cit.* ; MAIER, *Sokrates*, p. 467, note 3 ; KLIMEK, *Der Sokrates Process*, pp. 5 sqq. ; CHRIST, *Griech. Literaturgesch.*[6], p. 652, note 3.

([3]) C'est sans raison que Schanz dit que « εἰσφέρων fait l'impression d'être le terme authentique et εἰσηγούμενος d'être interpolé ». Cette hypothèse n'est justifiée que par son désir de rapprocher le plus possible le texte de Favorinos de celui de Xénophon. Il ne faut pas croire non plus avec BEYSCHLAG, *op. cit.*, p. 5, que Favorinos, qui avait vu réellement le document, citerait l'accusation de mémoire (ce qui diminuerait fortement la valeur de son témoignage) et aurait lui-même remplacé εἰσφέρων par εἰσηγούμενος plus courant à son époque. Mélétos a très bien pu employer ce terme, puisqu'on le trouve, comme l'a fait remarquer H. GOMPERZ (*Die Anklage des Sokr.*, *Neue Jahrb.* (53), 1924, p. 130, note 1), exactement avec le même sens que chez Favorinos dans le fragment du *Sisyphe* de Critias (*Vors.*, 81 B 25, vers 16 et 25). Cependant H. Gomperz concède que

Ce changement et ces omissions qui dépouillaient l'accusation de son appareil juridique autorisaient Xénophon à prévenir ses lecteurs qu'il ne donnait qu'un à-peu-près. Or, bien qu'il fût absent d'Athènes lors du procès, il est hors de doute que Xénophon était en mesure de connaître l'essentiel de l'accusation. Hermogène, qui était, lui, témoin oculaire, a pu lui fournir des renseignements précis (¹). Il a aussi pu trouver le texte de l'accusation dans la κατηγορία de Polycrate. Bref, Xénophon avait à sa disposition des données de diverses sources qui pouvaient différer dans les détails. Sachant qu'il ne donnait pas la formule complète avec les noms des parties, il était en droit de dire τοιάδε τις ἦν. Et si son texte concorde en gros avec celui de Favorinos, loin de nous faire douter, cet accord nous prouve au contraire que ce dernier nous livre bien le texte authentique.

D'ailleurs il est incroyable que Favorinos, personnage si connu à Athènes, le professeur et le confident d'Hérode Atticos, l'ami du moraliste Plutarque, ait attaché son nom (on ne voit pas dans quel but) à un tel faux facilement contrôlable pour les nombreux philosophes et rhéteurs qui vivaient alors à Athènes (²).

Schanz soutient encore que la plainte telle que la donne Favorinos (c'est-à-dire Xénophon qui, d'après lui, serait la source du premier) est juridiquement insoutenable ; il propose de changer les mots ἀδικεῖ δὲ καὶ τοὺς νέους διαφθείρων en καὶ ταὐτὰ ταῦτα τοὺς νέους διδάσκων (³). Car, pour lui, l'accusation ne comprenait qu'un seul point : l'impiété, qui consistait dans l'enseignement par Socrate de ses théories impies aux jeunes gens. L'ἀδικία, dit-il, n'est pas double, mais simple. La διαφθορὰ τῶν νέων ne tombe pas en elle-même

---

Schanz a raison quand il dit que εἰσφέρειν est idiomatique dans la prose attique. Il n'en résulte toutefois pas que Favorinos a fait un faux, mais seulement que Xénophon écrit un meilleur attique que Mélétos.

(¹) XÉNOPHON, *Mem.*, IV, 8, 4, où il déclare tenir certains détails d'Hermogène. Cf. *Apol.*, 2 et 10. La présence d'Hermogène au procès est encore confirmée par PLATON, *Phaedo*, 59b.

(²) Cf. BEYSCHLAG., *op. cit.*, p. 9.

(³) La γραφή authentique était, d'après lui, libellée comme suit : Μέλητος τοῦ δεῖνος Πιτθεὺς Σωκράτει Σωφρονίσκου Ἀλωπεκῆθεν ἀσεβείας · τίμημα θάνατος . ἀδικεῖ Σωκράτης, οὓς μὲν ἡ πόλις νομίζει θεοὺς οὐ νομίζων, ἕτερα δὲ καινὰ δαιμόνια εἰσφέρων, καὶ ταὐτὰ ταῦτα τοὺς νέους διδάσκων. Schanz supprime le nom du père de Mélétos, parce qu'il le croit, d'ailleurs sans aucun fondement, inventé par Favorinos.

sous le coup de la loi, mais seulement lorsque les jeunes gens sont conduits à une action punie par la loi, et, dans notre cas, c'est l'ἀσέβεια. Le διδάσκειν est le fondement de l'accusation d'impiété et la διαφθορά n'en est que la conséquence. Pour lui donc, la corruption des jeunes gens aurait simplement consisté dans l'enseignement de doctrines antireligieuses.

Schanz croit prouver l'exactitude de son opinion en soutenant d'abord qu'une action dans laquelle se manifeste l'ἀσέβεια est nécessaire pour qu'on puisse intenter à quelqu'un un procès d'impiété. Mais nous aurons l'occasion de montrer que cette opinion n'est pas tout à fait juste. Nous concéderons que, vu le caractère tout extérieur du polythéisme grec, les véritables fautes contre la religion ne pouvaient être que des actes ou des paroles (voy. *infra*, pp. 262 sq.). Mais, comme l'incrédulité était considérée avec raison comme la source directe de ces délits, on en arriva à condamner l'athéisme lui-même. L'incrédulité à l'égard des dieux de l'Etat était réellement punissable par la loi, et c'est ce qu'on reprochait en premier lieu à Socrate (voy. *infra*, pp. 219 sqq.). Le délit d'impiété pouvait aussi consister en opinions positives (croyance en de nouvelles divinités : voy. *infra*, pp. 224 sqq.). Enfin, ce double délit était encore aggravé, quand l'accusé répandait ses théories. Il est certain que, dans le procès de Socrate, le grief de corruption des jeunes gens était *en partie* fondé sur l'enseignement par Socrate de théories impies, mais il est non moins sûr qu'il visait aussi l'influence sociale et morale que le philosophe exerçait sur ses familiers, si bien qu'il formait un deuxième grief juridiquement indépendant du premier.

Schanz essaie de prouver que l'accusation ne comprenait qu'un seul grief, l'impiété, en citant des passages de l'*Euthyphron* et de l'*Apologie* de Platon, où la corruption des jeunes gens est réellement mise en rapport avec l'ἀσέβεια ([1]). Mais ceci est facilement explicable. Le thème de l'*Euthyphron* est la définition de la piété. Or, pour

---

([1]) PLATON, *Euthyph.*, 3ab. Euthyphron demande à Socrate : Καί μοι λέγε, τί καὶ ποιοῦντά σέ φησι διαφθείρειν τοὺς νέους ; — Σωκ. — Ἄτοπα, ὦ θαυμάσιε, ὡς οὕτω γ' ἀκοῦσαι . φησὶ γάρ με ποιητὴν εἶναι θεῶν. καὶ ὡς καινοὺς ποιοῦντα θεούς, τοὺς δ' ἀρχαίους οὐ νομίζοντα ἐγράψατο τούτων αὐτῶν ἕνεκα, ὥς φησιν. *Apol.* 26b : Socrate à Mélétos : ὅμως δὲ δὴ λέγε ἡμῖν, πῶς με φῂς διαφθείρειν, ὦ Μέλητε, τοὺς νεωτέρους ; ἢ δῆλον δὴ ὅτι κατὰ τὴν γραφήν, ἣν ἐγράψω, θεοὺς διδάσκοντα μὴ νομίζειν οὓς ἡ πόλις νομίζει, ἕτερα δὲ δαιμόνια καινά ;

amener la discussion sur le terrain religieux, Platon fait annoncer à Euthyphron par Socrate l'accusation dont il est l'objet. Il est donc naturel que, dans l'exposé de cette accusation, il laisse de côté ce qui était complètement étranger à l'εὐσέβεια, thème du dialogue. Ni ce texte, ni celui de l'*Apologie* ne peuvent être pris en considération, parce qu'ils ne nous donnent pas le contenu total de l'accusation, mais seulement la façon dont Platon l'interprète à tel moment donné dans un but bien détermine. Ainsi dans l'*Apologie*, lorsque Socrate demande à Mélétos si, d'après son accusation, c'est en leur enseignant à ne pas croire aux anciens dieux, mais à de nouvelles divinités qu'il corrompt les jeunes gens, Mélétos ne peut qu'acquiescer parce que, en réalité, c'était bien là un des griefs sur lesquels s'appuyait l'accusation de corrompre la jeunesse. On voit très clairement la raison de composition qui a dicté ces lignes à Platon. C'est d'abord de former une transition pour passer du premier grief (la corruption des jeunes gens en général) qu'il vient de réfuter, au deuxième grief (l'incrédulité vis-à-vis des dieux de l'Etat). Ensuite c'est de se fournir le moyen, par la question qu'il fait poser à Mélétos par Socrate, de grouper les griefs d'incrédulité vis-à-vis des dieux de l'Etat, d'introduction de nouvelles divinités et de corruption des jeunes gens par l'enseignement de ces doctrines impies, en un seul reproche de nature religieuse et de les réfuter ainsi d'un seul coup. Et il avait parfaitement le droit de procéder de cette manière, parce que les accusateurs reprochaient réellement à Socrate de corrompre les jeunes gens en leur faisant partager ses erreurs impies. Mais à côté de l'influence funeste que le philosophe exerçait sur ses familiers au point de vue religieux, il est certain que l'accusation mettait aussi en cause son action corruptrice dans le domaine social et moral. La preuve, Platon lui-même, cependant invoqué par Schanz, nous la donne, quand il cite l'accusation : ['Η ἀντωμοσία], dit-il, ἔχει δὲ πῶς ὧδε · Σωκράτη φησὶν ἀδικεῖν τούς τε νέους διαφθείροντα καὶ θεοὺς οὓς ἡ πόλις νομίζει οὐ νομίζοντα, ἕτερα δὲ δαιμόνια καινά, τὸ μὲν δὴ ἔγκλημα τοιοῦτόν ἐστιν · (*Apol.*, 24*bc*). Les mots ἔχει δὲ πῶς ὧδε et τοιοῦτόν ἐστιν nous préviennent que ceci n'est pas la teneur exacte de l'accusation officielle. Et en effet, parmi les changements que se permet de faire Platon, on remarque qu'il place en tête la διαφθορὰ τῶν νέων, chose qu'il n'aurait certainement pas pu faire, si la corruption des jeunes gens ne constituait pas à elle seule et proprement un grief.

L'indépendance des deux points de l'accusation est d'ailleurs suffisamment indiquée par le τε ... καί, bien que ces conjonctions copulatives soient plus faibles que la forte anaphore de ἀδικεῖ chez Favorinos et Xénophon. Elle est encore prouvée plus clairement par la suite : τούτου δὲ τοῦ ἐγκλήματος ἓν ἕκαστον ἐξετάσωμεν. Et Platon réfute, en effet, chaque point particulier : d'abord la διαφθορὰ τῶν νέων (24c-26a), puis l'ἀσέβεια (26b-27e). Argument décisif, la réfutation du premier point envisage seulement le sens moral de διαφθείρειν, à l'exclusion de toute idée religieuse. L'idée de corrompre est exprimée par les mots πονηροτέρους (25d), μοχθηρὸν ποιεῖν (25e), locutions opposées à leurs contraires : βέλτιστοι οἱ νεώτεροι ἔσονται (24d), βελτίους (24d, 24e, 25a), ἀμείνους (24d), καλοὺς κἀγαθοὺς (25a) ποιεῖν et enfin τοὺς νέους παιδεύειν (24e). Si « corrompre » devait être compris seulement dans le sens religieux, on s'attendrait à rencontrer des expressions comme ἀσεβεστέρους, ἀνοσιωτέρους ποιεῖν et leurs contraires εὐσεβεστέρους, ὁσιωτέρους ποιεῖν. Mais ces locutions n'apparaissent nulle part dans le passage que Platon consacre à la réfutation du grief de corrompre les jeunes gens. Et c'est précisément parce qu'il n'a pas encore répondu au reproche de corruption au point de vue religieux, qu'il fait remarquer, par la phrase de transition dont nous avons parlé plus haut, que cette partie de la διαφθορὰ τῶν νέων se confond avec le reproche d'incrédulité vis-à-vis des dieux de l'Etat.

L'indépendance du grief de corruption des jeunes gens apparaît d'ailleurs tout aussi clairement dans d'autres parties de l'*Apologie* platonicienne : par exemple, quand Socrate dit qu'il serait bien étonnant qu'il corrompît la jeunesse, lui qui ne fait rien d'autre que persuader ses compatriotes de s'occuper moins des soins du corps et de l'acquisition des richesses que de leurs âmes, etc. (30*ab*). De même, lorsqu'il déclare que, s'il avait jamais donné des conseils pernicieux (κακὸν πώποτέ τι ξυνεβούλευσα), s'il avait jamais fait quelque tort aux parents des jeunes gens qui le fréquentaient (εἴπερ ὑπ' ἐμοῦ τι κακὸν ἐπεπόνθεσαν αὐτῶν οἱ οἰκεῖοι), ceux-ci devraient s'en souvenir aujourd'hui et réclamer sa condamnation (33*d*), il est évident qu'il se défend contre l'accusation de corrompre moralement et non religieusement. On doit tirer la même déduction du fait que Mélétos et Anytos soutenaient que Socrate « n'avait fait que du mal aux jeunes gens » (¹).

Enfin Isocrate nous prouve aussi que la διαφθορά τῶν νέων pouvait constituer un grief véritablement indépendant. Dans son plaidoyer *Sur l'échange des fortunes*, qui, on le sait, lui a été inspiré par le procès de Socrate auquel il a certainement assisté, voici comment il cite l'accusation dont il imagine être l'objet : « l'accusa-
» teur essaie de me calomnier en soutenant que je corromps les
» jeunes gens en enseignant à parler et à l'emporter dans les débats
» contrairement à la justice » (²).

On peut se demander avec ceux qui ne partagent pas cette façon de voir s'il était juridiquement possible de réunir dans une même accusation deux délits appartenant à des domaines différents : dans le cas de Socrate, le crime d'impiété ressortit à la juridiction de l'archonte-roi, tandis que le grief de corruption de la jeunesse, mettant en cause une activité politique et morale, relève plutôt de la compétence des thesmothètes. Beyschlag et Klimek ont parfaitement répondu à cette objection. Tout d'abord, la délimitation des compétences n'était pas aussi tranchée chez les anciens que chez nous. Nous connaissons au moins un précédent qui nous montre que deux délits appartenant à des juridictions différentes pouvaient être réunis dans une accusation d'impiété. C'est le cas d'Aspasie, accusée d'ἀσέβεια et en outre d'avoir organisé la prostitution (προαγωγεία), délit qui cependant relevait de la compétence des thesmothètes (³). Enfin, on comprendra que le reproche de corruption des jeunes gens ait pu être lié à l'accusation d'impiété, si l'on se souvient de la définition de l'ἀσέβεια (⁴) : « C'est une faute envers les dieux ou les démons, ou encore envers les morts, les parents ou la patrie ». Les deux derniers points indiquent qu'une accusation d'asébie pouvait être réunie à des plaintes relevant du droit privé et politique et qui appartenaient à la compétence d'autres magistrats (la γονέων κάκωσις relève des archontes, les crimes envers la patrie des thesmothètes).

(¹) PLATON, *Apol.*, 34a : ἐμοὶ ... τῷ διαφθείροντι, τῷ κακὰ ἐργαζομένῳ τοὺς οἰκείους αὐτῶν, ὥς φασι Μέλητος καὶ Ἄνυτος.

(²) ISOCRATE, *de permutatione*, 29 ; 30. Cf. BEYSCHLAG, *op. cit.*, p. 32. Cf. aussi *infra*, p. 148, note 5.

(³) Cf. KLIMEK, *op. cit.*, p. 7, et BEYSCHLAG, *op. cit.*, p. 31.

(⁴) Voyez *supra*, p. 9.

Il est donc suffisamment prouvé que la διαφθορὰ τῶν νέων constituait un délit distinct de l'ἀσέβεια. Rien désormais ne nous empêche de considérer la formule d'accusation de Favorinos comme authentique. En conséquence nous devons admettre que Mélétos avait élevé contre Socrate deux chefs principaux d'accusation : l'impiété et la corruption des jeunes gens. Le premier de ces griefs s'appuyait lui-même sur deux délits : l'un négatif, l'incrédulité vis-a-vis des dieux de l'Etat ; l'autre positif, l'introduction de nouvelles divinités. Le deuxième point de l'accusation envisageait à la fois l'activité sociale, morale et religieuse de Socrate et coïncidait ainsi en partie avec le premier grief.

4. **Les discours des accusateurs.** — Nous ne possédons aucun des discours que les accusateurs ont prononcé devant l'Héliée ; il est d'ailleurs à peu près certain qu'ils ne furent pas publiés. Toutefois, à défaut de discours officiels, les anciens connaissaient une κατηγορία Σωκράτους, œuvre du rhéteur Polycrate qui avait placé dans la bouche d'Anytos un réquisitoire contre Socrate [1]. Cette κατηγορία est perdue ; mais, grâce aux allusions des anciens et surtout aux réfutations qu'en ont faites Xénophon et Libanius, nous connaissons l'essentiel de son contenu. Bien que l'œuvre de Polycrate ne soit pas, comme les anciens l'ont cru, le véritable discours que prononça Anytos, elle peut cependant nous être utile parce qu'elle nous donne une idée de la manière dont on pouvait justifier les griefs reprochés à Socrate. Sans doute ne faut-il pas attribuer aux accusateurs tout ce qu'Anytos disait dans le pamphlet du rhéteur, mais on a cependant le droit de retenir, comme vraiment développés devant le tribunal, les arguments dont on trouve des allusions ou des réfutations dans l'*Apologie* platonicienne, parue avant l'ouvrage de Polycrate.

Cette *Apologie* nous fournit une base plus solide. Nous savons que le plaidoyer de Socrate était une improvisation [2] ; il a donc dû être fortement influencé par les discours des accusateurs dont il était une réplique. En conséquence, pour reconstituer les discours des accusateurs, nous pouvons utiliser, jusqu'à un certain point, la méthode de défense qu'emploie Socrate. Et nous ne devons pas seu-

---

[1] Voyez *infra*, pp. 180 sqq.
[2] PLATON, *Apol.*, 17bc; XÉNOPHON, *Mem.*, IV, 8, 4.

ıement nous servir des parties purement polémiques, mais aussi des passages positifs, quand ils peuvent être considérés comme des réponses indirectes à des reproches des accusateurs.

Comme on le sait, dans l'*Apologie* platonicienne, Socrate réfute d'abord les calomnies qui depuis longtemps couraient sur son compte. A un moment donné, il les formule en langage juridique ([1]) : « Socrate » est coupable et prévaricateur en recherchant les secrets cachés » au sein de la terre et les causes de phénomènes célestes, en faisant » triompher la mauvaise cause de la bonne et en enseignant cela » à d'autres ». Depuis Schanz ([2]), tous les chercheurs ([3]), du moins à notre connaissance, croient que cette accusation fictive n'a rien de commun avec les reproches réellement développés par les accusateurs dans leurs discours. Et, à la vérité, dans plusieurs passages ([4]), les anciens auteurs de ces calomnies sont nettement distingués des accusateurs réels. Mais a-t-on le droit, pour cela, de croire que ces vieilles calomnies n'ont pas été reprises par Anytos et ses acolytes dans leurs discours ? Ce n'est pas notre avis.

Remarquons d'abord que l'accusation officielle n'est que la déduction de l'accusation fictive, comme on est convenu de l'appeler. Socrate s'occupe de physique et d'astronomie, dit la διαβολή ; l'accusation officielle en tire la conséquence naturelle qu'il ne croit pas aux dieux de l'Etat. Il enseigne à faire triompher la mauvaise cause de la bonne ; d'où le grief de corruption de la jeunesse ([5]).

([1]) PLATON, *Apol.*, 19c ; cf. 18b.

([2]) SCHANZ, *Apologia*, p. 72.

([3]) Sauf peut-être BEYSCHLAG, *op. cit.*, p. 47, qui, en s'appuyant sur les passages 19b et 23e, soutient que l'expression διαβάλλοντες désigne aussi bien les accusateurs officiels que l'opinion publique.

([4]) PLATON, *Apol.*, 18a : Πρῶτον μὲν οὖν δίκαιός εἰμι ἀπολογήσασθαι, ὦ ἄνδρες Ἀθηναῖοι, πρὸς τὰ πρῶτά μου ψευδῆ κατηγορημένα καὶ τοὺς πρώτους κατηγόρους, ἔπειτα δὲ πρὸς τὰ ὕστερα καὶ τοὺς ὑστέρους. 18d : ἀξιώσατε οὖν καὶ ὑμεῖς, ὥσπερ ἐγὼ λέγω, διττούς μου τοὺς κατηγόρους γεγονέναι, ἑτέρους μὲν τοὺς ἄρτι κατηγορήσαντας, ἑτέρους δὲ τοὺς πάλαι......

([5]) Isocrate, dans son *de permutatione*, nous donne une singulière confirmation. Voici comment il formule l'accusation dont il imagine être l'objet : Ἐκ μὲν τοίνυν τῆς γραφῆς πειρᾶταί με διαβάλλειν ὁ κατήγορος, ὡς διαφθείρω τοὺς νεωτέρους λέγειν διδάσκων καὶ παρὰ τὸ δίκαιον ἐν τοῖς ἀγῶσι πλεονεκτεῖν (29 ; 30), et ailleurs : νῦν δὲ λέγει μέν, ὡς ἐγὼ τοὺς ἥττους λόγους κρείττους δύναμαι ποιεῖν (15 ; cf. 56 ; 89 ; 103). Or, on sait que la fiction qu'Isocrate exploite dans ce discours lui a été inspirée par le procès de Socrate (Voyez BLASS, *Attische Beredsamkeit*[2], 1892, II, p. 43, sq. et 382). Sa définition de la

L'accusation fictive constitue donc de sérieux arguments dont pouvaient se servir les accusateurs dans leurs discours. Et, en fait, l'*Apologie* nous prouve qu'ils s'en sont réellement servis.

Ce sont, dit Socrate, les anciennes calomnies qui ont donné à Mélétos la confiance de le traduire en justice (¹). Il est évident que Mélétos ne pouvait se fier aux anciennes calomnies que s'il fondait son accusation sur elles et s'il espérait qu'elles étaient assez ancrées dans l'esprit des juges pour qu'elles pussent décider du verdict. On doit tirer la même conclusion d'une autre phrase, dans laquelle Socrate représente l'accusation qu'ont déposée contre lui Anytos, Mélétos et Lycon comme une conséquence de ces bruits malveillants (²). Et quand il dit que ces anciens calomniateurs sont plus à craindre pour lui que les accusateurs actuels (³), et, à un autre endroit, que « ce ne sont ni Mélétos, ni Anytos qui causeront sa perte, s'il » est condamné, mais la τῶν πολλῶν διαβολή » (⁴), on ne peut déduire de ces paroles que Mélétos et ses alliés ont tenu, devant le tribunal, un langage différent des anciens διαβάλλοντες. Ce sont les anciens calomniateurs qui seront la cause de sa condamnation ; car, si ses accusateurs actuels étaient les premiers à lui reprocher de tels méfaits, on ne les croirait pas ; mais ils ne font que répéter de vieux mensonges profondément enracinés dans l'esprit des juges et dont ils ne sont pas les auteurs. En dernière analyse, ce sont donc les anciens κατήγοροι qui causeront sa perte.

---

corruption de la jeunesse est donc pour nous très instructive d'autant plus que le rhéteur, qui, à l'époque du procès, avait 36 ans, était un esprit mûr qui dut suivre avec grand intérêt les débats, puisqu'il était en relations avec le philosophe (BLASS, *op. cit.*, p. 11).

(¹) PLATON, *Apol.*, 19*b* : ἡ ἐμὴ διαβολή..... ᾗ δὴ καὶ πιστεύων Μέλητός με ἐγράψατο τὴν γραφὴν ταύτην.

(²) *Ibid.*, 23*e* : ἐμπεπλήκασιν ὑμῶν τὰ ὦτα καὶ πάλαι καὶ σφοδρῶς διαβάλλοντες · ἐκ τούτων καὶ Μέλητός μοι ἐπέθετο καὶ Ἄνυτος καὶ Λύκων.

(³) *Ibid.*, 18*b*.

(⁴) *Ibid.*, 28*a* : καὶ τοῦτ' ἔστιν ὁ ἐμὲ αἱρήσει, ἐάνπερ αἱρῇ, οὐ Μέλητος, οὐδὲ Ἄνυτος, ἀλλ' ἡ τῶν πολλῶν διαβολή τε καὶ φθόνος. De même, quand Socrate dit en parlant des anciens accusateurs qu'il n'y en a pas un seul qu'il peut faire comparaître, ἀλλ' ἀνάγκη ἀτεχνῶς ὥσπερ σκιαμαχεῖν ἀπολογούμενόν τε καὶ ἐλέγχειν, μηδενὸς ἀποκρινομένου (18*d*), il n'en faut pas conclure que Anytos et ses acolytes n'ont pas repris pour leur compte ces calomnies ; Socrate veut dire qu'il ne peut réfuter les auteurs de ces bruits tendancieux, parce qu'ils sont la multitude anonyme. Or, les inventeurs de ces calomnies sont les seuls responsables ; ce sont eux qu'il faut réfuter et non les accusateurs qui ne font que les répéter.

D'ailleurs nous avons une preuve certaine que la première partie de l'accusation fictive coïncide précisément avec l'argumentation développée par les accusateurs réels pour démontrer l'incrédulité de Socrate vis-à-vis des dieux de l'Etat. Dans le dialogue entre Socrate et Mélétos, celui-ci affirme que Socrate ne croit pas aux dieux « puisqu'il prétend que le soleil est une pierre et la lune une terre ». Ceci s'accorde exactement avec l'ancienne διαβολὴ qui faisait de Socrate un astronome (¹).

Il est aussi très vraisemblable que les accusateurs s'appuyaient sur la deuxième partie de l'accusation fictive (τὸν ἥττω λόγον κρείττω ποιεῖν), puisqu'ils avaient mis les juges en garde contre l'habileté et l'éloquence de Socrate (²).

Enfin, il est absolument inconcevable que les accusateurs, qui cependant n'ont débité que des mensonges (³), aient été assez mal-

---

(¹) Il est impossible d'admettre avec R. FRESE, *Die Aristophanische Anklage in Platons Apologia*, *Philologus* (81), 1926, p. 384, que Platon n'aurait construit l'accusation fictive, d'après les *Nuées* d'Aristophane, que pour fournir un appui à la façon dont il interprète l'accusation officielle dans le sens de l'athéisme (alors qu'en réalité, d'après Frese, elle reprochait seulement à Socrate de ne pas honorer les dieux). Voici comment Frese raisonne : Par la phrase τὸν μὲν ἥλιον λίθον φησὶν εἶναι, τὴν δὲ σελήνην γῆν, mise dans la bouche de Mélétos, Platon produit l'impression que l'accusation officielle s'appuyait sur les calomnies d'après lesquelles Socrate aurait été un philosophe naturaliste. Or, les philosophes naturalistes passaient pour des athées. Nous comprendrions ainsi pourquoi Platon a placé en avant l'accusation fictive : « Die kühne Deutung, dass Sokrates » nur wegen Atheismus uns Atheismuspropaganda belangt worden sei, bedurfte » einer Stütze. »

Faisons d'abord remarquer que le prétendu appui, que donnerait l'accusation fictive au traitement de l'accusation officielle dans le sens de l'athéisme, est plus illusoire que réel ; il est infiniment probable que Platon n'a jamais pensé à une combinaison aussi compliquée. En second lieu, il est faux que Platon change le sens de l'accusation en l'interprétant dans le sens de l'athéisme (v. *infra*, pp. 219 sqq.). Même si cela était vrai, il est absolument inconcevable que Platon, dans le seul but de créer l'impression que l'accusation officielle reprochait à Socrate de ne pas croire aux dieux, ait imaginé de combattre des allégations contenues dans une comédie jouée 25 ans plus tôt et ait ainsi couru le danger de rappeler à la mémoire de ses contemporains que, depuis longtemps, on avait reproché à Socrate son impiété. Une seule chose peut expliquer que Platon parle des *Nuées* : c'est que réellement lors du procès, beaucoup de gens croyaient encore au Socrate astronome, physicien et sophiste, et que, comme nous nous sommes efforcé de le montrer, les accusateurs le représentaient comme tel dans leurs discours.

(²) PLATON, *Apol.*, 17a : (οἱ κατήγοροι) ἔλεγον. ὡς χρὴ ὑμᾶς εὐλαβεῖσθαι, μὴ ὑπ' ἐμοῦ ἐξαπατηθῆτε ὡς δεινοῦ ὄντος λέγειν.

(³) *Ibid.*, 17a : καί τοι ἀληθές γε, ὡς ἔπος εἰπεῖν, οὐδὲν εἰρήκασιν. cf. 17b.

habiles ou assez honnêtes, dans le cas où ils n'auraient pas cru eux-mêmes au bien-fondé de ces bruits, pour négliger de se servir de l'arme terrible que leur offrait la rumeur publique.

Reste alors à expliquer pourquoi Platon distingue les anciens κατήγοροι des accusateurs judiciaires. Ce n'est pas parce que ceux-ci n'ont pas repris pour leur compte les vieilles calomnies, mais parce qu'ils n'en sont pas responsables. Ce sont les anciens κατήγοροι, dont ils ne font que répéter les mensonges, qui parlent par leur bouche ; c'est donc à eux qu'ils faut d'abord répondre puisque ces attaques sont les plus anciennes. Ensuite viendra la réfutation du nouveau grief (l'εἰσήγησις καινῶν δαιμονίων qui ne figure pas dans l'accusation fictive) et des nouveaux arguments qu'apportent les accusateurs. Ceci est leur bien propre et c'est à eux qu'il aura affaire. Au fond la distinction n'est qu'un « distinguo » chronologique qui permettait à Platon de grouper les vieilles calomnies dans la forme condensée d'une accusation fictive et de les réfuter toutes d'un seul coup, en expliquant leur naissance par l'exercice de la mission de Socrate. Ce procédé avait en outre l'avantage d'enlever aux accusateurs leurs arguments les plus redoutables et, par là même, de donner l'impression que l'accusation manquait d'une base solide.

Voyons maintenant ce que l'on peut savoir des discours des accusateurs. Contrairement à Socrate, ils prononcèrent des discours préparés selon les règles de l'art oratoire ([1]). Ils furent si persuasifs, dit Socrate, qu'après les avoir entendus, il lui semblait ne plus être le même homme ([2]). Selon l'habitude en pareil cas, ils commencèrent par parler de leur désintéressement et de leur dévouement à la chose publique ([3]) : c'était par devoir patriotique qu'ils avaient déposé l'accusation.

Mélétos, en sa qualité d'accusateur officiel, parla le premier. Son discours, paraît-il, fut peu heureux. Si Anytos et Lycon ne s'étaient joints à lui, dit Socrate, il aurait été condamné à l'amende de mille

---

([1]) PLATON, *Apol.*, 17bc : κεκαλλιεπημένους γε λόγους.... ῥήμασί τε καὶ ὀνόμασι...... κεκοσμημένους.

([2]) *Ibid.*, 17a : ἐγὼ δ'οὖν καὶ αὐτὸς ὑπ' αὐτῶν ὀλίγου ἐμαυτοῦ ἐπελαθόμην · οὕτω πιθανῶς ἔλεγον.

([3]) Bien attesté pour Mélétos τὸν ἀγαθόν τε καὶ φιλόπολιν, ὥς φησι, *Ibid.*, 24b ; pour Anytos aussi d'après la κατηγορία de Polycrate : voyez LIBANIUS, *Socratis Apol.*, 13 ; 29 ; 34 Foerster.

drachmes, parce qu'il n'aurait pas recueilli le cinquième des voix (¹). Au fond c'est assez naturel : le jeune poète qui, en déposant son accusation, accomplissait son premier acte politique, ne devait pas être habitué à parler en public et surtout devant un tribunal. Sa jeunesse, en outre, ne pouvait donner grand poids à ses paroles.

Il n'en était pas de même d'Anytos, politicien de métier, connaissant le peuple et rompu aux luttes oratoires dans les assemblées populaires. Le discours d'un homme d'Etat si considérable, qui avait rendu les plus grands services à la démocratie et s'était attiré ainsi la sympathie de la majorité des Athéniens, dut produire une forte impression sur les jurés. Dans l'*Apologie*, Socrate fait allusion à un mot de sa plaidoirie (²) : « ... Anytos, lui qui a déclaré : De deux choses l'une : ou bien il fallait » que je ne me présentasse pas au tribunal, ou, puisque je m'y suis » présenté, il n'était pas possible de ne pas me faire mourir ; car, » a-t-il ajouté, si j'étais acquitté, tous vos enfants mettant en pra- » tique les théories enseignées par Socrate, seraient bientôt tous et » complètement corrompus ». On voit par cette phrase qu'Anytos avait cru, peut-être même escompté, que Socrate, profitant de la liberté laissée aux prévenus quand ils étaient citoyens, se serait dérobé aux poursuites en quittant le pays. Mais, d'après lui, puisque l'accusé avait osé affronter les juges, il était de toute nécessité de le condamner à une peine très sévère (³) ; sinon son activité funeste, dirigée contre l'Etat en la personne des jeunes gens, semblerait sanctionnée par l'Etat lui-même, et ses effets n'en deviendraient que plus dangereux.

Quant au discours de Lycon, nous n'en savons absolument rien. En lisant l'*Apologie* platonicienne, où il n'est mentionné que rare-

---

(¹) PLATON, *Apol.*, 36 ab.
(²) PLATON, *Apol.*, 29c : ὃς ἔφη ἢ τὴν ἀρχὴν οὐ δεῖν ἐμὲ δεῦρο εἰσελθεῖν ἢ, ἐπειδὴ εἰσῆλθον,... Avec MENZEL, *op. cit.*, pp. 48 sq. ; TH. GOMPERZ, *Les Pens. de la Grèce* (trad.). II, p. 80 ; KLIMEK, *op. cit.*, p. 14, et MAIER, *Sokrates*, p. 479, nous croyons que ἐμὲ... εἰσελθεῖν doit être pris dans le sens obvie de « me présenter », tandis que BEYSCHLAG, *op. cit.*, p. 51 sq., et WILAMOWITZ, *Platon*², I, p. 161, l'interprètent dans le sens de « me faire comparaître ». La phrase dès lors signifierait que, si l'on ne condamnait pas Socrate, il aurait mieux valu ne pas engager le procès. Une troisième interprétation que propose SCHANZ, *Apologia*, p. 103, est certainement erronée.
(³) La mort, dit Anytos, sans doute pour que Socrate, qui avait le droit de lui opposer une peine plus douce, ne puisse guère demander que l'exil, minimum qui, d'après le commencement de la phrase, devait satisfaire Anytos.

ment, on a l'impression qu'il n'a joué qu'un rôle tout à fait secondaire dans les débats (¹).

Dans l'état des sources, il nous paraît vain de chercher à préciser le contenu du discours de chaque accusateur (²) ; nous pouvons seulement nous faire une idée des arguments par lesquels les trois orateurs, pris en bloc, essayèrent d'établir la culpabilité de Socrate.

Et d'abord, sur quoi fondaient-ils le grief d'incrédulité à l'égard des dieux de l'Etat ? Comme nous l'avons vu, c'étaient les études physiques et astronomiques de Socrate qui formaient la base de cette accusation. Anytos et ses associés exploitaient la vieille prévention du public athénien contre l'étude des sciences naturelles. Peut-être reprochaient-ils aussi à Socrate de critiquer les mythes (³) et de parler non pas de dieux et de déesses déterminés, mais de la divinité en général. En tout cas, il leur était impossible de soutenir que l'accusé ne pratiquait pas les usages du culte public et privé.

Le grief d'introduction de nouvelles divinités s'appuyait vaguement sur l'habitude qu'avait Socrate de parler de son « daimonion ». C'est ce qui est amplement démontré, non seulement par des textes de Platon et de Xénophon (⁴), mais aussi par la formule même de

---

(¹) Le plus souvent Socrate ne nomme qu'Anytos et Mélétos et, quand il cite Lycon, c'est toujours en dernier lieu, par exemple 23*e*. Le passage, où Socrate dit que Mélétos n'aurait pas recueilli le 1/5 des voix, εἰ μὴ ἀνέβη Ἄνυτος καὶ Λύκων (36*ab*), est très probablement ironique en ce qui concerne ce dernier. Cf. SCHANZ, *op. cit.*, p. 21, et BEYSCHLAG, *op. cit.*, pp. 36 sqq.

(²) Cependant BURY, *Trial of Socrates*, dans *Rationalist Press Annual*, 1925 (article qui nous est resté malheureusement inaccessible et que nous citons d'après l'auteur lui-même, dans *The Cambridge ancient History*, V, p. 393, note 1), croit qu'Anytos aurait surtout développé le reproche de corruption de la jeunesse, tandis que Mélétos se serait borné à traiter des griefs de nature religieuse.

(³) Comme PLATON, *Euthyphro*, 6*b*, l'insinue. Socrate, dans ce passage, dit à propos des mythes : Ἄρά γε, ὦ Εὐθύφρον, τοῦτ' ἔστιν οὗ ἕνεκα τὴν γραφὴν φεύγω, ὅτι τὰ τοιαῦτα ἐπειδάν τις περὶ τῶν θεῶν λέγη, δυσχερῶς πως ἀποδέχομαι ; δι' ἃ δή, ὡς ἔοικε, φήσει τίς με ἐξαμαρτάνειν.
Toutefois TAYLOR, *Varia Socratica*, Oxford, 1911, pp. 14 sq., considère ce passage comme ironique. D'après lui, ce n'était pas pour les anciens une impiété que d'attaquer la mythologie populaire. Même si cela était vrai, il resterait quand même que la critique des mythes relatifs à Zeus, Héra, etc., à laquelle se livrait Socrate, pouvait servir d'argument aux accusateurs pour prouver que le prévenu ne croyait pas aux dieux olympiens.

(⁴) PLATON, *Apol.*, 31*cd*... θεῖόν τι καὶ δαιμόνιον γίγνεται, ὃ δὴ καὶ ἐν τῇ γραφῇ ἐπικωμῳδῶν Μέλητος ἐγράψατο ; *Euthyphro*, 3*b*, où le personnage de ce nom dit à Socrate, qui vient de lui annoncer son accusation comme « faiseur de dieux » : ὅτι δὴ σὺ (=Socr.) τὸ δαιμόνιον φῂς σαυτῷ ἑκάστοτε

l'accusation (voyez *supra* p. 140) qui parle de θεούς, lorsqu'il s'agit de l'incrédulité du prévenu à l'égard des dieux de l'Etat, et emploie précisément le mot δαιμόνια pour désigner le deuxième grief.

Mais, si l'on voit clairement que les accusateurs mettaient en cause le « daimonion » de Socrate, le problème n'en est pas pour cela complètement résolu. Une question se pose immédiatement à l'esprit : faut-il considérer δαιμόνια comme un adjectif en sous-entendant quelque chose comme πράγματα (dans ce cas, Socrate serait accusé d'introduire de « nouvelles choses divines », donc de nouvelles pratiques religieuses) ou prendre ce mot pour le pluriel du substantif τὸ δαιμόνιον (il s'agirait alors d'introduction de nouvelles divinités)? L'examen des textes prouve que les accusateurs entendaient ce mot dans les deux sens (¹). C'était très probablement à dessein, et d'ailleurs très habilement, qu'ils avaient choisi, pour désigner le deuxième grief

---

γίγνεσθαι ; XÉNOPHON, *Mem.*, I, 1, 2 : διετεθρύλητο γὰρ ὡς φαίη Σωκράτης τὸ δαιμόνιον ἑαυτῷ σημαίνειν · ὅθεν δὴ καὶ μάλιστά μοι δοκοῦσιν αὐτὸν αἰτιάσασθαι καινὰ δαιμόνια εἰσφέρειν. Malgré ces textes, TAYLOR, *op. cit.*, pp. 10-22, a cependant soutenu que les accusateurs ne visaient pas le « daimonion », mais que la nouvelle divinité de Socrate était Apollon Ὑπερβόρειος. Personne jusque maintenant n'a admis cette étrange hypothèse. D'après H. GOMPERZ, *Die Anklage gegen Sokrates, Neue Jahrb.* (53), 1924, pp. 143 sqq., les accusateurs auraient eu en vue la divinité souveraine de Socrate. Nous croyons avoir déjà réfuté en partie son ingénieuse construction (voy. *supra*, p. 107, note 2). Du reste, il est très peu probable qu'Anytos, Mélétos et Lycon, qui n'appartenaient pas aux cercles socratiques, aient été en mesure de s'appuyer sur un détail aussi précis des croyances théologiques de Socrate. Ils paraissent, au contraire, très mal informés et réduits à reproduire ce qui se disait vaguement dans la rumeur publique.

(¹) Ainsi dans l'*Apologie*, 27b sqq., Platon interprète nettement καινὰ δαιμόνια dans le sens de « nouvelles choses démoniaques ». L'argumentation vraiment sophistique, à laquelle se livre Socrate dans ce passage, n'est, il est vrai, très probablement qu'une trouvaille de Platon ; mais cette restriction ne diminue en rien la valeur de l'interprétation que Socrate donne de l'expression en question ; car, si, d'après les accusateurs, καινὰ δαιμόνια n'avait signifié que « de nouveaux démons » (ou dieux), pour bâtir son raisonnement, Platon n'aurait pas été obligé de parler d'abord de « choses démoniaques », pour passer ensuite aux démons, puis aux dieux ; il lui aurait suffi de faire dire par Socrate à Mélétos : Tu dis que je crois à des démons, or, les démons sont des dieux ou des enfants de dieux, donc je crois à des dieux. D'ailleurs Platon est ici en accord complet avec Xénophon (*Mem.*, I, 1, 2 sqq.) qui interprète καινὰ δαιμόνια dans le sens d'introduction d'une nouvelle espèce de mantique. Par contre, il est impossible de ne pas tenir compte du passage de l'*Euthyphron* (3b), où Socrate déclare que Mélétos l'accuse d'être un « faiseur de dieux » (φησὶ γάρ με ποιητὴν εἶναι θεῶν, καὶ ὡς καινοὺς ποιοῦντα θεούς....). Ce qui n'empêche cependant pas Platon de retourner quelques lignes plus bas au premier sens, quand il fait dire par Euthyphron : « c'est donc sous prétexte que tu innoves au sujet des choses

religieux, l'expression δαιμόνια. Ce terme vague avait l'avantage de rappeler immédiatement à l'esprit le « daimonion » de Socrate ; ensuite, il leur permettait de reprocher au prévenu l'introduction de nouvelles pratiques religieuses, notamment un nouveau système de mantique, en même temps que de nouvelles divinités. Quels étaient ces nouveaux dieux ? C'est ce que nous ignorons, d'autant plus que les accusateurs eux-mêmes n'étaient probablement pas en état de les nommer. Vraisemblablement ils s'appuyaient sur l'exemple du « daimonion », érigé pour l'occasion en divinité à laquelle Socrate aurait rendu un culte, pour soutenir que le prévenu vénérait d'autres dieux inconnus du même genre.

Mais les efforts des accusateurs se sont surtout portés sur l'établissement du troisième grief : la corruption de la jeunesse. Ce reproche était à la fois religieux et moral. Au point de vue religieux, Socrate corrompait les jeunes gens en les amenant à partager ses théories impies. Dans le domaine moral, l'influence funeste du philosophe, d'après les accusateurs, se manifestait sous maintes formes différentes. Il enseignait d'abord, au mépris de la justice, à faire triompher la mauvaise cause de la bonne (¹). Il désagrégeait la famille et ruinait l'autorité des parents ; car les jeunes gens qui s'attachaient à lui négligeaient rapidement leurs familles. Bientôt séduits par leur corrupteur, ils lui obéissaient plutôt qu'à leurs parents. En outre, gonflés d'une fausse science, ils se croyaient plus savants que leurs pères qu'ils finissaient par mépriser complètement (²).

Le philosophe inspirait à la jeunesse le goût des futilités, des bavardages, de l'oisiveté et la détournait ainsi de l'activité utile (³). De même, en ne prenant aucune part aux affaires de l'Etat,

---

divines qu'il t'a intenté ce procès » (καινοτομοῦντός σου περὶ τὰ θεῖα). De même, dans l'*Apologie* attribuée à Xénophon, Socrate, qui cependant s'est défendu précédemment (12) contre le reproche d'introduction d'un nouveau système de mantique, déclare (24) : οὔτε γὰρ ἔγωγε ἀντὶ Διὸς καὶ Ἥρας καὶ τῶν σὺν τούτοις θεῶν οὔτε θύων τισὶ καινοῖς δαίμοσιν οὔτε νομίζων ἄλλους θεοὺς ἀναπέφηνα. Pour tout ceci, cf. MENZEL, *op. cit.*, pp. 16 sqq.

(¹) Voyez *supra*, p. 150. Toutefois les accusateurs n'avaient pas osé prétendre qu'il se faisait payer un salaire, comme les sophistes : PLATON, *Apol.*, 31 bc : οἱ κατήγοροι τἆλλα πάντα ἀναισχύντως οὕτω κατηγοροῦντες, τοῦτό γε οὐχ οἷοί τε ἐγένοντο ἀπαναισχυντῆσαι παρασχόμενοι μάρτυρα, ὡς ἐγώ ποτέ τινα ἢ ἐπραξάμην μισθὸν ἢ ᾔτησα.

(²) Ce grief était développé chez Polycrate (XÉNOPHON, *Mem.*, I, 2, 49 et 51 sq. ; *Apol.*, 20 ; LIBANIUS, *Apol. Socratis*, 102.)

(³) Ce reproche figurait dans la κατηγορία de Polycrate (LIBANIUS, *Apol.*

Socrate donnait aux jeunes gens un très mauvais exemple qu'il les engageait à imiter (¹).

Il est très vraisemblable aussi que les accusateurs reprochaient à Socrate de pousser les jeunes gens à mépriser les lois de l'Etat (²). C'est à ce grief que paraissent répondre les parties de l'*Apologie* de Platon où l'accusé rappelle qu'il a rempli avec courage ses devoirs de soldat (28*e*), comment, lors du procès des généraux des Arginuses, il fut le seul à tenter de faire respecter la loi (32*abc*) et comment, sous les Trente, il s'est exposé à la mort en refusant d'exécuter un ordre illégal (32*cd*).

Ce qui rendait l'activité de Socrate des plus dangereuse, d'après les accusateurs, c'est qu'il ne s'adressait qu'aux jeunes gens (³) ; leur esprit non encore fortement trempé était un terrain tout préparé à recevoir les germes pernicieux qu'y déposaient la parole éloquente du philosophe. Et puisque les discours que Socrate leur faisait dans les rues, dans les gymnases étaient déjà très dangereux, combien devaient l'être plus encore ceux qu'il leur débitait en particulier (⁴).

Enfin, comme preuve tangible de l'action corruptrice de Socrate, les accusateurs rappelaient très probablement les tristes exploits d'Alcibiade et de Critias (⁵).

Soc., 127 ;135), mais il avait déjà été exploité par les accusateurs devant le tribunal ; c'est ce qu'on peut déduire de l'*Apologie* platonicienne où Socrate répète plusieurs fois (notamment 30*ab*) que la recherche de la vraie science et les soins de l'âme sont plus importants que l'acquisition des richesses. Cf. 23*b* où Socrate déclare que c'est l'exercice de sa mission qui l'a empêché de rien faire de considérable ni pour l'Etat, ni pour sa famille.

(¹) Ce grief que l'on trouve chez Polycrate (LIBANIUS, 152) avait aussi été formulé par les accusateurs réels ; c'est à cela en effet que répond Socrate dans l'*Apologie* de Platon (31*cde*) lorsqu'il explique que c'est son « signe » qui l'a empêché de prendre part aux affaires publiques et que d'ailleurs, celui qui, comme lui, se consacre à la défense de la justice, s'il veut conserver la vie pendant quelque temps, doit rester dans une condition privée. Cf. 34*bc* et 23*b*.

(²) LIBANIUS, *op. cit.*, 48 sqq. ; XÉNOPHON, *Mem.*, I, 2, 9.

(³) LIBANIUS, *op. cit.*, 117. Comparez l'insistance de Platon dans l'*Apologie* (30*a*, 2 fois ; 33*a*, etc.) à répéter que Socrate s'adresse aux vieux comme aux jeunes.

(⁴) Polycrate chez LIBANIUS, 114 ; reproche auquel répond Socrate, dans l'*Apologie* de Platon, 33*b* : Εἰ δέ τίς φησι παρ' ἐμοῦ πώποτέ τι μαθεῖν ἢ ἀκοῦσαι ἰδίᾳ ὅ τι μὴ καὶ οἱ ἄλλοι πάντες, εὖ ἴστε ὅτι οὐκ ἀληθῆ λέγει.

(⁵) Cet argument était longuement développé dans le pamphlet de Polycrate (XÉNOPHON, *Mem.*, I, 2, 12 sqq., et LIBANIUS, *Apol. Socr.*, 35 et 136 sqq.). La plupart des modernes pensent que les accusateurs n'ont pas parlé d'Alcibiade et de Critias dans leurs discours : SCHANZ, *Apologia*, p. 34 et 53 sq. ; MENZEL, *Untersuchungen zum Sokrates Processe*, 2te *Abhandlung der Sitzungsber. der*

5. La défense de Socrate. — Il existait dans l'antiquité plusieurs ἀπολογίαι Σωκράτους qui étaient censées reproduire le plaidoyer réellement prononcé par Socrate devant le tribunal. Deux de ces ouvrages sont parvenus jusqu'à nous : l'*Apologie* de Platon et l'*Apologie* attribuée à Xénophon. Mais, pour la connaissance de ce que fut le vrai discours de Socrate, seul le premier de ces

---

Kais. Akad. zu Wien, Philos. Hist. Classe (145), 1901-1902, p. 37 ; KLIMEK, *Der Sokrates-Prozess, Vortrag*, Breslau, 1920, etc. Cependant H. GOMPERZ, *N. Jahrb.* (53), 1924, p. 173, rem. 1, et FRESE, *Philologus* (81), 1926, p. 382, sont de l'avis contraire. D'après SCHANZ et les partisans de son opinion, les accusateurs n'auraient pu faire allusion aux événements antérieurs à 403, à cause de l'amnistie dont Anytos avait été l'un des plus zélés champions. Il est en effet certain que l'on n'aurait pu accuser Socrate d'avoir éduqué Critias et Alcibiade, mais, comme le dit Frese, on pouvait très bien faire état, devant le tribunal, de ce que Socrate, entre 403 et 399, éduquait les jeunes gens selon les mêmes principes qui avaient gâté Alcibiade et Critias. La loi d'oubli défendait d'accuser quelqu'un d'un délit antérieur à 403, mais elle n'interdisait pas, au cours des débats, pour établir un délit postérieur à cette date, de faire allusion à des événements plus anciens. C'est ce que prouve le discours que prononça Andocide en 399 pour sa défense. Il y parle souvent de faits, même politiques, antérieurs à l'amnistie (*de myst.*, 92, 94, 95, etc.). Pourquoi Anytos, qui dans cette affaire était le συνήγορος d'Andocide, n'aurait-il pu tolérer pour le procès de Socrate ce qu'il avait permis de faire à Andocide ? — On objecte encore qu'Anytos ne pouvait pas parler d'Alcibiade, parce qu'il avait été son amant et avait partagé son exil. Mais leurs relations, attestées seulement par des auteurs tardifs (PLUTARQUE, *Amat.*, 17, et ATHÉNÉE, XII, 47), ne sont pas assez sûrement établies pour qu'on puisse en tirer un argument sérieux. D'ailleurs les raisons, qui éventuellement auraient forcé Anytos à se montrer scrupuleux, ne pouvaient empêcher Mélétos et Lycon de parler. D'un autre côté, dans l'*Apologie*, Platon nous fait voir nettement que les accusateurs avaient cité comme exemples de corruption les cas de certains disciples du philosophe. Socrate déclare qu'il n'a jamais fait à personne aucune concession contraire à la justice, pas même à ceux que les calomniateurs prétendent avoir été ses disciples (οὐδενὶ πώποτε συγχωρήσας οὐδὲν παρὰ τὸ δίκαιον οὔτε ἄλλῳ οὔτε τούτων οὐδενὶ οὕς οἱ διαβάλλοντες ἐμέ φασιν ἐμοὺς μαθητὰς εἶναι. 33*a*). Du reste, il n'a été le maître de personne ; si donc il arrive que quelqu'un de ceux qui le fréquentent devienne plus vertueux ou plus mauvais, il ne serait pas juste de lui en attribuer la responsabilité (33*b*). Et plus loin, lorsqu'il dit : « si parmi les jeunes gens, il y en a que je corromps, » ou d'autres que j'aie déjà corrompus » (33*cd*), on ne peut s'empêcher de croire que Socrate pense ici aux cas d'Alcibiade et de Critias. Ceci est d'ailleurs admis par Schanz ; toutefois, comme il croit que Platon distingue soigneusement les διαβάλλοντες des vrais accusateurs auxquels il réserverait la désignation de κατήγοροι, Schanz voit dans l'expression οἱ διαβάλλοντες, employée dans un des passages (33*a*) qui nous occupent, la preuve que les accusateurs réels n'ont pas parlé devant le tribunal des élèves de Socrate qui avaient provoqué des désastres politiques. Mais, pour nous, cette objection tombe d'elle-même, puisque nous croyons avoir prouvé que les διαβάλλοντες désignent aussi bien les accusateurs que l'opinion publique (*supra*, pp. 148 sqq.). Voyez d'ailleurs pour d'autres arguments F. BEYSCHLAG, *Die Anklage des Sokrates, Programm*, Neustadt, 1899-1900, pp. 46 sqq.

ouvrages doit être pris en considération ; l'*Apologie* mise sous le nom de Xénophon fut écrite trop longtemps (¹) après le procès, pour qu'on puisse espérer y retrouver l'écho fidèle des paroles de l'accusé à ses juges.

L'*Apologie* de Platon est trop connue pour qu'il soit nécessaire d'en donner un résumé. Pendant longtemps, on la considéra comme un compte rendu loyal et exact du plaidoyer de Socrate. Actuellement presque tous les chercheurs ont perdu cette belle confiance ; certains même ne voient dans l'*Apologie* qu'une pure fantaisie littéraire de Platon. Cette opinion est surtout répandue depuis que Schanz a publié son *Apologia* en 1893 (²). D'après ce dernier, l'*Apologie* n'est pas un discours judiciaire prononcé devant le tribunal ; c'est une justification de Socrate.

D'autres adoptent une attitude moins radicale : ainsi Th. Gomperz (³) voit dans l'*Apologie* un mélange de vérité et de fiction, et Wilamowitz (⁴) reconnaît un caractère historique à une foule de traits de l'immortel chef-d'œuvre de Platon.

Enfin, plus récemment, on tenta de revenir à l'ancienne conception ; E. Horneffer (⁵) s'est vigoureusement élevé contre les doutes émis par l'hypercritique : d'après lui, l'*Apologie* serait un écho fidèle du plaidoyer de Socrate.

(¹) L'époque tardive de cet écrit a été prouvée, nous semble-t-il, par WILAMOWITZ, *Die Xenophontische Apologie*, *Hermes* (32), 1897, pp. 99 sqq. Citons deux de ses arguments : l'auteur dit lui-même (1) que de nombreux ouvrages sur le procès de Socrate étaient déjà parus, lorsqu'il s'est mis à écrire. Il parle des débauches du fils d'Anytos et dit que les blâmes poursuivent ce dernier jusque dans sa tombe ; or, en 386, Anytos était encore en vie et toujours considéré.

(²) SCHANZ, *Ausgewählte Dialoge Platons, Apologia*, Leipzig, 1893 ; Cf. F. BEYSCHLAG, *op. cit.*, p. 35 ; BRUNS, *Literarische Porträt*, pp. 209 sqq : l'*Apologie* de Platon ne peut être considérée comme reproduisant plus ou moins le discours prononcé par Socrate, c'est une fantaisie artistique ; H. GOMPERZ, *Die Anklage gegen Sokrates*, *Neue Jahrbücher* (53), 1924, p. 170 : l'*Apologie* n'est pas le vrai plaidoyer de Socrate mais un portrait idéal du maître inspiré en partie par sa personnalité réelle. Cf. WOLFF, *Platos Apologie* (*Neue Philol. Unters.*, VI), Berlin, 1929.

(³) TH. GOMPERZ, *Les Pens. de la Grèce* (trad.), II, pp. 103 sqq.

(⁴) WILAMOWITZ, *Platon*², Berlin, 1920, II, pp. 41 sqq. Cf. H. MAIER, *Sokrates*, Tübingen, 1913, pp. 104 sqq.

(⁵) E. HORNEFFER, *Der Junge Platon* (1ster Teil, *Sokrates und die Apologie*), Giessen, 1922 ; cf. un compte rendu de cet ouvrage par K. SEELIGER, dans la *Philolog. Wochenschrift*, 1922, col. 313 sqq.

Avec la majorité des historiens actuels, il nous paraît aussi impossible de voir dans l'*Apologie* une sorte de compte rendu par lequel l'auteur aurait voulu reproduire le plus exactement possible le discours de Socrate. Nous fondons cette opinion moins sur des arguments que l'on pourrait tirer de la composition interne de l'*Apologie* (parce qu'ils ne sont que trop souvent subjectifs) que sur des considérations extérieures.

Et d'abord, dans quel but Platon aurait-il publié le compte rendu du plaidoyer de Socrate ? Il n'est guère probable qu'il y eût été poussé par un souci de piété : Socrate, qui n'avait rien écrit et n'avait, pendant toute sa vie, montré que de la répulsion pour la littérature, aurait pu difficilement être honoré de cette façon. Il est beaucoup plus vraisemblable que Platon a voulu répondre au verdict des juges. La condamnation du maître, prononcée par un jury légalement constitué, à la suite de débats réguliers, était un terrible danger pour sa mémoire ; elle pouvait passer auprès du public athénien et même de la postérité pour une preuve certaine de sa culpabilité. Convaincu de l'injustice commise, Platon se devait de montrer au monde quel homme on avait fait mourir. Or, il avait à sa disposition deux moyens de réaliser cette justification de Socrate : il pouvait le défendre en son propre nom, comme le fit plus tard Xénophon dans les *Mémorables*, ou bien utiliser la fiction littéraire, faire parler l'accusé devant ses juges. C'est ce dernier moyen qu'il choisit et non sans raison : le public lit plus facilement une défense présentée sous forme dramatique ; l'apologiste dit ainsi tout ce qu'il faut et de manière à être compris par un plus grand nombre de lecteurs. Cette forme convenait d'ailleurs à son vif instinct artistique.

Même s'il avait voulu reproduire le plus exactement possible le plaidoyer de Socrate, Platon n'aurait pu en donner qu'un compte rendu approximatif. On ne se figure pas bien Platon prenant des notes pendant que Socrate parlait. En un pareil moment, où se jouait la vie de son maître, il devait être très éloigné d'une telle préoccupation et ne pouvait certainement pas avoir déjà conçu le projet de publier le plaidoyer de Socrate. Il n'a dû se décider à écrire qu'après la mort de Socrate, lorsqu'il a pu juger de la force que l'autorité du verdict conférait aux bruits malveillants colportés par les nombreux ennemis du philosophe, lorsqu'il a vu clairement comme Socrate était mal connu, combien de préjugés, d'idées fausses étaient répandues à son sujet. Ce sentiment de la nécessité de défendre la mémoire de son maître a pu lui venir peut-être des mois, une année même après le procès (¹).

Enfin la preuve que les contemporains ne prirent pas l'*Apologie* de Platon pour le véritable plaidoyer de Socrate, c'est que d'autres apologies parurent. Si Lysias avait considéré l'œuvre de Platon comme le compte rendu fidèle du discours de Socrate, il n'aurait pu écrire une apologie où l'accusé répondait non pas à ses juges réels, mais a l'Anytos de Polycrate. Son Socrate devait donc tenir un langage sensiblement différent de celui de Platon. Cette fiction n'était possible que parce qu'il n'existait en réalité aucune apologie reproduisant exactement le discours de Socrate (²). De même l'*Apologie* attribuée à Xénophon, quoique d'accord avec celle de Platon

---

(¹) Cependant nous ne croyons pas que l'on puisse admettre un intervalle beaucoup plus grand entre le procès et la publication de l'*Apologie* (Contrairement à M. CROISET, édit. des *Belles Lettres*, notice, p. 132, d'après lequel Platon aurait écrit vers 396, et J. MOOR, *Die Entstehung der Platon. Apologie*, Reichenberg, 1929, pp. 16-22, qui a essayé de prouver que l'*Apologie* n'avait pu être écrite qu'après la mort d'Aristophane, donc au moins après 388. On trouvera une réfutation suffisante de cette opinion chez WOLFF, *Platos Apologie* (*Neue Philol. Unters.*, Berlin, 1929, t. VI, pp. 102, sq.). Celle-ci est certainement antérieure à la κατηγορία de Polycrate, parce qu'après la publication de cette œuvre, qui avait répandu dans le public des arguments nombreux et variés étayant le reproche de corruption de la jeunesse, il eût été ridicule de réfuter ce grief par une défense aussi insuffisante que celle de l'*Apologie* (24d sqq. ; cf. H. GOMPERZ, *op. cit.*, p. 170). D'ailleurs un détail prouve qu'il faut rapprocher considérablement l'*Apologie* du procès. Dans le dernier discours, Socrate prédit à ceux qui l'ont condamné un châtiment beaucoup plus pénible que celui qu'ils lui ont infligé. En le condamnant, ils ont cru se débarrasser d'un censeur gênant ; c'est le contraire qui se produira : « Ils seront plus nombreux ceux qui vous » examineront ; jusque maintenant, je les retenais sans que vous vous en » aperceviez. Et ces enquêteurs seront d'autant plus difficiles qu'ils sont » plus jeunes ; ils vous importuneront davantage » (29cd). Or, cette prédiction ne s'est pas réalisée. Aucun des disciples de Socrate n'a repris son rôle d'enquêteur public. Mais, de deux choses l'une : ou cette prophétie a été réellement faite par Socrate devant le tribunal, ou elle est l'œuvre de Platon. Dans l'un comme dans l'autre cas, il est impossible que, trois ou quatre ans après le procès, Platon ait, soit reproduit une phrase du plaidoyer de Socrate, soit inventé une prédiction que démentait catégoriquement la conduite de tous les Socratiques. Il est donc nécessaire d'admettre que l'*Apologie* a été écrite relativement peu de temps après le procès — un an au plus — c'est-à-dire à une époque où Platon pouvait encore raisonnablement croire que les disciples allaient non seulement continuer la doctrine, mais imiter la vie du maître.

(²) Ceci est singulièrement éclairé par l'exemple de l'*Apologie* de Libanius. A l'époque de ce rhéteur, on croyait avoir en l'*Apologie* de Platon le véritable plaidoyer de Socrate. D'où pour Libanius, qui voulait répondre à l'Anytos de Polycrate, l'impossibilité de faire parler Socrate devant le tribunal. Aussi tourna-t-il la difficulté en plaçant son *Apologie* dans la bouche d'un ami de Socrate.

sur certains points, présente avec elle des différences profondes, parfois même déconcertantes ; chose qui aurait été impossible, si, à l'époque où cet opuscule fut écrit, l'*Apologie* platonicienne avait été considérée comme reproduisant fidèlement le langage que Socrate tint réellement devant le tribunal.

Certains indices d'ailleurs montrent que Platon ne prétendait pas nous donner le vrai plaidoyer de Socrate. Dans toute l'*Apologie*, Socrate évite soigneusement d'employer la formule courante ὦ ἄνδρες δικασταί. C'est seulement après le jugement qu'il donne ce nom à ceux qui l'ont absous. Ceci n'est pas un hasard. Du reste Platon explique pourquoi il fait parler ainsi Socrate : « car ce titre que je vous donne, vous y avez droit ». Il est certain que Socrate n'a pu agir de cette façon dans son improvisation, puisqu'il ignorait l'issue du procès. Socrate n'a donc pu refuser d'appeler « juges » les jurés, mais il est compréhensible que Platon ait voulu infliger un blâme sévère à ceux qui, en condamnant Socrate injustement, n'ont pas rempli leur devoir de dispensateurs de la justice (¹). De même, contrairement à ce que l'on attendrait d'une improvisation et d'un plaidoyer judiciaire, les rappels aux discours des accusateurs sont rares : il n'y a pas de déposition de témoins, sauf celle du frère de Chéréphon et encore ce témoin n'est pas appelé dans les formes réglementaires. Enfin, dans les plaidoyers des orateurs attiques qui nous sont conservés, la citation de l'accusation est toujours précédée de la mention γραφή. Ici, non seulement Platon ne se conforme pas à l'usage, mais il change la teneur de l'acte d'accusation. En négligeant tous ces détails des formalités judiciaires, Platon n'a-t-il pas voulu éviter l'apparence d'être absolument complet et exact ? Enfin, malgré son air de laisser-aller, si l'on examine de près sa composition, l'*Apologie* révèle le talent consommé de son auteur. Son extraordinaire unité, en dépit du semblant de flottement dans le plan, la merveilleuse habileté de l'argumentation où s'avère la maîtrise de l'avocat

---

(¹) Argument développé par Schanz, *op. cit.*, p. 74 sq. Rob. J. Bonner, *The legal setting of Plato's Apology, Classical Philology* (III), 1908, p. 171 sq., nie qu'il y ait ici une intention de Platon, parce que les orateurs de cette époque ne s'en tiennent pas exclusivement à la formule ordinaire, mais se servent d'expressions variées. Parfois même ὦ ἄνδρες δικασταί est supplanté par d'autres formules, par exemple chez Andocide, *de Myst.*, où elle n'apparaît qu'une fois (136, 137). Tout ceci est vrai ; mais ce qui est un pur hasard, chez Andocide, ne peut l'être chez Platon, puisqu'il prend soin de dire, dans la phrase citée, pourquoi Socrate n'a pas employé la formule ordinaire.

en font un chef-d'œuvre de l'art oratoire qui, malgré son naturel, ne peut être pris pour une improvisation.

Est-ce à dire que l'*Apologie* platonicienne ne contient rien de ce qu'a réellement dit Socrate devant le tribunal ? Nous ne le croyons pas. Puisque pour justifier son maître Platon choisissait le moyen de la fiction littéraire, il était forcé de rendre cette fiction vraisemblable en respectant dans une certaine mesure, sinon complètement les idées, du moins le ton et l'allure générale du plaidoyer. S'il voulait sauver la mémoire du maître et prouver l'injustice de l'arrêt qui l'avait frappé, il devait compter que les juges et le nombreux public qui avait assisté aux débats liraient le livre ; ainsi il était tenu de reproduire certains épisodes du procès, certaines déclarations de l'accusé afin que la fiction se rapprochât le plus possible de la réalité. Ayant assisté aux débats, il avait d'ailleurs certainement des réminiscences dont il aura tiré parti. Il y a donc dans l'*Apologie* toute une série de traits qui appartiennent très probablement au véritable plaidoyer de Socrate : le témoignage du frère de Chéréphon ([1]) (21*a*), le dénombrement des personnes présentes qui peuvent affirmer que Socrate par son enseignement n'a pas fait de tort à leurs proches (33*e*), le rappel de faits concrets, comme la conduite courageuse de Socrate au cours des expéditions militaires auxquelles il prit part, le procès des Arginuses, l'arrestation de Léon de Salamine. Nous pouvons retenir aussi que le plaidoyer de Socrate était une improvisation et qu'il employa sa méthode habituelle, la dialectique : il a certainement engagé un dialogue avec Mélétos ([2]). Historique aussi est la mention des murmures et des clameurs désapprobatrices que Socrate par son langage franc, son attitude digne mais fière, aura soulevés parmi les juges. On doit croire aussi qu'il aura parlé de son mépris de la mort, qu'il aura affirmé sa volonté de ne jamais abandonner la philosophie, qu'il aura renoncé aux supplications par lesquelles les accusés essaient ordinairement d'apitoyer les juges, parce que tout cela explique en partie le verdict de culpabilité. Les deux propositions de peine, l'amende d'une mine portée ensuite à 30 mines

---

([1]) Il est toutefois impossible d'admettre que ce soit là le seul témoignage déposé en faveur de Socrate. Voy. Th. Gomperz, *op. cit.*, p. 104.

([2]) L'accusé pouvait questionner son accusateur : ὁ νόμος κελεύει ἀποκρίνεσθαι, Platon, *Apol.*, 25*d*. D'ailleurs le discours de Lysias, *contra Eratosth.*, montre que cela n'était pas extraordinaire.

sont certainement historiques, car Platon figure au premier rang des garants (¹). Mais on a souvent douté que Socrate ait réellement proposé d'être entretenu au Prytanée aux frais de l'Etat. Il est impossible, dit-on, qu'il ait provoqué ses juges d'une façon aussi insolente ; ce ne serait que de l'ironie platonicienne ; en réalité Socrate aurait simplement refusé de se condamner à aucune peine, puisqu'il se prétendait innocent. Nous croyons au contraire qu'il est impossible de voir en ceci une invention de Platon. D'abord, il n'est guère probable qu'il se soit risqué à introduire un détail aussi concret dont le caractère fictif aurait sauté aux yeux de tous ceux qui avaient assisté au procès. Mais ce qui nous paraît décisif, c'est que, si l'on supprime cette proposition de peine, on ne voit plus pourquoi une partie des juges, qui précédemment avaient acquitté Socrate, l'ont dans la suite condamné à mort. Le refus de proposer une peine ne peut pas avoir irrité des gens qui le déclaraient innocent. Le changement d'opinion de certains jurés ne peut être expliqué que parce que Socrate s'est réellement montré insolent. Pour que la majorité ait été renforcée de quatre-vingts nouvelles voix, il a fallu que Socrate ait proposé quelque chose d'extraordinaire, quelque chose qui parut d'une liberté inouïe à la partie la moins décidée des juges qui avaient prononcé l'acquittement et dont ils ont pu tirer une déduction sur le véritable caractère du prévenu.

Mais il est souvent difficile et plus souvent encore impossible de faire la part de la réalité et de la fiction. Que faut-il notamment penser de la première partie de l'*Apologie*, où Socrate s'attaque à

(¹) ED. MEYER, *op. cit.*, p. V, 227 ; WILAMOWITZ, *op. cit.*, II, p. 50 ; HORNEFFER, *op. cit.*, p. 124 ; M. CROISET, dans sa *Notice* à son édition de l'*Apologie*, PLATON, *Œuvres complètes* (*Les Belles Lettres*), I, p. 130, sont d'accord pour admettre comme historique cette proposition de peine. Au contraire, avec beaucoup d'autres, MAIER, *Sokrates*, p. 483, note 2, la rejette. Xénophon, dit-il, quand il écrit (*Mem.*, I, 2, 62) : Ἐμοὶ μὲν δὴ Σωκράτης τοιοῦτος ὢν ἐδόκει τιμῆς ἄξιος εἶναι τῇ πόλει μᾶλλον ἢ θανάτου, montre qu'il la considère comme une idée platonicienne. Ces paroles ne sont-elles pas plutôt une justification de la prétention qu'avait émise Socrate d'être nourri au Prytanée ? On ne peut non plus s'appuyer sur l'*Apologie* attribuée à Xénophon (23), d'après laquelle Socrate aurait seulement refusé de proposer une peine quelconque, parce que c'eût été s'avouer coupable. Car, si on admettait la valeur de cette version, il faudrait aussi croire, comme le dit cette *Apologie*, que Socrate ne permit pas non plus à ses amis de proposer une amende pécuniaire, ce qui est en contradiction avec Platon, chez qui Socrate propose une amende de 30 mines suivant le conseil de ses amis qui se constituent garants. Et ce dernier détail, nous l'avons vu, est certainement historique.

ses anciens calomniateurs ? Un accusé, dit Schanz (¹), fera certainement valoir que sa défense est difficile, que des préjugés sont enracinés dans l'esprit des juges, mais il n'ajoutera pas une deuxième accusation à la réelle, il ne parlera pas de délits qui ne sont pas contenus dans l'accusation et encore moins ne placera-t-il pas cette accusation fictive en premier lieu pour reléguer l'accusation réelle à l'arrière plan.

Nous sommes loin de croire à la valeur de ce raisonnement; les griefs de l'accusation fictive constituaient, on l'a vu, de très sérieux arguments que les accusateurs ont réellement développés dans leurs discours. En supposant même que nous nous soyons trompé, on comprendrait encore que Socrate ait parlé des anciennes calomnies : il était de son intérêt de détruire des légendes, qui, même si elles n'avaient pas été rappelées par les accusateurs, devaient cependant certainement influencer les juges dans leur décision. Mais nous concéderons à Schanz qu'il est peu probable que Socrate se soit exprimé dans la forme que Platon a donnée à la première partie de son *Apologie*. L'opposition de l'accusation réelle à l'accusation fictive, qui condense si ingénieusement les vieilles calomnies en une formule juridique, n'est sans doute qu'un des nombreux procédés que l'art de Platon sait si habilement mettre en œuvre. De plus, en enlevant aux accusateurs leurs arguments les plus dangereux et en les présentant comme sans valeur, puisqu'ils ne sont que des rumeurs émanant de la foule anonyme, Platon produit l'impression que l'accusation manquait d'une base solide. Il est hors de doute que Socrate dans son improvisation n'a pu user de semblables artifices, qui montrent bien la savante composition de l'*Apologie*.

Les historiens modernes sont aussi fortement divisés à propos d'un autre détail de cette partie de l'*Apologie* : l'oracle delphique rendu à Chéréphon. Deux questions se posent : l'oracle a-t-il été véritablement rendu à Chéréphon ? Socrate en a-t-il parlé dans son plaidoyer ?

Pour prouver le caractère fictif de l'oracle, on a eu recours à un argument chronologique : dans l'*Apologie*, Socrate présente l'oracle comme le point de départ de son activité publique et par conséquent aussi de sa renommée ; or, pour que la Pythie pût le proclamer le plus sage des hommes, il fallait nécessairement que Socrate, déjà

(¹) SCHANZ, *op. cit.*, 71 sq.

à cette époque, fût très connu. Il y a donc impossibilité matérielle (¹).

Ce raisonnement, solide en apparence, ne résiste pas aux critiques de Wilamowitz et de Horneffer (²). Remarquons d'abord que Chéréphon n'a pas demandé à la Pythie de désigner le plus sage des hommes, mais a seulement désiré savoir s'il y avait quelqu'un de plus sage que Socrate (³) ; la Pythie était donc seulement tenue de répondre par oui ou par non. Dans le cas où la renommée de Socrate n'aurait pas encore atteint Delphes à cette époque, la question dut embarrasser quelque peu la prêtresse. Cependant il fallait répondre coûte que coûte. Or, il n'était pas difficile de deviner quelle réponse désirait Chéréphon ; d'où la réponse négative de l'Oracle. Mais il est très possible aussi que Socrate fût déjà célèbre avant d'avoir commencé ses conversations morales publiques. Le cercle des disciples qui l'entouraient, son habileté de dialecticien l'étrangeté de sa personnalité et de son genre de vie pouvaient déjà l'avoir fait connaître même au-delà des frontières de l'Attique. Peut-être aussi les prêtres de Delphes avaient-ils pour le philosophe une estime particulière à cause de son respect pour l'oracle. Enfin il faut envisager l'hypothèse que Socrate (ou Platon) en faisant de l'oracle le point de départ de sa vie publique serait victime d'une erreur de perspective ; à une trentaine d'années de distance, on exagère parfois l'importance d'un événement de sa vie, on lui attribue une signification qu'il n'avait pas à l'époque. Il est possible que déjà alors Socrate se soit livré à ses conversations morales publiques, et qu'il n'ait vu dans l'oracle qu'une confirmation de sa conduite.

Il n'y a pas lieu non plus de s'étonner de la question posée par Chéréphon. Ce qui nous paraît étrange était tout naturel pour les anciens ; nous savons qu'ils interrogeaient l'Oracle sur toutes sortes de sujets (⁴). Vraisemblablement Chéréphon aura voulu recevoir une confirmation divine de l'admiration qu'il professait pour Socrate (⁵).

(¹) SCHANZ, *op. cit.*, p. 72.
(²) WILAMOWITZ, *op. cit.*, II, pp. 52 sq. ; HORNEFFER, *op. cit.*, pp. 76 sq.
(³) PLATON, *Apol.*, 21a: ἤρετο γὰρ δὴ εἴ τις ἐμοῦ εἴη σοφώτερος.
(⁴) Voyez HILLER V. GAERTRINGEN dans PAULY-WISS., art. *Delphoi*, col. 2534.
(⁵) Ceci nous paraît plus probable que l'hypothèse de WILAMOWITZ, *op. cit.*, II, p. 52 : Chéréphon se serait rendu à Delphes pour demander conseil au dieu ; à cette époque, il aurait encore été hésitant sur le choix d'un maître et aurait

Aucune raison donc ne nous oblige à considérer comme non historique la démarche de Chéréphon auprès de l'Oracle delphique. D'ailleurs Platon s'appuie sur un garant, le frère même de Chéréphon ; si la chose n'avait pas été véridique, Platon n'aurait pas osé en appeler à un témoin encore en vie, dont il pouvait recevoir un démenti formel.

Quant à savoir si Socrate a parlé de l'oracle devant le tribunal, c'est ce qu'il est impossible de connaître avec certitude. Il n'y a cependant en cela rien d'impossible ; on est même tenté de le croire, parce que Platon fait allusion au témoignage qu'aurait déposé le frère de Chéréphon. Mais on peut affirmer avec moins de risques d'erreur que Socrate, dans son plaidoyer, ne lui a pas fait jouer un rôle aussi considérable que celui qui lui est attribué dans l'*Apologie*. Non content de rendre le dieu de Delphes responsable de l'enquête menée par Socrate, Platon interprète plus loin ([1]) l'oracle dans un sens positif, comme un ordre qu'aurait reçu Socrate de prêcher la vertu à ses concitoyens. Le dieu lui ordonne de les gourmander, de les inciter à la pénitence, de leur recommander de s'occuper avant tout de leur âme, de délaisser la course aux honneurs et aux richesses pour se consacrer à la vertu. Or, ce passage de l'*Apologie* est, pour ainsi dire, le seul endroit de l'œuvre de Platon qui fasse de Socrate un moraliste dans le sens « parénétique ». Partout ailleurs, le philosophe s'efforce simplement de définir les concepts. Et que cette dernière attitude fût bien la sienne, c'est ce qui paraît hors de doute : pour celui qui affirme l'identité de la vertu et de la science, les exhortations sont superflues. Quand on connaît le bien, on le fait. A quoi bon prêcher, puisqu'il suffit d'enseigner ? Socrate ne conseillait pas la vertu ; c'eût été inutile, car l'attrait du bien, quand il est connu, est irrésistible et personne ne fait le mal volontairement ([2]). Il est donc impossible qu'il se soit dépeint sous les traits du prêcheur de morale qui apparaît dans l'*Apologie* ; mais il est compréhensible,

---

voulu savoir si Socrate était le meilleur. Platon lui-même en effet nous donne l'explication de la question posée par Chéréphon : c'est son naturel ardent : καὶ ἴστε δὴ οἷος ἦν Χαιρεφῶν, ὡς σφοδρὸς ἐφ' ὅ τι ὁρμήσειε. On comprend très bien que ce disciple passionné ait interrogé la Pythie sur Socrate, certain qu'il était de recevoir une confirmation divine de son admiration pour le maître.

([1]) PLATON, *Apol.*, 28a sqq.
([2]) Voy. spécialement JOEL, *Der echte und der Xenoph. Sokrates*, I, p. 450 sqq.

comme Th. Gomperz (¹) l'a montré en termes excellents, que Platon, pour des raisons apologétiques, ait altéré quelque peu la vraie nature de l'activité du maître .« A l'*effet* protreptique. ... Platon a substitué
» l'*intention* protreptique.... L'écrivain qui, dans ce travail d'éluci-
» dation des idées (l'investigation des concepts), et dans l'étude plus
» approfondie qui en était la conséquence, voyait un auxiliaire
» important du progrès moral, et qui, en même temps, voulait faire
» partager sa conviction à ses lecteurs incapables de comprendre la
» corrélation de ces deux faits, pouvait bien en arriver à transformer,
» par une surprenante métamorphose, l'analyste en un prêcheur
» de morale. Platon sacrifie ici l'exactitude des faits à l'exactitude de
» l'impression. Il nous présente une vérité quelque peu arrangée
» de peur que la vérité absolue, en passant à travers des intelligences
» bornées, n'y subisse une déformation qui en fasse une grossière
» erreur. »

Nous en arrivons au dialogue de Socrate et de Mélétos. Nous avons déjà dit qu'on ne peut douter que Socrate ait employé sa méthode habituelle ; le dialecticien Socrate a certainement engagé une discussion dialectique avec son accusateur. Le contraire serait bien fait pour nous étonner. Mais il est peu probable que Platon ait reproduit exactement le contenu du dialogue ; on ne peut admettre que sa mémoire fût assez fidèle pour qu'il ait pu retenir les détails de la discussion ; il ne rend ici probablement que le ton et non les termes. Or, ce ton se rapproche beaucoup de la grossièreté ; aussi la plupart des historiens modernes mettent-ils sur le compte de Platon le peu de courtoisie avec lequel Mélétos est ridiculisé. Cette conduite de Socrate est, en effet, en contradiction avec celle que Platon lui prête dans ses dialogues ; il s'y montre certes ironique, mais toujours plein de tact. Mais est-ce une raison pour prétendre que Socrate, devant le tribunal, n'a pu se comporter d'une façon moins polie que d'ordinaire ? Il est digne de remarque que la situation de Socrate est toute différente de celle où il est placé dans les dialogues platoniciens. Il ne s'agit pas ici de discuter d'une manière courtoise avec des amis, des sophistes en vogue ou des poètes, mais de prouver l'impudence d'un ignorant qui en veut à sa vie. Pourquoi d'ailleurs rejeter tous les traits qui gâtent la personnalité idéale que nous sommes trop tentés d'attribuer à Socrate ? Ne l'oublions pas,

---

(¹) Th. Gomperz, *Les Pens. de la Grèce*, II, p. 110 (trad.).

Socrate était homme et même un homme doué d'un caractère naturellement violent (¹), qu'il n'était parvenu à dominer que par l'éducation de sa volonté ; il a bien pu se laisser aller un moment au plaisir de ridiculiser et de rabaisser son ennemi. D'un autre côté, comme l'a fait remarquer Horneffer (²), le Socrate des dialogues platoniciens est stylisé dans le sens de l'éducation raffinée de Platon. Et sans doute, le vrai Socrate, habitué à se mouvoir dans la société très cultivée, était réellement tel. Mais, à côté de ce Socrate, il y en avait un autre, un homme issu du peuple qui allait par les rues et parlait à tout le monde. Et cet enquêteur errant dépassait parfois les bornes de la stricte courtoisie, sinon l'indignation qu'il avait soulevée contre lui ne serait pas compréhensible. D'ailleurs, il ne faut pas perdre de vue non plus qu'Antisthène se réclamait aussi de Socrate.

Il n'y a donc aucune raison de refuser au dialogue de Socrate avec Mélétos le ton que lui donne Platon. Quant aux idées, comme nous l'avons déjà dit, il est difficile de faire ici confiance à notre apologiste. Ce dialogue contient la réfutation de l'accusation, mais il est si court qu'on ne peut guère s'imaginer que Socrate se soit contenté de cela. Chose plus grave encore, on ne trouve nulle part, dans l'*Apologie*, une réfutation du reproche d'introduction de nouvelles divinités et de nouvelles pratiques religieuses. Il est à supposer que Platon glisse habilement sur ce point de l'accusation, parce qu'il est embarrassé d'y répondre. Peut-on croire que Socrate n'ait rien dit pour se défendre contre ce reproche ? L'accusation d'incrédulité à l'égard des dieux de l'Etat est aussi éludée. Platon amène Mélétos à élargir son accusation et à la transformer en un reproche d'athéisme au sens absolu. Alors Socrate n'a pas de peine à montrer que Mélétos est tombé en contradiction avec lui-même. Ensuite, il prouve sa croyance à des dieux par un raisonnement que Wilamowitz (³) a raison d'appeler un sophisme : d'après le texte de l'accusation, Socrate admet l'existence de choses démoniaques ; en conséquence, il doit croire à des démons ; or ceux-ci sont des dieux ou des enfants de dieux ; Mélétos est donc obligé de concéder que Socrate n'est pas un athée. Nous ne prétendons pas que le philo-

---

(¹) Voyez les sources chez TH. GOMPERZ, *op. cit.*, II, p. 49.
(²) HORNEFFER, *op. cit.*, p. 120 sq.
(³) WILAMOWITZ, *op. cit.*, II, p. 51, quoi qu'en dise HORNEFFER, *op. cit.*, p. 27.

sophe n'a pu tenir un raisonnement analogue devant le tribunal ; on sait trop combien il excellait à faire tomber ses adversaires en contradiction avec eux-mêmes pour qu'on puisse le nier. Il est cependant permis de se demander si ces pauvres arguments dialectiques ont été tout ce qu'il a dit pour sa défense devant le tribunal. Evidemment, contre une accusation d'incrédulité vis-à-vis des dieux de l'Etat, il n'y avait pas de réfutation valable, surtout devant un public imbu de préjugés. Il est en tout cas certain que Socrate ne pouvait songer à se disculper en exposant ses convictions religieuses intimes, parce qu'il aurait montré par le fait même combien elles différaient des croyances populaires ; il aurait dû dire qu'il n'admettait ni les défauts, ni les crimes, ni les inimitiés, ni les amours des dieux, que sa prière n'était pas celle de la foule, en un mot que sa religion était plus noble mais aussi d'une autre essence que celle du peuple. Mais il est invraisemblable qu'il ne soit pas venu à son esprit un argument qui ne pouvait manquer de faire impression sur les jurés : la preuve de sa sincère croyance aux dieux de l'Etat, c'était que personne n'ignorait qu'il prenait part aux cérémonies religieuses et aux sacrifices publics, qu'il priait les dieux et qu'il leur sacrifiait chez lui [1].

Jusqu'ici nous n'avons pu que douter du caractère historique de certaines parties de l'*Apologie*. Il est cependant possible de nier, sans crainte d'erreur, que Socrate ait prononcé le troisième discours. Toute la critique moderne, à l'exception de Horneffer, le rejette, avec raison, nous semble-t-il.

Puisque les spécialistes des institutions judiciaires grecques tantôt admettent, tantôt nient la possibilité de ce discours, on ne peut que recourir à des critériums psychologiques ; mais, cette fois, ils paraissent décisifs. Il est incroyable, quoi qu'en dise Horneffer, que les juges, leurs fonctions remplies, soient restés au tribunal pour écouter un discours philosophique sur l'immortalité de l'âme. On pourrait encore l'admettre à la rigueur, si Socrate n'attaquait pas ceux qui l'ont condamné. Mais ce n'est pas le cas.

---

[1] Comme on le lit chez XÉNOPHON, *Mem.*, I, 1, 2 et *Apol.*, 11. HORNEFFER, *op. cit.*, p. 26, a tort de dire que Socrate n'aurait pu tenir ce langage parce que Mélétos ne l'ayant pas accusé d'un délit quelconque contre le culte, il se serait défendu d'une chose qu'on ne lui reprochait pas. Il est au contraire certain que prouver que l'on pratique un culte, est un puissant argument en faveur d'une personne accusée de ne pas admettre l'existence des divinités auxquelles est destiné ce culte.

Il est certain que, si Socrate avait de nouveau tenté de morigéner ses juges, sa parole aurait été couverte par les clameurs et le tapage. On ne peut croire non plus que les employés, qui devaient l'emmener, lui aient encore donné la parole et aient attendu, pour le conduire en prison, la fin de son admonestation philosophique. Platon a si bien senti l'invraisemblance de ce discours qu'il a essayé de la corriger : Socrate parle, dit-il, pendant que les magistrats sont occupés (¹). S'il note ce détail, c'est qu'il en a besoin pour rendre vraisemblable sa fiction.

Il est très probable que Socrate ne permit à personne de prendre sa défense dans un plaidoyer. L'*Apologie* attribuée à Xénophon parle de discours qu'auraient prononcés les amis du philosophe (²). Mais quelle confiance faut-il accorder à cet écrit ?

6. Le verdict. — Le tribunal qui jugea Socrate était composé de 501 jurés : 281 d'entre eux le déclarèrent coupable, 220 l'acquittèrent (³). Socrate fut donc condamné à la majorité relativement

---

(¹) PLATON, *Apol.*, 39e : ἐν ᾧ οἱ ἄρχοντες ἀσχολίαν ἄγουσι καὶ οὔπω ἔρχομαι οἵ ἐλθόντα με δεῖ τεθνάναι.

(²) XÉNOPHON, *Apol.*, 22 : Ἐρρήθη μὲν δῆλον ὅτι τούτων πλείω ὑπό τε αὐτοῦ (Socr.) καὶ τῶν συναγορευόντων φίλων αὐτῷ. Il est impossible de voir ici avec MENZEL, *op. cit.*, p. 50, une allusion aux témoignages déposés par les amis de l'accusé. Le verbe συναγορεύω n'a jamais le sens de μαρτύρομαι. Il est douteux que les disciples aient prononcé des plaidoiries, parce que ce texte semble être démenti par un passage du *Criton*, 45e, où ce personnage dit à Socrate : αἰσχύνομαι μὴ δόξῃ ἅπαν τὸ πρᾶγμα τὸ περὶ σὲ ἀνανδρίᾳ τινὶ τῇ ἡμετέρᾳ πεπρᾶχθαι.... καὶ αὐτὸς ὁ ἀγὼν τῆς δίκης ὡς ἐγένετο, paraissant ainsi faire allusion aux plaidoyers qu'ils auraient pu faire, si Socrate l'avait permis.

(³) Nous donnons ces chiffres d'après DIOGÈNE LAERCE, II, 41 : Ὅτ' οὖν καὶ κατεδικάσθη διακοσίαις ὀγδοήκοντα μιᾷ πλείοσι ψήφοις τῶν ἀπολυουσῶν. Evidemment il ne faut pas prendre ce texte à la lettre ; il n'est pas vrai que le nombre des voix condamnant Socrate surpassait de 281 celui des voix qui l'acquittèrent. On doit admettre que Diogène n'a pas bien compris sa source ou avec TH. GOMPERZ, *op. cit.*, II, p. 102, note, qu'il a commis une légère inexactitude en parlant d'une majorité de 281 voix, au lieu des 281 voix qui ont formé la majorité, ou avec KOECHLY, *Akad. Vortr. und Reden*, I, p. 370 et MEIER-SCHÖMANN-LIPSIUS, *Das Att. Recht*², p. 157, rem. 74, que le texte est corrompu et qu'il faut introduire ξα' (Koechly dit ξβ' parce qu'il croit que le jury comprenait 500 membres et non 501) avant ψήφοις ; avec cette dernière suggestion le texte signifie que Socrate « fut condamné par 281 voix, nombre qui surpassait de 61 celui des voix qui l'acquittèrent ». Quoi qu'il en soit, si l'on admet l'une de ces hypothèses, le texte de Diogène s'accorde avec celui de PLATON, *Apol.*, 36a : εἰ τριάκοντα μόναι μετέπεσον τῶν ψήφων ἀποπεφεύγη ἄν. En effet, si seulement la moitié des 61 voix de majorité, soit 31 (une trentaine

faible de 61 voix. Quelles sont les raisons qui ont dicté à ces 281 jurés leur verdict de culpabilité ?

D'après Platon, la grande cause de la condamnation de Socrate, ce sont les calomnies qui depuis longtemps couraient sur son compte et qui avaient fini par s'implanter dans l'esprit de la plupart des Athéniens. « Ce qui causera ma perte, fait-il dire à Socrate, ce ne seront ni Mététos, ni Anytos, mais les calomnies que tant de gens ont répandues contre moi (¹). » Il est hors de doute, en effet, qu'une bonne partie des contemporains de Socrate se le représentaient sous un tout autre jour que nous. Pour le grand nombre, Socrate n'était qu'un des maîtres modernes de sagesse, qui passait son temps à des puérilités, enseignait aux jeunes gens l'art d'avoir toujours raison et discourait avec eux de problèmes astronomiques et de sciences naturelles. Ce dernier trait, exact pour la première période de la vie de Socrate, ne l'était plus à l'époque du procès. Mais il est compréhensible qu'il ait survécu dans la rumeur publique bien longtemps après que Socrate eut abandonné ses études. Bref, pour la foule, Socrate était réellement un sophiste. La pièce d'Aristophane n'avait sans doute pas créé la légende, mais elle avait cependant puissamment contribué à la répandre. C'était un sophiste, mais d'une espèce spécialement dangereuse, puisqu'il ne donnait pas son enseignement à un petit cercle d'auditeurs, mais qu'il offrait ses services gratuitement à tout le monde et surtout aux jeunes gens. Le grief d'impiété spécialement était une de ces accusations que la foule soupçonneuse admettait le plus facilement (²), surtout à l'égard des philosophes. Le fait que certains disciples de Socrate, comme Aristodème le Petit (³), affichaient le plus profond scepticisme, n'accomplissaient pas leurs devoirs religieux et se moquaient des pratiquants, semblait d'ailleurs donner raison aux vagues rumeurs répandues dans le public.

---

dit Platon en chiffre rond), au lieu de le condamner avait déclaré Socrate innocent, il aurait été acquitté par 251 voix contre 250. La leçon τριάκοντα dans l'*Apologie* platonicienne ne repose, il est vrai, que sur la tradition de B, tandis que les autres manuscrits donnent τρεῖς ; mais, néanmoins, la première leçon peut être considérée comme inattaquable, parce que seule elle s'accorde avec le texte de Diogène Laërce.

(¹) PLATON, *Apol.*, 28a.
(²) PLATON, *Euthyphro*, 3b : εὐδιάβολα τὰ τοιαῦτα πρὸς τοὺς πολλούς.
(³) XÉNOPHON, *Mem.*, I, 4. Aristodème était cependant un admirateur et un imitateur de Socrate, PLATON, *Conv.*, 173b et 118b.

Et cependant, les véritables ennemis de Socrate n'étaient pas les gens du peuple. Le grand nombre de voix favorables à l'acquittement prouve qu'il n'était pas antipathique à tout le monde, que beaucoup de personnes ne croyaient pas aux bruits malveillants dont il était l'objet. Ces vrais ennemis, c'étaient, comme l'a dit Joël ([1]), « les génies, les demi-génies, les quarts-de-talent », bref, tous ceux qui se sentaient quelque chose, non pas par la « ratio », mais grâce à l'élément irrationnel de leur âme : les poètes, les artistes, les rhéteurs, les politiciens ([2]). Instinctivement ils haïssaient le rationalisme, dont Socrate était la personnification vivante, qui ruinait leur puissance créatrice. Une cause plus concrète de leur haine contre le philosophe, c'était « qu'il questionnait toujours, mais ne répondait jamais, car il avouait ne rien savoir » ([3]). Cet étrange questionneur était pour eux une énigme. Comme les discussions aboutissaient toujours à la réfutation de l'interlocuteur, ils s'imaginaient que Socrate en les interrogeant voulait seulement les rendre ridicules. Ses affirmations répétées d'ignorance n'étaient à leurs yeux qu'une manœuvre hypocrite, grâce à laquelle il parvenait à triompher et à jouir de la confusion de ses victimes ([4]).

Mais le jury ne comprenait qu'un petit nombre de personnes susceptibles d'être hostiles au philosophe pour ces raisons ; la masse des jurés qui déposèrent dans l'urne un suffrage favorable à la culpabilité, condamnèrent Socrate ou parce qu'ils croyaient aux calomnies, ou parce que, comme tous les représentants des classes peu instruites de tous les peuples, ils étaient animés d'une sorte de haine contre les hommes de haute formation intellectuelle dont ils sentaient confusément la supériorité, mais surtout parce qu'ils voyaient en Socrate un dangereux ennemi des institutions démocratiques. Quand Eschine, une cinquantaine d'années après le procès, s'écriait dans une plaidoirie : « Vous avez fait périr le sophiste Socrate, » Athéniens, parce qu'il paraissait avoir été l'éducateur de Critias,

---

([1]) K. JOEL, *Der echte und der Xen. Sokrates*, I, p. 197.

([2]) Il n'est pas sans intérêt de faire remarquer que Mélétos était poète, Anytos et Lycon politiciens, et Polycrate rhéteur.

([3]) ARISTOTE, *de soph. el.*, 183*b* 7 : Σωκράτης ἠρώτα, ἀλλ' οὐκ ἀπεκρίνετο. ὡμολόγει γὰρ οὐκ εἰδέναι.

([4]) Chez Platon, les interlocuteurs de Socrate se plaignent souvent de sa manière de procéder. La lecture du *Gorgias* est à cet égard très instructive. Voy. notamment *Gorg.*, 483*a*, où Calliclès dit à Socrate ... κακουργεῖς ἐν τοῖς λόγοις. Cf. 489*b* et *passim*. Voy. aussi *Hip. min.*, 373*b*.

» l'un des Trente qui renversèrent la démocratie » (¹), il exprimait sans doute quelle était, d'après l'opinion courante à cette époque, la cause prépondérante de la condamnation du philosophe. Et que cette opinion fût fondée, c'est ce qu'il n'est pas permis de mettre en doute. Beaucoup de juges n'avaient pas oublié les souffrances endurées, la perte de leurs biens, la disparition de leurs proches dans la terrible guerre civile. Et ils devaient tous ces malheurs à deux disciples de Socrate. N'était-ce pas une preuve évidente des mauvais sentiments que le philosophe nourrissait à l'égard de la démocratie, et de la désastreuse efficacité de son enseignement ?

Malgré tout cependant, Socrate aurait pu échapper au verdict de culpabilité. Parmi les jurés, beaucoup n'étaient pas convaincus de la véracité de tout ce qu'on racontait sur le compte du philosophe ; d'autres encore (n'oublions pas que les anciens Trois Mille étaient largement représentés dans le jury), auxquels Anytos, leur ancien ennemi n'était rien moins que sympathique, et qui n'étaient pas fâchés d'entendre des plaisanteries et des sarcasmes sur les institutions démocratiques. Si Socrate avait agi comme un accusé ordinaire, il aurait certainement gagné bon nombre de voix d'hésitants ou d'indifférents. Mais au lieu des concessions, des promesses d'amélioration auxquelles on s'attendait, son plaidoyer ne contenait qu'une sorte de défi aux juges. Seule, affirmait-il, la voie qu'il suivait était bonne, et rien, même pas la menace de la mort, ne l'empêcherait d'accomplir son devoir, de se livrer à la philosophie. Son discours n'était pas à proprement parler un plaidoyer judiciaire, son attitude n'était pas celle d'un accusé. Le langage qu'il tint au tribunal avait un profond accent de sincérité, mais aussi un ton noble et fier qui ressemblait beaucoup à celui d'une provocation. Chez lui, rien ne rappelait l'humilité que les juges étaient habitués de rencontrer chez les prévenus. Enfin, Socrate refusa de se servir d'un moyen dont la grande influence sur les jurés est bien connue des avocats modernes ; il crut indigne de lui d'essayer d'apitoyer les juges par des supplications, des larmes, par le spectacle de sa femme et de ses

---

(¹) ESCHINE, *cont. Tim.*, 173. On objecte souvent qu'Eschine pouvait être influencé ici par l'œuvre de Polycrate. Mais nous avons vu précédemment que l'éducation de Critias et d'Alcibiade par Socrate était un des arguments des accusateurs. Même si ceci n'était pas exact, il faudrait encore prouver que Polycrate en parlant de Critias dans sa κατηγορία n'exprimait pas un des motifs de l'animosité publique contre Socrate.

enfants en pleurs (¹). Au tribunal, comme ailleurs, le philosophe voulut laisser de côté le cœur pour ne s'adresser qu'à la raison.

Mais ce fut surtout lors du deuxième vote, qui devait décider de la peine à appliquer à l'accusé reconnu coupable, que les jurés montrèrent à quel point ils étaient défavorablement influencés par la fière attitude de Socrate.

Anytos avait cru que Socrate ne se serait pas présenté au tribunal (²), qu'il aurait cherché un refuge à l'étranger avant le jour du jugement. La fuite de l'accusé aurait été interprétée comme un aveu de sa culpabilité et il aurait été certainement condamné par contumace. Ainsi serait évité en partie l'odieux qui s'attache à un procès d'opinion intenté à un citoyen et, cependant, le but visé serait atteint : Socrate serait rendu inoffensif et ses disciples privés de leur chef seraient effrayés, réduits à l'impuissance. Mais, en dépit des prières de ses amis qui le suppliaient de fuir (³), Socrate déjoua ces prévisions : il accepta le combat. Ce n'était pas, comme le dit Xénophon, dans le but de provoquer sa condamnation à mort, pour être délivré de la vie, dont à son âge il ne pouvait plus attendre rien de bon, ou pour faire triompher sa cause en mourant en martyr (⁴). Mais, dans sa conviction qu'il était innocent, il pouvait espérer sortir vainqueur de la lutte : il savait que les accusateurs n'étaient pas sympathiques à tous les jurés ; il lui était permis de croire que les juges n'iraient pas jusqu'à la condamnation à mort, car condamner à la peine capitale un citoyen, qui osait paraître au tribunal pour se justifier, était autre chose que d'envoyer à la mort un étranger. Socrate ne pouvait donc prévoir l'issue malheureuse du procès. D'ailleurs, n'y eût-il eu aucune chance en sa faveur, il aurait quand

---

(¹) PLATON, *Apol.*, 38d (cf. 34cd), insiste sur le grand poids qu'aurait eu dans la décision des juges, un appel à leur pitié. Cf. XÉNOPHON, *Mem.*, IV, 4, 4.

(²) C'est ce qui résulte d'une phrase du discours d'Anytos rapportée par PLATON, *Apol.*, 29c : ἢ τὴν ἀρχὴν οὐ δεῖν [Σωκράτην] δεῦρο εἰσελθεῖν ἢ.... Cf. *supra*, p. 152.

(³) On peut le déduire d'un passage du *Criton*, 45e, où le personnage de ce nom, afin d'engager Socrate à s'évader de la prison, déclare qu'il a bien peur qu'on ne l'accuse de lâcheté, lui et les autres disciples, pour ce qui arrive : notamment, la comparution du philosophe devant le tribunal. Ceci suppose, non pas comme MAIER, *Sokrates*, p. 475, l'interprète, que les disciples n'avaient rien fait, mais, au contraire, qu'ils avaient fait tous leurs efforts pour empêcher leur maître de se présenter devant les juges.

(⁴) XÉNOPHON, *Mem.*, IV, 8,8 ; *Apol.*, 1, sq.

même affronté les juges. La vie hors d'Athènes n'avait aucun prix pour lui ; il n'allait donc pas en fuyant se condamner à une peine, qu'il lui était peut-être possible d'éviter en paraissant au tribunal. D'autre part, il voyait dans le procès une épreuve de sa vie et de son œuvre ; il était décidé à la subir.

Déjà une fois trompé dans ses prévisions par la comparution de Socrate au tribunal, Anytos le fut une seconde fois, lors de la discussion de la peine à appliquer. Il avait demandé la mort pour l'accusé ; mais tout nous porte à croire qu'il n'espérait ni ne désirait obtenir la peine capitale ; l'exil lui aurait suffi.(1). Il avait demandé beaucoup pour obtenir certainement un minimum qu'il jugeait nécessaire, mais qu'il ne souhaitait pas dépasser : le bannissement à vie, peine que, croyait-il, Socrate lui aurait opposée et à laquelle se seraient ralliés presque sûrement la majorité des juges (2). Mais la conduite de Socrate déjoua de nouveau ses calculs. Contrairement à l'attente générale, le condamné provoqua littéralement les jurés en déclarant que, bien loin d'un châtiment, sa conduite lui avait merité d'être entretenu au Prytanée pour le reste de ses jours, honneur accordé seulement aux plus grands bienfaiteurs de l'Etat. Et quand, ensuite, il proposa l'amende dérisoire d'une mine, les juges eurent l'impression que l'incorrigible ironiste continuait à se moquer d'eux. L'amende de trente mines, à laquelle finalement, sous la garantie de ses amis, il consentit à se condamner, n'était pas non plus en rapport avec la gravité du délit qu'on lui reprochait. Du reste, il était trop tard : les juges étaient furieux de son attitude insolente. Aussi, lorsque le moment d'aller aux urnes fut venu, quatre-vingts (3) des jurés qui précédemment l'avaient acquitté se joignirent à ceux qui l'avaient déclaré coupable pour voter la peine capitale, formant ainsi l'imposante majorité de 361 voix contre 140.

7. Conclusion. — Après le jugement, les Onze conduisirent Socrate à la prison. En temps ordinaire, la sentence n'aurait pas tardé à être exécutée, mais, par suite de circonstances spéciales, Socrate

---

(1) Voyez *supra*, p. 152 et note 3. La plupart des historiens modernes sont actuellement de cet avis, notamment WILAMOWITZ, *Platon*², I, p. 161.

(2) PLATON, *Crito*, 52c : Ἔτι τοίνυν ἐν αὐτῇ τῇ δίκῃ ἐξῆν σοι φυγῆς τιμήσασθαι εἰ ἐβούλου. Cf. *Apol.*, 37c.

(3) DIOGÈNE LAERCE, II, 42... καὶ οἱ θάνατον αὐτοῦ κατέγνωσαν, προσθέντες ἄλλας ψήφους ὀγδοήκοντα.

jouit d'un répit. Chaque année, au mois de février (¹), les Athéniens envoyaient une théorie à Délos. Depuis le départ du vaisseau jusqu'à son retour, la loi ne permettait pas l'éxécution d'une sentence capitale. Or, par hasard, le couronnement de la poupe du vaisseau par le prêtre d'Apollon, cérémonie qui marquait le commencement du pèlerinage, avait eu lieu la veille du procès. Parfois le vaisseau retenu par des vents contraires faisait attendre assez longtemps son retour. C'est précisément ce qui arriva (²) et, grâce à cette circonstance, Socrate vécut encore une trentaine de jours (³) en prison après le jugement.

Chaque jour, ses amis allaient le voir. Dès l'aube, ils se réunissaient au tribunal où Socrate avait été jugé. Ils attendaient là en discourant que la prison toute proche fût ouverte, ce qui ne se faisait pas de très bonne heure. Souvent, ils passaient toute la journée avec le prisonnier (⁴). D'un calme imperturbable, Socrate continuait avec eux ses entretiens, comme s'il s'était trouvé dans une palestre ou un jardin public. On parlait aussi du procès, de son attitude devant le tribunal, de l'approche du moment fatal. A chaque visite, les disciples suppliaient le maître de consentir à s'évader (⁵), mais leurs prières ardentes se heurtaient à la volonté inébranlable du vieillard. Deux jours avant l'événement (⁶), Criton, qui cependant s'était porté garant au tribunal que Socrate ne chercherait pas à s'échapper (⁷), fit encore une pressante démarche. Tout était préparé pour l'évasion du prisonnier. On avait sous la main des hommes décidés à faire le coup pour une somme d'argent ; le geôlier lui même était à la dévotion

---

(¹) Pour l'époque de l'année à laquelle avait lieu cette théorie que l'on plaçait ordinairement au mois de mai, voy. ROBERT, *Hermes* (XXI), 1886, p. 161 sq. ; K. PRAECHTER, *Hermes* (XXXIX), 1904, p. 473 sq. ; WILAMOWITZ, *Platon*², Berlin, 1920, II, p. 49 ; STENZEL, dans PAULY-WISS., art. *Sokrates*, n° 5.

(²) Pour ces détails, voy. PLATON, *Phaedo*, 58a sqq. ; cf. 116c ; *Crito*, 43d ; 44a.

(³) XÉNOPHON, *Mem.*, IV, 8, 2.

(⁴) PLATON, *Phaedo*, 59d ; cf. 59a ; XÉNOPHON, *Mem.*, IV, 8, 2.

(⁵) PLATON, *Phaedo*, 98e sq. ; XÉNOPHON, *Apol.*, 23 ; PLUTARQUE, *adv. Colot.*, 32.

(⁶) Idoménée, qui vécut entre 325 et 270 environ, disait dans son livre περὶ τῶν Σωκρατικῶν, que c'était Eschine, et non Criton, qui aurait conseillé l'évasion à Socrate. Ceci a été réduit à ses justes proportions par ZELLER, *Phil. der Griech*⁴., II, I, p. 200, rem. 2 : Eschine figurait aussi parmi les autres disciples que Platon ne nomme pas pour ne pas leur attirer des ennuis.

(⁷) PLATON, *Phaedo*, 115d : ἐγγυήσασθε οὖν με (Soc.) πρὸς Κρίτωνα, ἔφη, τὴν ἐναντίαν ἐγγύην ἢ, ἣν οὗτος πρὸς τοὺς δικαστὰς ἠγγυᾶτο.

de Criton (¹). Le plan arrêté devait s'exécuter cette nuit là même (²) ; il consistait à faire sortir Socrate de sa prison sous un déguisement (³) et à lui faire gagner un pays à régime aristocratique, soit la Thessalie, où Criton avait des hôtes, soit Thèbes ou Mégare, qui auraient accueilli le philosophe à bras ouverts (⁴). On avait même prévu les conséquences du coup de main : Criton offrait sa fortune pour faire taire les délateurs qui pourraient accuser les amis de Socrate de l'avoir fait évader, et Simmias de Thèbes avait apporté une somme déjà suffisante pour cet usage (⁵). Criton eut beau faire valoir les ressources de son éloquence la plus persuasive : il rappela à Socrate qu'il n'avait pas le droit d'abandonner sa femme et ses enfants lorsqu'il pouvait se conserver à leur affection ; il lui représenta la douleur des disciples, leur honte même, lorsque plus tard, personne ne voulant croire qu'un condamné eût refusé de se dérober à la mort, on leur reprocherait de n'avoir rien fait pour sauver leur maître (⁶). Tout fut inutile. La résolution de Socrate était prise ; personne au monde ne pouvait l'en détourner. Les raisons pour lesquelles au tribunal il n'avait pu proposer comme peine l'exil l'empêchaient encore d'accepter l'évasion. Ce n'était pas un sophiste qui avait passé sa vie à voyager, comme Protagoras par exemple. Au contraire, l'activité de Socrate était intimement liée à sa patrie ; en dehors d'Athènes, elle n'avait aucun sens. S'exiler c'était renier son œuvre, sa vie. D'ailleurs comment aurait-il pu, une fois en prison, accepter l'évasion, après avoir affiché devant les juges le plus profond mépris de la mort, après avoir refusé le bannissement qu'il pouvait obtenir légalement ? N'eût-ce pas été transformer sa noble attitude au tribunal en une farce ridicule ? Enfin, son amour de la légalité était trop grand pour qu'il eût pu consentir à passer outre d'une décision prise en conformité à la loi, cette loi fût-elle même injuste. Socrate ne savait rien et ne voulait rien savoir d'un droit naturel qui se placerait au dessus des lois de l'Etat (⁷).

(¹) PLATON, *Crito*, 45*a* ; 43*a*.
(²) PLATON, *Crito*, 46*d* : τῆς γὰρ ἐπιούσης νυκτὸς πάντα ταῦτα δεῖ πεπρᾶχθαι..
(³) *Ibid.*, 53*d*.
(⁴) *Ibid.*, 45 *c* ; 53*d* ; 53*b* ; *Phaedo*, 98*e* sq.
(⁵) D'autres disciples encore étaient prêts à faire les sacrifices nécessaires : *ibid.*, 45*ab*.
(⁶) *Ibid.*, 45*cd* ; 44*bc*.
(⁷) Cf. MAIER, *Sokrates*, p. 487.

Le lendemain (¹) du retour du navire envoyé à Délos, Socrate buvait la ciguë. Comment, l'heure étant venue, il éloigna sa femme et ses enfants en pleurs, comment il consola ses amis affligés, avec quelle impassibilité, quelle tranquilité d'âme il absorba le contenu de la coupe fatale, c'est ce que nous n'entreprendrons pas de raconter après le récit immortel que nous en a laissé Platon dans le *Phédon*.

D'après la tradition, les Athéniens se seraient immédiatement repenti d'avoir fait périr le philosophe. Saisis de remords, ils auraient fermé les palestres et les gymnases en signe de deuil. On aurait traduit en justice les accusateurs : Mélétos aurait été condamné à mort, Anytos et Lycon à l'exil. Les habitants d'Héraclée du Pont, chez qui Anytos aurait cherché refuge, pris de dégoût pour le meurtrier de Socrate, l'auraient chassé ou mis à mort (²).

Depuis longtemps on a reconnu que le châtiment des accusateurs, d'ailleurs mentionné seulement par des auteurs tardifs, n'était que légende pure. Il est du reste en contradiction inconciliable avec un fait bien attesté : vers 387, Anytos était encore chargé des fonctions importantes de surveillant de l'importation du blé (³). Sans doute il y a eu un revirement complet dans l'opinion publique, mais il ne se produisit que beaucoup plus tard, après deux ou trois générations, lorsqu'on ne connut plus guère que le Socrate idéalisé des dialogues socratiques. Mais peu après le procès, l'opinion générale ne subit aucun changement, ce qui ne signifie pas que beaucoup de gens ne regrettaient pas la mort du philosophe.

Comme le jury était constitué par le tirage au sort et qu'il était très nombreux, on peut admettre que la décision prise représentait assez bien la volonté du peuple. Mais n'oublions pas que, si Socrate s'était comporté comme un accusé ordinaire, il aurait pu être acquitté ou, tout au moins, aurait pu échapper facilement à la peine de mort. En réalité, la moitié au plus des jurés voulaient la mort du prévenu, de nombreux autres ne s'étant laissés entraîner à voter la peine capitale que par suite de l'insolence de Socrate. On peut donc comprendre, sans invoquer le moindre revirement, que beaucoup de gens,

---

(¹) PLATON, *Crito*, 44a.
(²) DIOGÈNE LAERCE, II, 43 ; DIODORE, XIV, 37 fin ; THÉMISTIUS, 20, p. 293 Dindorf ; *Argum.* à ISOCRATE, *Orat.*, XI.
³) LYSIAS, XXII, 8 ; cf. WILAMOWITZ, *Arist. und Athen* II, p. 375 sqq.

sur l'opinion desquels l'attitude du condamné au tribunal ne devait plus avoir qu'une influence minime, trouvaient exagérée la sentence capitale ; aussi s'attendait-on à voir Socrate mettre à profit pour s'évader le répit que lui fournissait le hasard. A Athènes, un peu d'argent ouvrait facilement les portes de la prison et tout le monde connaissait la richesse des amis du philosophe. Mais, à l'étonnement général, l'évasion escomptée ne se produisit pas. Une bonne partie du public s'en prit alors aux disciples ; ce qui était arrivé, disait-on, n'était dû qu'à leur négligence. Et ces reproches étaient si fréquents, que Platon se crut obligé d'y répondre en exposant dans son *Criton* (¹) les efforts des disciples pour décider Socrate à s'évader et les véritables raisons de son refus.

Par contre, beaucoup d'Athéniens aussi estimaient que Socrate avait mérité son châtiment. C'est ce que nous prouvent les précautions que Platon prend encore, en écrivant le *Criton*, quatre ans environ après le procès : de peur d'attirer des ennuis aux amis du philosophe qui avaient tenté de le faire évader, il ne cite nommément que Criton, très probablement déjà mort à cette date, et deux étrangers, Simmias et Cébès de Thèbes. Immédiatement après la mort du maître, tous les Socratiques quittèrent Athènes pour se grouper autour d'Euclide à Mégare ; ceci ne semble guère indiquer que l'opinion de tout le public fût devenue favorable au philosophe. La même conclusion s'impose quand on pense qu'Eschine, un demi-siècle plus tard, crut assurer le succès de sa plaidoirie en rappelant aux Athéniens qu'ils avaient fait périr Socrate parce qu'il passait pour avoir été l'éducateur de Critias.

Il ne faut pas d'ailleurs s'exagérer l'intérêt que le peuple porta au procès de Socrate. Son attention vivement éveillée lors des débats, soutenue pendant quelque temps par le caractère spécial des circonstances qui retardaient l'exécution de la sentence, tomba bien vite

---

(¹) Les attaques que réfute Platon dans ce dialogue ne pouvaient pas venir des cercles socratiques dont les membres savaient très bien que Socrate avait accepté délibérément la mort. Elles émanaient donc du grand public ; c'est ce que marque très bien Platon. Ceux qui font des reproches aux disciples, dit Criton à Socrate (44*bc*) « ce sont des gens qui nous connaissent mal, toi et moi ». C'est l'opinion du grand nombre (οἱ πολλοί 44*c* ; 48*a*) que craint Criton. Un autre passage, 48*c*, pourrait faire croire à un revirement complet :... « ces consi-
» dérations », dit Socrate à Criton, « prenons garde qu'elles ne soient à l'usage
» de ceux qui font mourir les gens à la légère et qui les ressusciteraient, s'ils le
» pouvaient, le tout sans réflexion ».

après la mort du condamné. Le souvenir du procès ne resta bien vivant que dans les cercles cultivés ; il y donna lieu à des escarmouches littéraires. Le rhéteur Polycrate, voulant peut-être réagir contre les nombreux écrits apologétiques des Socratiques, notamment de Platon et d'Antisthène, publia, vers la fin de la première décade du IVe siècle, une κατηγορία Σωκράτους ([1]). C'était un discours d'accusation que l'auteur plaçait dans la bouche d'Anytos. Bien que cette œuvre soit perdue, Mesk en a pu dresser un plan qui donne une idée suffisante de son contenu :

A. — Exorde

Motif de l'accusation (souci de la jeunesse d'Athènes).

B. — L'Accusation

Socrate corrompt la jeunesse par son enseignement.

I. — Preuves directes de culpabilité

L'enseignement de Socrate met en péril :
  le régime politique établi (mépris de la démocratie),
  tous les rapports de piété filiale (estime exagérée de la science),
  les bases de la société (relâchement des notions de morale).
Socrate fait du tort à la chose publique
  a) directement en poussant
    à commettre des méfaits et des actes de violence (Hésiode, Pindare),
    à l'oppression des pauvres et des inférieurs (Théognis, Homère),
    à la ruse et à la tromperie (Mélanthos, Thyeste, Thémistocle),
    au vol et au vol d'objets sacrés (Ulysse, Autolycos ?),
    au parjure (Pandare ?, Autolycos ?),
  dans ce but, il s'appuie sur des passages de poètes, des légendes et l'histoire ;
  b) indirectement en amenant
    à l'inaction économique et politique,
    (à la mollesse et aux propos oiseux ?).
Résultat de son éducation : Alcibiade et Critias.
Antithèse : Thrasybule et Solon.
Parallèle : Socrate — Thésée et Solon.

([1]) A propos de cette œuvre perdue, voy. notamment : Cobet, *Novae lectiones*, 1858, p. 661 : Dindorf, *Praef. ad Xen. Mem.*, p. XXIV ; Hirzel, *Polyk. Anklage, Rheinisches Museum* (42), 1887, p. 239 sqq. ; M. Schanz, *Ausgew. Dial. Platons, Apologia*, Leipzig, 1893, p. 22 sqq. ; K. Joel, *Der echte und der Xen. Sokrates*, II, 2, p. 1121 sqq. ; Th. Gomperz, *Les Pens. de la Grèce* (trad.), II, p. 360, note 1 ; et surtout J. Mesk, *Die Anklage des Polykr.*, dans *Wiener Studien* (32), 1910, pp. 55-84. Nous traduisons le plan qu'il a dressé pp. 79 sq.

II. — Preuves indirectes de culpabilité

Parallèle entre Socrate et d'autres sophistes (philosophes) ;
Impiété : Anaxagore, Protagoras, Diagoras ont été punis pour ce motif ;
Enseignement : Résultat de l'enseignement non sophistique (Miltiade, Aristide, Périclès ?) ;
Idées antidémocratiques : Damon, Bias, Mélissos, Thales, Pythagore, etc.

C. — Fin

Récapitulation, péroraison, proposition de condamnation.

Cet ouvrage, d'une extrême violence, qui, contrairement à ce que l'on a parfois prétendu, n'était pas un pur jeu de rhéteur, mais un véritable pamphlet diffamatoire, probablement inspiré à Polycrate par sa jalousie envers les Socratiques [1], provoqua une réponse sous forme d' Ἀπολογία Σωκράτους du logographe Lysias [2]. Dans ses *Mémorables*, Xénophon tenta aussi de réfuter le rhéteur, de même, semble-t-il, que l'auteur de l'*Apologie* qui lui est attribuée. D'ailleurs s'attaquer au pamphlet de Polycrate, qui passait généralement dans l'antiquité pour le véritable discours prononcé par Anytos devant le tribunal, resta un des thèmes favoris des exercices de rhétorique [3], jusqu'à l'époque romaine. Nous en avons conservé un échantillon dans la longue et filandreuse *Apologie de Socrate* de Libanius, un rhéteur du IVe siècle après J.-C.

Il nous reste maintenant à porter à notre tour un jugement sur le verdict rendu par les jurés. Tout le monde est d'accord pour regretter la malheureuse décision du tribunal, mais, tandis que certains la flétrissent comme une des plus monstrueuses erreurs judiciaires connues, d'autres trouvent de bonnes raisons pour la justifier.

Au point de vue strictement juridique du droit athénien, il est difficile de soutenir la complète innocence de Socrate. Le grief d'impiété, de beaucoup le plus faible, reposait cependant sur un fond de vérité. Sans doute Socrate ne niait pas l'existence des dieux de l'Etat, mais, nous l'avons vu, sa croyance à leur égard n'était pas celle de la foule. Elle était mêlée de réticence : il déclarait reconnaître leur existence, mais il affirmait en même temps l'impossibilité de la démon-

---

[1] Voyez MESK, *op. cit.*, pp. 82 sq.
[2] DIOGÈNE LAERCE, II, 40 sq. ; CICÉRON, *de orat.*, I, 54, 231.
[3] Il existait une *Apologie de Socrate* par Démétrios de Phalère (DIOGÈNE LAERCE, IX, 57), et une autre par Théodecte. Voyez BLASS, *Die Att. Bereds* ², I, p. 351 ; II, 365 sq. ; 365 sq. et 447.

trer. Ses divinités pourvues de toutes les perfections, dépouillées des passions, des vices et des défauts humains, s'il les appelait Zeus, Apollon, Héra, n'avaient de commun que le nom avec les dieux de l'anthropomorphisme populaire. Enfin, son « daimonion » constituait, sinon une divinité nouvelle, du moins une véritable innovation dans le domaine de la mantique.

Il est beaucoup plus facile de justifier le grief de corruption des jeunes gens. La morale que Socrate enseignait était certes très élevée, mais, en raison même de son élévation, elle s'opposait à la morale sociale et individuelle contemporaine qu'elle tâchait de ruiner pour s'y substituer. En politique, il n'est pas exagéré de donner à notre philosophe l'épithète de « révolutionnaire » ; s'il n'avait pas élaboré de système, il professait cependant des principes qui étaient en opposition directe avec la démocratie alors rétablie et par surcroît ne cadraient avec aucun des régimes politiques qu'avait connus Athènes. Nous sommes donc forcé de concéder la culpabilité, du moins partielle, de Socrate vis-à-vis des lois de son pays.

Mais, nous dira-t-on, Socrate n'a commis qu'un délit d'opinion. N'est-il pas indigne d'un peuple arrivé à un si haut degré de culture d'avoir fait périr un homme coupable seulement d'avoir exprimé franchement ses idées ? Socrate n'est-il pas tombé victime d'une fanatique intolérance ?

Le fait d'intolérance, en effet, la mort de Socrate, n'est pas niable ; mais ne nous hâtons pas pour cela de condamner trop sévèrement les Athéniens. La liberté de pensée n'a jamais existé nulle part sans d'importantes restrictions. Tous les Etats modernes [1], même les plus libéraux, s'arrogent le droit de juger des individus pour des délits d'opinion, lorsque l'expression de ces opinions constitue une excitation formelle à des actes contraires à la sûreté des citoyens ou de l'Etat. Les récents procès des députés communistes en France sont des exemples de l'application de cette règle. Mais, quand les paroles ou les écrits doivent-ils être considérés comme une excitation positive ? Evidemment la réponse à faire à cette question sera dif-

---

[1] Pour les considérations qui vont suivre, nous avons fait de larges emprunts aux excellents exposés de GROTE, *Hist. de la Grèce*, (trad. franç.) XII, pp. 343 sqq., et Th. GOMPERZ, *Les Penseurs de la Grèce*, (trad. franç.), II, pp. 113 sqq. Cf.: FUSTEL DE COULANGES, *Cité antique*, p. 194 et 268 ; A. DE MARCHI, *La liberta di riunione,... di coscienza, di culto... in Atene e Roma antica*, Milan, 1900. Nous ne connaissons cet ouvrage que par un compte rendu de M. L. HALKIN, paru dans le *Bull. du Musée Belge*, 1903, pp. 289 sqq.

férente selon les circonstances, les lieux, les époques et surtout selon la force des Etats. Il est clair que dans nos Etats modernes, à population nombreuse, dont la forte armature repose sur une constitution écrite, scrupuleusement établie dans ses moindres détails, un fonctionnarisme et une bureaucratie stables, une armée permanente, une police soigneusement organisée, il est clair que des écarts de langage de certains groupes de citoyens peuvent souvent être tolérés sans grand dommage. En règle générale, la réussite d'un mouvement révolutionnaire exige tant de conditions très rarement réunies, que la discussion des doctrines dangereuses pour la sûreté de l'Etat peut actuellement être poussée très loin avant que leur réalisation pratique ne paraisse imminente.

Mais dans la Grèce antique, la situation était complètement différente. Les minuscules républiques grecques étaient faibles par leur petit nombre de citoyens, dont l'homogénéité ne faisait que faciliter la propagation des idées bonnes ou mauvaises, plus faibles encore par la masse énorme des esclaves qu'il fallait maintenir dans l'obéissance, et par la nécessité, où elles se trouvaient perpétuellement, de se garder des attaques des Etats voisins. Il n'y avait à Athènes ni bureaucratie, ni fonctionnarisme stables, ni armée permanente, ni chef suprême de l'Etat. Il est évident que le maintien d'un pareil régime exigeait plus impérieusement qu'à notre époque le loyalisme des citoyens ; leur fidélité était d'autant plus nécessaire en 399 que la démocratie à peine rétablie n'était encore qu'un régime précaire, qui pouvait s'écrouler au moindre choc. Le pouvoir appartenait aux assemblées, mais, en réalité, il était aux mains de quelques hommes politiques dont l'éloquence prenante savait entraîner les foules. Dans un tel système politique, où l'art oratoire avait une si grande importance, comment s'étonner que l'on ait cru dangereux un dialecticien, qui, depuis trente ou quarante ans, enseignait aux jeunes gens les plus susceptibles de jouer un rôle considérable dans la direction des affaires publiques, des théories morales ou politiques incompatibles avec l'ordre établi ? On aurait plutôt le droit de trouver surprenant qu'un tel homme ait pu si longtemps, sans être inquiété, se livrer à ses conversations dans les rues, les palestres et les gymnases. Ceci n'était possible que parce que le principe d'intolérance, quoique admis, était cependant rarement appliqué, par suite de l'action de forces opposées, qui en réduisaient considérablement l'efficacité.

La portée des considérations qui précèdent sera, pensons-nous, bien accrue, si nous tenons compte que les Etats anciens portant déjà en eux tant de germes de faiblesse n'avaient pas à leur disposition pour se défendre les moyens moins durs auxquels on a recours à notre époque. Le dessein des accusateurs, nous l'avons vu, était simplement de réduire Socrate au silence. «Dans nos Etats modernes,
» il eût été incomparablement plus facile d'atteindre ce but. La sup-
» pression d'une chaire universitaire, l'ouverture d'une enquête
» disciplinaire ou, dans les Etats moins libéraux, une interdiction
» prononcée par la police, une expulsion ou un transfert adminis-
» tratif, autant de moyens qui auraient infailliblement produit
» leur effet » (¹). Mais à Athènes, rien de pareil n'était possible. Pour arriver au résultat désiré, une seule voie était ouverte ; il fallait engager un procès d'impiété et de corruption de la jeunesse, il fallait s'en remettre aux passions d'un nombreux jury, à l'esprit d'intolérance qui sommeillait toujours dans le peuple. Et cependant, malgré l'issue déplorable de l'événement, on n'a pas le droit d'y voir la preuve de l'intolérance fanatique des Athéniens. Socrate fut condamné à mort, mais il est incontestable que la responsabilité du verdict retombe en grande partie sur sa conduite provocante devant le tribunal.

Ainsi, malgré toute la sympathie que l'on ressent pour l'accusé, malgré la justice de sa cause si on la juge d'après les principes que l'humanité a mis tant de siècles à reconnaître et à accepter, malgré l'horreur que nous inspire une violation si outrageante de la liberté de pensée, nous ne pouvons condamner les Athéniens pour avoir commis l'un des plus odieux crimes d'intolérance, sans leur accorder le bénéfice de larges circonstances atténuantes.

(¹) Th. Gomperz, *op. cit.*, II, p. 119.

CHAPITRE VI

LES PROCÈS DE DÉMADE ET D'ARISTOTE

1. Le décret de Démade (¹). — Depuis qu'Alexandre avait remporté en Asie des succès aussi rapides que prodigieux, Athènes n'était plus guère disposée à braver un prince dont la puissance semblait illimitée. Les affaires étaient aux mains de Phocion et de Démade, deux hommes partisans de la paix et chefs du parti promacédonien. Personne, à ce moment, n'aurait plus osé s'insurger contre un monarque qui, par la destruction de Thèbes et l'asservissement de ses malheureux habitants, venait de donner une preuve si terrible de sa puissance. La faveur du peuple allait décidément à la politique pacifique, favorable aux Macédoniens (²) ; cette politique seule paraissait alors prudente et elle devait être acceptée comme imposée par la force des choses, même par ceux qui se réclamaient du parti hostile à Alexandre.

Telle était la situation à Athènes, quand, après son retour de l'Inde (³), Alexandre exigea des Grecs et des Macédoniens les honneurs divins qu'il recevait déjà de ses sujets orientaux. Devenu le successeur des Grands Rois, il n'avait pas eu de peine à obtenir des Asiatiques, habitués à ces pratiques, les marques de l'adoration et notamment la prosternation jusqu'à terre (⁴). Lorsqu'il eut abattu définitivement l'empire perse, il voulut mettre sur le même pied ses

---

(¹) Bien qu'il ne fût pas philosophe, nous étudions le procès de Démade, parce qu'il n'est guère possible de le passer sous silence, quand on expose le procès d'Aristote avec lequel il présente une foule de points communs, notamment : identité ou similitude des causes, de la date, du grief invoqué, etc.

(²) Voy. GROTE, *Hist. de la Grèce* (trad.), XIX, pp. 6 sqq.

(³) Cf. DROYSEN, *Alex.*, p. 524 ; SCHAEFER, *Dem. und seine Zeit*, III, p. 285 ; KAERST, dans PAULY-WISS., *s. v. Alexandros*, col. 1426 et 1433. Voyez aussi un article intéressant de SCHNABEL, *Die Begründung des Hell. Königscultus durch Alex.*, dans *Klio* (XIX), 1925, pp. 126 sqq.

(⁴) DIODORE, XVII, 77 sq. ; QUINTE-CURCE, VI, 6, 1 sqq. ; JUSTIN, XII, 3, 8 ; PLUTARQUE, *Alex.*, 4, 5.

anciens et ses nouveaux sujets : il demanda donc aux Grecs et aux Macédoniens de lui rendre un culte divin (¹).

La plupart de cités grecques n'hésitèrent pas à obtempérer à l'ordre du roi. Pausanias (²) vit encore à Mégalopolis un temple qui avait été consacré primitivement à Alexandre. Les Spartiates, semble-t-il, ne firent pas non plus de difficultés ; leur décret assez plaisant aurait porté ces mots : « Puisque Alexandre veut être dieu, qu'il soit dieu » (³). Mais l'exigence d'Alexandre produisit chez les Athéniens un mouvement d'indignation. Le projet de décret, qui reconnaissait au Macédonien la qualité de dieu, fut introduit en 324 par l'orateur Démade (⁴), personnage équivoque, qui s'était déjà prêté plusieurs fois à des compromissions plutôt viles entre Alexandre et Athènes ; il fut combattu avec acharnement.

La proposition trouva des adversaires décidés au sein du parti antimacédonien. Démosthène et ses amis (⁵) déclaraient qu'il ne fallait croire qu'aux dieux nationaux : « Qu'est-ce que serait ce » dieu ? s'écriait Lycurgue (⁶). Les gens qui sortiront de son temple » devront se purifier ». Pithéas (⁷) lui-même, à cette époque, était, semble-t-il, hostile à la déification d'Alexandre : comme on lui reprochait d'oser s'occuper, à son âge, de choses aussi graves, il aurait répondu : « Mais Alexandre, que vous voulez faire dieu par décret, » est plus jeune que moi. »

Les adversaires du décret l'emportèrent momentanément et Démade leur aurait adressé cette menace pleine d'amertume : « Prenez garde que tandis que vous gardez le ciel, vous ne perdiez la terre » (⁸).

(¹) ÉLIEN, *Var. Hist.*, II, 19 : ἐπέστειλε τοῖς Ἕλλησι θεὸν αὐτὸν ψηφίσασθαι ; *ibid.*, V, 12 ; ATHÉNÉE, VI, 251*b* ; HYPÉRIDE, I, fr. VII, 31 sq. Blass³.

(²) PAUSANIAS, VIII, 32,1.

(³) ÉLIEN, *Var. Hist.*, II, 19 ; PLUTARQUE, *Apopht.*, p. 219*e*.

(⁴) Sur Démade, voyez : THALHEIM, dans PAULY-WISS., *s. v.* ; KIRCHNER, *Pros. Att.*, *s. v.*, n° 3263.

(⁵) POLYBE, XII, 12*e* : Καὶ Δημοσθένην καὶ τοὺς ἄλλους ῥήτορας τοὺς κατ' ἐκεῖνον ἀκμάσαντας (Τίμαιος) ἐπαινεῖ καί φησι τῆς Ἑλλάδος ἀξίους γεγονέναι, διότι ταῖς Ἀλεξάνδρου τιμαῖς καὶ ἰσοθέοις ἀντέλεγον. ; DINARQUE, I, 24 : (Δημοσθένης)...... καὶ τότε μὲν γράφων καὶ ἀπαγορεύων μηδένα ἄλλον νομίζειν θεὸν ἢ τοὺς παραδεδομένους.

(⁶) PLUTARQUE, *Vit. X orat.*, p. 842*d* : καὶ ποδαπὸς ἂν εἴη, εἶπεν, ὁ θεὸς οὗ τὸ ἱερὸν ἐξιόντας δεήσει περιρραίνεσθαι ;

(⁷) PLUTARQUE, *Apopht.*, 187*c*.

(⁸) VALÈRE MAXIME, VII, 2, ext. 13 : *Demadis quoque dictum sapiens nolentibus enim Atheniensibus divinos honores decernere :* « *Videte, inquit, ne dum coelum custoditis, terram amittatis* ».

Les Athéniens avaient-ils encore à cette époque tant à cœur l'orthodoxie de leur religion que pour risquer de s'attirer les représailles du monarque? Cela est peu probable. Sans doute ce qui révoltait les Athéniens chez qui l'amour de la liberté subsistait toujours, c'était la perspective d'être obligés d'adorer par ordre un homme que la majorité d'entre eux considéraient comme leur ennemi et auquel ils ne se soumettaient que par crainte. La prétention d'Alexandre était excessive parce qu'il exigeait « ce qu'aucun roi ne peut arracher » de force : les sentiments, les croyances » (¹).

Sur ces entrefaites, Démosthène fut envoyé (²) à la tête de la théorie aux fêtes d'Olympie (324-323). Nicanor devait s'y rendre pour faire connaître aux Grecs assemblés les ordres du roi. Il s'agissait en l'occurrence d'une mesure qui allait provoquer le mécontentement général et spécialement rencontrer la plus vive opposition de la part des Athéniens : les villes devaient laisser rentrer tous les bannis à l'exception des meurtriers et des voleurs d'objets sacrés (³). Bien que nos sources ne le disent pas, très vraisemblablement Nicanor rappela aussi à l'attention des Grecs les volontés d'Alexandre relatives aux honneurs divins qu'il réclamait pour sa personne royale. Nicanor dut vivement impressionner les ambassadeurs ; c'est, en effet, probablement à la suite de ce voyage, que Démosthène vit la nécessité de faire des concessions. De retour à Athènes, il conseilla à ses compatriotes de ne pas accepter la rentrée des bannis, mais, afin d'éviter une guerre avec le roi, de lui reconnaître la qualité de dieu (⁴). Cette fois le projet de décret qu'avait présenté Démade fut adopté (⁵).

2. Démade condamné à une amende.

Peu de temps après, la mort d'Alexandre changeait complètement la face des choses.

(¹) WILAMOWITZ, *Aristot. und Athen*, I, p. 338, note.

(²) DINARQUE, I, 81 sq. ; cf. SCHAEFER, *op. cit.*, pp. 286 sqq.

(³) HYPÉRIDE, *contra Dem.*, fr. IV, 18 Blass[3] ; DIODORE, XVII, 109 ; QUINTE-CURCE, X, 2, 14 ; JUSTIN, XIII, 5 ; cf. DIODORE, XVIII, 56.

(⁴) DINARQUE, X, 2, 6 sq. : (Δημοσθένης).... μεταβαλλόμενος ἐν τοῖς πράγμασι καὶ δημηγορῶν οὐδὲν ὑγιὲς διατετέλεκε, καὶ τοτὲ μὲν γράφων καὶ ἀπαγορεύων μηδένα ἄλλον νομίζειν θεὸν ἢ τοὺς παραδεδομένους, τοτὲ δὲ λέγων ὡς οὐ δεῖ τὸν δῆμον ἀμφισβητεῖν τῶν ἐν οὐρανῷ τιμῶν Ἀλεξάνδρῳ. Cf. SCHAEFER, *op. cit.*, III, p. 290, note 1.

(⁵) ELIEN, *Var. Hist.*, V, 12 ; ATHÉNÉE, VI, p. 251*b*. Diogène le Cynique aurait plaisanté les Athéniens à ce sujet : ψηφισαμένων Ἀθηναίων Ἀλέξανδρον Διόνυσον, « Κἀμέ, ἔφη, Σάραπιν ποιήσατε ».

La plupart des Athéniens ne s'étaient ralliés au parti de Phocion et de Démade que parce que la politique de paix et de concessions à Alexandre leur paraissait seule possible. La mort du roi fit renaître au cœur de nombreux citoyens l'espoir de ressaisir leur indépendance. Le parti promacédonien se vit bientôt discrédité et méprisé. La disgrâce de leur politique se traduisit par la mise en accusation des chefs les plus en vue. Pythéas notamment fut condamné à une forte amende et jeté en prison d'où il s'échappa pour gagner la Macédoine. On intenta à Démade successivement plusieurs procès pour illégalité (¹). Il fut en outre traduit devant les tribunaux pour impiété, sous prétexte qu'il avait proposé d'honorer Alexandre, un mortel en vie, comme un dieu. Il fut condamné à une amende (²) (10 talents selon Athénée, 100 d'après Elien qui évidemment exagère). Il est probable que Démade paya l'amende et resta à Athènes ; nous le voyons, en effet, en 322, après la bataille de Crannon, rentré en possession de ses droits civils et négocier la paix avec Antipater (³).

3. **Aristote suspect de sentiments promacédoniens.** — Aristote fut aussi impliqué dans la disgrâce du parti favorable aux Macédoniens. Bien qu'il n'eût joué aucun rôle politique, on connaissait trop bien ses rapports avec Alexandre, sa liaison avec Antipater, pour qu'il ne parût pas suspect à l'opinion publique. N'avait-il pas séjourné à la cour de Philippe ? N'avait il pas été le précepteur du Conquérant ? Il venait d'ailleurs de donner une preuve tangible de sa sympathie pour les Macédoniens en choisissant pour futur gendre Nicanor (⁴).

Il n'est donc pas étonnant de voir plus tard les ennemis du philosophe tâcher de ternir sa mémoire en lui prêtant des actes hostiles à Athènes. En 306, dans le plaidoyer qu'il prononça pour défendre

---

(¹) Sept fois d'après PLUTARQUE, *Phoc.* 26 : ἡλώκει γὰρ ἑπτὰ γραφὰς παρανόμων καὶ γεγονὼς ἄτιμος.... Trois fois selon DIODORE, XVIII, 18, qui semble cependant avoir utilisé la même source : ἦν γὰρ τρὶς ἡλωκὼς παρανόμων καὶ διὰ τοῦτο γεγονὼς ἄτιμος. Deux fois, d'après SUIDAS, s. v. Δημάδης.

(²) ATHÉNÉE, VI, p. 251b : Δημάδην δὲ δέκα ταλάντοις ἐζημίωσαν ὅτι θεὸν εἰσηγήσατο Ἀλέξανδρον. ELIEN, *Var. Hist.*, V, 12 : ἐκκλησίας οὔσης Ἀθηναίοις παρελθὼν ὁ Δημάδης ἐψηφίσατο θεὸν τὸν Ἀλέξανδρον τρισκαιδέκατον · τῆς δὲ ἀσεβείας ὁ δῆμος τὸ ὑπερβάλλον μὴ ἐνεγκών, ζημίαν ἐτιμήσατο τῷ Δημάδῃ ταλάντων ἑκατόν, ὅτι θνητὸν δὴ τὸν Ἀλέξανδρον ὄντα ἐνέγραψε τοῖς Ὀλυμπίοις.

(³) PLUTARQUE, *Phoc.*, 26 ; DIODORE, XVIII, 18 ; PAUSANIAS, VIII, 10, 4.

(⁴) Voyez en outre le testament d'Aristote qui institue exécuteurs testamentaires Antipater et Nicanor, chez DIOGÈNE LAERCE, V, 11 sqq.

Philon accusé d'illégalité pour avoir fait voter un décret interdisant aux philosophes de tenir école sans en avoir reçu la double autorisation de la Boulè et de l'assemblée du peuple, Démocharès, un neveu de Démosthène, déclarait que l'on avait saisi des lettres d'Aristote portant des marques de la plus vive hostilité à l'égard d'Athènes, qu'il avait livré Stagire, sa patrie, aux Macédoniens, et, qu'après la destruction d'Olynthe, il avait signalé à Philippe les plus riches habitants de cette ville (¹). Prononcées à une époque où Athènes venait de nouveau d'échapper à la domination de la Macédoine, ces paroles, par lesquelles Démocharès espérait réveiller les suspicions du peuple à l'égard des philosophes, nous montrent bien ce que l'on pouvait penser d'Aristote vers 323. La futilité même de l'accusation que l'on formula contre lui prouve à l'évidence que l'on voulait à tout prix se débarrasser du philosophe. Pour atteindre ce but, on ne sut rien trouver de mieux qu'un prétexte ridicule : Aristote aurait déifié Hermias.

4. Aristote et Hermias. — Cet Hermias (²) était un eunuque, primitivement esclave d'Euboulos, le tyran d'Atarnée et d'Assos en Troade. Affranchi par son maître, il se rendit à Athènes, où il suivit les cours de l'Académie. Il se lia d'amitié avec Aristote et Xénocrate. Plus tard, il retourna à Atarnée, où il succéda à son ancien maître Euboulos. A la mort de Platon survenue en 348/7, il invita ses deux amis à venir vivre chez lui. Son accueil bienveillant ne fit que cimenter leur ancienne amitié. Lorsque Hermias périt, traîtreusement attiré dans un guet-apens par Mentor et livré au roi des Perses, Aristote donna un témoignage de ses sentiments envers son malheureux ami en s'intéressant d'abord à sa fille adoptive Pythias, puis en l'épousant (³).

(¹) ARISTOCLÈS chez EUSÈBE, *Praep. Evang.*, XV, 2, 6. D'ailleurs Aristote avait beaucoup d'ennemis ; l'école d'Isocrate lui était nettement hostile (voyez les calomnies que répandit sur le compte du philosophe, un disciple d'Isocrate, Céphisodoros, chez ARISTOCLÈS, *loc. cit.*). GROTE, *Aristotle*, p. 37, et GRANT, *Aristotle*, p. 24, ont même supposé que cette inimitié fut la cause principale de l'accusation. En réalité ce ne peuvent être que des raisons politiques qui ont fait agir le politicien Démophile. Au sujet de Démocharès, voyez SUSEMIHL, *Gesch. der Gr. Lit. in der Alex.*, I, pp. 552 sqq.

(²) Au sujet d'Hermias, voyez : *Index Hercul.*, col. V, 22 Mekler ; STRABON, XIII, 610 ; DIODORE, XVI, 52 ; DENYS, *ep. ad Amm.*, 5, p. 262, l. 17 Us. ; HIMÉRIOS, *or.*, VI, 6, 17. Consultez : BOECKH, *Hermias von Atarneus*, *Abh. der Berl. Akad.*, 1853, pp. 153 sqq. ; WILAMOWITZ, *Aristot. und Athen*, I, p. 334 ; II, p. 404 ; ZELLER, *Philos. der Griech.*³, II, 1, p. 421 ; II, 2, pp. 20 sqq. ; NATORP, dans PAULY-WISS., *s. v.*

(³) ARISTOCLÈS chez EUSÈBE, *Praep. Ev.*, XV, 2, 8 sq. ; STRABON, XIII, 610.

En 343-342, Philippe, devenu par la conquête de Stagire le souverain d'Aristote, l'appela à sa cour pour faire l'éducation de son fils Alexandre. Huit ans après (335-334), il rentrait à Athènes et y fondait le Lycée. Depuis douze ans, il y enseignait sans avoir été inquiété, lorsqu'un certain Démophile (¹) l'accusa d'impiété.

5. **Les accusateurs.** — Nous ne savons pas grand'chose de ce Démophile. Il s'agit probablement de l'individu cité comme ἱεροποιὸς ἐγ βουλῆς dans une inscription (²) de 329-328. Un Δημόφιλος Ἀχαρνεύς (³), vraisemblablement le même, est mentionné dans un décret relatif à la marine en 323-322. Plus tard, en 319, il fut l'un des accusateurs de Phocion ; mais il périt sous les coups vengeurs des fils du malheureux homme d'Etat (⁴).

Selon Diogène Laërce, Aristote aurait été accusé par l'hiérophante d'Eleusis, Eurymédon ; toutefois il rapporte l'opinion de Favorinos d'après lequel l'accusateur aurait été Démophile. Ces données contradictoires semblent être conciliées par la version d'Athénée (⁵) suivant laquelle l'hiérophante aurait seulement poussé Démophile à accuser le philosophe.

6. **L'accusation.** — Démophile reprochait à Aristote d'avoir voulu diviniser Hermias. La rumeur publique rapportait en effet qu'il s'était livré aux plus basses flatteries à l'égard de l'eunuque (⁶) et qu'il lui avait même offert des sacrifices (⁷). Il circulait aussi des racontars à propos de Pythias, la fille adoptive d'Hermias, qu'Aristote avait épousée. Le pythagoricien Lycon (⁸) prétendait que, lorsqu'elle fut morte, il lui offrit des sacrifices analogues à ceux que les Athéniens offrent à Déméter. Diogène Laërce, avec sa légèreté coutumière, renchérit encore sur son prédécesseur lorsqu'il dit qu'Aris-

---

(¹) ATHÉNÉE, XVI, 696b ; FAVORINOS chez DIOGÈNE LAERCE, V, 5.

(²) C. I.A., IV, 2, 834 b, col. II, 87.

(³) C. I. A., II, 811d, 177 ; cf. SCHAEFER, op. cit., II, p. 289, note 4 ; III, p. 329 ; KIRCHNER, Pros. Att., s. v. Δημόφιλος, n° 3675 et dans PAULY-WISS., s. v., n° 4.

(⁴) PLUTARQUE, Phoc., 38. Les sources ne permettent pas, comme le font GROTE, op. cit., p. 37 et GRANT, op. cit., p. 24, de l'identifier avec Démophile, fils d'Ephore, et de supposer qu'il aurait été, comme son père, disciple d'Isocrate.

(⁵) DIOGÈNE LAERCE, V, 5 ; ATHÉNÉE, XVI, 696b.

(⁶) ARISTOCLÈS chez EUSÈBE, Praep. Ev., XV, 2, 8 sq.

(⁷) LUCIEN, Eun., 9 ; ATHÉNÉE, XV, 697a.

(⁸) LYCON chez ARISTOCLÈS, loc. cit. ; DIOGÈNE LAERCE, V, 4 qui cite Aristippe.

tote sacrifia à sa femme, dès qu'il l'obtint, dans sa joie de la posséder. Le rôle qu'aurait joué dans l'affaire l'hiérophante Eurymédon nous permet de supposer que l'accusation relevait peut-être ces calomnies absurdes ; des faits semblables portaient gravement atteinte à la dignité des cérémonies d'Eleusis.

Pour prouver qu'Aristote avait réellement rendu des honneurs divins à Hermias, Démophile comptait rappeler qu'il lui avait fait élever à Delphes une statue portant cette épigramme : « Le roi des » Perses porteurs d'arcs, violant d'une façon impie la justice sacrée » des dieux bienheureux, a fait périr cet homme, non pas par la » lance, dans un combat meurtrier, mais en abusant de la confiance » qu'inspirait un homme plein de ruse » (¹).

Mais les accusateurs se prévalaient surtout d'une espèce d'ode, qu'Aristote avait composée en l'honneur d'Hermias et qu'ils prétendaient considérer comme un péan. Or, on le sait, le péan était un chant choral religieux, exclusivement consacré aux dieux, spécialement à Apollon et à Artémis. D'après Athénée, on reprochait à Aristote de faire chanter ce soi-disant péan en l'honneur de son ami défunt, tous les jours au moment des repas (²). Diogène Laërce et Athénée nous ont conservé cette poésie (³) :

(¹) DIOGÈNE LAERCE, V, 6. Le même auteur à un autre endroit, V, 11 ; ARISTOCLÈS, loc. cit., et PLUTARQUE, de exilio, 10, p. 603, citent les vers railleurs que Démocrite de Chios, un rhéteur très connu pour sa verve mordante et qui, dans son pays, était à la tête du parti démocratique et antimacédonien, avait fait graver, peut-être même du vivant d'Aristote, sur la statue :

Ἑρμίου εὐνούχου ἠδ' Εὐβούλου ἅμα δούλου
σῆμα κενὸν κενόφρων τεῦξεν Ἀριστοτέλης,
ὃς διὰ τὴν ἀκρατῆ γαστρὸς φύσιν εἵλετο ναίειν,
ἀντ' Ἀκαδημείας, βορβόρου ἐν προχοαῖς.

Le Borboros est une rivière de Macédoine passant près de Pella.

(²) ATHÉNÉE, 696ab : ... ὡς ὁ τὴν τῆς ἀσεβείας κατὰ τοῦ φιλοσόφου γραφὴν ἀπενεγκάμενος Δημόφιλος ὡς ἀσεβοῦντος καὶ ᾄδοντος ἐν τοῖς συσσιτίοις ὁσημέραι εἰς τὸν Ἑρμείαν παιᾶνα. WILAMOWITZ, op. cit., II, p. 405, suppose qu'Aristote fit exécuter cet hymne par un chœur et qu'il prononça un discours à la mémoire d'Hermias. Cette cérémonie, à laquelle les accents solennels de l'hymne donnaient un caractère religieux, aurait tenu lieu des rites funéraires dont Hermias avait été privé.

(³) DIOGÈNE LAERCE, V, 7 ; ATHÉNÉE, XV, 696. Nous traduisons le texte qu'adopte WILAMOWITZ, op. cit., II, pp. 406 sq. (cf. BERGK, Poet. Lyr.⁴, II, pp. 360 sqq.). Voyez l'excellent commentaire de Wilamowitz, loc. cit. La source d'Athénée était Hermippe (ἐν τῷ πρώτῳ περὶ Ἀριστοτέλους), cité 696f. Peut-être faut-il supposer avec Wilamowitz (p. 403) qu'avant Hermippe, cet hymne se trouvait dans l'Apologie apocryphe d'Aristote (voy. infra, § 10), chez Aristippe (DIOGÈNE LAERCE, V, 4) et le pythagoricien Lycon (ARISTOCLÈS, loc. cit.).

« Vertu, toi qui coûtes tant de peines à la race mortelle, appât magni-
» fique pour la vie, c'est pour ta beauté, jeune vierge, que l'on meurt
» en abandonnant la carrière digne d'envie que l'on a en Grèce ;
» c'est pour toi que l'on supporte des douleurs d'une incessante
» violence. Telle est la puissance de l'attrait de la récompense que
» tu promets à l'homme, récompense égale à l'immortalité, plus
» précieuse que la richesse, la noblesse et le sommeil qui repose dou-
» cement les yeux !

« C'est pour toi qu'Héraclès, fils de Zeus, et les fils de Léda ont
» supporté tant de fatigues en cherchant à conquérir ta puissance
» par leurs travaux. C'est poussés par ton amour qu'Achille et Ajax
» sont allés dans la demeure d'Hadès. C'est encore pour ta beauté
» que le nourrisson de la chère Atarnée fut privé de la lumière du
» soleil. Aussi est-il digne d'être chanté pour ses travaux ; les
» Muses, filles de Mnémosyne, lui donneront l'immortalité en célébrant
» son respect pour Zeus protecteur de l'hospitalité et sa façon d'hono-
» rer l'amitié solide. »

Comme Hermippe le dit (¹), cette pièce n'avait nullement le caractère d'un péan, ni dans la forme, ni dans les idées : l'absence du
refrain caractéristique ἰὴ παιάν et, au point de vue de la prosodie,
l'emploi du dactyle au lieu du péon, la distinguaient nettement du
péan. Ce n'était en réalité qu'une sorte d'hymne religieux en l'honneur de la vertu (Ἀρετή) conçue comme une déesse. C'était sans doute
la fin de la poésie, où Hermias semble être mis au rang des héros et où
le poète parle de l'immortalité que lui assureront les Muses, qui
pouvait donner matière à ergoter. Mais là encore, il fallait toute
la mauvaise foi des ennemis d'Aristote pour y voir ne fût-ce
qu'un semblant d'allusion à la prétendue déification d'Hermias (²).

(¹) HERMIPPE chez ATHÉNÉE, 696 : ἐγὼ μὲν οὐκ οἶδα εἴ τίς τι κατιδεῖν ἐν
τούτοις δύναται παιανικὸν ἰδίωμα, σαφῶς ὁμολογοῦντος τοῦ γεγραφότος
τετελευκέναι τὸν Ἑρμείαν δι' ὧν εἴρηκεν " τὰς γὰρ φιλίου μορφὰς Ἀταρνέως
ἔντροφος ἡελίου χήρωσεν αὐγάς", οὐκ ἔχει δ' οὐδὲ τὸ παιανικὸν ἐπίρρημα κτλ.

(²) ORIGÈNE, contra Cels., I, 65 Koetschau, ne parle pas de tous ces griefs,
mais dit qu'on lui reprochait τινὰ δόγματα τῆς φιλοσοφίας αὐτοῦ ἃ ἐνόμισαν
εἶναι ἀσεβῆ οἱ Ἀθηναῖοι. Mais ceci n'est probablement qu'une hypothèse
d'Origène qui, en effet, pouvait trouver dans le περὶ εὐχῆς (perdu actuellement) des doctrines assez hardies, notamment sur l'efficacité des prières et des
sacrifices. Origène avait lu cet ouvrage, puisqu'il écrit (II, 13, p. 14) : ἀλλὰ
καὶ τοὺς ἀπὸ τοῦ Περιπάτου μηδὲν φάσκοντας ἀνύειν εὐχὰς καὶ τὰς ὡς πρὸς
τὸ θεῖον θυσίας. Mais il est peu probable que les accusateurs aient pu produire
ce grief, puisque les livres d'Aristote n'étaient en usage, de son vivant, que
dans l'école, et qu'ils ne furent publiés qu'après sa mort.

7. Les bases juridiques des accusations de Démade et d'Aristote. — Les procès de Démade et d'Aristote ne sont pas seulement connexes par leur date, les événements politiques qui les ont produits, mais aussi par la nature du grief invoqué. Démade était accusé d'avoir proposé le décret qui introduisait le culte d'Alexandre ; à Aristote on reprochait d'avoir divinisé Hermias. Contre tous deux donc, on invoquait une εἰσήγησις καινῶν θεῶν, ce qui, nous l'avons vu, constituait un des chefs de l'accusation de Socrate. Les deux procès présentent cependant une différence : Démade introduisait un nouveau culte public ; Aristote, au contraire, était accusé d'avoir rendu un culte privé à Hermias.

Nous avons donc ici une preuve nouvelle de l'existence d'une loi ou d'une coutume défendant l'introduction de cultes nouveaux ([1]). Sur ce chef d'accusation, se greffait une circonstance aggravante : Démade et Aristote avaient voulu déifier des mortels dont l'un, Alexandre, était encore en vie.

8. Fuite d'Aristote à Chalcis. — Se rendant compte de la haine dont il était l'objet, Aristote ne voulut pas courir le risque d'un procès aussi dangereux que l'était une action pour impiété : « Je ne veux pas », aurait-il dit en faisant allusion au malheureux sort de Socrate, « que les Athéniens pèchent une seconde fois contre la philosophie » ([2]). Il se sauva à Chalcis où il possédait une maison de campagne. Ne pouvant plus atteindre sa personne, ses ennemis se dédommagèrent en l'insultant. On lui enleva notamment les honneurs dont il jouissait à Delphes ; le philosophe s'en souciait d'ailleurs assez peu ([3]).

Aristote devait peu profiter de son asile. Quelques mois après sa

---

([1]) DINARQUE, I, 24, parle en effet de l'introduction de divinités nouvelles : [Δημοσθένης]... καὶ τοτὲ μὲν γράφων καὶ ἀπαγορεύων μηδένα ἄλλον νομίζειν θεὸν ἢ τοὺς παραδεδομένους.

([2]) Comme on lui demandait ce qu'il pensait d'Athènes, il aurait répondu par ce vers de l'Odyssée (VII, 120) voulant faire allusion aux sycophantes : ‹Elle est très belle, mais ὄγκνη ἐπ' ὄγκνῃ γηράσκει, σῦκον δ' ἐπὶ σύκῳ ». DIOGÈNE LAERCE, V, 9 ; ELIEN, III, 36 ; ORIGÈNE, contra Cels., I, 65 ; EUSTATHE, Odys., VII, 120, p. 1573 ; schol. Aristote, 26b 26, etc.

([3]) ELIEN, Var. Hist., XIV, 1, nous a conservé un fragment d'une lettre d'Aristote à Antipater : ὑπὲρ τῶν ἐν Δελφοῖς ψηφισθέντων μοι καὶ ὧν ἀφῄρημαι, νῦν οὕτως ἔχω ὡς μήτε μοι σφόδρα μέλειν ὑπὲρ αὐτῶν, μήτε μοι μηδὲν μέλειν. Ceci se rapporte vraisemblablement au procès, mais nous ne savons s'il s'agit d'une statue ou de la proxénie ou de quelque autre honneur.

fuite, il succombait à une maladie dont il souffrait depuis longtemps. L'imagination des anciens a dramatisé la mort du philosophe. D'après Eumélos, l'anonyme de la *Vie d'Aristote* et Suidas ([1]), il se serait empoisonné par la ciguë. Selon Hésychius ([2]), il aurait été condamné à boire la ciguë. Cette dernière version est évidemment fausse, puisque Aristote n'a pas attendu son jugement. La précédente ne peut pas être considérée comme historique, parce qu'elle a contre elle des témoignages de valeur. La légende ([3]) d'après laquelle Aristote se jeta dans l'Euripe parce qu'il ne pouvait pas s'expliquer les causes du flux et du reflux de la mer, n'est pas plus vraisemblable. Selon une autre version de la légende, Aristote ne pouvant pas trouver la solution de ce problème serait mort de chagrin ([4]). Mais nous avons des témoignages beaucoup plus dignes de foi, notamment celui d'Appollodore, d'après lesquels le philosophe serait mort de maladie ([5]).

9. Dates du procès et de la mort d'Aristote. — Stahr ([6]) déduisait d'un texte de Diogène Laërce ([7]) citant Héraclide Lembos qu'Aristote s'était enfui d'Athènes, avant la mort d'Alexandre (juin 323). Voici ce texte : Τοῦτον (= Epicure) ἄλλοι τε καὶ Ἡρακλείδης ἐν τῇ Σωτίωνος ἐπιτομῇ.... [φασιν] ἐλθεῖν ἐς Ἀθήνας, ... Ἀριστοτέλους δ' ἐν Χαλκίδι διατρίβοντος · τελευτήσαντος δ' Ἀλεξάνδρου τοῦ Μακεδόνος καὶ τῶν Ἀθηναίων ἐκπεσόντων ὑπὸ Περδίκκου μετελθεῖν εἰς Κολοφῶνα πρὸς τὸν πατέρα.

Mais l'opinion de Stahr est contredite par Apollodore qui, dans ses *Chroniques*, plaçait la fuite d'Aristote après la mort d'Alexandre. Vraisemblablement Diogène, ou déjà Héraclide résumant Sotion,

---

([1]) EUMÉLOS chez DIOGÈNE LAERCE, V, 6 ; l'anonyme de l'*Aristotelis vita* à la fin de l'édition Cobet de Diogène Laërce, p. 13, 4 ; SUIDAS, s. v. Ἀριστοτέλης.

([2]) HÉSYCHIUS, *de Aristotele* (BUHLE, *Aristot. opera*, I, p. 71).

([3]) ELIAS CRETENSIS, p. 507 D Col.

([4]) JUSTIN, *Cohort.*, 36 ; GRÉGOIRE DE NAZIANCE, *Or.*, IV, 112 A ; PROCOPE, *de Bello Goth.*, IV, 597c.

([5]) APOLLODORE chez DIOGÈNE LAERCE, V, 11 et DENYS D'HALICARNASSE, I, 5 ; cf. AULU-GELLE, XIII, 5, 1.

([6]) STAHR, *Aristot.*, I. p. 147.

([7]) DIOGÈNE LAERCE, X, 1. Tout à fait bizarres sont les données du scholiaste à ARISTOTE, 26*b* 26, qui fait fuir Aristote à Chalcis, peu de temps après la mort de Socrate, et du PSEUDO-AMMONIUS, *Aristot. Vita* (appendice à l'édition Cobet de Diogène Laërce) qui place l'événement avant l'expédition d'Alexandre.

pèchent par concision et parlent ici de la mort d'Alexandre d'une façon intempestive. Il est très possible qu'Epicure soit arrivé à Athènes alors qu'Aristote était déjà à Chalcis, où il dut séjourner à partir de l'été 323 jusqu'à sa mort survenue l'été suivant. Après avoir rappelé ce détail, Sotion ou Héraclide parlaient ensuite de la défaite des Athéniens par Perdiccas, après laquelle Epicure retourna à Colophon. Et sans doute à propos de cette bataille, ils expliquaient que c'était une des phases de l'insurrection d'Athènes provoquée par la mort d'Alexandre. Héraclide résumant Sotion, ou Diogène remaniant de nouveau Héraclide ont retenu seulement la mention de la mort d'Alexandre et du combat avec Perdiccas.

D'ailleurs le procès d'Aristote se comprend très bien, si on le place lors du mouvement antimacédonien déclenché à Athènes, après la mort d'Alexandre. Avant cet événement que personne ne pouvait prévoir, l'accusation contre Aristote trouverait difficilement son explication.

D'un autre côté, Diogène Laërce et Denys d'Halicarnasse ([1]) nous ont conservé les dates de la vie d'Aristote que donnait Apollodore dans ses *Chroniques*. Or, celui-ci, excellente autorité contre laquelle le texte de Diogène Laërce, dont veut faire état Stahr, ne peut prévaloir, plaçait catégoriquement la fuite d'Aristote après la mort d'Alexandre.

Diogène Laërce et Denys d'Halicarnasse sont complètement d'accord pour les dates de la naissance d'Aristote 384-383, de sa venue à Athènes 367-366, de son départ chez Hermias à Atarnée, en 348-347, de son départ auprès de Philippe 343-342, et de son retour à Athènes 335-334. Malheureusement, bien qu'ils placent tous deux le départ d'Aristote pour Chalcis après la mort d'Alexandre, leurs textes présentent une petite divergence, à propos de la date exacte de la fuite d'Aristote.

Diogène Laërce s'exprime de la façon suivante : εἰς δ' Ἀθήνας ἀφικέσθαι τῷ δευτέρῳ ἔτει τῆς ἑνδεκάτης καὶ ἑκατοστῆς ὀλυμπιάδος (335-334) καὶ ἐν Λυκείῳ σχολάσαι ἔτη τρία πρὸς τοῖς δέκα ·

([1]) Diogène Laerce, V, 9, sq., qui cite Apollodore ; Denys d'Halicarnasse, *ep. ad Amm.*, 3 sq., ne le cite pas, il est vrai, mais Diels, *Rhein. Mus.*, XXXI, p. 43, sqq., a prouvé, par la comparaison avec le texte de Diogène Laërce, qu'il avait aussi comme source Apollodore. Cf. Jacoby, *Apollodors Chronik*, p. 316 sqq. D'après Jacoby, *op. cit.*, p. 318, Denys aurait utilisé directement l'ouvrage d'Apollodore, tandis que Diogène, suivant sa coutume, n'en dépendrait qu'indirectement.

εἶτ' ἀπᾶραι εἰς Χαλκίδα τῷ τρίτῳ ἔτει τῆς τετάρτης καὶ δεκάτης καὶ ἑκατοστῆς ὀλυμπιάδος (322-321) καὶ τελευτῆσαι ἐτῶν τριῶν που καὶ ἑξήκοντα νόσῳ ὅτε καὶ Δημοσθένην καταστρέψαι ἐν Καλαυρίᾳ ἐπὶ Φιλοκλέους (322-321).

Voici le texte de Denys d'Halicarnasse : μετὰ δὲ τὴν Φιλίππου τελευτὴν ἐπ' Εὐαινέτου ἄρχοντος (335-334) ἀφικόμενος εἰς Ἀθήνας ἐσχόλαζεν ἐν Λυκείῳ χρόνον ἐτῶν δώδεκα · τῷ δὲ τρισκαιδεκάτῳ, μετὰ τὴν Ἀλεξάνδρου τελευτὴν ἐπὶ Κηφισοδώρου ἄρχοντος (323-322) ἀπάρας εἰς Χαλκίδα νόσῳ τελευτᾷ, τρία πρὸς τοῖς ἑξήκοντα βιώσας ἔτη.

Diogène Laërce et Denys sont donc d'accord pour placer la date de l'arrivée d'Aristote à Athènes en 335-334. Mais ils ne s'entendent ni sur la durée de son séjour à Athènes (13 ans pour Diogène, 12 ans pour Denys), ni sur la date de son départ pour Chalcis (322-321 pour Diogène, 323-322 pour Denys). Enfin, selon Diogène, Aristote mourut en 322-1, à l'âge de 63 ans environ. Denys ne donne pas la date (¹), se contentant de nous dire l'âge du philosophe à sa mort : 63 ans. Bien que leurs versions soient différentes, l'un comme l'autre reste cependant d'accord avec soi-même. Lequel des deux a corrompu le texte d'Apollodore ?

Nous savons d'une façon sûre (voyez *infra*, p. 197) qu'Aristote est mort entre juillet et octobre 322. Comme, d'après nos deux auteurs, Apollodore plaçait la naissance du philosophe dans la première année de la 99ᵉ olympiade (384-383), nous devons conclure qu'il n'a pas vécu 63 ans, mais tout au plus 62 ans et 3 mois (²).

Quant à son départ pour Chalcis, c'est Denys (323-322) qui a raison contre Diogène (322-321). Ce dernier ne dépend d'Apollodore que d'une façon indirecte ; une erreur de sa part est donc plus probable qu'une faute de Denys qui a utilisé les *Chroniques* directement (³). D'un autre côté, Denys se contente de donner les dates

---

(¹) JACOBY, *op. cit.*, p. 318, en rapportant ἐπὶ Κηφισοδώρου ἄρχοντος à τελευτᾷ et non, comme nous, à ἀπάρας, comprend que Denys faisait mourir Aristote l'année même de sa fuite à Chalcis, soit en 323-322.

(²) Et encore pour cela faut-il qu'il soit né au début de la première année de la 99ᵉ olymp. Dans ce cas, on a, jusque la 113ᵉ ol. incluse, 15 ol. × 4 = 60 ans + les deux premières années de l'ol. 114 + de juillet à octobre de la troisième année de cette ol. = 62 ans et 3 mois. Apollodore disait 63 ans parce que, suivant l'habitude de la plupart des chronologistes de cette époque, il comptait en incluant les deux termes (voyez JACOBY, *op. cit.*, pp. 58 et 318).

(³) Voyez JACOBY, *op. cit.*, p. 318 et note 2.

par archontes, comme le faisait Apollodore lui-même (¹). Il est évident qu'il est plus facile de se tromper d'une annee lorsque l'on réduit en olympiades une date donnée par archonte, que de commettre une erreur de copie de nom d'archonte. Remarquons que l'archonte de 322-321 s'appelait Philoclès. Comment admettre que Denys ait pu lire dans les *Chroniques* Céphisodoros au lieu de Philoclès ?

D'ailleurs, comme le dit Zeller, la plainte contre le philosophe doit avoir été déposée à l'origine du mouvement antimacédonien déclenché par la mort du Conquérant. Aristote a dû être accusé au moment où la plupart des Athéniens croyaient pouvoir ressaisir leur indépendance. Il est en tout cas peu vraisemblable que cela se soit produit après la victoire d'Antipater en Thessalie et surtout après la défaite décisive des Athéniens à Crannon (août 322), qui leur enleva tout espoir de se libérer de la domination macédonienne. Après ces échecs, il eût été dangereux d'intenter un procès à un personnage lié d'amitié avec les chefs macédoniens.

D'autre part, la manière dont Strabon et Héraclide (²) parlent du séjour d'Aristote à Chalcis, suppose que ce séjour dura quelque temps. Or, comme le philosophe est mort entre juillet et octobre 322, il est nécessaire de placer l'accusation au moins six mois avant cette date.

Nous connaissons d'une façon plus précise la date de la mort d'Aristote. Selon Apollodore (³), il mourut en 322-321, à la même époque que Démosthène. Aulu-Gelle (⁴) est plus précis encore : « peu de temps avant la mort du grand orateur ». Comme on sait par Plutarque (⁵) que Démosthène est mort le 16 Pyanepsion, Ol. 114, 3 (= 14 octobre 322), la mort d'Aristote doit donc être placée entre juillet et octobre 322.

10. **Une apologie apocryphe.** — Favorinos, Athénée et l'Anonyme de Ménage (⁶) font mention d'une ἀπολογία écrite par Aristote.

(¹) Voyez Jacoby, *op. cit.*, pp. 57 sqq. et 318.
(²) Strabon, X, 1, 11, p. 448 ; Héraclide chez Diogène Laerce, X, 1.
(³) Apollodore chez Diogène Laerce, V, 10 ; cf. *Aristot. vita* (*e cod. Marciano*, édition Robbe, 1861), 3 ; *Aristot. vita* (*ex vetera translat.*) chez Buhle, *Aristot. opera*, I, 12.
(⁴) Aulu-Gelle, XVII, 21, 35.
(⁵) Plutarque, *Dem.*, 30 ; cf. Zeller, *Philos. der Griech.*³, III, 2, p. 40, note 3.
(⁶) Favorinos chez Diogène Laerce, V, 9 (d'après lui, les vers de l'*Odyssée*

Athénée nous en a conservé un fragment : « Si j'avais jamais entrepris
» de sacrifier à Hermias comme à un immortel, je ne lui aurais
» pas fait élever un monument comme à un mortel. Et si j'avais
» voulu immortaliser sa personne, aurais-je rendu à son corps les
» honneurs funèbres ? »

Mais, déjà dans l'antiquité, cette apologie était reconnue apocryphe : Athénée doute de son authenticité et l'Anonyme la range parmi les ψευδεπίγραφα. Il est en effet peu probable qu'Aristote, qui se trouvait en sécurité à Chalcis, se soit livré, au cours des quelques mois qu'il vécut encore, à un travail sur l'efficacité duquel il ne devait se faire aucune illusion. Comme le suppose Zeller [1], cet opuscule était vraisemblablement un exercice de rhétorique, une imitation de l'*Apologie de Socrate* platonicienne. Mais peut-être pourrait-on y voir l'œuvre de quelque disciple, qui aurait voulu défendre son maître contre les calomnies dont il était l'objet.

---

que nous avons cités plus haut (p. 193, note 2), se seraient trouvés dans cet écrit : πρῶτον Φαβωρῖνος ἐν παντοδαπῇ ἱστορίᾳ λόγον δικανικὸν ὑπὲρ ἑαυτοῦ συγγράψαι φησὶν ἐπ' αὐτῇ ταύτῃ δίκῃ καὶ λέγειν ὡς 'Αθήνησιν ὄγχνη...) ; ATHÉNÉE, 697*ab* ; ANONYMUS MENAGII, à la fin de l'édition Cobet de DIOGÈNE LAERCE, p. 14, l. 35 ; cf. ROSE, *Aristot. Pseudep.*, p. 580.

[1] ZELLER, *op. cit.*, II, 2, p. 38, note 2.

CHAPITRE VII

LES DERNIERS PROCÈS INTENTÉS A DES PHILOSOPHES

I. — Le procès de Théophraste

1. L'accusateur. — Pas plus que son maître, Théophraste ne put échapper à l'accusation d'impiété si volontiers formulée contre les philosophes.

L'accusateur était un certain Hagnonidès (¹), fils de Nicoxène de Pergase, fougueux patriote et démocrate, qui avait été compromis dans l'affaire d'Harpale. A la suite de la guerre Lamiaque, Antipater l'exila et il dut se réfugier dans le Péloponèse (322). Mais, après la mort d'Antipater (319) lorsque le parti démocratique reprit pour quelque temps le dessus, il revint à Athènes. Il devait y justifier pleinement l'épithète de συκοφάντης que lui décerne Plutarque (²).

Outre le rôle qu'il joua dans l'affaire de Théophraste, il figura aussi parmi les accusateurs de Phocion (318) ; ce fut même lui qui proposa le décret d'après lequel le malheureux homme d'Etat devait être mis à mort (³). Mais, peu après, sous le régime plutôt oligarchique de Démétrios de Phalère, il périt en vertu d'une décision du peuple condamnant à mort les accusateurs de Phocion (⁴).

2. Causes du procès. — En formulant l'accusation contre Théophraste, Hagnonidès suivait la politique des chefs du parti populaire, qui tendait à l'exclusion d'Athènes de toute personne suspecte d'être favorable aux Macédoniens. Démocharès, le neveu

---

(¹) Sur Hagnonidès, voyez SCHAEFER, *Demosthenes und seine Zeit*, III², p. 325, note 3 ; BLASS, *Att. Bereds.*, II, p. 199, note 26 ; SUNDWALL, dans PAULY-WISS., *s. v. Hagnonides* ; KIRCHNER, *Pros. Att.; s. v.*, n° 176.
(²) PLUTARQUE, *Phoc.*, 29.
(³) *Ibid.*, 33 sq.
(⁴) *Ibid.*, 38.

de Démosthène, grand patriote et homme d'Etat énergique, qui, nous l'avons vu, avait répandu les pires calomnies sur le compte d'Aristote, se trouvait encore dans le procès de Théophraste aux côtés d'Hagnonidès. Elien, en effet, parle de lui dans un passage qui, nous semble-t-il, ne peut que se rapporter a l'action intentée à Théophraste. Elien (¹) cite des exemples d'orateurs ou de philosophes qui se seraient montrés peu brillants lorsqu'ils parlèrent dans telle ou telle occasion : « Théophraste aussi resta court lorsqu'il » parla à la βουλή de l'Aréopage et, comme il disait pour s'excuser » qu'il avait été ému par la majesté de l'assemblée, Démocharès » lui fit cette réponse mordante et très opportune : Théophraste, » c'étaient des Athéniens et non pas les douze dieux qui jugeaient ».

Cette phrase ne peut guère s'expliquer que si l'on amet que Théophraste avait comparu en accusé devant l'Aréopage, ce qui aurait justifié son émotion devant les juges.

Hagnonidès était donc soutenu par les gens de son parti soucieux d'écarter tous ceux qui passaient pour être favorables aux Macédoniens. Or, le Lycée avait toujours été suspecté d'être en relations avec les chefs macédoniens, et la conduite de Théophraste lui-même pouvait renforcer les soupçons. Il avait dû suivre Aristote en Macédoine, puisqu'il possédait un domaine à Stagire et qu'il était lié d'amitié avec Callisthène d'Olynthe (²). Cassandre, auquel il dédia même un ouvrage intitulé *De la royauté* (³), était son ami ; il était aussi en rapports avec Ptolémée (⁴). Il n'en fallait pas plus pour que le parti antimacédonien cherchât à se débarrasser du philosophe , comme on avait déjà pu le faire de son maître.

(¹) ELIEN, *Var. Hist.*, VIII, 12 : ἐξέπεσε γὰρ καὶ οὗτος (Théoph.) ἐπὶ τῆς ἐξ Ἀρείου Πάγου βουλῆς λέγων, καὶ ταύτην ἀπολογίαν προεφέρετο ὅτι κατεπλάγη τὸ ἀξίωμα τοῦ συνεδρίου · πικρότατα οὖν ἀπήντησε καὶ ἑτοιμότατα πρὸς τοῦτον αὐτοῦ τὸν λόγον ὁ Δημοχάρης εἰπών· « Ὦ Θεόφραστε, Ἀθηναῖοι ἦσαν ἀλλ' οὐχ οἱ δώδεκα θεοὶ οἱ δικάζοντες. L'aoriste κατεπλάγη et surtout l'imparfait ἦσαν montrent que la scène entre Théophraste et Démocharès ne se passe pas au moment même, mais après le jugement. Quant au sens de la réplique, nous supposons que Démocharès voulait dire : « Je comprends ton émotion ; les juges n'étaient pas les douze dieux (tu n'en as pas peur, car tu n'y crois pas), mais des Athéniens, ce qui te paraissait beaucoup plus dangereux ».

(²) DIOGÈNE LAERCE, V, 52, 53.

(³) DIOGÈNE LAERCE, V, 42 et 47 ; DENYS D'HALICARNASSE, V, 73. D'après ATHÉNÉE, IV, 144e, l'authenticité de cet ouvrage n'était pas reconnue universellement.

(⁴) DIOGÈNE LAERCE, V, 37.

D'un autre côté, si, comme nous le croyons, le procès a eu lieu sous le gouvernement de Démétrios de Phalère, on peut aussi supposer qu'en attaquant Théophraste on visait en même temps le Régent. Celui-ci était un esprit éclairé qui, comme Périclès, protégeait les philosophes (¹) et spécialement Théophraste. Notre hypothèse est d'autant plus vraisemblable que Théodore l'Athée, auquel Démétrios accordait aussi son appui, fut également accusé d'impiété vers la même époque.

3. Le procès. — On voulait donc se débarrasser de Théophraste ; mais, comme il était probablement impossible de l'inculper d'aucun délit politique précis, ses ennemis crurent arriver sûrement à leur but en lui intentant un procès pour impiété. Les anciens sont muets sur la nature du délit que l'on reprochait au philosophe. Quoi qu'il en soit, le prétexte invoqué était bien futile, ou les preuves fournies n'étaient nullement pertinentes, puisque l'accusation échoua complètement. Théophraste fut absous à une si forte majorité que Hagnonidès n'échappa (²) qu'avec peine à l'amende de 1000 drachmes que devait payer tout accusateur ne réunissant pas en faveur de sa cause le cinquième des voix.

Le texte d'Elien cité plus haut, si toutefois ils se rapporte à cette affaire, indique que le procès a été plaidé devant l'Aréopage.

4. La date du procès. — Nous ne connaissons pas la date du procès de Théophraste, mais nous pouvons la fixer approximativement d'après ce que nous savons de l'accusateur. Hagnonidès était absent d'Athènes depuis 322 (voyez *supra*, p. 199) ; il n'y rentra qu'après la mort d'Antipater en 319, date que nous pouvons poser comme « terminus post quem ». Selon Plutarque, il mourut peu de temps après la condamnation de Phocion (318), mais il est cependant encore mentionné dans un décret (³) de 317. Le procès a donc eu lieu entre 319 et 316-315 environ. Si l'on admet l'hypothèse de Schömann et Lipsius (⁴), d'après laquelle la juridiction sur les délits religieux aurait été rendue à l'Aréopage par Démétrios de Phalère, peut-être pourrions-nous dire avec plus de précision entre 317 et 315.

(¹) Diogène Laerce, II, 101 ; IV, 14 ; Athénée, X, 422.
(²) Diogène Laerce, V, 37.
(³) C. I. A., IV, 2, 231*b*, 39.
(⁴) Schömann-Lipsius, *Das Attische Recht*, pp. 366 sq.

II. — Le procès de Stilpon

1. **Célébrité de Stilpon.** — Avec Euclide, Stilpon fut un des chefs les plus considérés de l'école de Mégare. Son œuvre étant complètement perdue ([1]), nous ne pouvons guère vérifier s'il méritait la notoriété qu'il s'était acquise déjà de son vivant. Les rois eux-mêmes cherchaient, mais en vain, à l'attirer à leurs cours. Lorsqu'il s'empara de Mégare, Ptolémée Soter lui envoya de l'argent et l'invita à l'accompagner en Egypte. Stilpon aurait décliné l'invitation, mais ne se serait fait aucun scrupule d'accepter l'argent et de se sauver à Egine, jusqu'au moment où Ptolémée quitta Mégare ([2]). Lorsqu'à son tour Démétrios le Poliorcète prit Mégare, il lui conserva sa maison et remplaça ce qu'on avait pu y détruire ([3]).

Son enseignement plein d'esprit, son caractère dont on vantait la simplicité, la franchise, le désintéressement, lui attiraient une foule de disciples et lui gagnaient l'estime et la considération générales ([4]). Quand il vint à Athènes, les artisans sortirent de leurs ateliers pour le voir. On le regardait comme une bête curieuse ([5]).

2. **Son attitude vis-à-vis de la religion.** — Stilpon, qui avait été disciple de Diogène ([6]), avait largement subi l'influence du chef des Cyniques. Bien qu'il s'en éloignât par la conscience qu'il avait de ses devoirs d'homme et de citoyen ([7]), il s'en rapprochait

---

([1]) Il ne nous reste qu'un infime fragment conservé dans TÉLÈS, p. 14 Hense. A ce sujet, voyez TH. GOMPERZ, *Rhein. Mus.*, 32, pp. 477 sq. et WILAMOWITZ, *Antigonos von Karystos*, p. 360.

([2]) DIOGÈNE LAERCE, II, 115.

([3]) DIOGÈNE LAERCE, II, 115; SÉNÈQUE, *dial.*, II, 5, 6; *epist.*, 9, 18 sq.; PLUTARQUE, *de lib. educ.*, 8, 5; cf. DIODORE, XX, 37 et 45.

([4]) DIOGÈNE LAERCE, II, 117 sq.; PLUTARQUE, *de vit. pudore*, 18, p. 536; *adv. Colot.*, 22, p. 1119c; DIOGÈNE LAERCE, II, 113 (= SUIDAS, *s. v.* Μεγαρίσαι) exagère visiblement : τοσοῦτον εὑρησιλογίᾳ καὶ σοφιστείᾳ προῆγε τοὺς ἄλλους, ὡς μικροῦ δεῆσαι πᾶσαν τὴν Ἑλλάδα ἀφορῶσαν εἰς αὐτὸν μεγαρίσαι. Il donne ensuite une liste de philosophes qui auraient abandonné leurs maîtres pour suivre Stilpon.

([5]) DIOGÈNE LAERCE, II, 118.

([6]) *Ibid.*, VI, 76.

([7]) Il s'était marié; sa fille se conduisait mal : DIOGÈNE LAERCE, II, 114; cf. PLUTARQUE, *de tranq. animi*, 6, p. 428. Il était, dit Diogène Laërce, πολιτικώτατος que GOMPERZ, *Les Pens. de la Grèce*, II, p. 202, note 2 (cf. WILAMOWITZ, *Antigonos von Karystos*, p. 42, note 14), traduit par « un homme du monde

beaucoup cependant par sa façon de parler, sa morale et son attitude vis-à-vis de la religion.

Comme son maître, il semble s'être complu à railler les dieux. Il était au mieux avec le fameux Théodore l'Athée (¹), ce qui est loin d'être une recommandation de dévotion.

Il ne se gênait pas non plus pour transgresser les règlements religieux. On racontait qu'après avoir mangé de l'ail, il s'était endormi dans le temple de la Mère des Dieux. Or, l'entrée de ce sanctuaire était interdite à toute personne ayant mangé de l'ail. La déesse lui étant apparue en songe lui dit : « Tu es philosophe, Stilpon, et cependant tu violes les règlements ». Stilpon répliqua : « Procure moi à manger et je ne me nourrirai plus de gousses d'ail » (²).

Cette anecdote doit être rapprochée d'une autre histoire que raconte Plutarque (³). Stilpon ne se conformait pas à la coutume suivant laquelle, tous les ans, chaque Mégarien sacrifiait un bœuf à Poseidon. Le dieu lui apparut en songe tout courroucé et lui reprocha sévèrement son manquement. Stilpon s'exclama : « Que dis-tu Poseï » don ? Tu viens comme un enfant m'adresser des reproches parce » que je ne me suis pas endetté pour empester la ville de l'odeur » de viande brûlée ; mais je t'ai sacrifié chez moi selon mes moyens ». Satisfait de cette réponse, Poseidon sourit, lui tendit la main et lui dit de continuer à sacrifier chez lui.

Comme le suppose Zeller (⁴), Stilpon, qui ne croyait nullement aux dieux de la mythologie, avait peut-être inventé cette histoire pour répondre à ceux qui lui reprochaient de ne pas prendre part aux sacrifices publics. Quoi qu'il en soit, ce qu'il faut retenir de ces anecdotes, c'est qu'on le considérait comme un incrédule, qui faisait bon marché des règlements religieux et osait même se soustraire aux obligations des sacrifices publics. Cette hostilité du philosophe de Mégare à la religion populaire était sans doute due à l'influence de Diogène le Cynique, mais elle peut aussi facilement s'expliquer chez un disciple d'Euclide. La pluralité des dieux, leurs attributs,

---

tout à fait accompli ». Mais il nous semble qu'il faut comprendre avec SUSEMIHL, *Gesch. der Griech. Lit. in der Alexandriner Zeit*, I, p. 17, note 40, que Stilpon s'occupait de politique ou du moins remplissait ses devoirs de citoyen.

(¹) Voyez l'anecdote racontée par DIOGÈNE LAERCE, II, 100.
(²) ATHÉNÉE, 422d.
(³) PLUTARQUE, *Mor.*, 83c.
(⁴) ZELLER, *Philos. der Griech.* ⁴, II, 1, p. 274, note 4.

leurs qualités et défauts étaient des conceptions peu conciliables avec la théorie mégarique de l'unité et de l'immutabilité de l'Etre et du Bien, doctrine qui conduisait à l'unité de la divinité. Selon toute vraisemblance, Stilpon n'était donc pas athée au sens moderne du mot, mais il attaquait la religion populaire, l'antropomorphisme et spécialement, comme nous le verrons plus loin, le culte des images.

3. **Son procès**. — Mégare semble avoir permis sans restriction les libertés de langage des philosophes à l'égard des dieux ; mais à Athènes, même à la fin du IVe siècle, il était toujours dangereux d'afficher son incrédulité et surtout de se moquer des choses divines. Lorsqu'il séjournait dans cette ville, Stilpon sentait la nécessité de mesurer ses paroles. On raconte qu'un jour Cratès le Cynique lui ayant demandé si les adorations et les prières sont agréables aux dieux, il répondit : « Ne me questionne pas sur ce sujet dans la rue, mais seul à seul » ([1]).

Malgré les précautions qu'il prenait et en dépit de sa grande réputation, Stilpon se vit bientôt interdire le sol de l'Attique. Selon Diogène Laërce, il fut traduit devant l'Aréopage pour avoir tenu à propos de l'Athénè de Phidias ce raisonnement impie : « L'Athénè » de Zeus est-elle dieu (θεός) ? » Son interlocuteur acquiesçant, « Mais celle-ci, dit-il, n'est pas de Zeus, mais de Phidias ». L'autre marquant de nouveau son accord, il conclut : « Elle n'est donc pas dieu ».

Notre philosphe jouait sur le sens de l'expression εἶναί τινος, qui signifie « être fils de quelqu'un » ou indique seulement l'appartenance. En refusant de reconnaître la qualité divine à l'Athénè de Phidias, il s'attaquait au culte des images.

Devant les Aréopagites, il ne tenta même pas de nier, croyant pouvoir se sauver par un trait d'esprit. Il prétendit qu'il n'avait rien dit de répréhensible et qu'il avait très bien raisonné, « car Athénè n'est pas dieu mais déesse ; les dieux sont en effet du sexe masculin » ([2]). Malheureusement pour lui, les juges n'admirent

---

([1]) DIOGÈNE LAERCE, II, 117. Nous nous permettons de placer la scène de cette anecdote à Athènes, bien que Diogène ne la situe pas, parce que ces paroles ne semblent pas avoir de sens à Mégare, où personne, du moins à notre connaissance, ne fut poursuivi pour athéisme.

([2]) DIOGÈNE LAERCE, II, 116. A propos de cette réponse, Théodore l'Athée aurait lancé cette boutade : πόθεν δὲ τοῦτ' ᾔδει Στίλπων ; ἢ ἀνασύρας αὐτῆς τὸν κῆπον ἐθεάσατο ;

pas cette thèse trop habile ; ils ordonnèrent au Mégarien de quitter Athènes sur le champ.

4. Date du procès. — Il est impossible de déterminer exactement la date du procès. Diogène Laërce, notre seule source, ne donne aucun indice qui puisse nous aider. Il est cependant probable qu'il a eu lieu à une époque déjà assez avancée de la vie du philosophe, au plus tôt vers son ἀκμή, sinon on ne comprendrait pas ce qu'on nous dit de la curiosité qu'avait éveillée chez les Athéniens l'arrivée de Stilpon.

Mais sur la chronologie de sa vie, nous ne sommes guère mieux documentés. La seule chose que nous sachions d'une façon sûre, c'est qu'il était en vie lors de la prise de Mégare par Ptolémée Soter, en 307, et en 306, lorsque Démétrios le Poliorcète s'en empara à son tour (¹).

Dès lors, il est impossible de croire à l'assertion de Suidas (*s. v.* Στίλπων) qui fait naître notre philosophe sous le premier Ptolémée, dont le règne ne commença qu'en 323. Car Stilpon n'aurait pu être l'objet de tant d'attentions de la part des deux princes, s'il avait été alors à peine adolescent.

Il est tout à fait aussi invraisemblable qu'il ait été disciple (²) d'Euclide (450-380 environ d'après C. Robert dans Pauly-Wis., s. v. *Eukleides*), puisque, dans ce cas, il eût été âgé de 94 ans en 306, si nous lui donnons 20 ans à la mort d'Euclide.

La vérité est probablement entre ces deux versions également excessives. Si nous tenons compte que Stilpon fut le troisième chef de l'Ecole de Mégare après Euclide, mort vers 380, et Ichtyas ; qu'il était contemporain de Cratès, qui florissait à la 113ᵉ Ol. (328-

---

(¹) Sur la date du premier de ces événements, voyez : Olympiodore, 118, 1 : Diodore, XX, 37 ; sur celle du second : Olympiodore, 118, 2 ; Diodore, XX, 45.

(²) Diogène Laerce, II, 113 : Στίλπων Μεγαρεὺς τῆς Ἑλλάδος διήκουσε μὲν τῶν ἀπ' Εὐκλείδου τινῶν · οἱ δὲ καὶ αὐτοῦ Εὐκλείδου ἀκοῦσαί φασιν αὐτόν ; Suidas, s. v. Στίλπων…. μαθητὴς τοῦ Πασικλέους τοῦ Θηβαίου ὅς ἠκροάσατο Κράτητος τοῦ ἀδελφοῦ καὶ Διοκλείδου τοῦ Μεγαρέως · ὁ δὲ Εὐκλείδου. Ce texte a été corrigé par Reinesius, *Var. lect.*, III, p. 364, d'après Diogène Laerce, *loc. cit.* Reinesius lit Εὐκλείδου au lieu de Διοκλείδου et οἱ δὲ à la place de ὁ δὲ. Dès lors le texte signifierait que Stilpon était, d'après une tradition, élève de Pasiclès, qui était élève d'Euclide, selon une autre tradition, élève d'Euclide lui-même. La correction οἱ δὲ s'impose, mais il n'est pas sûr qu'il faille corriger Διοκλείδου. Cf. Pauly-Wiss., s. v. *Diokleides*.

325), et qu'il entendit certains disciples (¹) d'Euclide, nous placerons approximativement sa naissance vers 370. S'il en est ainsi, puisque l'admiration que lui témoignèrent les Athéniens nous oblige à reculer le procès à une époque assez avancée de la vie du philosophe, nous pouvons poser comme « terminus post quem » 320 environ. Malheureusement, comme nous savons seulement que Stilpon atteignit un grand âge (²), il est impossible de fixer un « terminus ante quem », qui nous permettrait d'arriver à une plus grande précision.

III. — Le procès de Théodore

1. **Il est expulsé de sa patrie.** — Théodore de Cyrène est peut-être l'homme qui fut le plus célèbre dans l'antiquité pour ses opinions antireligieuses. C'était aux yeux des anciens le type de l'athée par excellence.

Vers la fin du IVe siècle, il fut chassé de sa patrie. A cette époque, Cyrène passait par une violente crise politique : les aristocrates (³) étaient exilés en masse et se réfugiaient chez le roi d'Egypte Ptolémée Lagos. Comme le conjecture Zeller (⁴), Théodore faisait probablement partie de cette aristocratie. Quoi qu'il en soit, il quitta Cyrène et se rendit en Grèce (⁵), où il choisit sans doute comme résidence Athènes. Mais les habitants de cette ville ne tardèrent pas à l'expulser à leur tour.

2. **Sa morale scandaleuse.** — Les Athéniens pouvaient se scandaliser aussi bien de ses propos impies que de son étrange morale. A ce dernier point de vue, l'épithète de « très hardi » (θρασύτατος) que lui décerne Diogène Laërce est loin d'être exagérée (⁶). D'après lui, dans certaines occasions, les sages peuvent se permettre les plus grands excès, car la valeur des actes ne dépend que du but que l'on s'est proposé d'atteindre ; il en arrivait ainsi à conclure que n'importe

---

(¹) Sur ses disciples et contemporains, voyez Diogène Laerce, II, 113 sq. ; 120 ; Sénèque, *Epist.*, 10, 1 ; Suidas, *s. v.* Εὐκλείδης.

(²) Diogène Laerce, II, 120.

(³) Voyez Thrige, *Res Cyrenaïcae*, p. 206 sqq.

(⁴) Zeller, *Philos. der Griech.*⁴, II, 1, p. 341, note 1 ; Philon, p. 884c, dans une anecdote (voyez *infra*, § 4) fait dire à Théodore que sa patrie était trop étroite pour recevoir ses pensées.

(⁵) Diogène Laerce, II, 103 ; cf. Philon, *Quod omn. prob. lib.*, 884c.

(⁶) Diogène Laerce, II, 116 ; épithète largement méritée par ce passage et VI, 97.

quelle action, dans telle circonstance, était permise. L'opinion désigne certaines choses comme honteuses, mais le sage saura se mettre au-dessus de cette conception, qui ne sert qu'à restreindre les excès des imbéciles ; il saura dans quel cas il doit commettre ce que l'on appelle ordinairement des crimes et alors ne reculera pas devant l'adultère, le vol ou le sacrilège (¹). De même, disait-il, qu'une femme et un jeune garçon sont utiles en raison de leurs connaissances, de même les belles femmes et les beaux garçons sont utiles en raison de leur beauté et ils sont faits pour que l'on s'en serve.

Théodore bannissait l'amitié. Le sage, disait-il, n'a pas besoin d'amis, il se suffit à lui-même. Et, chose plus grave encore, le patriotisme n'avait pas trouvé grâce devant cet étrange moraliste. Selon lui, le sage a le monde comme patrie ; il ne fera donc pas le sacrifice de sa vie au profit des insensés (²).

3. **Son attitude envers la religion.** — Théodore n'était pas moins hardi dans ses sarcasmes sur la religion. Un jour, s'adressant à l'hiérophante : « Dis-moi, dit-il, Euryclide, quels sont ceux » qui commettent des impiétés envers les mystères ? — L'autre » répondant : Ceux qui les révèlent à des gens non initiés. — Tu es » donc aussi impie, dit-il, puisque tu instruis les non initiés » (³).

Son impiété était si notoire que les anciens ne l'appellent jamais que Théodore ὁ ἄθεος. Diogène Laërce prétend qu'on le nommait aussi θεός, sans doute par ironie, ou antiphrase, ou peut-être à la suite de certains propos que lui aurait tenus Stilpon (⁴). Mais il est difficile de dire jusqu'à quel point il méritait le surnom d'athée.

(¹) Diogène Laerce, II, 99 : κλέψειν τε καὶ μοιχεύσειν καὶ ἱεροσυλήσειν ἐν καιρῷ · μηδὲν γὰρ τούτων φύσει αἰσχρὸν εἶναι τῆς ἐπ' αὐτῆς δόξης αἰρομένης, ἣ σύγκειται ἕνεκα τῆς τῶν ἀφρόνων συνοχῆς. Epiphane, adv. haer., III, 2, 9, 24 (Dox., 291, 25) altère la doctrine de Théodore, lorsque, ne tenant pas compte de la réserve ἐν καιρῷ, il dit que le philosophe poussait tout le monde au vol, au parjure et à la fraude. Toutefois ceci est vrai en ce qui regarde les conséquences inévitables que devaient avoir de tels principes.

(²) Diogène Laerce, II, 98 sq. : Epiphane, loc. cit. Sur tous ces détails, voyez Zeller, Philos. der Griechen⁴, II, 1, pp. 375 sqq.

(³) Diogène Laerce, II, 101.

(⁴) Δοκεῖ δὲ θεὸς κληθῆναι, Στίλπωνος αὐτὸν ἐρωτήσαντος οὕτως, « ἆρά γε, Θεόδωρε, ὃ φῆς εἶναι, τοῦτο καὶ εἶ » ; ἐπινεύσαντος δέ, « φῆς δ' εἶναι θεόν ; » τοῦ δ' ὁμολογήσαντος, « θεὸς εἶ ἄρα », ἔφη · δεξαμένου δ' ἀσμένως, γελάσας φησίν, « ἀλλ', ὦ μόχθηρε, τῷ λόγῳ τούτῳ καὶ κολοιὸς ἂν ὁμολογήσειας εἶναι καὶ ἄλλα μυρία ». Diogène Laerce, II, 100.

On sait, en effet, que cette épithète était décernée à ceux qui niaient l'existence des dieux de la religion d'Etat, bien qu'ils pussent reconnaître l'existence de la Divinité. Théodore était-il un de ceux-là, ou bien professait-il l'athéisme au sens moderne du mot ? Zeller ([1]) s'était décidé pour le second point de vue, mais Gomperz ([2]) déclare « que l'opinion qui fait de Théodore un athée au sens propre du mot, n'est pas soutenable ».

En examinant de près les textes que l'on a fait valoir pour défendre l'une ou l'autre de ces opinions, on se rend compte qu'aucun n'est assez probant pour nous faire admettre que Théodore avait foi en une divinité quelconque. Car il ne faut pas prendre au sérieux l'anecdote que raconte Diogène Laërce ([3]), sur laquelle Gomperz compte beaucoup pour fonder son opinion. N'est-il pas hasardeux de tirer argument d'une histoire qui, comme le dit Zeller, donne l'impression d'avoir été écrite à la légère ?

Nous savons d'une façon sûre, qu'il attaquait avec acharnement les dieux du paganisme grec. Il avait écrit un livre intitulé περὶ θεῶν ([4]), où il se livrait à une sévère critique des théories théologiques. « Il y ruinait » dit Sextus Empiricus, « par des arguments variés les opinions des Grecs sur les dieux ». De cette donnée et d'une autre phrase de Diogène, nous pouvons seulement conclure que Théodore niait l'existence des dieux de la religion grecque. Mais allait-il jusqu'à rejeter le principe même de la divinité ?

Gomperz a cru trouver chez Clément d'Alexandrie ([5]) la preuve qu'il admettait l'existence d'une divinité philosophique quelconque. Clément s'étonne que l'on ait décerné le nom d'athée à Théodore et à d'autres personnes « qui ont vécu avec sagesse et ont vu d'une

---

([1]) ZELLER, *Phil. d. Gr.*⁴, II, 1, p. 376, note 3.

([2]) GOMPERZ, *Les Penseurs de la Grèce*. II, p. 250, note 1.

([3]) Voyez p. précéd., note 4.

([4]) DIOGÈNE LAERCE, *Proem.*, 16., cite Théodore parmi les philosophes qui n'ont rien écrit, mais cette assertion est contredite par des témoignages précis de Diogène lui-même, qui, fait curieux, avoue même qu'il a eu l'ouvrage entre les mains, II, 97. Καὶ αὐτοῦ περιετύχομεν βιβλίῳ ἐπιγεγραμμένῳ περὶ θεῶν, οὐκ εὐκαταφρονήτῳ ; SEXTUS EMPIRICUS, *adv. math.*, IX, 55 (404, 20Bk.) ... διὰ τοῦ περὶ θεῶν συντάγματος τὰ παρὰ τοῖς Ἕλλησι θεολογούμενα ποικίλως ἀνασκευάσας. Cf. DIOGÈNE LAERCE, II, 97 : Ἦν Θεόδωρος παντάπασιν ἀναιρῶν τὰς περὶ θεῶν δόξας. On ne peut rien tirer de plus non plus de SEXTUS EMPIRICUS, *Pyrrh.*, III, 218 : θεοὺς γὰρ οἱ μὲν πολλοί φασιν εἶναι, τινὲς δὲ οὐκ εἶναι ὥς οἱ....

([5]) CLÉMENT D'ALEXANDRIE, *Protr.*, II, 24, 2 St.

» façon plus perspicace que les autres hommes, l'erreur au sujet
» de ces dieux » (les dieux du polythéisme). Mais, pour juger ce passage, il faut tenir compte de ce qu'entend Clément par athée. Il appelle athées, dit-il quelques lignes plus haut (23, 1), ceux qui ignorent le vrai Dieu et qui en outre rendent un culte à de faux dieux. Ce sont, continue-t-il, des gens atteints d'un double athéisme, d'abord parce qu'ils ignorent le vrai Dieu, ensuite parce qu'ils honorent des dieux qui n'existent que de nom. D'après cette conception, Théodore n'était qu'à moitié athée : « s'il n'avait pas vu la vérité
» en elle-même, il avait du moins soupçonné l'erreur des adeptes
» du polythéisme, ce qui n'est pas un mince progrès de la pensée dans
» la marche vers la vérité ». Aux yeux de Clément en lutte contre le polythéisme, les anciens, qui comme lui avaient attaqué les dieux, valaient beaucoup mieux que leurs adorateurs : délivrés des erreurs de leurs contemporains, ils étaient mieux préparés à recevoir les lumières de l'Evangile.

Ainsi compris, ce texte ne prouve nullement que Théodore croyait à l'existence d'un principe divin. Mais il ne nous apprend pas non plus d'une façon certaine si le philosophe de Cyrène était un athée au sens propre, car les mots « Ils n'ont pas vu la vérité en elle-même » ne sont pas assez explicites. On ne peut en effet savoir si Clément a voulu désigner par là simplement la croyance à une divinité unique, ou plus spécialement au Dieu des Chrétiens avec ses qualités de perfection infinie.

Heureusement nous avons des témoignages [1] plus précis, parmi lesquels celui de Cicéron (*de nat. deor.*, 1, 2) : *Nullos (deos) esse omnino Diagoras Melius et Theodorus Cyrenaicus putaverunt* ; 1, 23, 63 : *Diagoras..... posteaque Theodorus nonne aperte deorum naturam sustulerunt ?* et encore 1, 42, 117 : *Diagoram et Theodorum qui omnino deos esse negabant*. L'insistance avec laquelle Cicéron fait remarquer qu'il n'admettait absolument aucun dieu, et qu'il anéantissait l'essence des dieux, ne peut guère laisser de doute sur les convictions de Théodore.

Un texte de Plutarque [2], qui semble n'avoir jamais été bien

---

[1] PLUTARQUE, *de plac. phil.*, I, 7, p. 880d (= DIELS, *Doxogr.*, p. 297) dit aussi que plusieurs autres philosophes et Θεόδωρος ὁ Κυρηναῖος καθόλου φασὶ μὴ εἶναι θεούς. Cf. ÉPIPHANE, *adv. haer.*, III, 2, 9, 24 (*Doxogr.*, p. 291, 25); MINUCIUS FELIX, *Oct.*, 8, 2 ; LACTANCE, *de ira Dei*, 9.

[2] PLUTARQUE, *de com. not.*, XXXI, 3, p. 1075a.

compris, renforce singulièrement les affirmations de Cicéron. « On
» pourrait peut-être, dit Plutarque, trouver des nations barbares
» ou sauvages qui n'ont pas la notion de la divinité ; mais il n'a
» jamais existé aucun homme qui, tout en ayant la notion de la
» divinité, la conçoive comme étant périssable et non éternelle.
» Aussi ceux que l'on a surnommés athées, les Théodore... n'ont pas
» osé dire que la divinité était quelque chose de périssable, mais
» ils ne croyaient pas qu'il existât quelque chose d'impérissable.
» Ils attaquaient l'existence de l'impérissable, mais ils conservaient
» la notion commune de la divinité ».

Le texte grec, il faut l'avouer, n'est pas clair, et, à première vue, on croirait y voir des contradictions. Qu'a voulu dire Plutarque ? Il s'agit ici non de la croyance, mais de la notion de divinité. Plutarque pose ce principe : tout homme, pourvu qu'il possède la notion de divinité, a en même temps celle de l'éternité de l'être divin. Et il donne un exemple : les athées n'ont jamais dit que la divinité était périssable, parce que eux aussi, tout en ne croyant pas à la divinité, avaient conservé la notion de ce que devrait être la divinité si elle existait. Ils se rendaient compte que s'ils avaient voulu démontrer que la divinité était périssable, leur proposition aurait été en elle-même un non-sens, puisque l'idée de divinité suppose celle d'éternité. Aussi ont-ils suivi une autre voie pour justifier leur athéisme (au sens propre) : il n'y a rien qui ne soit périssable. Or, la divinité, si elle existait, devrait être impérissable. Donc il n'existe pas de divinité.

Si l'on adopte l'interprétation que nous proposons, on ne peut plus dire avec Gomperz que ce passage de Plutarque « ne prouve rien ». Tout au contraire, nous y apprenons que Théodore niait qu'il pût exister quelque chose d'éternel, ce qui est la condition « sine qua non » de tout principe divin. C'était donc véritablement un athée au sens moderne du mot.

4. **Le procès.** — La morale de Théodore ne pouvait être que jugée sévèrement par les Athéniens. Un homme qui allait jusqu'à prêcher les vices les plus honteux et les plus grands crimes, qui attaquait les vertus sacrées de l'amitié et du patriotisme, devait leur paraître un véritable danger social. Chose plus grave encore, Théodore affichait une impiété sans réserve, ruinant délibérément dans ses écrits et ses discours toute idée de religion. Personne peut-

être n'avait mérité plus que lui d'être traduit devant les tribunaux pour rendre compte de ses impiétés.

Au sujet de son procès, comme pour presque tous les autres cas que nous avons examinés, il règne la plus grande confusion chez les auteurs anciens. Diogène Laërce ([1]) dit qu'il s'en fallut de peu qu'il ne fût traîné devant l'Aréopage, mais que Démétrios de Phalère le sauva. Puis il ajoute qu'Amphicrate ([2]), un rhéteur du 1er siècle av. J.-C., déclare, dans son livre *Sur les hommes illustres*, que Théodore fut condamné à boire la ciguë. On trouve une confirmation de cette dernière version chez Athénée ([3]). D'après lui, Théodore périt, comme Socrate, victime de l'hostilité des Grecs à la philosophie et à la rhétorique.

Après les deux versions que nous venons de donner, Diogène Laërce (ce qui montre son peu de sens critique) raconte une anecdote, de laquelle on peut déduire que Théodore fut chassé d'Athènes. Envoyé en ambassade par Ptolémée Lagos auprès de Lysimaque, celui-ci demanda à Théodore qui, selon son habitude, employait un langage hardi : « Dis-moi, Théodore, n'as-tu pas été chassé d'Athènes ? » — « Tu es bien informé, répondit le philosophe ; la ville » d'Athènes, en effet, comme Sémélé pour Dionysos, ne pouvant » me supporter, m'expulsa ».

Plutarque ([4]) raconte la même anecdote, mais avec une divergence essentielle. D'après lui, Lysimaque aurait dit : « ἡ πατρίς σε τοιοῦτον ὄντ' ἐξέβαλε ; » Dans ce cas, Lysimaque aurait fait allusion au bannissement de Théodore par les habitants de Cyrène. Lequel des deux, de Diogène ou de Plutarque, a changé l'anecdote ? Un texte de Philon le Juif ([5]) va nous tirer d'embarras.

« L'histoire raconte, dit-il, que Théodore, celui qui est surnommé » l'Athée, fut chassé d'Athènes et se rendit auprès de Lysimaque. » Comme un des hauts fonctionnaires lui reprochait son bannissement » et en même temps lui citait ses fautes, à savoir qu'il avait été » chassé à la suite d'une condamnation pour athéisme et pour corrup- » tion de la jeunesse, il répondit : Je n'ai pas été chassé ; j'ai subi » le même sort qu'Héraclès, fils de Zeus, qui fut mis de côté par

---

([1]) Diogène Laerce, II, 101.
([2]) Sur Amphicrate, voyez Schwartz, dans Pauly-Wiss., *s. v.*, n° 4.
([3]) Athénée, 611a.
([4]) Plutarque, *de exilio*, XVI, p. 606b.
([5]) Philon, *Quod omn. prob. lib.*, 18, p. 884.

» les Argonautes, alors qu'il n'avait rien fait de mal, mais parce
» que constituant à lui seul cargaison et leste, il surchargeait le
» navire et faisait craindre à ses compagnons de voyage que le vais-
» seau ne coulât. Et moi j'ai été chassé parce que les citoyens d'A-
» théniens, ne pouvant rivaliser avec la hauteur et la grandeur de
» ma pensée, me jalousaient ».

« Lysimaque lui demanda en outre : N'as-tu pas aussi été chassé
» de ta patrie par jalousie ? — Ce n'est pas par haine, dit-il, mais
» parce que ma patrie ne peut pas admettre la surabondance de
» dons naturels »... etc.

Nous avons mis en parallèle les trois versions de l'anecdote, parce qu'il nous a paru intéressant de montrer combien les anciens mutilaient ou contaminaient facilement ce genre de récits. Il est évident que c'est Philon qui a conservé la tradition la meilleure et la plus complète.

Que conclure de tout cela ? Il faut d'abord écarter résolument la version qui fait condamner à mort Théodore, puisqu'elle est contredite par ce que nous savons des séjours du philosophe auprès de Ptolémée Lagos et de Lysimaque. Diogène Laërce est sans doute aussi mal informé, lorsqu'il dit que Démétrios sauva Théodore d'une comparution devant l'Aréopage. Diogène, qui ne cite pas sa source, est seul de cet avis. Tous les autres parlent de bannissement ou de mort, et à la suite d'un jugement, dit Philon. D'après cet auteur, conjointement au grief d'impiété, Théodore était aussi accusé de corrompre la jeunesse, reproche assez justifié par ce que nous avons dit de sa morale. Le procès, semble-t-il, a donc eu lieu. Toutefois de la donnée de Diogène Laërce nous pouvons retenir que Théodore fut jugé par l'Aréopage et sous Démétrios de Phalère (317-307). Il n'est pas impossible non plus que le Régent, esprit assez libre, ait cherché à protéger le philosophe. Peut-être est-ce grâce à son influence que l'Athée échappa à la condamnation à mort et put se tirer d'affaire avec une sentence de bannissement. Il se réfugia en Egypte chez Ptolémée Lagos. Celui-ci lui témoignait beaucoup de considération, puisqu'il l'envoya en mission chez Lysimaque de Macédoine. A la fin de sa vie, Théodore rentra dans sa patrie, où Magas, le fils de l'Evergète, lui réserva le meilleur accueil [1].

---

[1] Diogène Laerce, II, 102.

5. Les causes du procès. La loi de Sophocle.

— Théodore, nous l'avons dit, méritait largement d'être traduit en justice pour impiété et corruption de la jeunesse. Mais il n'est guère probable que ce sont ces raisons qui ont armé le bras de l'accusateur.

Le gouvernement de Démétrios de Phalère n'était pas à proprement parler une oligarchie ; le nombre des citoyens jouissant des droits politiques était trop grand pour qu'on puisse employer ce terme (1). Mais cependant le Régent possédait un pouvoir très étendu, si bien que Plutarque a pu dire que le régime de cette époque était, en fait, monarchique (2). Et c'était une monarchie appuyée sur les lances macédoniennes, soupçonneuse jusqu'à l'excès, intervenant par les gynéconomes et les nomophylaques dans les affaires privées les plus intimes. Aussi le vieux parti démocrate et antimacédonien, bientôt reformé, ne tarda-t-il pas à manifester son activité.

Démétrios s'entourait de philosophes auxquels il accordait généreusement sa protection. C'est par ce côté qu'on l'attaqua. D'ailleurs la plupart des philosophes n'étaient pas Athéniens de naissance et les plus remarquables d'entre eux non seulement se montraient antidémocrates dans leurs écrits et leur enseignement, mais étaient en rapports suivis avec les chefs macédoniens. C'était, du reste, une opinion courante à cette époque que, pour être philosophe, il fallait voir dans la démocratie une idée surannée, et dans la monarchie le véritable principe de gouvernement. Nous savons déjà que les causes du procès de Théophraste sont certainement politiques ; il n'est peut-être pas trop hardi de voir dans les procès de Stilpon et de Théodore, qui vraisemblablement doivent se placer aussi sous Démétrios de Phalère, l'œuvre du parti démocrate et antimacédonien.

Un événement, qui suivit immédiatement la chute du Régent, rend d'ailleurs cette hypothèse infiniment probable. Tant que Démétrios de Phalère fut maître d'Athènes, l'opposition ne pouvait attaquer les philosophes que par une voie détournée ; on était obligé de recourir au vieux procédé, qui, du reste, n'avait que trop bien fait ses preuves : l'accusation d'impiété. Mais lorsque Démétrios le Poliorcète eut chassé le Régent, lorsqu'il fut entré dans la ville en libérateur (307), la haine du parti patriote et démocrate à l'égard des philosophes

---

(1) Le cens était de 1000 drachmes, c'est-à-dire, à 12%, 120 dr. de revenu. Voyez BOECKH, *Die Staatshaushaltung der Athener*³, I, p. 52 ; CAVAIGNAC, *Hist. de l'Antiquité*, III, p. 21.

(2) PLUTARQUE, *Dem.*, 10 ; cf. PAUSANIAS, I, 25, 6.

put se manifester au grand jour. Dans le délire que leur donnait la liberté qu'ils croyaient reconquise, les farouches patriotes prirent une mesure extrême contre les philosophes jugés indésirables. Un certain Sophocle, fils d'Amphicleidès, du dème de Sounion, fit voter une loi interdisant sous peine de mort aux philosophes de tenir école à moins d'en avoir reçu l'autorisation à la fois de la Boulé et de l'Ecclésie (¹). C'était en réalité bel et bien l'expulsion de tous les philosophes. Théophraste, que l'on n'avait pu chasser par le procès d'impiété, se vit, cette fois, obligé de quitter Athènes. Ce ne fut pas pour longtemps. La loi de Sophocle était d'une rigueur exagérée, incompatible avec l'esprit de liberté des Athéniens ; le moment de fol enthousiasme passé, un heureux revirement ne pouvait manquer de se produire. Aussi, moins d'un an après, le péripatéticien Philon intentait à Sophocle une action pour illégalité ; malgré l'intervention du fougueux démocrate Démocharès en faveur de l'accusé et de sa loi de prohibition, le tribunal donna raison au péripatéticien. Les Athéniens annulèrent la loi, condamnèrent Sophocle à l'énorme amende de cinq talents, s'il faut en croire Diogène Laërce, et décrétèrent le retour des philosophes (²).

IV. — Fin des procès d'impiété intentés aux philosophes.

La loi de Sophocle fut la dernière manifestation d'intolérance à Athènes. A partir du IIIe siècle avant J.-C., la tradition ne mentionne plus de poursuites incriminant les idées des philosophes

---

(¹) ALEXIS, dans sa pièce Ἱππεύς, chez ATHÉNÉE, 610e (KOCK, II, p. 327, n° 94) :

τοῦτ' ἔστιν Ἀκαδήμεια, τοῦτο Ξενοκράτης ;
πόλλ' ἀγαθὰ δοῖεν οἱ θεοὶ Δημητρίῳ
καὶ τοῖς νομοθέταις, διότι τοὺς τὰς τῶν λόγων,
ὥς φασι, δυνάμεις παραδιδόντας τοῖς νέοις
ἐς κόρακας ἔρρειν φασὶν ἐκ τῆς Ἀττικῆς.

Cf. DIOGÈNE LAËRCE, V, 38 ; POLLUX, IX, 42. Pendant longtemps, on data la loi de 316-315 avec CLINTON, *Fasti Hellen.*, p. 481. Mais presque tous les historiens admettent maintenant que le Démétrios cité par Alexis était le Poliorcète. Voyez notamment : GRAUERT, *Analekten*, I, p. 334 sq. ; DROYSEN, *Gesch. des Hell.* ², II, 2, p. 177 sqq. ; KIRCHNER, *Pros. Att.*, s. v. Σοφοκλῆς, n° 12835, etc.

(²) ATHÉNÉE, V, pp. 1 87 ; 215 ; XI, 508 ; XIII, 610 ; EUSÈBE, *Praep. Ev.*, XII, 2 ; DIOGÈNE LAËRCE, V, 38. Cf. SAUPPE, *Orat. Att.*, II, pp. 34 sq. ; SUSEMIHL, *Gesch. der Griech. Lit. in der Alexandrin. Zeit*, I, pp. 553 sq. ; WILAMOWITZ, *Antigonos von Karystos*, pp. 195 sq.

sur la religion. Sans doute, notre connaissance de l'histoire d'Athènes, lorsque cette ville ne fut plus, pour ainsi dire, qu'un chef-lieu de province, est beaucoup moins riche que pour les jours de sa grandeur ; mais nous pouvons cependant affirmer que l'état d'esprit du public n'était plus le même. Sous l'influence des progrès incessants de l'incrédulité, qui, déjà au IVe siècle, était un fait courant (voy. *infra*, p. 260), on finit par tolérer ce qui, deux siècles auparavant, aurait soulevé l'indignation générale.

Le fameux Bion de Borysthène, dont l'activité se place dans la première moitié du IIIe siècle, et qui s'était mis à l'école de Théodore l'Athée, soutenait que les dieux n'existaient pas (¹). Diogène Laërce raconte qu'étant tombé malade à Chalcis, il inspirait une telle horreur que personne ne voulut le soigner. Il fallut qu'Antigone lui envoyât des serviteurs. A en croire Diogène, il se serait converti à l'approche de la mort et aurait consenti à se laisser suspendre au cou des amulettes. De son vivant, il n'avait jamais été inquiété (²).

A la longue, on en était même venu à tolérer l'étude des phénomènes astronomiques avec toutes ses conséquences religieuses. Aristarque de Samos enseignait que la terre n'était pas la déesse Hestia assise immobile au centre du monde, mais qu'elle était une masse, qui, comme les autres planètes, tournait obliquement autour du soleil. Le stoïcien Cléanthe (³), qui écrivit même un ouvrage contre Aristarque, aurait voulu que les Grecs l'accusassent d'impiété. Mais personne ne consentit à prendre cette initiative. Le temps d'Anaxagore était loin ; une accusation de ce genre n'avait probablement plus aucune chance de succès.

Le philosophe Carnéade (⁴) avait adopté à l'égard du problème

---

(¹) Diogène Laerce, IV, 52 et 54.

(²) Il est vrai qu'il sentait encore la nécessité de prendre des précautions. Un jour qu'on lui demandait si les dieux sont sensibles aux prières et aux actes d'adoration, il aurait répondu (Diogène Laerce, II, 117) : οὐκ ἀπ' ἐμοῦ σχεδάσεις ὄχλον, ταλαπείριε πρέσβυ ; (nous ignorons d'où ce vers est tiré). Mais le soin qu'il prenait à se surveiller n'aurait peut-être pas suffi à le faire échapper à une accusation d'impiété si l'état d'esprit général ne s'était pas modifié. Les précautions dont s'entourait Stilpon n'avaient pu le protéger de poursuites.

(³) Plutarque, *de fac. lunae*, 6, p. 923a : Ἀρίσταρχον ᾤετο δεῖν Κλεάνθης τὸν Σάμιον ἀσεβείας προσκαλεῖσθαι τοὺς Ἕλληνας ὡς κινοῦντα τοῦ κόσμου τὴν ἑστίαν κτλ. Pour le livre de Cléanthe contre Aristarque voyez Diogène Laerce, VII, 174 ; cf. Decharme, *Critique des traditions religieuses*, p. 176 sq.

(⁴) Voyez Decharme, *op. cit.*, pp. 222-232.

de l'existence des dieux à peu près la même attitude que Protagoras. Mais, non content de déclarer que l'existence des dieux ne pouvait être prouvée scientifiquement, il s'attaquait en outre à l'anthropomorphisme. Et cependant, loin d'être accusé d'impiété, on le chargea d'une haute mission diplomatique. L'esprit d'intolérance avait définitivement vécu.

Il se produisit, en effet, tout un ensemble de circonstances qui expliquent dans une certaine mesure le changement d'attitude des Athéniens à l'égard des philosophes. Comme nous l'avons dit, déjà au IVe siècle, l'incrédulité n'était plus une rareté ; le mouvement ne fit que s'accentuer au cours des siècles suivants. D'un autre côté, les religions étrangères affluèrent en si grand nombre qu'il eût été vain de leur opposer des obstacles. Peut-être aussi l'exemple des monarchies orientales, qui accueillaient généralement les philosophes, eut-elle une certaine influence sur l'état d'esprit des Athéniens. Il ne faut pas non plus oublier qu'a partir du IIIe siècle, Athènes n'ayant plus aucune espèce d'importance dans le monde grec, la seule chose qui y attirait encore les étrangers, c'était les écoles de philosophie. Sévir contre elles aurait été un suicide pour Athènes. Enfin et surtout, la disparition des querelles politiques, provoquée par la perte de l'indépendance, amena aussi la disparition des mobiles qui, le plus souvent, faisaient agir les accusateurs.

Chapitre VIII

LA PROCÉDURE EMPLOYÉE DANS LES PROCÈS D'IMPIÉTÉ

1. Les lois contre les impies. — On connaît par de nombreux passages de la littérature grecque et par des inscriptions l'existence de lois écrites contre les délits matériels : sacrilèges, vols d'objets sacrés etc. Comme notre travail a pour objet les procès intentés aux philosophes pour leurs doctrines impies, la nomenclature de ces lois aurait ici peu d'intérêt.

Plutarque nous a conservé l'essentiel du texte du décret qui est pour ainsi dire la base de la plupart des actions que nous avons examinées. Nous avons dit plus haut (pp. 19 sq.) dans quelles circonstances ce décret de Diopeithès fut voté et nous n'y reviendrions pas s'il ne nous semblait nécessaire de préciser sa vraie signification.

On se rappelle la teneur de ce ψήφισμα : εἰσαγγέλλεσθαι τοὺς τὰ θεῖα μὴ νομίζοντας ἢ λόγους περὶ τῶν μεταρσίων διδάσκοντας. Anciennement on traduisait l'expression θεοὺς νομίζειν par « croire aux dieux ». Le premier, Eckermann (¹) s'éleva contre cet usage et prétendit que la locution en question signifiait en réalité « honorer les dieux ». Menzel (²) a essayé de montrer que cette expression avait le sens de « honorer les dieux suivant la coutume ». Taylor (³) adopte une opinion analogue : « ... νομίζειν θεούς ne signifie pas simplement croire qu'il y a des dieux, mais reconnaître les dieux en leur rendant les honneurs qui leur sont dus ». Plus récemment, R. Frese (⁴) a soutenu aussi que θεοὺς νομίζειν signifiait : « honorer les dieux suivant la coutume ».

(¹) ECKERMANN, *Relig. Geschichte*, I, p. 54.
(²) MENZEL, *Untersuchungen zum Sokr. Proc.*, dans les *Sitz. der kais. Akad. zu Wien*, n° 145, 1901-2, pp. 13 sqq.
(³) TAYLOR, *Socratica, first series*, pp. 7 sq.
(⁴) R. FRESE, *Die Aristophanische Anklage in Plat. Apol.*, dans *Philologus* (81), 1926, pp. 377 sqq.

La gravité du débat ne peut échapper à personne. Si l'interprétation que prônent ces auteurs est justifiée, le décret de Diopeithès ne visait pas l'incrédulité, la négation de l'existence des dieux, mais seulement les manquements au culte.

Il faut avouer que, dans certaines locutions, νομίζειν présente un sens qui se rapproche assez de celui qu'on veut lui reconnaître dans l'expression qui nous occupe. En effet, ce verbe tiré de νόμος (usage, coutume) a signifié d'abord « pratiquer comme coutume, suivre comme usage ». C'est ainsi que l'on rencontre les expressions νομίζειν γλῶσσαν (parler habituellement une langue, Hérodote, I, 142), νομ. φωνήν (*ibid.*, II, 42), οὔτε ἀσπίδα, οὔτε δόρυ νομ. (*ibid.*, V, 97), νομ. ἐκκλησίαν (Aristote, *Pol.*, III, 1, 10) et d'autres locutions réunies dans Liddell et Scott, au mot νομίζω.

Mais ce verbe, signifiant à l'origine « pratiquer, suivre la coutume », devait infailliblement passer au sens de « respecter, admettre la coutume, croire selon la coutume ». Finalement, il s'est confondu avec ἡγεῖσθαι. Toutefois, dans l'expression τοὺς θεοὺς νομίζειν, il a parfois gardé la nuance que lui confère sa racine. Nous croyons donc qu'il faut traduire par : « reconnaître (avec idée de croyance) l'existence des dieux selon la coutume ». Les arguments qu'on nous oppose ne nous semblent pas en effet pertinents.

Dans l'acte d'accusation de Socrate, libellé chez Platon (*Apol.*, 24 b) comme il suit : Σωκράτη φησὶν (Mélétos) ἀδικεῖν... καὶ θεοὺς οὓς ἡ πόλις νομίζει οὐ νομίζοντα, ἕτερα δὲ δαιμόνια καινά..., l'expression οὓς ἡ πόλις νομίζει, dit Menzel, ne peut signifier que « les dieux que la Ville honore ». Car la Ville chez les Grecs est une abstraction, une personne juridique. Elle peut agir par ses organes, mais elle ne peut ni penser ni croire. Mais ceci est un raisonnement de juriste moderne. Il n'est pas exact de dire que l'Etat chez les Grecs était une abstraction ; pour eux la πόλις est l'ensemble des citoyens. Même si Menzel avait raison, comme il n'appuie son affirmation sur aucun texte, nous pourrions croire que les Grecs n'avaient pas une notion précise de la personnalité juridique abstraite et que, dans leur manière de s'exprimer, ils prêtaient parfois à la πόλις des actes que seul un individu vivant peut accomplir.

R. Frese tire argument du fait que, dans l'acte d'accusation officiel (donné par Favorinos chez Diogène Laërce, II, 40), on ne trouve pas, comme chez Platon, ἕτερα καινὰ δαιμόνια νομίζων, mais ... εἰσηγούμενος. « Les dieux de l'Etat, dit-il, sont honorés

» suivant la coutume, mais on introduit de nouvelles divinités :
» νομίζειν et καινὰ δαιμόνια εἰσηγεῖσθαι sont opposés l'un à
» l'autre dans le document ». Mais cela ne prouve rien, car la même
opposition existe si l'on adopte notre interprétation : d'un côté,
« croire selon la coutume à l'existence des dieux de l'Etat», de l'autre,
« introduire de nouveaux dieux ». Et cette introduction de nouvelles
divinités suppose elle-même l'idée de croyance à ces divinités, si bien
que Platon, en énonçant l'acte d'accusation de Socrate, a pu remplacer
εἰσηγούμενος par νομίζων, pris ici simplement dans le sens de
« croire à » , sans idée de conformité à la coutume.

On fait remarquer que l'interprétation de τοὺς θεοὺς νομίζειν
dans le sens de « honorer les dieux » convient spécialement à la nature
de la religion grecque dépourvue de système dogmatique et dont
l'essence se réduit pour ainsi dire au culte. Mais il ne faut pas oublier
que la conservation du culte que l'on rendait aux dieux était subor-
donnée à la croyance à leur existence. Cette croyance détruite, le
culte ne pouvait se maintenir. Il est donc très naturel de voir les
Athéniens voter un décret interdisant l'incrédulité, d'autant plus que,
comme nous le verrons plus loin, cette mesure n'était en fait dirigée
que contre les propagandistes de l'athéisme.

Ce qui a surtout embarrassé les défenseurs de l'opinion que nous
combattons, c'est que Platon, dans l'*Apologie*, défend Socrate non
contre des manquements au culte, mais contre une charge d'athéisme.
A un moment donné (26 *b*), Socrate montre qu'il y a contradiction
dans l'accusation de Mélétos qu'il cite en ces termes : κατὰ τὴν
γραφὴν ἣν ἐγράψω θεοὺς ⟨με⟩ διδάσκοντα μὴ νομίζειν οὓς ἡ
πόλις νομίζει, ἕτερα δὲ δαιμόνια καινά. Quelques lignes plus loin
(26 *c*), Socrate commente l'accusation de la façon suivante : ἐγὼ γὰρ
οὐ δύναμαι μαθεῖν πότερον λέγεις διδάσκειν με νομίζειν εἶναί τινας
θεοὺς (καὶ αὐτὸς ἄρα νομίζω εἶναι θεοὺς καὶ οὐκ εἰμὶ τὸ παράπαν
ἄθεος, οὐδὲ ταύτῃ ἀδικῶ) οὐ μέντοι οὕσπερ γε ἡ πόλις ἀλλ' ἑτέρους...
Socrate reprend ici l'énoncé de l'accusation d'une façon claire :
« Je ne peux savoir, dit-il, si tu veux dire que j'enseigne qu'il existe
» certains dieux, non pas ceux de l'Etat, mais d'autres divinités ».
Il ne peut y avoir aucun doute ; ce que Mélétos reproche à Socrate,
c'est bien de ne pas croire aux dieux ; c'est là le nœud de la discussion.
Ceci est en absolue contradiction avec l'opinion des savants précités.
Taylor en a donné une explication indéfendable. D'après lui, si
Platon défend Socrate contre une accusation d'athéisme, ce n'est

qu'une ruse d'avocat. Platon, enbarrassé de répondre au grief d'introduction de nouvelles divinités, amène Mélétos, grâce à un raisonnement dialectique, à dépasser les termes de l'accusation en lui faisant déclarer que Socrate ne reconnaît aucun dieu (d'après l'accusation Socrate ne reconnaît pas les dieux que l'Etat reconnaît).

Mais nous ne voyons pas en quoi cette explication, exacte d'ailleurs, comme nous l'observons plus loin (p. 229, note 1), peut être ici utile à la thèse de Taylor. Si, comme le veut le savant anglais, Socrate avait été réellement et seulement accusé de ne pas rendre le culte qui est dû aux dieux de l'Etat, mais à des divinités étrangères, Platon sans doute n'aurait pas amené Mélétos à changer radicalement l'accusation et à la transformer en une charge d'athéisme. Il lui aurait suffi de faire dire à l'accusation qu'il ne « vénérait » aucun dieu. Cette proposition aurait été aussi en contradiction avec l'acte d'accusation.

De plus, il est inconcevable que Platon ait pu et osé jouer sur les mots au point de vicier complètement le sens de l'expression τοὺς θεοὺς νομίζειν (vénérer les dieux d'après Menzel etc.) en l'interprétant quelques lignes plus loin par νομίζειν εἶναι τοὺς θεούς. Ce grossier calembour, qui ne pouvait échapper à aucun Grec, aurait compromis irrévocablement le but que Platon s'était assigné en écrivant l'*Apologie* : faire éclater l'innocence de son maître.

Menzel, Taylor et Frese prétendent que l'*Apologie* attribuée à Xénophon prend l'accusation dans son véritable sens (d'après eux), c'est-à-dire que l'on accusait Socrate de ne pas remplir ses devoirs religieux. Au paragraphe 11 (cf. 24), Socrate objecte en effet à l'accusateur qu'on l'a vu souvent sacrifier dans les fêtes et sur les autels publics. Mais ceci ne prouve absolument rien, car cette réplique de Socrate pouvait aussi bien s'appliquer à l'accusation prise dans le sens que nous défendons, le fait que l'on s'acquitte de ses devoirs religieux pouvant servir de preuve que l'on admet l'existence des divinités auxquelles les honneurs sont destinés.

Dans les *Mémorables* (I, 1, 2), Xénophon use du même argument : « πρῶτον μὲν οὖν οὐκ ἐνόμιζεν οὓς ἡ πόλις νομίζει θεούς, ποίῳ » ποτ' ἐχρήσατο τεκμηρίῳ; il était notoire en effet qu'il sacrifiait » souvent chez lui, de même que sur les autels publics de l'Etat et » l'on n'ignorait pas qu'il se servait de la divination ». Et cependant, pour Xénophon comme pour Platon, Socrate était bien accusé de ne pas admettre l'existence des dieux de l'Etat, puisque, quelques lignes plus loin, il s'applique à prouver que Socrate croyait aux dieux et conclut par cette demande : « Et s'il avait confiance dans les dieux, comment n'aurait-il pas cru qu'ils existaient ? » (¹)

La preuve que, dans le procès de Socrate, il ne s'agissait pas de manquements au culte, mais bien d'incrédulité vis-à-vis des dieux de l'Etat, se trouve encore dans un autre passage des *Mémorables* (²), où l'on peut lire : « Je m'étonne donc que des Athéniens aient jamais » pu croire que Socrate avait des opinions insensées sur les dieux ». Et Xénophon cherche ensuite à prouver la foi de Socrate aux dieux de l'Etat en rappelant sa conduite très pieuse.

D'ailleurs la plupart des procès que nous avons étudiés mettaient en cause non pas des manquements au culte, mais des opinions impies. Anaxagore fut condamné parce qu'il niait la divinité du soleil et de la lune. Protagoras s'était seulement permis de déclarer impossible la preuve rationnelle de l'existence des dieux. Diagoras et Théodore étaient des athées notoires. Stilpon avait nié la divinité d'Athéna. Tous ces procès nous montrent donc que le décret de Diopeithès visait bien les théories impies.

L'examen précis de l'emploi de l'expression θεοὺς νομίζειν ne peut non plus donner raison aux partisans de l'opinion que nous combattons. Dans de nombreux passages de l'*Apologie* de Platon, τοὺς θεοὺς νομίζειν ne peut se traduire que par « croire aux dieux, admettre leur existence ». Il en est spécialement ainsi à la page 27 c où cette expression voisine avec des locutions, dont le sens est certain, comme ἡγεῖσθαι τοὺς θεούς (³). Plus probant encore est un autre passage (35 d) où Socrate dit : Σαφῶς γὰρ ἂν εἰ πείθοιμι ὑμᾶς, καὶ τῷ δεῖσθαι βιαζοίμην ὀμωμοκότας, θεοὺς ἂν διδάσκοιμι μὴ ἡγεῖσθαι ὑμᾶς εἶναι, καὶ ἀτεχνῶς ἀπολογούμενος κατηγοροίην ἂν ἐμαυτοῦ

(¹) XÉNOPHON, *Mem.*, I, 1, 5 : Πιστεύων δὲ θεοῖς πῶς οὐκ εἶναι τοὺς θεοὺς ἐνόμιζεν ; R. FRESE, *Philologus* (81), 1926, p. 378, avait déjà remarqué ce passage. Pour lui, ce serait une inconséquence (!) de Xénophon qui aurait peut-être subi l'influence de Platon.

(²) XÉNOPHON, *Mem.*, I, 1, 20 : Θαυμάζω οὖν ὅπως ποτὲ ἐπείσθησαν Ἀθηναῖοι Σωκράτην περὶ τοὺς θεοὺς μὴ σωφρονεῖν, τὸν ἀσεβὲς μὲν οὐδέν ποτε περὶ τοὺς θεοὺς οὔτ' εἰπόντα οὔτε πράξαντα κτλ.

(³) PLATON, *Apol.*, 27 c : Εἰ δὲ δαιμόνια νομίζω, καὶ δαίμονας δήπου πολλὴ ἀνάγκη νομίζειν ἐμέ ἔχει ;... . τοὺς δὲ δαίμονας οὐχὶ ἤτοι θεούς γε ἡγούμεθα ἢ θεῶν παῖδας κτλ. Voyez tout ce passage.

ὡς θεοὺς οὐ νομίζω. Ἀλλὰ πολλοῦ δεῖ οὕτως ἔχειν · νομίζω τε γάρ (θεούς sous-entendu), ὦ ἄνδρες Ἀθηναῖοι, ὡς οὐδεὶς τῶν ἐμῶν κατηγόρων... Si θεοὺς νομίζειν avait signifié vénérer les dieux, Platon, quel que soit le dessein qu'on lui prête, n'aurait pu employer comme synonyme ἡγεῖσθαι τοὺς θεούς. Cette grossière mystification aurait frappé le plus ignorant des lecteurs anciens.

Du reste, ce n'est pas seulement dans l'*Apologie* que Platon emploie cette expression dans le sens de « croire aux dieux ». Un des exemples les plus frappants se trouve dans les *Lois*, X, p. 885 *b*, ouvrage où l'on ne peut attribuer à l'auteur aucune intention de tromper le lecteur sur le véritable sens de cette expression. Platon expose que ce qui est la grande cause des crimes d'impiété ce sont trois erreurs religieuses fondamentales : ἐν δή τι τῶν τριῶν πάσχων, ἢ τοῦτο, ὅπερ εἶπον (à savoir θεοὺς εἶναι) οὐχ ἡγούμενος, ἢ τὸ δεύτερον.... ἢ τρίτον.... Avant de leur répondre, dit Platon, nous allons d'abord prêter l'oreille à ce que ces impies nous diront. Voici le langage qu'ils tiendront (885 *c*) : Ὦ ξένε Ἀθηναῖε... ἀληθῆ λέγεις · ἡμῶν γὰρ οἱ μὲν τὸ παράπαν θεοὺς οὐδαμῶς νομίζομεν, οἱ δὲ.... (viennent ensuite les deux autres distinctions qu'à établies Platon). On le voit, ici encore νομίζω a comme parallèle et synonyme ἡγοῦμαι. Platon n'est d'ailleurs pas le seul auteur qui emploie νομίζειν τοὺς θεούς dans le sens de croire aux dieux. Nous avons trouvé, un peu au hasard de nos lectures, des exemples où cette expression ne peut certainement avoir d'autre sens, chez Aristophane, Euripide et Philodème ([1]).

([1]) ARISTOPHANE, *Nubes*, 814 sqq. :
PHIDIPPIDE. — Ὦ δαιμόνιε, τί χρῆμα πάσχεις, ὦ πάτερ ;
οὐκ εὖ φρονεῖς μὰ τὸν Δία τὸν Ὀλύμπιον.
STREPSIADE. — Ἰδού γ' ἰδού, Δί' Ὀλύμπιον · τῆς μωρίας ·
τὸ Δία νομίζειν ὄντα τηλικουτονί.

EURIPIDE, *Suppl.*, 731 sq. où le chœur, qui précédemment avait douté de la providence divine s'écrie en apprenant du messager la victoire de Thésée et de l'armée athénienne :
Νῦν τήνδ' ἄελπτον ἡμέραν ἰδοῦσ' ἐγώ
θεοὺς νομίζω καὶ....

H. GRÉGOIRE (éd. des *Belles Lettres*) traduit de la seule façon possible : « Maintenant que j'ai vu contre toute espérance cette journée, je crois aux dieux ». Cf. *Cyclop.*, 519 et un fragment d'une pièce non déterminée, Nauck, 2e éd., n° 941, ainsi que la traduction qu'en donne CICÉRON, *de nat. deor.*, II, 25, 65. Voyez aussi PHILODÈME, *de pietate*, p. 85 Gomperz (*Herculanische Studien*) ; cf. p. 77, l. 4 et 5, ainsi que le décalque de CICÉRON, *de nat. deor.*, I, 15, 38.

Nous croyons donc avoir montré que νομίζειν τοὺς θεούς ne signifie pas « honorer les dieux » mais bien « reconnaître les dieux, croire à leur existence ». Le plus souvent cette expression est parfaitement synonyme d'ἡγεῖσθαι τοὺς θεούς (¹) ; parfois elle conserve le sens plus spécial de « croire à l'existence des dieux suivant la coutume ».

Le décret de Diopeithès, disions-nous plus haut, est comme la base sur laquelle repose la plupart des actions intentées aux philosophes. Ceci ne signifie pas que le décret voté vers 432 conserva force de loi jusqu'à la fin du IIIe siècle. Nous avons en effet de bonnes raisons de croire qu'il fut remplacé, probablement lors de la réforme opérée sous l'archontat d'Euclide (403-2), par un nouveau texte législatif (voyez *infra* p. 237) qui notamment ne prévoyait plus comme procédure l'eisangelia mais recommandait la graphè.

La teneur de cette nouvelle loi comportait-elle d'autres différences ? Ceci semble probable si l'on songe à l'acte d'accusation de Socrate. Le décret de Diopeithès prévoyait des poursuites contre ceux qui ne croyaient pas au *surnaturel* (τὰ θεῖα), donc aux divinités en général. En 399, Mélétos accusait Socrate de ne pas croire aux dieux *de l'Etat*. On pourrait donc supposer que le nouveau texte législatif plus précis indiquait formellement que des poursuites ne pouvaient être engagées que contre ceux qui niaient l'existence des dieux de l'Etat (²).

La nouvelle loi condamnait-elle aussi, comme le faisait l'ancien décret, l'étude de l'astronomie ? Rien ne nous autorise à répondre dans l'un ou l'autre sens. Nous ne connaissons, il est vrai, aucun procès d'impiété, postérieur à 403, intenté à un astronome ; mais la non-application d'une loi ne prouve pas son inexistence. Si, d'autre part, les accusateurs de Socrate s'appuyaient sur les études astronomiques du philosophe (voyez *supra*, pp. 148 sq.) pour établir qu'il ne croyait pas aux dieux de l'Etat, ceci ne prouve pas non plus l'existence de la loi. Car Mélétos et ses acolytes ne reprochaient pas à

(¹) Euripide affectionne particulièrement cette expression que l'on trouve notamment dans *Hec.*, 788 ; *Elect.*, 583 ; *Hel.*, 919 ; *Bach.*, 1327. On la rencontre aussi chez ARISTOPHANE, *Equit.*, 32.

(²) Toutefois il est possible que ce soit la nature du second délit reproché à Socrate (l'introduction de nouvelles divinités) qui ait forcé Mélétos à formuler de cette manière le premier grief. S'il avait accusé Socrate de ne pas croire aux dieux, sans préciser de quels dieux il s'agissait, cette proposition aurait été en contradiction avec le second chef d'accusation, puisque, d'après ce dernier, Socrate admettait l'existence de nouvelles divinités, donc n'était pas athée.

Socrate d'étudier l'astronomie ; ils ne parlèrent des recherches astronomiques de l'accusé que pour démontrer son incrédulité à l'égard des dieux de l'Etat.

Il devait aussi exister une loi qui défendait l'introduction dans le culte public de divinités étrangères ou nouvelles. Mais cette question a donné lieu à controverse (¹). Bien que Foucart ait, selon nous, prouvé suffisamment l'existence de la loi, nous nous croyons cependant tenu de donner les raisons qui justifient notre opinion.

L'historien juif Josèphe (²) déclare catégoriquement qu'il y avait à Athènes une loi interdisant l'introduction de divinités étrangères : « Ils (les Athéniens) firent périr la prêtresse Ninos parce qu'elle » initiait à des dieux étrangers. Cela était défendu chez eux par une » loi et la peine fixée contre ceux qui introduisaient un dieu étranger » était la mort ». Servius (³) déclare aussi : *Cautum fuerat apud Athenienses, ne quis introduceret religiones : unde et Socrates damnatus est.*

Le témoignage de Josèphe concernant Ninos est confirmé par Démosthène (⁴), dans un passage du discours *Sur l'Ambassade*, où il dit à propos de la mère d'Eschine, Glaucothéa, « qu'elle forme les » thiases à cause desquels une autre prêtresse a été condamnée à

(¹) LOBECK, *Aglaophamus*, p. 664 sq. ; SCHÖMANN, *de exteris relig. apud Athen.* (1857) = *Opusc. Acad.*, III, p. 428 sqq. ; CAILLEMER, *La liberté de conscience à Athènes, Revue de Législation*, I, (1870) p. 346 sqq. ; SCHÖMANN, *Griech. Alterthümer*⁴, Berlin, 1902, II, p. 169 sqq. (trad. GALUSKI, II, p. 212) et SCHÖMANN-LIPSIUS, *Das Attische Recht und Rechtsverfahren*, p. 364, prétendent qu'une telle prohibition n'a jamais existé.
Au contraire sont favorables à l'existence de la loi: HEFFTER, *Die Athenische Gerichtsverfassung*, Cologne, 1822, p. 147 ; HERMANN, *Lehrbuch der Griechischen Antiquitäten (Gottesdienstlichen Alterthümer)*, chap. 10 ; P. FOUCART, *Associations Religieuses*, Paris 1873, p. 127 sq., et *L'accusation contre Phryné*, dans la *Revue de Philologie* (26), 1902, p. 216 sqq. ; LEOP. SCHMIDT, *Ethik der Alten Griech.*, II, p. 50 sq. ; CLERCQ, *Les Métèques Athéniens* (diss.), Paris, 1893, p. 118, et DECHARME, *Critique des Trad. relig.*, p. 168 sqq.

(²) JOSÈPHE, *adv. App.*, II, 37 : Νίνον μὲν γὰρ τὴν ἱέρειαν ἀπέκτειναν, ἐπεί τις αὐτῆς κατηγόρησεν ὅτι ξένοις ἐμύει θεοῖς · νόμῳ δ' ἦν τοῦτο παρ' αὐτοῖς κεκωλυμένον, καὶ τιμωρία κατὰ τῶν ξένον εἰσαγόντων θεὸν ὥριστο θανάτος.

(³) SERVIUS, *ad. Verg., Aen.*, VIII, 187.

(⁴) DÉMOSTHÈNE, *de falsa leg.*, 281, p. 431... καὶ Γλαυκοθέας τῆς τοὺς θιάσους συναγούσης ἐφ' οἷς ἑτέρα τέθνηκεν ἱέρεια. Première scholie : Λέγει δὲ τὴν Νίνον καλουμένην. Κατηγόρησε δὲ ταύτης Μενεκλῆς ὡς φίλτρα ποιούσης τοῖς νέοις. Deuxième scholie : γέλωτα εἶναι καὶ ὕβριν κατὰ τῶν ὄντως μυστηρίων τὰ τελούμενα ταῦτα [νομίζοντες], τὴν ἱέρειαν ἀπέκτειναν, μετὰ δὲ τοῦτο τοῦ θεοῦ χρήσαντος ἐᾶσαι γενέσθαι, τὴν Αἰσχίνου μητέρα μυεῖν ἐπέτρεψαν.

» mort ». Un scholiaste nous apprend que cette autre prêtresse était précisément Ninos, dont parle Josèphe. Malheureusement, il se borne à nous donner le nom de l'accusateur, Ménéclès, et à nous dire que Ninos fut condamnée pour avoir confectionné des philtres pour les jeunes gens. Mais un autre scholiaste au même passage rapporte une version différente, qui concorde mieux avec l'affirmation de Josèphe : « Au commencement, croyant que ces initiations étaient
» une dérision et une insulte dirigée contre les véritables mystères,
» les Athéniens mirent à mort la prêtresse ; mais plus tard, à la suite
» d'un oracle du dieu, ils permirent à la mère d'Eschine d'initier ». Nous savons en outre que la divinité étrangère à laquelle Ninos initiait était Sabazios (¹). D'origine thrace, mais adopté très tôt par les Phrygiens, c'était un dieu essentiellement barbare, dont les sectateurs réunis en thiases se livraient à des cortèges bruyants et célébraient des mystères (²).

On conteste la valeur du témoignage de Josèphe, « d'une autorité douteuse ou plutôt nulle », dit Schoemann. Sans vouloir garantir l'absolue véracité de l'historien juif, nous croyons cependant que ce jugement est excessif. Plusieurs de ses témoignages ont été confirmés par des découvertes inattendues (³). Mais, fait-on remarquer, Josèphe est en contradiction avec le scholiaste, qui parle de confection de philtres. Avec le premier scholiaste seulement, répondrons-nous. Et cette contradiction n'est qu'apparente : les deux griefs (introduction de nouvelles divinités et magie) sont en réalité solidaires comme le montre clairement un texte d'Esope (voyez *infra*, p. 232 sq.) : la magie employait en effet des rites étrangers et invoquait des dieux étrangers. D'ailleurs, les accusations de Socrate et de Phryné nous prouvent que les actions d'impiété reposaient souvent sur plusieurs griefs. Le scholiaste a pu très bien se contenter de compléter les renseignements donnés par Démosthène dans son discours.

D'un autre côté, si Josèphe ne parle, pour l'affaire de Ninos, que de l'introduction d'une divinité nouvelle, il est facile d'expliquer son silence sur l'accusation de magie. Dans ce passage, Josèphe veut

---

(¹) STRABON, X, 3, 18 ; DÉMOSTHÈNE, *pro corona*, 259 sq. ; Cf. FOUCART, *Assoc. rel.*, pp. 67 sqq.

(²) Voyez FR. CUMONT, dans DAREMBERG ET SAGLIO, *s. v. Sabazius*, et EISELE, *s. v.*, dans le *Lexikon* de ROSCHER.

(³) Voy. FOUCART, *op. cit.*, pp. 133 sq.

montrer que les Juifs ne sont pas les seuls à ne pas tolérer chez eux les étrangers qui ont des opinions différentes des leurs sur la divinité(¹). Ce qui donc était important pour lui, c'était de citer des cas de condamnation pour introduction de divinités étrangères. De même que, pour Socrate, il ne parle pas du grief d'incrédulité vis-à-vis des dieux de l'Etat, il pouvait aussi, pour le cas de Ninos, facilement négliger le grief de magie formulé contre elle. Il avait d'ailleurs d'autant plus de raisons de le faire, que, sur ce dernier point, les Juifs étaient d'une parfaite intolérance (²).

Mais on objecte que l'affirmation si catégorique de Josèphe, viendrait précisément du désir, qu'il manifeste en ce passage, de trouver chez les Grecs une loi analogue à celle qui était en vigueur chez les Juifs. Schoemann cependant ne va pas jusqu'à imputer de la mauvaise foi à l'historien juif. Il aurait seulement été trompé par la façon ambiguë dont s'exprime Démosthène. Car, pour expliquer l'erreur de Josèphe, Schoemann est obligé de supposer qu'il n'a eu comme source que Démosthène et qu'il ignorait le scholiaste (ce dernier point est d'ailleurs évident).

Il ne nous sera pas difficile de prouver que, dans ce cas, Josèphe n'a pu avoir comme source unique Démosthène. Comment, en effet, aurait-il pu avoir connaissance du nom de la prêtresse (³) puisque Démosthène ne la nomme pas. L'orateur dit dans le *de falsa legat.*, 281, p. 431 : καὶ Γλαυκοθέας τῆς τοὺς θιάσους συναγούσης, ἐφ' οἷς ἑτέρα τέθνηκεν ἱέρεια. Toutefois le Pseudo-Démosthène parle

---

(¹) JOSÈPHE, *adv. App.*, 36 : Ὁ Μόλων Ἀπολλώνιος ἡμῶν κατηγόρησεν ὅτι μὴ παραδεχόμεθα τοὺς ἄλλαις προκατειλημμένους δόξαις περὶ θεῶν, ἀλλ' οὐδὲ τοῦτό ἐστιν ἴδιον ἡμῶν, κοινὸν δὲ πάντων, οὐχ Ἑλλήνων μόνον, ἀλλὰ καὶ τῶν ἐν τοῖς Ἕλλησιν εὐδοκιμωτάτων.

(²) *Exode*, XXII, 18 : *Maleficos non patieris vivere*; cf. *Lévit.*, XIX, 31 ; XX, 6 : *Deuter.*, XVIII, 100 ; cf. CAILLEMER, *Revue de Législ.*, I, (1870) p. 350, note 3.

(³) Le texte de JOSÈPHE, *adv. App.*, II, 37, dans les éditions anciennes, ne porte pas non plus, il est vrai, le nom de la prêtresse. Les manuscrits donnent νῦν μὲν γὰρ τὴν ἱέρειαν ἀπέκτειναν. Mais il faut évidemment adopter la correction proposée par LOBECK, *Aglaoph.*, p. 668 et lire Νίνον μὲν γὰρ... Le νῦν ne peut donner ici aucun sens et le τὴν qui détermine ἱέρειαν ne s'expliquerait pas non plus. Notons d'ailleurs que les partisans de l'opinion opposée à la nôtre adoptent la correction : CAILLEMER, *op. cit.*, p. 346 ; SCHOEMANN, *de relig. ap. Ath.*, p. 432, note 6, déclare : « De veritate correctionis a Lobeckio *Aglaoph.*, p. 668 propositae nemo dubitavit ». La récente édition de J. Thackeray, Londres, Heinemann, 1926, adopte la correction et dit en note : « A brillant emendation of Weil... »

de Ninos dans deux passages du discours *contre Boiotos*, mais il n'y dit pas qu'elle était prêtresse, ni pour quelle cause elle fut condamnée à mort (2, p. 995) : καὶ Μενεκλέα τὸν τὴν Νίνον ἑλόντ' ἐκεῖνον, et (10, p. 1010) : καὶ Μενεκλῆς ἐκεῖνος ὁ τὴν Νίνον ἑλών. Mis en présence de ces seuls textes, Josèphe n'aurait pu deviner que la personne désignée sous le nom de Ninos dans les deux derniers passages était la prêtresse dont parle le premier. Il faut donc admettre que Josèphe avait une source indépendante de Démosthène. Est-il vraisemblable que cette ou ces sources étaient aussi vagues que le texte de Démosthène ? Il est très probable au contraire que l'historien juif avait à sa disposition des textes qui lui permettaient vraiment d'affirmer que Ninos avait été condamnée à mort pour avoir introduit le culte d'une nouvelle divinité.

Schoemann conteste aussi la valeur du témoignage de Démosthène. Il objecte que nous avons affaire ici à un texte oratoire et laisse entendre que Démosthène, pour accabler Eschine, charge sa mère Glaucothéa en déclarant qu'elle réunit des thiases, office pour lequel une autre prêtresse a trouvé la mort, tout en laissant ignorer que cette autre prêtresse fut condamnée en réalité pour une autre raison : l'usage de philtres. Mais cette interprétation, outre qu'elle néglige les témoignages du second scholiaste et de Josèphe, n'est qu'une ingénieuse hypothèse. Le texte de Démosthène est formel : Ninos a péri pour avoir formé des thiases. Or les thiases, à cette époque, étaient des confréries religieuses « dont les traits essentiels sont l'im- » portance des étrangers et des métèques et, à un degré moindre, des » femmes et des esclaves, la prédominance des cultes étrangers » d'abord asiatiques, puis égyptiens » (¹). Et si Glaucothéa, au moment où parle Démosthène, peut présider les thiases du même Sabazios sans être inquiétée, c'est qu'ils sont devenus légaux à la suite d'un oracle enjoignant aux Athéniens de laisser célébrer librement les mystères du dieu phrygien.

Nous connaissons d'autres procès d'impiété où le reproche d'introduction de divinités nouvelles figure parmi les griefs d'accusation. C'était, nous l'avons vu (p. 193), le délit que l'on reprochait à Démade et à Aristote. Le même grief intervenait aussi dans l'accusation de Socrate. Mais Schoemann et Caillemer (²) prétendent que, dans ce

---

(¹) Ch. Lécrivain, dans Daremberg et Saglio, s. v. *Thiasos*, p. 257.
(²) Schoemann, *op. cit.*, p. 437 ; Caillemer, *op. cit.*, p. 348.

dernier cas, l'introduction de nouvelles divinités n'était pas un chef d'accusation. Ce grief, dit Schoemann, n'est pas isolé ; il est joint au reproche d'incrédulité à l'égard des dieux de l'Etat et il ne fait qu'expliquer ce dernier. Sa mention dans l'acte d'accusation ne servirait qu'à caractériser la conduite de Socrate, qui remplace par de nouveaux dieux les anciennes divinités qu'il méprise.

On pourrait comprendre à la rigueur que, dans leurs discours, les accusateurs eussent déterminé le reproche d'incrédulité qu'ils font à Socrate, en déclarant qu'au lieu de croire aux divinités de l'Etat, il rend un culte à des dieux étrangers. Mais il est tout à fait invraisemblable que, dans une formule d'accusation officielle, figurât un grief, qui ne tombait pas sous la sanction de la loi. D'ailleurs, si par ces mots les accusateurs n'avaient voulu que préciser l'attitude de Socrate vis-à-vis de la religion, ils se seraient contentés de dire καινὰ δαιμόνια ἡγούμενος ou νομίζων. Mais, chose digne de remarque, l'acte d'accusation porte εἰσηγούμενος. Les accusateurs ont employé ce terme sans doute parce qu'il rappelait la loi qui défendait d'introduire de nouvelles divinités.

Du reste, un passage de l'*Euthyphron* (¹) de Platon est décisif. Euthyphron demande à Socrate ce que Mélétos a à lui reprocher pour l'accuser de corrompre les jeunes gens. Socrate répond : « Des choses
» absurdes à entendre dire, mon cher. Il dit que je suis un *faiseur de*
» *dieux* et, sous prétexte que *je fais de nouveaux dieux* et que je ne
» crois pas aux anciens, il m'a intenté une action publique, pour ces
» motifs-là mêmes, à ce qu'il prétend. EUTHYPH. — Je comprends,
» Socrate : parce que tu prétends que le signe divin se manifeste
» toujours à toi, c'est *comme innovateur au sujet des choses divines*
» qu'il t'a intenté cette action et vient te calomnier devant le tri-
» bunal ».

(¹) PLATON, *Euthyphro*. 3 b : Σωκρ. Ἄτοπα, ὦ θαυμάσιε, ὡς οὕτω γ' ἀκοῦσαι · φησὶ γάρ με ποιητὴν εἶναι θεῶν καὶ ὡς καινοὺς ποιοῦντα θεούς, τοὺς δ' ἀρχαίους οὐ νομίζοντα τούτων αὐτῶν ἕνεκα, ὥς φησιν. — Εὐθ. Μανθάνω, ὦ Σώκρατες · ὅτι δὴ σὺ τὸ δαιμόνιον φῂς σαυτῷ ἑκάστοτε γίγνεσθαι, ὡς οὖν καινοτομοῦντός σου περὶ τὰ θεῖα γέγραπται ταύτην τὴν γραφήν, καὶ ὡς διαβαλῶν δὴ ἔρχεται εἰς τὸ δικαστήριον. D'autres passages de l'*Euthyphron* sont tout aussi clairs, par exemple 5 a : καὶ νῦν ἐπειδή με ἐκεῖνος (Mélétos) αὐτοσχεδιάζοντα φησὶ καὶ καινοτομοῦντα περὶ τῶν θείων ἐξαμαρτάνειν... Cf. 5 b.

Ce texte ne présente, sans doute, aucune ambiguïté. L'introduction d'une nouvelle divinité est citée en premier lieu ; ce n'est donc pas une précision de l'attitude impie de Socrate, mais bien un chef d'accusation. Le pluriel de l'expression « pour ces motifs-là même » (τούτων αὐτῶν ἕνεκα) indique suffisamment que les mots ὡς καινοὺς ποιοῦντα θεούς imputent à Socrate un véritable grief à côté de celui qu'expriment les mots τοὺς δ' ἀρχαίους οὐ νομίζοντα. Si l'on pouvait concevoir encore quelque doute à ce sujet, la réponse d'Euthyphron lève toute difficulté : Socrate est accusé en qualité « d'innovateur au sujet des choses divines ».

Xénophon, lui aussi, nous fournit la preuve que l'εἰσήγησις καινῶν δαιμονίων, reprochée à Socrate, constituait réellement un chef de l'accusation au même titre que la corruption des jeunes gens ou l'incrédulité vis-à-vis des dieux de l'Etat. S'il n'avait pas considéré l'introduction de nouvelles divinités comme une transgression d'une disposition législative, pourquoi se serait-il cru obligé de prendre la défense de Socrate sur ce point dans un long développement, où il tâche de montrer, en assimilant le δαιμόνιον aux autres signes de la mantique habituelle, que Socrate n'apportait aucune innovation (¹) ?

Le procès de Phryné nous apporte un argument, nous semble-t-il, irréfutable. Il vaut la peine d'observer que ceux qui ont défendu l'opinion opposée à la nôtre ont oublié d'en parler. La célèbre courtisane fut accusée d'impiété par un certain Euthias, un amoureux dédaigné ; la peine demandée était la mort, nouveau témoignage en faveur de l'autorité de Josèphe qui déclare que la loi contre l'introduction de nouvelles divinités punissait les délinquants de la peine

---

(¹) XÉNOPHON, *Mem.*, I, 1, 2 sq. : ... ὅθεν δὴ καὶ μάλιστά μοι δοκοῦσιν αὐτὸν αἰτιάσασθαι καινὰ δαιμόνια εἰσφέρειν. Ὁ δ' οὐδὲν καινότερον εἰσέφερε τῶν ἄλλων, ὅσοι μαντικὴν νομίζοντες οἰωνοῖς τε χρῶνται καὶ φήμαις καὶ συμβόλοις καὶ θυσίαις κτλ. Cf. *Apol.*, 12 : καινά γε μὴν δαιμόνια πῶς ἂν ἐγὼ εἰσφέροιμι... On pourrait nous objecter que Platon ne défend pas son maître, dans l'*Apologie*, contre l'accusation d'introduire de nouvelles divinités. Le silence de Platon s'explique parfaitement, si l'on tient compte du système de défense employé dans l'*Apologie*. La tâche la plus difficile de l'apologiste était de prouver que Socrate n'avait rien innové en matière religieuse et qu'il était resté fidèle aux dieux de l'Etat. Platon se borne à amener Mélétos à se mettre en contradiction avec lui-même en lui faisant déclarer que Socrate ne croit à aucun dieu. C'est précisément parce que Platon était embarrassé de répondre à l'accusation prise à la lettre, que, par une manœuvre hardie, il en fait changer la portée par Mélétos lui-même.

capitale. Personne n'ignore par quelle manœuvre hardie, Hypéride, son défenseur, réussit à la sauver (¹).

Un traité anonyme de rhétorique (²) nous donne les griefs formulés par l'accusation et nous a même conservé un fragment du discours probablement prononcé par Euthias lui-même : κατὰ μὲν οὖν ὑπόθεσιν ἀνακεφαλαίωσις γίνεται, ὅταν αὐτὰ τὰ τὴν ὑπόθεσιν πεποιηκότα ψιλῶς ἐκτιθώμεθα· οἷον· ἀσεβείας κρινομένη Φρύνη· καὶ γὰρ ἐκώμασεν ἐν Λυκείῳ, καινὸν εἰσήγαγε θεόν, καὶ θιάσους ἀνδρῶν συνήγαγε· « Ἐπέδειξα τοίνυν ὑμῖν ἀσεβῆ Φρύνην, κωμάσασαν ἀναιδῶς, καινοῦ θεοῦ εἰσηγήτριαν, θιάσους ἀνδρῶν ἐκθέσμους καὶ γυναικῶν συναγαγοῦσαν ».

L'auteur de ce traité enseigne les différentes façons de procéder au résumé ou récapitulation. Il aborde l'ἀνακεφαλαίωσις qu'il appelle καθ' ὑπόθεσιν, c'est-à-dire la récapitulation qui consiste à rappeler les points mêmes qui ont été traités dans le discours. Il choisit comme exemple le procès de Phryné et énumère les griefs qu'articulait l'accusation et que le discours de l'accusateur devait établir : Phryné a organisé un cortège joyeux (³) dans le Lyceion, elle a introduit un dieu nouveau, enfin elle a réuni des thiases illégaux d'hommes et de femmes. Voilà les faits dont il fallait donner un résumé oratoire et, comme modèle, l'auteur du traité cite la phrase suivante extraite du discours d'Euthias lui-même : « Je vous ai donc » prouvé que Phryné est impie parce qu'elle a participé à une partie » de plaisir scandaleuse, parce qu'elle est introductrice d'un dieu » nouveau, parce qu'elle a réuni des thiases illégaux d'hommes et » de femmes » (⁴).

(¹) ATHÉNÉE, XIII, 590 d ; PLUTARQUE, Vit. X orat., p. 889 e ; cf. Orat. Att. (Baiter et Sauppe, II, p. 320 ; Muller, II, p. 426). Voyez L. CANTARELLI, dans la Rivista di filologia, 1885, pp. 462-482.

(²) Publié par SEGUIER DE SAINT BRISSON dans les Notices et Extraits des manuscrits grecs, t. XIV, 2ᵉ partie, 1841. Pour le passage cité, cf. Orat. Att., loc. cit.

(³) Nos prédécesseurs traduisent par « s'être livrée à la débauche ». Mais κωμάζειν n'a jamais eu ce sens. Il ne peut signifier que « aller en groupe en chantant et en dansant au son de la flûte, aller en partie de plaisir ».

(⁴) BAITER et SAUPPE, loc. cit., et FOUCART, L'accusation de Phryné, dans la Revue de Philologie (26), 1902, pp. 216 sqq., ont reconnu avec raison que ce passage était une citation extraite du discours d'Euthias. Ce discours avait été publié puisque l'on discutait sur son attribution : HARPOCRATION, s. v. Εὐθίας· τὸν μέντοι λόγον αὐτῷ τὸν κατὰ Φρύνης Ἀναξιμένην πεποιηκέναι φησὶν Ἕρμιππος et DIODORE LE PÉRIÉGÈTE chez ATHÉNÉE, XIII, 591 e : οὐκ ἀγνοῶ δὲ ὅτι τὸν ἐπιγραφόμενον κατ' αὐτῆς Εὐθίου λόγον Διόδωρος ὁ Περιηγητής

On reprochait donc en premier lieu à Phryné d'avoir souillé le temple ou l'enceinte du temple d'Apollon Lyceios par un cortège inconvenant dans un lieu sacré. Ce n'était pas en effet la conduite générale de la courtisane que l'on incriminait ; la débauche ne constituait pas un grief d'impiété. Sinon ou aurait dû accuser toutes les filles de joie d'Athènes et, comme le dit P. Foucart : « Son défenseur » aurait eu beau jeu à demander en quoi sa conduite offensait les » dieux ou quelle loi défendait à une hétaïre la débauche... ; un avocat » moderne aurait peut-être ajouté que c'était pour elle un devoir » professionnel » (¹).

Le deuxième grief est plus intéressant pour nous : Phryné est accusée d'introduire un nouveau dieu. Ce dieu était Isodaitès, divinité étrangère et peu respectable d'ailleurs, qui recrutait surtout ses fidèles parmi les femmes de mauvaises mœurs (²).

Ici pas d'équivoque possible ; ce grief ne complète pas le premier. Et quel parti aurait pu en tirer l'accusateur, si ce reproche ne constituait pas une transgression d'une loi existante ?

Il en est de même pour le troisième chef d'accusation : Phryné réunissait des thiases illégaux d'hommes et de femmes. En quoi ces thiases étaient-ils illégaux ?

Nous savons qu'une loi de Solon (³) proclamait la liberté d'asso-

---

Ἀναξιμένους φησὶν εἶναι. Cet Anaximène (voyez l'*Encycl.* de PAULY-WISS., *s. v.*, n⁰ 3), que l'on fait vivre entre 380 et 320, était contemporain d'Hypéride, de Phryné et d'Euthias. Anaximène a donc pu écrire le discours qu'a prononcé Euthias au tribunal. Si même il ne s'agit que d'une œuvre de rhétorique composée après le procès, ce fragment conserve toute sa valeur historique, puisque Anaximène était contemporain des événements.

(¹) L'auteur du traité dit d'ailleurs ἐκώμασεν ἐν Λυκείῳ, mais la citation du discours d'Euthias porte seulement κωμάσασαν ἀναιδῶς. P. Foucart, *L'accusation de Phryné*, Rev. de Philol., (126) 1902, pp. 216 sqq., qui a très bien étudié ce texte et a montré tout ce qu'on peut en tirer, propose de lire d'après ce qui précède κωμάσασαν ἀναιδῶς [ἐν Λυκείῳ] parce que, selon lui, ἀναιδῶς ne présente pas un sens suffisant. Nous croyons, au contraire, que l'adjonction des mots ἐν Λυκείῳ serait une redondance. Car Phryné ἐκώμασεν ἀναιδῶς, précisément parce qu'elle s'est livrée à ce cortège joyeux dans un lieu sacré, le sanctuaire d'Apollon Lyceios. Le sens d'ἀναιδῶς, scandaleusement, correspond ici à peu près à ἀσεβῶς. L'orateur dans sa récapitulation pouvait très bien se borner à rappeler par un mot le caractère de cette partie de plaisir.

(²) HARPOCRATION, *s. v.* Ἰσοδαίτης · Ὑπερείδης ἐν τῷ ὑπὲρ Φρύνης · Ξενικός τις δαίμων, ᾧ τὰ δημώδη γύναια μὴ πάνυ σπουδαῖα ἐτέλει. Voyez les articles *Isodaites* dans le *Lexikon* de ROSCHER et dans PAULY-WISS.

(³) *Digeste*, XLII, tit. 22, *De collegiis et corporibus*. Gaius parlant de la loi des Douze Tables qui déterminent le statut des collegia, déclare:... Sed haec lex

ciation la plus étendue les Athéniens avaient le droit de fonder des associations de toutes espèces, aussi bien commerciales, corporatives que religieuses. Mais apparemment, les confréries religieuses n'étaient légales que lorsqu'elles honoraient des dieux reconnus par l'Etat. De même que les thiases de Sabazios, que réunissait Ninos, étaient illégaux, les thiases que présidait Phryné n'étaient pas permis par la loi, parce qu'ils avaient pour but d'adresser un culte à une divinité étrangère.

Enfin, Julien, Photios et Suidas (¹) nous donnent connaissance d'un autre cas de très nette intolérance des Athéniens à l'égard des cultes étrangers. Ces auteurs racontent qu'un métragyrte phrygien, s'étant rendu en Attique, initiait les femmes au culte de la Mère des dieux ; les Athéniens le mirent à mort en le précipitant dans le Barathron. Bien que les sources sur cet événement soient d'époque tardive, nous ne voyons cependant aucun motif de mettre en doute son authenticité. Et même si elle est légendaire, l'histoire du malheureux prêtre de Cybèle ne peut être née que du souvenir de l'intolérance des Athéniens à l'égard des cultes étrangers.

Ce qui montre clairement la tendance conservatrice originelle des Athéniens en religion, c'est que non seulement l'introduction de nouvelles divinités était prohibée, mais aussi que le moindre changement dans l'exécution des cérémonies et des sacrifices, la moindre innovation dans le rituel pouvait entraîner les condamnations les plus graves, voire la peine capitale. Nous nous contenterons à ce sujet de renvoyer aux exemples historiques rappelés dans notre *Introduction* (p. 10) et d'attirer l'attention sur un texte qui nous paraît particulièrement intéressant. Il s'agit d'une fable du recueil ésopique (²). L'auteur raconte qu'une magicienne faisant profession de fournir des charmes et d'apaiser la colère des dieux fut accusée à ce propos d'innover en matière de religion : « certaines personnes lui intentant une γραφή » sous prétexte qu'elle *innovait en matière de religion* (καινοτομοῦσαν

---

videtur ex lege Solonis translata esse, nam illic ita est : ἐὰν δὲ δῆμος, ἢ φράτορες, ἢ ἱερῶν ὀργίων, ἢ ναῦται, ἢ σύσσιτοι, ἢ ὁμόταφοι, ἢ θιασῶται, ἢ ἐπὶ λείαν οἰχόμενοι ἢ εἰς ἐμπορίαν, ὅ τι ἂν τούτων διαθῶνται πρὸς ἀλλήλους, κύριον εἶναι, ἐὰν μὴ ἀπαγορεύσῃ τὰ δημόσια πράγματα. Voy. CAILLEMER, *Le droit de société à Athènes*, Paris, 1872, p. 11, et P. FOUCART, *Des associations relig.*, p. 47 sqq.

(¹) JULIEN, *Orat.*, V (commencement) ; PHOTIOS, s. v. Μητρῷον ; SUIDAS, s. v. Μητραγύρτης. Voyez RAPP dans le *Lexikon* de ROSCHER, col. 1665 sq.

(²) ESOPE, Γυνὴ μάγος, n° 112 Halm = n° 91 Chambry (*Les Belles Lettres*).

» περὶ τὰ θεῖα) la traduisirent en justice et l'ayant accusée la
» firent condamner à mort». Ce n'est qu'une fable, mais l'idée ne peut
en être venue à son auteur que si, à l'époque où il écrivait, une loi
défendait sévèrement la mise en œuvre de nouvelles pratiques religieuses. Ce récit a en outre le mérite de nous apprendre la raison pour
laquelle on punissait avec la dernière rigueur les pratiques magiques :
c'est qu'elles constituaient des innovations dans le culte. Dès lors,
on comprend pourquoi Ninos fut accusée simultanément d'introduire
un dieu nouveau et de confectionner des philtres. Les deux griefs
étaient intimement liés : les magiciens se servaient en effet de rites
nouveaux ou étrangers et invoquaient des divinités étrangères. Ce
fut probablement aussi en tant qu'innovatrice par rapport aux usages
du culte que Démosthène (voyez *supra* p. 12) accusa d'impiété la
prêtresse, devineresse et magicienne Théoris de Lemnos.

En résumé : *a*) contre Schoemann et Caillemer, nous avons cru
montrer la valeur des témoignages formels de Josèphe et de Servius,
confirmés par Démosthène.

b) L'introduction de divinités nouvelles ou étrangères apparaît
comme chef d'accusation dans les procès de Socrate, Démade, Aristote, Ninos et Phryné. Le métragyrte phrygien est mort pour avoir
répandu le culte de Cybèle.

c) Toute innovation dans le culte était punie avec la dernière
rigueur.

d) Enfin des textes épigraphiques commentés par P. Foucart [1]
prouvent que les métèques ne pouvaient bâtir des temples à des divinités étrangères qu'après en avoir obtenu la double autorisation de
la βουλή et de l'assemblée du peuple.

Devant de si nombreux témoignages, le doute ne nous semble plus
permis : il existait bien à Athènes une loi interdisant formellement

---

[1] Voyez les textes qu'étudie P. FOUCART, *Assoc. relig.*, p. 128 sqq. Le plus explicite est un décret de la βουλή suivi d'un autre décret de l'ecclésie (publié par Koumanoudis, Παλιγγενεσία, du 10 sept. 1870, repris dans I. G., II, 168 ; II, 2, 337 ; MICHEL, 104 ; PROTT-ZIEHEN, *Leges sacrae*, II, 1, 30 ; DITTENBERGER³, n° 280) accordant aux marchands Citiens l'autorisation d'acheter un terrain et d'y bâtir un temple d'Aphrodite. P. Foucart fait remarquer : 1) que les Citiens introduisent leur demande sous une forme suppliante ; 2) que l'autorisation porte sur deux points : *a*) le droit d'acquérir un terrain ; *b*) celui d'affecter ce terrain à la construction d'un temple. Une remarquable inscription de la fin du IIIᵉ siècle avant J.-C., publiée par P. Roussel, dans I. G., XI, 4, n° 1299, nous apprend qu'une loi analogue existait à Délos.

l'introduction de divinités nouvelles ou étrangères. Sinon comment expliquer que ce grief figure dans plusieurs accusations d'impiété ? Les défendeurs auraient eu beau jeu à répliquer que ce n'était pas un délit, qu'aucune loi n'établissait une telle prohibition.

Ce qui a trompé les adversaires de cette opinion, c'est qu'ils n'ont pas distingué entre la question de l'existence de la loi et celle de son application. Or, il faut bien avouer que la loi a été assez rarement appliquée, mais il n'y a pas là de quoi s'étonner. Dans un pays où il n'y avait pas de ministère public, les lois étaient souvent violées impunément. L'absence d'un clergé organisé et d'une autorité religieuse favorisait aussi la non-application des lois qui protégeaient la religion. D'autre part, la loi semble être dirigée seulement contre les propagandistes de cultes nouveaux ou étrangers : Ninos et Phryné réunissaient des thiases, Socrate jouissait d'une grande influence sur ses disciples, Démade était l'auteur d'un décret instituant un nouveau culte public.

D'autres circonstances favorisaient singulièrement l'immixtion lente mais sûre des cultes étrangers. Athènes était l'une des villes les plus commerçantes du monde grec ; les étrangers domiciliés ou fixés à demeure y étaient extrêmement nombreux. La prospérité du commerce exigeait naturellement qu'on écartât les obstacles qui leur auraient rendu le séjour à Athènes difficile. Leur interdire de pratiquer leurs cultes, c'était évidemment les chasser. Aussi ne défendit-on jamais aux étrangers de pratiquer leurs cultes nationaux d'une façon privée ; mais lorsqu'ils voulaient bâtir un temple, ils étaient tenus d'en demander l'autorisation à l'Etat. Le culte toléré ne manquait pas de faire des adeptes parmi les Athéniens eux-mêmes. Parfois le nombre des citoyens pratiquant le culte toléré devenait si important que, sur la proposition de l'un d'eux, l'Etat lui-même adoptait le dieu étranger et instituait des fêtes et des sacrifices publics en son honneur. C'est sans doute un processus semblable qu'à suivi l'introduction (¹) du culte de la déesse thrace Bendis au Ve siècle à Athènes.

D'autre part, les familles étrangères (²) qui avaient obtenu le droit

---

(¹) PLATON, *Respub.*, p. 327 *a* sqq.

(²) ARISTOPHANE, *Aves*, 1534. Un certain Exestide, de nationalité carienne, affranchi devenu citoyen, est raillé parce qu'il a comme πατρῷος un dieu barbare. De même la famille d'Isagoras put se transmettre pendant plusieurs générations et pratiquer sans être inquiétée le culte du Zeus Stratios des Cariens (HÉRODOTE, V, 66).

de cité avaient toute liberté de pratiquer leurs cultes ancestraux d'une façon privée.

Les oracles d'Apollon à Delphes et de Zeus à Dodone ont aussi joué un rôle important dans l'introduction des cultes étrangers. Le culte de Sabazios, dont la prêtresse Ninos avait été condamnée à mort, fut autorisé dans la suite, sur l'avis d'un oracle (¹). Après la mort du métragyrte phrygien, la peste s'abattit sur l'Attique. L'oracle consulté ordonna aux Athéniens d'expier le meurtre dont ils s'étaient rendus coupables; ce qu'ils firent en rebâtissant le Métrôon (²).

Toutes ces causes (³) nous permettent de comprendre que de nombreux cultes étrangers se sont immiscés et établis à Athènes malgré l'existence d'une loi interdisant formellement leur introduction. C'est ainsi que les Vᵉ et IVᵉ siècles ont vu s'installer en Attique : Cybèle, Cotyto, Sabazios, Bendis, Isis, Adonis, l'Aphrodite orientale, et nous ne citons que les principaux (⁴). Vers la fin du IVᵉ et au IIIᵉ siècles, le mouvement s'accentue et se transforme en une véritable invasion des cultes orientaux. Evidemment l'introduction de ces dieux étrangers, de ces nouvelles cérémonies, parfois très somptueuses, ne se faisait pas sans provoquer des protestations. Les comiques (⁵) attaquent souvent les sectateurs des nouvelles divinités, généralement au nom de la morale. Pour les honnêtes gens, en effet, ces dieux n'étaient bons que pour les esclaves et les débauchés. La tendance conservatrice des Athéniens, souvent battue en brêche par les circonstances, se manifeste chez maints auteurs (⁶). Isocrate

---

(¹) Schol. à Démosthène, *de falsa leg.*, 281, p. 431 : μετὰ τοῦτο (la mort de Ninos) τοῦ θεοῦ χρήσαντος ἐᾶσαι γενέσθαι, τὴν Αἰσχίνου μητέρα μυεῖν ἐπέτρεψαν.

(²) Auteurs cités *supra*, p. 232, note 1. Pour la bienveillance de l'Oracle de Delphes à l'égard des nouveaux cultes, cf. Bouché-Leclercq, *Hist. de la div.*, III, p. 139. P. Foucart, *Le culte de Bendis en Attique*, Mélanges Perrot, Paris 1903, p. 95-102, a montré que l'Oracle de Dodone avait été consulté par les Athéniens au début de la guerre du Péloponèse au sujet de l'introduction du culte de Bendis.

(³) Pour les causes favorisant l'introduction des cultes étrangers, cf. P. Foucart, *Assoc. Rel.*, p. 137.

(⁴) Voyez Roscher, *Lexikon*, s. v. *Kybele*, col. 1666; *Cotyto*, col. 1401 sq.; *Sabazios*, col. 239; *Bendis*, col. 780; *Isis*, col. 384; *Adonis*, col. 73.

(⁵) Voyez notamment : Aristophane, *Lemniae*, Kock, I, p. 488, n° 135; Apollophanes, K., I, p. 799; Srabon, X, 3, 18; Hésychius, s. v. θεοὶ ξενικοί; Suidas, s. v. Ὢ νῦν; Cicéron, *de leg.*, 2, 15.

(⁶) Isocrate, *Areop.*, p. 145 cd; *Nicol.*, p. 18 e; Démosthène, *contra Neaer.*, 74 sq.

notamment, en plusieurs endroits de son œuvre, déplore la perte des traditions religieuses ancestrales. Dans son *Aréopagétique*, il vante en ces termes l'époque de Solon et de Clisthène : « Et d'abord » au sujet des dieux, car il est juste de commencer par là, ils ne les » servaient, ni ne les honoraient par des cérémonies irrégulières et » désordonnées ; ce n'était pas lorsque la fantaisie leur en prenait, » qu'ils faisaient des processions de trois cents bœufs, ni lorsque l'idée » leur en venait à l'esprit, qu'ils rejetaient les sacrifices ancestraux ; » ils ne célébraient pas somptueusement les fêtes étrangères qui » donnent lieu à un banquet, mais c'était dans les plus sacrés des » sanctuaires qu'ils sacrifiaient d'après leurs revenus. Ils veillaient » seulement à ne rien détruire des coutumes des ancêtres et à ne rien » ajouter aux rites habituels. Car ils croyaient que la piété ne réside » pas dans l'organisation de cérémonies somptueuses, mais dans le » respect absolu des coutumes léguées par les ancêtres ».

Mais ni les récriminations, ni les regrets, ni même les dispositions législatives n'empêchaient les cultes étrangers de s'établir à Athènes toujours en plus grand nombre, si bien que Strabon a pu dire (¹) : « les Athéniens se sont toujours montrés bienveillants envers les » étrangers notamment envers les dieux. Ils ont admis en effet » beaucoup de cultes étrangers, tels que les cultes thraces et phry- » giens, au point que les comiques les raillaient ». Il n'en est pas moins vrai que la loi existait et qu'elle restait une menace terrible contre les propagateurs de nouveaux cultes.

2. Les différentes formes d'accusation. — Dans l'antiquité, la procédure était caractérisée par une grande variété de formes. Comme le dit Démosthène (²), le législateur avait voulu que personne ne se trouvât dans l'impossibilité de réclamer et d'obtenir justice, quelle que fût sa force physique ou sa situation de fortune. On avait cru arriver à ce résultat en instituant plusieurs moyens d'atteindre le coupable. Pour les délits d'impiété aussi, la législation avait multiplié les formes d'accusation.

a) L'εἰσαγγελία. — Dans cette procédure extraordinaire, la dénonciation, on le sait, ne se faisait pas à l'archonte-roi mais devant la βουλή ou l'assemblée du peuple. C'était la procédure que prescrivait

---

(¹) STRABON, X, 3, 18.
(²) DÉMOSTHÈNE, *contra Androt.*, p. 601.

le décret de Diopeithès. Ce fut sans doute celle que l'on suivit dans le procès d'Anaxagore, qui n'était que l'application du décret. Tout nous porte à croire que Phidias (¹) fut accusé aussi par voie d'εἰσαγγελία. Pour le procès d'Alcibiade (²) et celui des Hermacopides (³), nous savons que l'on suivit la même procédure.

Ainsi, pour les procès d'impiété les plus anciens dont nous connaissons la procédure employée, l'eisangelia fut la forme d'accusation. Sans doute ne faut-il pas conclure de là que c'était la seule procédure en usage, mais en tout cas, elle était très courante.

Sous l'archontat d'Euclide, au cours duquel, on le sait, s'opéra toute une réorganisation législative et judiciaire, l'impiété fut retranchée du nombre des délits qui pouvaient donner lieu à cette procédure extraordinaire. C'est ce que nous pouvons déduire d'un texte d'Hypéride (⁴), qui cite les cas d'eisangelia en ces termes : « ...si quelqu'un, » dit la loi, renverse la démocratie athénienne, ou conspire pour son » abolition, ou forme des associations politiques dans ce but, si quel- » qu'un livre la ville ou des navires ou une armée de terre ou de mer, » ou si un orateur reçoit de l'argent pour donner de mauvais conseils » au peuple... ».

On est généralement d'accord (⁵) pour placer ce νόμος εἰσαγγελτικός en 403 ; l'impiété n'y figure donc pas. Et ce n'est pas par oubli que Hypéride passe ce délit sous silence, car il a soin d'indiquer que l'impiété, d'après la loi, donne lieu à une γραφὴ πρὸς τὸν βασιλέα (⁶. D'ailleurs, à partir du commencement du IVᵉ siècle, on ne trouve plus de poursuites introduites par εἰσαγγελία, et Démosthène (⁷),

---

(¹) PLUTARQUE, *Per.*, 31 : Les ennemis de Périclès Μένωνά τινα τῶν Φειδίου συνεργῶν πείσαντες ἱκέτην ἐν ἀγορᾷ καθίζουσιν αἰτούμενον ἄδειαν ἐπὶ μηνύσει καὶ κατηγορίᾳ τοῦ Φειδίου. Προσδεξαμένου δὲ τοῦ δήμου τὸν ἄνθρωπον καὶ γενομένης ἐν ἐκκλησίᾳ διώξεως κτλ. Cf. DIODORE, II, 39 sq. : scholiaste à ARISTOPHANE, *Pax*, 605.

(²) PLUTARQUE, *Alcib.*, 22.

(³) ANDOCIDE, I, 37 sq.

(⁴) HYPÉRIDE, *pro Eux.*, 7, l. 19 sqq. (Jensen).

(⁵) Voyez E. CAILLEMER, dans DAREMBERG et SAGLIO, art. *Eisaggelia*, p. 499 : TALHEIM, dans PAULY-WISS., art. εἰσαγγελία.

(⁶) HYPÉRIDE, *pro Eux.*, 5, l. 15 sqq. Jensen:... διὰ τοῦτο γὰρ ὑμεῖς ὑπὲρ ἁπάντων ἀδικημάτων, ὅσα ἔστιν ἐν τῇ πόλει, νόμους ἔθεσθε χωρὶς περὶ ἑκάστου αὐτῶν · ἀσεβεῖ τις περὶ τὰ ἱερά, γραφαὶ ἀσεβείας πρὸς τὸν βασιλέα.

(⁷) DÉMOSTHÈNE, *contra Androt.*, p. 601, 27. Les manuscrits portent φράζειν. Weil a corrigé en φαίνειν d'après le scholiaste, p. 685, 22 : ἵνα ὁ βασιλεὺς τὴν φάσιν λαβὼν (φάσις δὲ κατηγορίας ὄνομα)...

lorsqu'il cite les différentes formes de procédure en usage à son époque, ne la mentionne pas : τῆς δ'ἀσεβείας ἔστι ἀπάγειν, γράφεσθαι, δικάζεσθαι πρὸς Εὐμολπίδας, φαίνειν πρὸς τὸν βασιλέα.

b) L'ἔνδειξις. — Cette procédure n'est pas donnée dans l'énumération de Démosthène, mais nous savons qu'elle fut employée dans un procès religieux. En 399, Andocide fut accusé d'impiété par un certain Céphisios qui se servit de l'ἔνδειξις ([1]). On lui reprochait d'avoir visité les temples et d'avoir assisté aux Eleusinies, alors qu'il était sous le coup d'une atimie résultant d'une affaire antérieure. C'était sans doute la nature de ce délit qui avait déterminé le choix de cette procédure, si, comme certains anciens le disent, l'endeixis était surtout employée contre ceux qui prenaient part d'une façon quelconque aux affaires publiques (sans doute aussi aux cérémonies du culte public) alors qu'ils étaient frappés d'atimie ([2]).

c) L'ἀπαγωγή. — Démosthène cite l'ἀπαγωγή. Cette procédure sommaire n'était pas employée dans les procès dont nous nous sommes occupé, mais seulement contre les impies pris en flagrant délit, tels que les voleurs d'objets sacrés et les sorciers ([3]). Pour les crimes ordinaires, les coupables étaient conduits devant les Onze ([4]). En était-il de même pour les impies ? Libanius ([5]) parle des prytanes, ce qui paraît bien douteux.

d) La γραφή. — C'était la procédure ordinaire et sans doute la plus commune, surtout après la réorganisation législative opérée sous l'archontat d'Euclide. Nous savons qu'elle fut employée dans le procès de Socrate. L'accusateur remettait à l'archonte-roi ([6]) l'accusation écrite (γραφή) mentionnant les noms de l'accusateur, de l'accusé, le délit et la peine demandée. Ce magistrat examinait la plainte,

---

([1]) ANDOCIDE, I, 33 ; 111 ; 121 et surtout 71 : Κηφίσιος γὰρ οὑτοσὶ ἐνέδειξε μέν με κατὰ τὸν νόμον κείμενον.

([2]) Voyez LÉCRIVAIN, dans DAREMBERG et SAGLIO, art. *Endeixis*.

([3]) PLATON, *Meno*, 80 *b* : Ménon dit à Socrate : εἰ γὰρ ξένος ἐν ἄλλῃ πόλει τοιαῦτα ποιοῖς, τάχ' ἄν τις ὡς γόης ἀπαχθείης. Cf. DÉMOSTHÈNE, *contra Androt.*, 27, p. 601.

([4]) POLLUX, VIII, 102.

([5]) LIBANIUS dans l'*Argum. in Orat. c. Arist.* de Démosthène, p. 767 R (= Vol. VIII, p. 642 de l'édit. Fœrster de Libanius).

([6]) HYPÉRIDE, *pro Eux.*, 6 (p. 40 Jensen) ; ARISTOTE, Ἀθ. πολ., 57 ; DÉMOSTHÈNE, *contra Lacrit.*, 48, p. 940 ; POLLUX, VIII, 90 etc.

procédait à l'instruction et transmettait l'affaire au tribunal compétent qu'il présidait.

e) δικάζεσθαι πρὸς Εὐμολπίδας. — Ces mots de Démosthène ont prêté à discussion. Leur interprétation a donné lieu aux hypothèses les plus diverses. Des savants ([1]) ont conclu de ce passage, comme l'avait déjà fait un scholiaste ([2]), que les Eumolpides constituaient une juridiction spéciale à laquelle ressortissaient certaines affaires d'impiété. Hild ([3]) prétend que jusqu'à Périclès, les Eumolpides jugeaient simplement des délits sans importance et des contestations financières relatives au culte, mais qu'à partir de ce moment, leur tribunal aurait aussi jugé de très graves accusations d'impiété. Cette hypothèse ne doit pas nous arrêter ; dans les textes que cite Hild pour montrer que les procès de Diagoras, d'Alcibiade et des Hermacopides auraient été tranchés par les Eumolpides, on chercherait en vain une allusion à un débat judiciaire qui se serait déroulé devant le tribunal de la famille sacerdotale. Pour E. Caillemer ([4]), il était permis de poursuivre le coupable soit directement, soit indirectement par l'intermédiaire de l'archonte-roi devant les Eumolpides. Mais ceux-ci n'auraient pu infliger que des peines religieuses, comme l'exclusion des mystères, qui n'auraient eu aucune influence sur l'état-civil et les droits politiques du condamné. Schoemann et Lipsius ([5]) se prononcent à peu près dans le même sens ; il ne peut s'agir que d'une juridiction qui jugeait des bagatelles en rapport avec les fêtes des mystères. P. Foucart ([6]) croit que les Eumolpides ne pouvaient connaître que des actions privées (δίκη) et qu'ils ne constituaient pas à proprement parler un tribunal, mais un arbitrage, peut-être même subordonné à l'acquiescement des deux parties.

La première partie de cette opinion (les Eumolpides ne jugeaient pas de γραφαί mais seulement des δίκαι) nous semble assez justifiée. Le terme δικάζεσθαι paraît en effet être pris ici à la lettre puisque

---

[1] Notamment TOEPFER, *Attische Genealogie*, p. 67.
[2] Schol. à ARISTIDE, p. 66, 15 (DDF.).
[3] J. H. HILD, dans DAREMBERG et SAGLIO, s. v. *Eumolpidai*, p. 852.
[4] E. CAILLEMER, *ibid.*, s. v. *Asebeia*, p. 467.
[5] SCHOEMANN-LIPSIUS, *Das Attische Recht*, p. 62, note 34.
[6] P. FOUCART, *Les Mystères d'Eleusis*, p. 153 sq. Cf. OSIANDER, *Ueber Behandlung der Religionsvergehen in Athen*, p. 436 sq.

Démosthène l'emploie dans une énumération de locutions juridiques et immédiatement après γράφεσθαι, auquel il semble l'opposer. En fait, nous ne connaissons aucune γραφή ([1]), ni aucune accusation importante qui aurait été portée devant les Eumolpides. Il est spécialement digne de remarque que la juridiction des Eumolpides paraît n'avoir joué aucun rôle dans les procès d'Alcibiade et d'Andocide, affaires qui cependant avaient en vue des délits relatifs aux mystères.

Foucart fonde la deuxième partie de son opinion (les Eumolpides n'auraient constitué qu'un arbitrage) sur une explication de ce δικάζεσθαι en fonction du contexte. Dans ce passage, Démosthène expose que Solon a multiplié les moyens de recourir à la justice, afin que tout citoyen soit en mesure de réclamer le châtiment du coupable. Il prend comme exemple le vol. Si tel citoyen est fort et plein de confiance en lui même, il peut employer l'ἀπαγωγή. Si au contraire il est faible, il recourra à l'ἐφήγησις : les magistrats agiront pour lui. Ensuite, il a à sa disposition le moyen le plus ordinaire, la γραφή. Mais s'il est pauvre et craint l'amende de 1000 drachmes, dont est passible l'accusateur qui échoue, il peut recourir à la conciliation (δικάζεσθαι πρὸς διαιτητήν). L'orateur continue : τῆς ἀσεβείας κατὰ ταὐτὰ ἔστιν ἀπάγειν, γράφεσθαι, δικάζεσθαι πρὸς Εὐμολπίδας, φαίνειν πρὸς τὸν βασιλέα. On le voit, le parallélisme, sans être rigoureux, est cependant évident : ἀπάγειν rappelle l'ἀπαγωγή et l'ἐφήγησις, qui n'en est qu'une variante ; vient ensuite dans les deux cas la γραφή, puis le δικάζεσθαι πρὸς Εὐμολπίδας, qui correspond au δικάζεσθαι πρὸς διαιτητήν. Mais il n'est pas sûr qu'il faille conclure de ce parallélisme, comme le fait Foucart, que la juridiction des Eumolpides n'était qu'un arbitrage. Rien ne nous prouve que la juridiction des Eumolpides et celles des διαιτηταί étaient de nature identique. Démosthène, sans doute, cite suivant une gradation descendante les différents recours au droit qui existaient contre le vol d'une part, contre l'impiété de l'autre ; mais la ressemblance ou l'importance analogue de deux juridictions lui ont peut-être suffi pour les placer en parallèle. Bornons-nous donc à conclure que les

---

([1]) Cependant un scholiaste à notre passage (DÉMOSTHÈNE, contra Androt., p. 606, 26) écrit : ὁ γὰρ βασιλεὺς ἐπεμελεῖτο τῶν ἱερῶν πραγμάτων καὶ εἰσῆγε τὰς τῆς ἀσεβείας γραφὰς πρὸς τοὺς Εὐμολπίδας. Mais ceci n'est probablement qu'une déduction tirée des paroles de Démosthène.

Eumolpides ne pouvaient juger que des actions privées de peu d'importance (¹).

Mais il ne faut pas confondre cette juridiction des Eumolpides pour les affaires d'impiété, avec une certaine justice expéditive que ces prêtres appliquaient impitoyablement à tout individu surpris en flagrant délit de violation de quelque règlement intérieur de leur temple ou de son enceinte sacrée. Dans ce cas, il n'y avait pas à proprement parler de jugement. Les Eumolpides étaient dans leur sanctuaire maîtres absolus ; ils avaient des coutumes non écrites qu'ils interprétaient avec la dernière rigueur.

Ainsi Tite-Live (²) raconte que deux jeunes Acarnaniens, qui par erreur avaient pénétré, un jour réservé aux initiés, dans l'enceinte sacrée, furent mis à mort par les Eumolpides. C'est sans doute à ces terribles coutumes que fait allusion le Pseudo-Lysias (³) : « On ra- » conte, dit-il, que Périclès vous conseilla jadis d'appliquer aux impies » non seulement les lois écrites qui les concernent, mais aussi les lois » non écrites que les Eumolpides interprètent, lois que personne n'a » eu assez de puissance pour supprimer et auxquelles personne n'a » jamais osé s'opposer. On ne connait pas l'auteur de ces lois ». D'après cela, Périclès, ce qui est d'ailleurs peu vraisemblable, aurait conseillé aux Athéniens de généraliser l'application des coutumes des Eumolpides, plus sévères sans doute que les lois officielles de l'Etat, contre les vols ou les violations des règlements commis dans les autres sanctuaires.

f) *La* φάσις πρὸς τὸν βασιλέα ne se distinguait de la γραφή que sur un seul point : l'accusateur recevait la moitié de l'amende infligée, l'autre moitié allant au Trésor public. Elle n'était employée que dans les questions d'argent (tort causé à l'Etat ou aux mineurs en tutelle, détournement de fonds sacrés etc.).

(¹) Une scholie à ce passage de DÉMOSTHÈNE (p. 601,26) libellée comme il suit : Ἱερὸν δὲ γένος Εὐμολπίδαι · ἱέραται δὲ ἐν Ἐλευσῖνι, καὶ ἐπὶ τούτου πολλάκις ἐδικάζοντο ἀσεβείας οἱ βουλόμενοι, n'autorise pas Foucart à dire : peut-être arbitrage « volontairement constitué par les deux parties ». Car ἐδικάζοντο est un moyen (= porter une affaire devant un tribunal) et non pas un passif, comme doit sans doute l'interpréter Foucart pour arriver à ce sens. Et οἱ βουλόμενοι ne désigne pas les deux parties, mais les accusateurs. En conséquence on doit traduire... « et souvent ceux qui le voulaient intentaient des actions devant le γένος des Eumolpides ».

(²) TITE-LIVE, XXI, 14 (en l'an 200 av. J.-C.).

(³) [LYSIAS], *contra Andoc.*, 10.

3. Le tribunal compétent.

— Des auteurs anciens tardifs (¹) et pendant longtemps les modernes (²) considérèrent l'Aréopage comme le tribunal ordinaire chargé de juger les affaires d'impiété.

Platner (³) croyait que la compétence était partagée entre l'Aréopage et le tribunal des Héliastes. Lorsque le délit était simplement religieux, l'affaire était jugée par l'Aréopage. Mais lorsque, comme dans le procès de Socrate, l'ordre social était atteint, le procès ressortissait au tribunal des Héliastes.

Plus récemment E. Caillemer (⁴), tout en se séparant de Platner, admet cependant aussi un partage de compétence. D'après lui, les actions d'impiété, en principe, rentraient dans les fonctions des tribunaux ordinaires, mais l'Aréopage jugeait les délits relatifs aux oliviers sacrés et, en vertu de ses pouvoirs de police, il pouvait infliger des pénalités minimes pour les autres cas d'impiété.

Selon Meier et après lui, Schoemann et Lipsius (⁵), l'Aréopage fut d'abord compétent ; mais dans la suite il fut dépouillé de sa juridiction (peut-être par Ephialte en 461) et ne jugea plus que les délits relatifs aux oliviers sacrés dont il avait la garde. Plus tard Démétrios de Phalère lui aurait rendu toute sa compétence.

Pour nous, cette dernière opinion est la plus vraisemblable, parce que la délimitation chronologique proposée s'accorde très bien avec ce que nous savons des procès d'impiété. Avant la création des tribunaux populaires, ces actions devaient nécessairement rentrer dans la juridiction de l'Aréopage. C'est d'ailleurs devant lui que comparut Eschyle (⁶). Mais, depuis l'époque de Périclès jusque vers 420, tous les procès, pour lesquels les textes nous permettent de déterminer le tribunal qui les jugea, furent tranchés par l'Héliée. Ce fut certainement le cas pour Socrate, Andocide (⁷), Archias (⁸) et Théoris (⁹).

(¹) ORIGÈNE, *contra Cels.*, IV, 67 et V, 20, fait même juger Socrate par l'Aréopage.

(²) Depuis MEURSIUS, *de Areopago*, 6, jusque SCHOEMANN, *de Comitiis Ath.*, p. 301.

(³) PLATNER, *Proc. und Klag.*, II, pp. 146 sq.

(⁴) E. CAILLEMER, article *Asebeia*, dans DAREMBERG et SAGLIO.

(⁵) SCHOEMANN-LIPSIUS, *Das Attische Recht und Rechtverf.*, pp. 366 sq.

(⁶) CLÉMENT D'ALEXANDRIE, *Strom.*, II, 14, p. 145 St. ; HÉRACLIDE PONTIQUE, chez EUSTRATIOS, *comm. in Aristot.*, p. 145 Heylbut, parle seulement, il est vrai, d'une intervention des Aréopagites au théâtre. Sur le procès d'Eschyle, voyez SCHNEIDEWIN, dans le *Philologus*, III, p. 366.

(⁷) Le discours de [LYSIAS], *contra Andoc.*, le montre.

(⁸) [DÉMOSTHÈNE], *contra Neaer.*, 116, p. 1384.

(⁹) [DÉMOSTHÈNE], *contra Aristog.*, I, 79, p. 793.

Pour d'autres actions, telles que l'affaire des Déliens, de Phryné, les textes ne permettent pas de nous décider pour l'une ou l'autre des cours de justice.

E. Caillemer ([1]) a bien tâché de prouver que, même à l'époque que nous venons d'indiquer, l'Aréopage jugeait encore des procès religieux. Mais les textes auxquels il recourt sont peu probants. Cicéron ([2]) raconte que Sophocle, pendant son sommeil, apprit de la divinité quel était l'auteur d'un vol d'objet sacré. Comme le songe se reproduisait chaque nuit, il monta à l'Aréopage et y rapporta ce qui lui était arrivé. Les Aréopagites firent arrêter et jugèrent l'individu que désignait Sophocle. — Comment pourrait-on tirer un argument décisif de cette histoire de songe, surtout si l'auteur anonyme d'une vie de Sophocle (ed. Weise, p. 3) parle du peuple (τῷ δήμῳ) et non de l'Aréopage. Et lorsque Plutarque ([3]) dit qu'Euripide n'osa pas dévoiler ses opinions sur les dieux par crainte de l'Aréopage, ceci évidemment résulte du fait que, du temps de Plutarque, l'Aréopage avait recouvré ses anciens droits. Ces textes donc ne prouvent rien et nous pouvons maintenir que tous les procès d'impiété, depuis Périclès jusqu'au dernier quart du IVe siècle, furent plaidés devant l'Héliée.

Il y a cependant une exception : l'Aréopage, qui avait la surveillance des oliviers et qui inspectait les plantations ou déléguait des agents (ἐπιγνώμονες), avait conservé, comme le montre un discours de Lysias ([4]), pleine juridiction pour les délits relatifs aux arbres consacrés à Athéna. C'était là un reste de l'ancienne compétence beaucoup plus vaste de l'Aréopage. Mais vers la fin du IVe siècle, l'Aréopage, semble-t-il, rentra dans ses anciennes attributions, car c'est lui qui jugea les procès de Stilpon et de Théodore ([5]).

Wilamowitz, Meier, Schoemann et Lipsius ont émis l'hypothèse que la compétence judiciaire avait été rendue à l'Aréopage par Démétrios de Phalère (317/6-307/6). Si un passage d'Elien (voyez *supra*, p. 200), se rapporte, comme nous le croyons, au procès de Théophraste, qui a dû avoir lieu entre 319 et 315 (voyez *supra*, p. 201), cette hypothèse reçoit une nouvelle confirmation.

([1]) E. CAILLEMER, article *Asebeia*, dans le *Dict.* de DAREMBERG et SAGLIO.
([2]) CICÉRON, *de divin.*, I, 24, 54.
([3]) PLUTARQUE, *de placit. phil.*, I, p. 880 e.
([4]) LYSIAS, *pro sacra olea*, 29 et 25.
([5]) Voyez *supra*, pp. 204 et 212.

4. Les peines. — Comme on le sait, les peines étaient tantôt fixées par les lois (le débat s'appelait alors ἀτίμητος ἀγών) tantôt laissées à l'estimation des juges (τιμητὸς ἀγών). Il semble que, pour les procès d'impiété, les lois déterminaient les peines, lorsqu'il s'agissait de délits matériels ou de violation de règlements religieux bien établis : ainsi le fait d'arracher les oliviers sacrés était puni de l'exil et de la confiscation des biens (¹) ; celui qui coupait une branche de houx (ou de chêne vert πρινίδιον) dans l'enceinte d'un temple subissait la peine capitale (²).

Mais dans la plupart des cas, les juges avaient toute liberté pour fixer le châtiment. L'accusateur, dans son acte d'accusation, proposait une peine et, lorsque l'accusé était déclaré coupable, celui-ci avait le droit d'opposer une autre pénalité à celle que demandait l'accusateur. Ces détails nous sont très bien connus grâce au procès de Socrate.

Les peines variaient : c'étaient l'amende, la confiscation des biens, l'exil ou la mort. Les Déliens qui avaient chassé les Amphictyons du temple d'Apollon à Delphes et les avaient frappés, furent condamnés à Athènes au bannissement perpétuel et à une amende individuelle de 10.000 drachmes (³). Protagoras fut banni et ses livres furent brûlés. Stilpon et Théodore de Cyrène furent bannis. Anaxagore se vit condamner à une amende de 5 talents et à l'exil, suivant Sotion, à mort, d'après Satyros. Enfin Socrate but la ciguë, et la peine de mort fut aussi prononcée contre les magiciennes Théoris et Ninos.

5. Sanctions contre l'accusateur téméraire. — Dans un pays où chaque citoyen pouvait remplir le rôle du ministère public, il était à craindre que les haines, les rivalités personnelles ou des sentiments plus bas encore n'amenassent de graves abus. Et de fait, les sycophantes furent toujours une plaie dans l'antiquité. Pour remédier au mal, la législation athénienne condamnait à une amende de 1000 drachmes tout accusateur imprudent qui ne réunissait pas en faveur de sa cause le cinquième des voix. Cette disposition toute générale était naturellement applicable aux procès d'impiété. Nous

---

(¹) Lysias, *pro sacra olea*, 3 ; 25 ; 32 et 41. D'après Aristote, Ἀθ. Πολ., 60, la peine était la mort.

(²) Élien, *Var. Hist.*, 17.

(³) I. G., II, 814 (Dittenberger, *Sylloge* ³, n° 153), l. 135.

avons vu qu'Hagnonidès, l'accusateur de Théophraste, faillit se voir appliquer cette sanction.

L'accusateur imprudent en matière d'impiété s'exposait-il à des peines spéciales ? Pollux (¹) affirme que celui, qui dans ces procès ne réunissait pas en sa faveur le cinquième des voix, était puni de mort. Mais la mesure semble vraiment trop rigoureuse ; si une telle menace avait existé, personne n'aurait voulu s'exposer à un si grand danger et les délits d'impiété seraient restés impunis. D'ailleurs, l'erreur de Pollux résulte peut-être d'une mauvaise compréhension d'un texte d'Andocide (²), où il pourrait à la rigueur y avoir confusion : ἐὰν γὰρ μὴ μεταλάβῃ τὸ πέμπτον μέρος τῶν ψήφων καὶ ἀτιμωθῇ ὁ ἐνδείξας ἐμὲ Κηφίσιος οὑτοσί, οὐκ ἐξέσται αὐτῷ εἰς τὸ ἱερὸν τοῖν θεοῖν εἰσιέναι, ἢ ἀποθανεῖται. Andocide parle donc seulement d'atimie, et encore, les effets de celle-ci étaient-ils assez restreints. L'entrée de certains sanctuaires (ici celui des deux déesses) était interdite à l'ἄτιμος sous peine de mort, mais il conservait néanmoins le droit d'exercer des magistratures civiles. Ainsi Eubulide (³), bien qu'il n'eût pas réuni le cinquième des voix dans une affaire d'impiété où il était accusateur, fut plus tard membre du Conseil des Cinq-Cents.

(¹) POLLUX, VIII, 41.
(²) ANDOCIDE, *de myst.*, 38.
(³) DÉMOSTHÈNE, *contra Eub.*, 8, p. 1301.

Chapitre IX

CONCLUSIONS

1. Comment les historiens modernes ont expliqué les procès d'impiété. — Si l'on comprend facilement que l'Etat ait poursuivi les coupables de vol d'objets sacrés, de sacrilège, en un mot de délits matériels contre le culte, on est plus embarrassé lorsqu'il s'agit d'expliquer les procès contre les philosophes.

Avant de commencer nous-même l'étude de ce problème, il est intéressant de rappeler ce qu'en ont pensé les historiens modernes. Le désaccord que nous relevons entre leurs diverses opinions provient du fait que chacun d'eux n'envisage souvent qu'un aspect de la question ; mais leurs théories, bien que parfois excessives, contiennent toujours une part de vérité.

Selon Platner [1], la religion et l'Etat étant chez les Grecs intimement unis, les crimes contre la religion étaient en conséquence poursuivis en tant qu'attentats contre l'Etat, c'est-à-dire comme crimes de haute trahison.

Renan pensait tout autrement : « ... il ne faut pas l'oublier, Athènes » avait bel et bien l'inquisition. L'inquisiteur, c'était l'archonte-roi, » le Saint Office, c'était le portique Royal ou ressortissaient les actions » d'impiété [2] ». Fustel de Coulanges [3] avait adopté à peu près le même point de vue : « La liberté de penser », dit-il, « à l'égard de la » religion de la cité était absolument inconnue chez les anciens ».

Renan fut combattu par Léopold Schmidt [4]. Selon lui les procès contre les philosophes trouveraient leurs raisons, non dans les atteintes de leurs doctrines à la religion (ceci n'en est que le prétexte), mais dans des motifs politiques.

---

[1] Platner, *Proc. und Klagen*, II, p. 138.
[2] Renan, *Les Apôtres*, Paris, 1866, p. 314.
[3] Fustel de Coulanges, *La cité antique*, p. 268.
[4] L. Schmidt, *Ethik der Griech.*, II, p. 25 sq. Cf. R. Pöhlmann, *Sokrates u. s. Volk*, p. 122.

Schoemann (¹) a émis une théorie qui se rapproche beaucoup de celle que nous développerons. D'après lui, on ne peut accabler Athènes du reproche d'intolérance. La partie intime de la religion, les sentiments et les croyances étaient laissées au libre arbitre de chacun. Mais, comme la religion était le plus sûr fondement de la morale et comme les honneurs divins ne pouvaient se maintenir, si l'on cessait de croire aux dieux, quand « l'incrédulité et le mépris des dieux s'af- » fichaient publiquement, lorsque le culte était tourné en dérision, » lorsque les libertins s'efforçaient de faire partager leurs sentiments » à d'autres, l'Etat se croyait avec raison obligé de réprimer cette » propagande et de sévir contre les coupables » (²).

Telles sont les diverses solutions du problème qu'ont proposées les savants jusqu'à ce jour.

2. Les projets de législation contre l'impiété des théoriciens de la politique. — Il y a une chose à laquelle les historiens ont peu songé : c'est d'étudier de près les projets de lois qu'ont élaborés des théoriciens de la politique dans l'antiquité (³). Platon au Xe livre des *Lois* met sur pied une véritable législation contre les impies, qui examinée en détail jette une vive lumière sur la question. Il est aussi très instructif et très intéressant de rapprocher du projet de Platon celui d'un certain Hippodamos, ainsi que les prescriptions morales des Préambules des lois de Zaleucus et de Charondas.

C'est en grande partie sur l'étude combinée de ces trois documents que nous allons fonder notre explication des procès religieux.

a) Le projet de législation de Platon. — Platon a parlé dans le IXe livre du vol d'objets sacrés (ἱεροσυλία) ; il n'y reviendra pas. Il s'occupera ici des crimes que les impies commettent en paroles et en actes. Ce qui porte les hommes à de telles fautes (⁴), ce sont les erreurs qu'ils professsent à l'égard des divinités. Ces erreurs sont de trois espèces et elles déterminent autant de classes d'impies.

1) Il y a d'abord des gens qui ne croient pas à l'existence des dieux.

2) D'autres admettent l'existence des dieux, mais soutiennent qu'ils ne s'occupent pas des affaires humaines.

(¹) SCHOEMANN, *Griech. Alt.*, II, p. 163 sqq. (= trad. GALUSKI, II, p. 206 sqq.).
(²) *Ibidem, trad.* GALUSKI, p. 209.
(³) M. le Professeur A. Delatte nous a suggéré cette idée dans son cours d'*Institutions Religieuses* qu'il professe à l'Université de Liége.
(⁴) PLATON, *Leges*, X, 885 *b*.

3) Enfin, d'autres encore prétendent que les dieux se laissent facilement apaiser par des sacrifices et des prières.

Fidèle au principe qu'il a énoncé (¹) au début du livre IV, Platon va faire précéder l'énoncé de ses lois d'un prélude persuasif. Car le rôle du législateur ne se borne pas à élaborer une série de lois et à déterminer les différentes peines dont seront passibles les contrevenants ; le devoir l'oblige en outre à essayer d'abord la persuasion.

Le prélude des lois contre l'impiété est très long. Par de nombreuses preuves philosophiques, dont le détail est superflu pour nous, Platon réfute les erreurs des trois classes d'impies et établit successivement :

1) l'existence des dieux,
2) l'existence de la providence divine,
3) l'inflexible équité de la justice divine : les dieux ne se laissent pas facilement gagner ; ils ne se rendent pas propices aux méchants à la faveur des présents qu'ils en reçoivent.

Ce prélude terminé, Platon en vient à l'énoncé de la loi « en com-
» mençant par ordonner à tous les impies de renoncer à leur incrédulité
» et de prendre des sentiments plus religieux ».

« Pour ceux qui n'obéiraient pas, voici la loi contre l'impiété :
» Si quelqu'un est impie, *soit en paroles*, *soit en actions*, celui qui
» sera présent s'y opposera et le dénoncera aux magistrats » (²). Les premiers magistrats informés citeront le coupable devant le tribunal compétent. Si le magistrat n'agit pas, il pourra lui-même être accusé d'impiété. Tous les impies seront condamnés au moins à la prison, mais les peines varieront suivant les trois espèces de délit. Dans chacune de ces trois espèces, Platon distingue encore deux subdivisions. Ainsi parmi les impies de la première catégorie (ceux qui ne croient pas à l'existence des dieux), les uns par leur caractère sont naturellement enclins à l'équité ; ils fuient la compagnie des méchants et recherchent celle des bons ; aussi ne commettent-ils aucun acte criminel. Mais « à la vérité, ils parlent avec liberté des dieux,
» aussi bien que des sacrifices et des serments, et en raillant la piété
» des autres, ils pourraient se faire rapidement des disciples, si le
» châtiment ne les arrêtait pas » (³). Pour ces gens là, des réprimandes et la prison suffiront.

(¹) PLATON, *Leges*, IV, 722 b c sqq.
(²) PLATON, *Leges*, X, 907 c d.
(³) *Ibid.*. 908 c.

Les autres joignent à leur conviction que tout est vide de dieux, l'impuissance à dominer leurs plaisirs et leurs douleurs, une mémoire excellente et une grande pénétration d'esprit. Ils emploient la ruse et l'artifice pour séduire. Parmi eux, l'on rencontre des devins, des faiseurs de prestiges, des tyrans, des orateurs, des stratèges et aussi des gens qui tendent des embûches à la crédulité publique par des initiations particulières, et les sophistes avec leurs raisonnements captieux. De beaucoup plus dangereux que les premiers, ces gens méritent plusieurs fois la mort.

La deuxième et la troisième catégorie d'impies sont comme la première divisées en deux subdivisions. La première de ces subdivisions comprend les gens qui se laissent aller à ces erreurs par défaut de jugement et non par suite de leurs mœurs corrompues. Ils seront condamnés à passer cinq ans au moins dans le sophronistère (pénitencier) où ils n'auront d'autres visites que celles des magistrats de nuit qui leur feront des réprimandes et tâcheront de les ramener dans le bon chemin. Si, après avoir purgé leur peine, ils ne s'amendent pas et retombent dans les mêmes erreurs, ils seront punis de mort.

Dans la seconde subdivision, sont rangés les gens pervers qui s'attachent à amener leurs semblables à partager leurs impies croyances sur le manque de providence des dieux ou la partialité de leur justice, « leur disant qu'ils savent évoquer les âmes des morts et » leur assurant qu'is peuvent faire fléchir les dieux, comme s'ils avaient » le secret de les charmer par des sacrifices, des prières et des enchante- » ments ».

Le tribunal les condamnera à la mort civile. Il seront enfermés perpétuellement au milieu des terres où ils n'entreront en contact qu'avec les gardiens et les esclaves chargés de leur porter la nourriture. Après leur mort, leur cadavre sera jeté sans sépulture en dehors des frontières de l'Etat.

Enfin, pour arrêter les progrès de l'impiété, Platon prend une mesure qui ne laisse pas de nous étonner. Il interdit de consacrer aux dieux des chapelles ou des autels particuliers, ainsi que de sacrifier en particulier. Le citoyen, s'il veut sacrifier, doit se rendre au temple public et remettre les victimes aux prêtres.

Tel est, en un bref résumé, le projet de Platon. Voyons maintenant quels enseignements nous pouvons en tirer.

Platon poursuit les athées, ceux qui n'admettent ni la providence divine, ni l'inflexibilité de la justice des dieux, et il nous en donne la

raison : c'est que ces doctrines poussent les hommes à commettre des impiétés *en paroles et en actions*. Au début du livre X (885 *b*), Platon s'exprime en ces termes : « Il faut maintenant déterminer
» quels seront les châtiments de ceux qui offensent les dieux en *paroles*
» *et en actions*, après avoir fait précéder la loi de l'instruction que
» voici : personne, s'il croit que les dieux existent, comme le disent
» les lois, ne commettra jamais une *action* impie, ni ne tiendra aucun
» *discours* contre la religion ; mais ces agissements ne peuvent pro-
» venir que de ces trois causes ». (Suivent alors les trois erreurs fondamentales que nous avons signalées plus haut.) Ce texte montre clairement que Platon ne cherche pas à punir *pour elles-mêmes* les opinions athées ou hérétiques, mais en tant que ces doctrines sont la *cause directe* des délits contre la religion, c'est-à-dire les discours et les actes impies. C'est contre ces derniers que le philosophe veut sévir ; toutefois il remonte à leur source et est ainsi amené à condamner l'athéisme. S'il punit l'incrédulité, ce n'est donc que dans un but préventif et non pas parce que la croyance qu'il n'existe pas de dieux est en elle-même une faute contre la religion. Ceci est encore prouvé par un autre passage (908 *b* sqq.) dont nous avons donné la substance (*supra*, p. 249). On y voit que l'incrédulité, quand elle s'unit à l'amour de la vérité et à l'honnêteté, n'est pas punissable en elle-même. Ce qui est répréhensible, c'est que les incrédules expriment leurs opinions, raillent les divinités et les cérémonies religieuses et risquent de se faire des disciples.

L'acte de la négation de l'existence des dieux est coupable en soi pour deux raisons : d'abord parce qu'il est un outrage aux divinités, ensuite parce qu'il propage l'impiété. C'est en effet contre les propagandistes antireligieux que le législateur doit principalement sévir. Il suffit pour s'en convaincre de se reporter aux pages 249 et suivante ; on y verra que les individus qui font une propagande intense de l'irréligion sont sévèrement punis, tandis que les incrédules d'allure paisible bénéficient de l'indulgence du code pénal.

Voici maintenant les raisons pour lesquelles Platon désire l'intervention du législateur.

α) Justifiant la loi par laquelle il défend l'érection d'autels privés, Platon s'exprime ainsi à propos des impies qui se livrent aux pires impiétés envers les dieux en sacrifiant chez eux en cachette : « afin
» qu'ils n'accumulent pas sur leurs têtes et sur celles des magistrats,

» qui sont meilleurs qu'eux, des sujets de colère divine et qu'ainsi
» l'Etat entier ne soit pas puni, en quelque sorte à bon droit, à cause
» de leur impiété ; du moins la divinité n'aura pas sujet de s'en
» prendre au législateur ».

L'Etat a donc le devoir d'intervenir contre les impies. S'il ne satisfait pas à cette obligation, il s'expose à voir retomber sur lui la colère des dieux invengés.

β) En bon fidèle, Platon désire la conservation du culte pour luimême. Aussi, les impies qui attaquent la religion, sont-ils pour lui un objet de haine profonde. On peut lire (887 e, voy. *infra*, p. 255) une belle page toute vibrante de l'indignation qu'il ressent à l'égard des ennemis des dieux.

γ) Enfin la religion est le fondement de toute saine morale. La négation de l'existence des dieux conduit aux plus monstrueuses erreurs. Ainsi les incrédules tiennent des raisonnements de ce genre : de même que les dieux n'existent pas par nature, mais n'étant qu'un produit de l'invention humaine, ne subsistent que selon certaines lois, de même aussi il n'y a rien de juste par nature. Le droit n'existe qu'en vertu de conventions humaines soumises au perpétuel changement. En conséquence, on arrive à formuler des principes comme celui-ci : rien n'est plus juste que ce qu'on réussit à emporter par la force (¹).

b) Le projet de censure inséré dans le περὶ πολιτείας *attribué à Hippodamos.* — L'auteur, d'après les conclusions de l'étude qu'a consacrée à ce traité M. Delatte, dans son livre *Essai sur la Politique Pythagoricienne* (p. 158 sqq.), a écrit dans le courant du Ier siècle avant J.-C. Mais « il a voulu donner l'illusion que son ouvrage avait été composé à l'époque classique », si bien que la plupart des idées que le prétendu Hippodamos y expose, sont empruntées à des sources anciennes et se rattachent à la littérature politique du Ve et du IVe siècles. C'est notamment le cas pour le deuxième chapitre, où Hippodamos voudrait que les nomothètes et les agélarques exercent une véritable censure sur l'enseignement des sophistes touchant la religion. Il se place simplement au point de vue social et moral. Il porte avant tout son attention sur les conséquences que les doctrines ont au point de vue moral et politique.

(¹) PLATON, *Leges*, X, 889 e, 890.

Comme chez Platon, les attaques contre la religion et les institutions de l'Etat sont ramenées à des erreurs religieuses fondamentales: la négation de l'existence des dieux et de leur providence (On remarquera que la troisième hérésie mentionnée par Platon ne figure pas ici). Les effets des discours des sophistes imbus de ces théories sont extrêmement graves : perte du bon sens, triomphe de l'injustice, disparition du respect des lois : les hommes délivrés de la crainte des dieux se livrent aux pires excès.

Moins encore que chez Platon on peut appeler les mesures que réclame Hippodamos une inquisition religieuse. Pas un mot ne nous permet de dire que l'auteur du traité cherchait à imposer la croyance aux dieux ; il ne s'agit nullement d'une enquête sur les convictions intimes des citoyens. Ce que demande Hippodamos, c'est une censure sur l'enseignement des sophistes, parce qu'en s'attaquant à la religion, il est nettement révolutionnaire et tend à la ruine de la morale et des institutions humaines.

c) Les préambules attribués à Zaleucus et à Charondas. — La doctrine de ces préambules, que nous a conservés Stobée ([1]), serait, selon M. A. Delatte ([2]), l'œuvre de Pythagoriciens du Ve siècle (abstraction faite de la rédaction qui est évidemment postérieure), qui auraient voulu composer une sorte de code de la morale publique destiné à servir de prélude aux textes législatifs.

Nous n'avons pas affaire ici à des lois, mais seulement à des prescriptions morales, dont l'observation n'est pas imposée sous la menace de sanctions judiciaires. Elles visent seulement à la persuasion. Les sept premières prescriptions des préambules attribuées à Zaleucus, forment un ensemble de conseils à la fois moraux et religieux. On peut y retrouver, mais exprimées moins nettement, les trois grandes vérités religieuses fondamentales que Platon a établies. Comme dans le traité attribué à Hippodamos, apparaît très bien l'idée de l'influence bienfaisante de la religion sur la morale publique. Pour renforcer l'observation de cette dernière, le législateur s'appuie sur le sentiment religieux. La religion est conseillée comme un devoir public parce qu'elle est un adjuvant puissant pour l'observation de la morale

---

([1]) STOBÉE, *Flor.*, IV, p. 123 H. Variantes dans DIODORE, XII, 20.
([2]) A. DELATTE, *Essai sur la Politique Pythagoricienne*, p. 182 sq.

sociale. La même note apparaît, moins clairement cependant, dans les préambules attribués à Charondas.

3. Essai d'explication des procès d'impiété. — *a) Pourquoi l'Etat poursuivait les impies.*
Le polythéisme grec n'était pas une religion révélée due à un réformateur ou un prophète ; elle était sortie du peuple et s'était développée naturellement. De là, deux caractéristiques importantes : l'absence de dogmes et le manque de corps sacerdotal soumis à uns hiérarchie bien organisée. Les prêtres, simples citoyens qui tenaient généralement leurs charges de l'élection ou même du tirage au sort, n'étaient que des fonctionnaires publics chargés d'accomplir les cérémonies et les sacrifices selon les rites prescrits. En dehors de ces pratiques toutes extérieures, ils n'avaient pas à s'occuper d'un enseignement des vérités religieuses, puisqu'il n'y avait pas de système dogmatique. Mais, si la religion grecque n'avait pas de clergé capable de la protéger contre les attaques des impies, elle avait un défenseur tout désigné en l'Etat. L'antiquité, en effet, vécut toujours sous le régime de l'union la plus complète de l'Etat et de la religion, et aucun penseur, quelle que fût la grandeur de son génie, ne songea jamais à la séparation de ces deux puissances, telle que nous la voyons réalisée aujourd'hui. Le polythéisme créé par les laïcs devait aussi être défendu par les laïcs.

α) Les historiens modernes semblent ne pas croire que les Athéniens aient défendu leur religion pour elle-même ; ils cherchent toujours des motifs intéressés. Il y a là, à notre avis, une lacune dans leurs explications des procès d'impiété. Les théoriciens de la politique ou les philosophes incrédules pourraient à la rigueur protéger une religion à laquelle ils ne croient pas, uniquement parce qu'ils la jugent nécessaire à l'ordre public. Mais ce sont là des raisonnements d'hommes qui jouissent déjà d'une certaine culture. La masse des citoyens, dont était formé l'Etat, n'avait pas besoin d'aller aussi loin pour justifier les poursuites contre les impies. Tout fidèle, en effet, qu'il appartienne à une religion révélée ou naturelle, quelle qu'elle soit, désire le maintien de la religion qu'il professe, pour elle-même. Les Athéniens, éminemment traditionalistes, ne pouvaient être étrangers à ce sentiment. A leurs yeux, les meilleures coutumes étaient celles que leurs ancêtres leur avaient transmises. Or, il n'y en avait pas de plus précieuses que le culte des dieux. Ce culte avait d'ailleurs toujours rendu les plus grands services à la patrie.

Si Athènes était la ville la plus prospère de toute la Grèce, n'était-elle pas aussi la plus pieuse (¹) ? Leurs glorieux ancêtres n'avaient-ils pas vu à Marathon combattre les dieux eux-mêmes à leurs côtés ? Sans doute la merveilleuse fortune d'Athènes était-elle l'œuvre des divinités reconnaissantes envers les plus religieux des Grecs (²). Or, propager l'incrédulité, c'était le plus sûr moyen d'amener la disparition du culte des dieux. Aussi les croyants ne pouvaient s'empêcher de s'indigner contre ceux qui tâchaient de ruiner l'héritage le plus sacré que leur avaient laissé leurs ancêtres. Platon se fait en quelque sorte l'interprète des sentiments du peuple, lorsqu'il écrit (³) : « Com-
» ment pourrait-on se voir réduit à prouver que les dieux existent,
» sans s'indigner ? On ne peut tolérer que difficilement et haïr ceux
» qui ont été et sont encore aujourd'hui la cause de cette discussion.
» Quoi ? Ils ne croient plus aux mythes que, dès l'enfance, ils ont
» sucés avec le lait, qu'ils ont appris de la bouche de leur mère et de
» leur nourrice, ces fables qui leur étaient racontées comme au milieu
» d'enchantements, tantôt en badinant, tantôt sur un ton sérieux.
» Ils les ont entendues au milieu de l'appareil des sacrifices, dans les
» prières ; ils ont assisté à des spectacles en rapport avec ces fables,
» et les cérémonies qui accompagnent les sacrifices sont toujours
» agréables à voir et à entendre pour un enfant ; ils ont vu leurs
» parents remplir leurs devoirs religieux avec la piété la plus fervente,
» pour eux-mêmes et pour leurs enfants ; il les ont vus adresser des
» prières et des supplications d'une manière qui montre combien était
» ferme en eux la persuasion de leur existence... et maintenant au
» mépris de tout cela et sans une seule raison vraiment solide, comme
» pourraient le reconnaître tous ceux qui ont une parcelle de bon
» sens, il nous forcent à tenir un pareil langage ! Comment pourrait-
» on les morigéner doucement et leur enseigner d'abord qu'il existe
» des dieux ?... »

β) On sait que le culte était considéré comme l'expression d'une sorte de contrat entre les dieux d'une part, et une communauté humaine de l'autre : cette dernière offre des sacrifices, des présents aux divinités ; mais, en échange, elle a le droit d'espérer leurs faveurs et leur protection. Or, l'Etat manquerait très gravement à ses

---

(¹) Lycurgue, *c. Leocr.*, 15 ; Pausanias, I, 24, 3 ; *Acta Apostol.*, 17, 23.
(²) Xénophon, *Anab.*, III, 2, 10 ; *Mem.*, I, 4, 16.
(³) Platon, *Leges*, X, 887 *c* sqq.

devoirs, s'il laissait attaquer et ruiner impunément la religion, source du culte. Non seulement il perdrait toute chance de recevoir les bienfaits des dieux, mais il s'attirerait en outre les terribles conséquences de leur colère. Considérée sous cet aspect, l'impiété était un véritable danger public, si l'Etat ne prenait pas des mesures pour en arrêter les progrès.

Nous avons déjà cité un texte de Platon typique à cet égard (p. 251). Le Ps.-Lysias ([1]) disait aux juges lors du procès d'Andocide : « Si » vous frustrez Déméter et Perséphone de la vengeance qui leur est » due, le crime retombera sur vos têtes. Ne vous chargez pas des » imprécations attachées au sacrilège, quand vous pouvez en punis-» sant le coupable vous mettre à l'abri de tout reproche ».

γ) Mais à côté des raisons sérieuses qui poussaient l'Etat et les fidèles à maintenir intacte la religion des ancêtres pour elle-même, il y avait d'autres motifs non moins puissants. Nous avons déjà eu l'occasion de montrer comment Platon, Hippodamos et les auteurs des Préambules de Zaleucus et de Charondas, considéraient la religion comme la base même de la morale. Cette idée de la solidarité de la religion et de la morale, et notamment de l'influence heureuse du sentiment religieux par la crainte salutaire qu'inspire aux hommes la croyance aux dieux, se rencontre fréquemment chez les auteurs de l'époque classique ([2]). Ainsi Isocrate, dans le *Busiris* (24 et 25), écrit : « Ceux qui ont lutté pour les idées religieuses juqu'à faire » croire que les dieux s'occupent des hommes et les punissent avec » plus de vigilance que n'en comporte la réalité, rendent les plus grands » services à la vie humaine. Et, en effet, c'est grâce à ceux qui, dès le » début, nous ont inspiré la crainte des dieux, que nous ne nous » conduisons plus les uns vis-à-vis des autres comme des bêtes » féroces » ([3]). Cette conception du rôle bienfaisant de la religion avait même fait naître l'hypothèse qu'elle ne serait qu'une invention d'hommes habiles et rusés, ayant pour but de retenir et de réfréner la violence des passions par la crainte des dieux ([4]).

Si donc la religion était considérée comme base de la morale, puis-

---

([1]) LYSIAS, *contra Andoc.*, 13 ; 33 ; Cf. [DÉMOSTHÈNE], *contra Neaer.*, 109.

([2]) Cf. SCHOEMANN, *Griech. Altert.*, II, p. 165 ; A. DELATTE, *Essai sur la Pol. Pythag.*, pp. 45 et 151.

([3]) Voyez aussi XÉNOPHON, *Mem.*, I, 1, 9.

([4]) Par exemple : CRITIAS, chez SEXTUS EMPIRICUS, II, 54 (= *Vors.*, 81 B 25) ; PLATON, *Leges*, X, p. 889 e ; POLYBE, VI, 56.

qu'elle pouvait seule conférer aux lois la sanction suprême nécessaire, l'Etat avait le plus grand intérêt à lutter pour sa conservation.

δ) De même que le paganisme romain, le polythéisme grec était une religion d'Etat dans toute la force du terme. Si bien que les liens multiples et serrés qui unissaient l'Etat et la religion faisaient concevoir toute atteinte au culte comme une véritable attaque contre la sûreté de l'Etat.

L'exercice du droit tant civil qu'international était toujours intimement associé à des manifestations du culte : les serments, les contrats, les dépôts, les traités étaient placés sous la sauvegarde des divinités. Le droit privé était conçu comme une émanation du droit divin ; aussi le criminel, surtout celui qui attentait aux jours de ses parents, était-il coupable d'impiété. De même le droit public était protégé par la religion. A Téos, il existait une πολιτικὴ ἀρά contre ceux qui enfreignaient les lois ou désobéissaient aux magistrats ([1]). A Athènes, au début de chaque assemblée du peuple, une malédiction semblable était prononcée contre ceux qui feraient preuve de médisme. Il existait aussi quelque chose d'analogue dans d'autres villes contre ceux qui n'obéissaient pas aux lois. De plus, comme nous l'avons dit, les prêtres n'étaient que des fonctionnaires publics. L'Etat en outre faisait surveiller le culte par des ταμίαι, ἱεροφύλακες, ἱεροποιοί, ἐπιμεληταί et autres.

Tant de liens étroits montrent que le culte était considéré comme faisant partie intégrante des institutions de l'Etat. Dès lors, de même que celui qui trahissait sa patrie commettait un sacrilège, celui qui attaquait la religion se rendait coupable d'un crime de lèse-nation. La religion et patrie étaient indissolublement unies dans le cœur des citoyens : attaquer l'une, c'était aussi porter atteinte à l'autre. Les deux crimes criaient également vengeance au ciel.

En résumé, les poursuites contre les impies par l'Etat étaient justifiées par quatre raisons principales :

α) l'Etat doit veiller à la conservation du culte des citoyens pour lui-même ;

β) s'il ne le défend pas, il s'expose à la colère des dieux ;

([1]) BOECKH, C. I. G., 3044 ; COLLITZ-BECHTEL, 5632 ; HAUSSOULLIER, chez MICHEL, *Rec. d'Insc. gr.*, n° 1318 etc.

γ) la religion est le fondement de toute morale ;

δ) les attaques contre le culte sont des crimes de lèse-nation.

b) Le rôle des passions politiques et religieuses. — Telles étaient les raisons qui théoriquement légitimaient les poursuites contre les ennemis de la religion. Mais les procès intentés aux philosophes sont-ils réellement la conséquence de l'application de ces principes ? En d'autres termes, les accusateurs se sont-ils toujours laissés guider par le souci du bien général ? Ont-ils toujours agi uniquement dans le but de défendre et de venger la religion qu'ils prétendent outragée ? L'histoire des procès montre clairement, croyons-nous, quel abîme sépare ici, comme souvent ailleurs, la théorie de la pratique.

A Athènes, pas plus que dans les autres Etats anciens, il n'existait aucun magistrat chargé de remplir les fonctions de notre ministère public. L'Etat se contentait d'établir les lois et laissait aux citoyens le soin de dénoncer les délinquants aux magistrats. La justice ne se mettait pas en branle automatiquement, comme de nos jours ; aussi le principe « pas d'accusateur, pas de jugement » régna-t-il toujours en maître.

Or, il est douteux que les sentiments religieux ou patriotiques livrés à eux seuls aient toujours été assez puissants pour susciter des accusateurs. Pour qu'un individu sortît du rang, consentît à se charger des ennuis qu'attire inévitablement tout procès et à s'exposer en cas d'échec à l'amende de 1000 drachmes et à l'atimie partielle, il fallait souvent des mobiles d'un intérêt plus immédiat. Et c'est ici que nous devons reconnaître que l'opinion de L. Schmidt, qui veut voir dans la politique la grande cause des procès religieux, contient une large part de vérité. En effet, dans la plupart des cas, ce sont des rivalités politiques et personnelles qui ont déterminé les accusateurs à agir.

Diopeithès, le promoteur du décret contre les incrédules, était, en sa qualité de conservateur, ennemi de Périclès ; comme devin, il avait en outre des raisons personnelles d'inimitié envers les naturalistes, et spécialement Anaxagore, qui, par leurs explications rationalistes des phénomènes, menaçaient de discréditer l'art de la divination.

Les accusateurs d'Anaxagore étaient tous deux adversaires politiques de Périclès : Thucydide était le chef du parti aristocratique, Cléon était à la tête du parti démocrate avancé.

Dans l'affaire de Protagoras, qui professait des opinions démocratiques, Pythodoros était un politicien réactionnaire ; Euathlos avait une rancune personnelle à satisfaire.

Il est évident que ce sont des préoccupations politiques qui ont provoqué la condamnation de Démade et l'accusation d'Aristote. Théophraste, dont l'accusateur Hagnonidès était un fervent patriote, a aussi failli être victime de ses sympathies promacédoniennes. Les procès de Stilpon et de Théodore paraissent être également l'œuvre du parti patriote et démocrate.

Seuls les accusateurs de Socrate — que cependant, en leur qualité de démocrates modérés, on pourrait aussi opposer au philosophe prétendu réactionnaire — semblent s'être élevés au dessus des mesquines querelles de parti. Anytos, du moins, paraît avoir été sincèrement convaincu que Socrate mettait sérieusement en danger l'ordre religieux, social et politique de sa patrie. Mais cependant les préoccupations religieuses ne figuraient pas chez lui au premier plan ; elles cédaient le pas aux raisons politiques et sociales. Ici encore on est bien obligé de reconnaître que, pour Anytos, le procès d'impiété n'était qu'un moyen de débarrasser Athènes de Socrate jugé dangereux pour le régime politique existant.

Chose frappante, chaque fois que nous connaissons les accusateurs, ceux-ci sont toujours du parti hostile à l'opinion politique de l'accusé, si bien que l'on a le droit de dire que, dans la plupart des cas, la religion n'était qu'une arme au service de la politique. Et nous pouvons expliquer du même coup pourquoi des impies notoires n'ont jamais été inquiétés : l'absence d'intérêt d'ordre privé ou politique peut aussi faire comprendre l'absence d'accusateur.

Un des plus grands impies de l'antiquité, toujours cité en compagnie de Théodore, athée comme lui, fut sans contredit Hippon de Rhégium (¹), contemporain d'Anaxagore. C'était un philosophe et un μετεωρολόγος qui vivait à Athènes vers 422, époque où Cratinos fit représenter une comédie (Πανόπται) dans laquelle il le ridiculisait et le signalait au public comme un impie. En tant qu'astronome, il enseignait que le ciel était une espèce d'étouffoir (πνιγεύς) sous

---

(¹) PLUTARQUE, *de com. not.*, 31, p. 1075 *a* ; ATHÉNÉE, XIII, 610 *b* ; DIELS, *Dox.*, p. 214 etc. Voyez DIELS, *Vors.*, nº 26 ; DECHARME, *Crit. des trad. relig.*, pp. 137 sq. ; E. WELLMANN, dans PAULY-WISS., *s. v. Hippon*, nº 6 ; DRACHMANN, *Atheism in pagan antiq.*, p. 29 sq.

lequel les hommes étaient enfermés (¹). Comme philosophe, il niait l'existence des dieux et soutenait que rien ne peut exister en dehors de la matière. On raconte qu'il avait demandé que l'on plaçât sur sa tombe cette épitaphe (²) : « Ceci est le tombeau d'Hippon que la » Moira a rendu semblable aux dieux immortels en le faisant mourir ». Il ne s'agissait ici nullement d'une apothéose ; personne d'ailleurs ne s'y trompait. Hippon mort continuait à railler les dieux, comme pendant sa vie, et voulait faire entendre qu'ils n'existaient pas plus que lui couché dans sa tombe. Tel était l'homme dont les théories impies avaient été mises au théâtre. Et cependant personne ne s'avisa de l'accuser.

Aristodème le Petit, imitateur et admirateur de Socrate, non seulement ne sacrifiait pas aux dieux, ne leur adressait pas de prières, ne se servait pas de la mantique, mais se moquait de ceux qui se livraient à ces pratiques (³) ; il ne fut jamais inquiété. Et ce ne sont pas des exceptions ; nous pourrions citer d'autres savants et philosophes qui auraient pu être accusés d'impiété pour leurs doctrines et que cependant on laissa en paix.

L'impiété d'ailleurs, déjà au IVᵉ siècle, n'était pas le fait de quelques esprits forts ; elle était en réalité assez commune. Si Platon consacre tout un livre de ses *Lois* à refuter les erreurs impies et à instituer toute une législation, c'est qu'il considérait la lutte contre l'irréligion comme une question de brûlante actualité. Du reste, il parle de l'incrédulité comme d'une chose tout à fait courante à son époque ; à un moment donné, il fait dire à l'Athénien (⁴) : « Si de tels discours » n'étaient pas répandus dans toutes les bouches, nous n'aurions pas » besoin d'y opposer des arguments qui établissent l'existence des » dieux ; mais aujourd'hui, il le faut ». Un autre témoignage de Platon, probablement trop pessimiste cependant, permet de se rendre compte de la diffusion de l'irréligion au IVᵉ siècle. Dans les *Lois* (⁵),

---

(¹) Schol. à ARISTOPHANE, *Nubes*, 96.
(²) ALEXANDRE D'APHRODISIAS, *in Metaph.*, 27, 1 (= *Vors.*, 26 B 2); DECHARME, *loc. cit.*, croit qu'il ne fut pas inquiété, parce qu'il n'affichait pas ouvertement son impiété. Mais ceci est contredit non seulement par ce que nous savons du caractère d'Hippon, mais aussi par le fait que Cratinos le représentait dans sa pièce comme un impie. Il devait donc être bien connu du public comme tel.
(³) XÉNOPHON, *Mem.*, I, 4.
(⁴) PLATON, *Leges*, X, 891 b.
(⁵) PLATON, *ibid.*, XII, 948 c sqq.

il supprime l'usage des serments dans les procès, parce qu'en présence du nombre considérable d'incrédules et d'impies, près de la moitié des citoyens serait bientôt composée de parjures.

Il est donc certain que l'incrédulité était assez répandue à Athènes, et cependant nous ne connaissons qu'un nombre de procès relativement minime. Et encore les procès que nous avons étudiés (les seuls connus qui mettent en cause des opinions antireligieuses) ne sont pas tous provoqués par des délits d'opinion (celui d'Aristote, par exemple). Sans doute, des cas nous ont échappé, d'autant plus que l'histoire ne conserve le souvenir que des événements qui touchent aux hommes de quelque renom. On peut néanmoins affirmer que les procès d'impiété incriminant des opinions antireligieuses étaient plutôt rares à Athènes. Deux choses expliquent ce fait. D'abord, comme par suite de l'absence de ministère public le soin d'accuser les impies était laissé aux citoyens, ceux-ci généralement ne consentaient à prendre cette initiative que lorsque des mobiles d'intétêt privé ou politique les poussaient à agir. En second lieu, et nous essayerons de le montrer plus loin, la loi contre les incrédules, sinon dans sa lettre, du moins dans son esprit, n'était dirigée que contre les propagandistes antireligieux.

Les philosophes condamnés ne semblent donc pas avoir été victimes du fanatisme religieux de leurs accusateurs. Est-ce à dire que nos procès d'impiété sont purement des incidents de nature politique ? Nous ne le croyons pas. Si la politique a le plus souvent déterminé les accusateurs à agir, c'est la religion qui est la grande cause des condamnations. Dans les accusateurs, la religion n'avait que des défenseurs intéressés, parce que pour la défendre il fallait qu'un particulier en prît l'initiative, plaidât devant le tribunal, s'attirât toute sorte d'ennuis et courût des risques. Le devoir du juge était incomparablement plus facile : déposer dans l'urne un caillou blanc ou noir représentait pour lui le même effort. En outre, on doit supposer ou bien que la masse des jurés ne découvraient pas toujours les véritables mobiles des accusateurs, ou que chez la plupart d'entre eux le sentiment religieux était plus fort que la passion politique. C'est ce qui explique qu'Anaxagore fut condamné malgré l'intervention de Périclès et au moment où les partisans de l'homme d'Etat étaient encore en majorité ; que le démocrate Protagoras fut chassé en plein régime démocratique ; que Socrate, qui passait pour favorable à l'oligarchie, ne fut condamné sous la démocratie tempérée de 399, qu'à la faible majorité de 61 voix et qu'il aurait probablement été acquitté, s'il s'était conduit devant le tribunal comme un accusé ordinaire.

Les condamnations paraissent donc avoir été provoquées, en grande partie, par la réaction populaire contre les progrès de l'incrédulité, par la haine du peuple contre l'impie, par son désir de voir la religion défendue et vengée, par sa croyance que la colère des dieux retomberait sur lui si l'impiété restait impunie. Mais ces raisons religieuses étaient, suivant le cas, renforcées ou combattues par les passions politiques, et cela dans une mesure que nous ne pouvons pas déterminer.

c) Y a-t-il eu une sorte d'inquisition ? — Une des caractéristiques les plus frappantes de la religion grecque, était l'absence de dogmes. Il n'existait aucun système dogmatique, il n'y avait pas de « Credo » fixant scrupuleusement les vérités religieuses. Le polythéisme, fruit d'une longue évolution à laquelle avaient collaboré les poètes, les artistes, le peuple entier, pour ainsi dire, permettait la plus grande variété dans les croyances. Les tragiques, les lyriques se faisaient un point d'honneur de renouveler non seulement la forme, mais le fond des mythes et personne ne le leur reprochait ([1]).

Toutefois il y avait deux points sur lesquels tous les croyants étaient d'accord : l'existence des dieux et de la providence divine. C'étaient là deux dogmes non écrits, mais dont tout le monde avait conscience.

Rien d'étonnant, dès lors, qu'une loi permît de poursuivre en justice les athées. Mais, comme nous croyons l'avoir montré par des textes de Platon, si l'on condamnait les incrédules, c'était moins à cause de leurs croyances antireligieuses *en elles-mêmes*, que parce que ces opinions étaient la source directe des crimes contre la religion (voy. *supra*, pp. 250 sq.). Ces fautes, ce sont d'abord les actes

---

([1]) On s'est demandé souvent comment les comiques pouvaient représenter les dieux sous les aspects les plus ridicules, les placer dans les situations les plus grotesques, sans jamais se voir accusés d'impiété. Voici l'explication qui nous paraît la plus plausible. La comédie ancienne était toute faite de charge et de gaieté. En ces jours de véritable carnaval qu'étaient les Dionysies et les Lénéennes, toute retenue était bannie ; il était alors de bon ton de rire de tout, fût-ce des choses les plus sacrées. D'ailleurs, les dieux, comme les hommes, devaient se rendre compte que personne ne se les imaginait tels qu'ils étaient représentés sur la scène. Le peuple de fins moqueurs qu'étaient les Athéniens ne doutait pas qu'en ces jours de liesse universelle les dieux n'entendissent raillerie aussi bien que les mortels : φιλοπαίσμονες γὰρ καὶ οἱ θεοί. (PLATON, *Crat.*, 406 c).

impies (vol d'objets sacrés, sacrilège, parjure, etc.) et ensuite les discours impies (négation de l'existence des dieux, de leur providence, de leur inflexible justice, divulgation des mystères, railleries sur les divinités, les cérémonies et les fidèles). Il faut se rappeler, en effet, que la religion grecque était faite presque entièrement de pratiques extérieures. Au contraire du Christianisme, l'essence du polythéisme n'est pas constituée par des croyances, des dispositions intérieures, mais par des pratiques. Si l'on met à part certaines sectes, comme l'Orphisme, le Pythagorisme et les mystères (et encore ces derniers semblent consister surtout en cérémonies), le paganisme est étranger à tout mysticisme et l'on peut dire qu'il se réduit vraiment au culte, c'est-à-dire aux sacrifices, aux cérémonies, aux offrandes, aux prières, en un mot aux honneurs que les dieux sont en droit d'exiger. Celui qui se livre à ces pratiques, quelles que soient ses dispositions intérieures, est déclaré εὐσεβής ; celui qui les dédaigne et les méprise nuit au culte et passe pour ἀσεβής. En conséquence et conformément au caractère assez superficiel de la religion grecque qui vivait surtout de pratiques extérieures, l'impiété ne pouvait guère non plus consister qu'en actes et en discours contraires au culte. Dès lors, si la loi punissait ceux qui ne croyaient pas aux dieux, ce n'était pas essentiellement parce que leurs croyances intimes allaient à l'encontre d'un dogme nettement établi (comme c'était le cas pour les hérétiques du Moyen-Age et de l'époque moderne), mais parce que les individus imbus de telles doctrines étaient fatalement enclins à commettre des actes impies et à attaquer le culte. En d'autres mots, comme l'incrédulité passait à juste titre pour la cause directe des délits vraiment punissables (actes et discours impies), on en arriva aussi à punir l'athéisme. La loi contre les incrédules avait donc surtout pour but de prévenir les crimes contre la religion.

D'un autre côté, l'incrédulité menaçait directement le culte ; car sans la conviction de l'existence des dieux, le culte qu'on leur rendait ne pouvait pas subsister. C'est pourquoi l'athée était surtout condamnable (voy. *supra*, p. 251) lorsqu'il extériorisait ses opinions et risquait ainsi de les répandre. Une phrase de l'*Euthyphron* montre bien que la loi, telle qu'elle était comprise par les Athéniens, ne menaçait guère que les propagandistes antireligieux. A Euthyphron qui l'interroge sur les griefs que l'on invoquait contre le philosophe pour l'accuser d'impiété, Socrate répond ([1]): « Les Athéniens, à mon avis,

---

([1]) PLATON, *Euthyphro*, 3 c d.

» se mettent peu en peine de savoir si tel est habile, pourvu toutefois
» qu'il n'enseigne pas aux autres son propre savoir ; mais s'ils appren-
» nent qu'il rend habiles les autres, ils se fâchent, soit par jalousie,
» comme tu dis, soit pour quelque autre motif». Il est donc à peu près
certain que la loi contre les incrédules, sinon dans sa lettre, du moins
dans son esprit, n'était dirigée que contre les cas extrêmes, c'est-à-
dire contre les individus qui, par leur propagande antireligieuse, mettaient sérieusement en péril l'existence de la religion d'Etat [1].

La loi athénienne contre les athées ne peut donc faire penser à
une inquisition religieuse au sens propre du mot, et les rares procès
auxquels elle donna lieu, envisagés sous leur vrai jour, éveillent encore
moins cette idée. Les Athéniens, en effet, n'ont jamais voulu faire une
enquête sur les convictions intimes de chaque citoyen. Malgré la loi
contre l'athéisme, la liberté de conscience existait *en fait* jusqu'à un
certain point : l'Etat ne forçait personne à faire profession de foi, ni
à déclarer sous quels aspects on se figurait les divinités. En pratique,
chacun était libre de croire ce qu'il voulait, à la condition qu'il n'exté-
riorisât pas d'une façon dangereuse pour le culte ses opinions impies.
Et encore fallait-il, pour qu'il fût inquiété, qu'un particulier prît
l'initiative de l'accusation.

Nous sommes donc bien loin de l'Inquisition du Moyen-Age ou
de l'époque moderne. Rien d'ailleurs ne rappelle cette institution :
l'archonte-roi, quoi qu'en dise Renan, n'était pas un inquisiteur,
puisque son rôle se bornait à recevoir les accusations ; nul organisme
n'était chargé de rechercher les incrédules ; enfin l'antiquité grecque
ne nous a pas laissé le souvenir de tortures qu'on aurait infligées aux
hérétiques pour leur arracher un aveu ou une apostasie de leurs
croyances coupables.

**4. Athènes seule a-t-elle connu les procès d'impiété contre
les philosophes ?** — Il est très probable qu'Athènes a été la seule
des villes grecques qui ait condamné des philosophes pour leurs
doctrines impies. Il est étrange, en effet, de constater que ceux qui, à
Athènes, encouraient les sanctions de la justice et étaient chargés
de la réprobation générale, trouvaient ailleurs un accueil favorable.

---

[1] Nous ne connaissons, comme procès dirigés contre la liberté de pensée en
matière religieuse, que les actions intentées aux philosophes qui, puisqu'ils
enseignaient, devaient être considérés comme propagandistes.

Anaxagore se réfugia à Lampsaque et y vécut quatre ans entouré du plus grand respect et comblé des marques de la plus profonde admiration. Diagoras trouva dans les Pelléniens de fidèles protecteurs. Aristote mourut en paix à Chalcis. Théodore l'Athée fut l'objet, à la cour des Ptolémée d'Egypte, de Lysimaque et de Magas, de brillantes faveurs.

Pas un seul texte ne nous parle d'un procès intenté à un philosophe en dehors d'Athènes. Sans doute, alors que nous connaissons l'histoire de cette ville parfois dans ses détails les plus menus, nous en sommes souvent réduits à confesser notre ignorance sur l'activité des autres cités helléniques. Mais il serait surprenant que la tradition, assez fidèle à nous raconter les événements marquants de la vie des hommes de quelque importance, ne nous eût conservé le souvenir d'aucune des actions intentées aux philosophes pour leurs doctrines antireligieuses, en dehors d'Athènes.

Certains Etats aristocratiques (¹) cependant se sont montrés en quelque sorte plus sévères qu'Athènes, allant même jusqu'à bannir complètement de leur territoire la philosophie et la rhétorique, coupant ainsi le mal à sa racine.

L'attitude de Sparte, à cet égard, est bien connue. Un texte de Platon (²) nous permet d'inférer qu'il existait dans cette ville et en Crète, notamment à Cnossos, une véritable censure qui ne laissait entrer aucun ouvrage relatif aux dieux. Ces états aristocratiques étaient d'ailleurs peu hospitaliers aux spéculations philosophiques, et la rigueur même de ces mesures, en éloignant définitivement les penseurs, supprima ainsi toute occasion de procès.

A Athènes, la situation était tout à fait différente. Pendant longtemps elle resta complètement en dehors du mouvement philosophique. Mais vers le milieu du Ve siècle, grâce au rôle glorieux qu'elle joua dans la lutte contre les Perses et à la brillante personnalité de

---

(¹) ATHÉNÉE, XIII, 611 a : εἰκότως οὖν πολλαὶ τῶν πόλεων καὶ μάλιστα ἡ Λακεδαιμονίων, ὡς Χαμαιλέων φησὶν ἐν τῷ περὶ Σιμωνίδου, οὐ προσίενται οὔτε ⟨φιλοσοφίαν οὔτε⟩ ῥητορικὴν διὰ τὰς ἐν τοῖς λόγοις ὑμῶν φιλοτιμίας καὶ ἔριδας καὶ τοὺς ἀκαίρους ἐλέγχους. Cf. JOSÈPHE, contra App., II, 36 ; PLATON, Protag., 342 a d ; Hipp. maj., 283 b sq.

(²) Platon fait dire dans les Lois (X, 886 b) à l'Athénien qui s'adresse à ses deux interlocuteurs, l'un de Sparte, l'autre de Cnossos : εἰσὶν ἡμῖν ἐν γράμμασιν λόγοι κείμενοι οἱ παρ' ὑμῖν οὐκ εἰσὶν δι' ἀρετὴν πολιτείας, οἱ δὲ καὶ ἄνευ μέτρων λέγοντες περὶ θεῶν.

Périclès, elle fut tout à coup élevée au rang de capitale intellectuelle de la Grèce. Les hommes de science, les philosophes, les sophistes, affluèrent alors de tous les points du monde grec vers la « Ville lumière » qui exerçait sur eux une attraction irrésistible. Devenue le centre d'éditions le plus important, elle offrait les plus grandes facilités d'étude et était le rendez-vous obligé de tous les penseurs, mais aussi elle était la ville la plus exposée aux conséquences néfastes de leurs théories au point de vue religieux et moral. Se sentant véritablement menacée dans sa religion et ses mœurs ancestrales, rien d'étonnant dès lors, qu'elle prît, contre les étrangers surtout, des mesures de protection qu'ailleurs la situation ne réclamait pas aussi impérieusement.

5. **Athènes a-t-elle été intolérante ?** — On a parfois adressé à Athènes le reproche d'intolérance. Il est difficile d'adopter à cet égard une attitude catégorique.

Certes Athènes encourra toujours la lourde responsabilité de la mort de Socrate. Mais en dehors de ce cas et de celui de Diagoras, nous n'avons à enregistrer aucune sanction excessive. Le nombre des procès est d'ailleurs restreint et, comme nous l'avons dit, beaucoup de gens auraient pu être condamnés pour impiété, si la loi avait été appliquée à la lettre. Seuls les propagandistes antireligieux ont été sérieusement menacés. On ne voit pas non plus que les procès religieux aient entravé l'essor de la pensée philosophique et scientifique. Le grief d'impiété formulé à charge des études astronomiques, après Anaxagore, ne reparut qu'une seule fois, dans le procès de Socrate.

Platon nous assure avec une certaine fierté qu'Athènes, « le Prytanée de la sagesse », était la ville où l'on jouissait de la plus grande liberté de parole. Ceci est vrai par comparaison avec l'attitude de certains Etats aristocratiques à l'égard des philosophes ; mais les procès d'impiété nous obligent à ne reconnaître aux Athéniens qu'une tolérance relative.

Cet heureux état d'esprit, que pour la gloire d'Athènes on désirerait encore plus accentué, s'explique parfaitement par le caractère de

---

(¹) PLATON, *Gorg.*, 461 e : ... Ἀθήναζε... οὗ τῆς Ἑλλάδος πλείστη, ἐστίν ἐξουσία τοῦ λέγειν; *Leges*, I, 641 e : πόλις φιλόλογός τε καὶ πολύλογος. Cf. *Prot.*, 337 d.

la religion grecque dépourvue de tout prosélytisme et surtout d'un clergé organisé. S'il y avait eu à Athènes un clergé à qui l'Etat aurait reconnu le droit de rechercher et de punir les impies, peut-être alors aurions-nous à regretter plus d'excès. L'absence d'autorité religieuse a empêché Athènes de tomber dans la véritable intolérance. En somme on pourrait caractériser son attitude à l'égard des penseurs, par cette formule : pendant un siècle et demi, les lois d'Athènes ont certes été rigoureuses pour la liberté d'exprimer et de répandre ses opinions religieuses, mais en fait, par suite du désintéressement ou de la tolérance relative du public, elles ont été plutôt rarement appliquées.

TABLE DES MATIÈRES

	Pages
Préface	7
Introduction	9

Chapitre I. — LE PROCÈS D'ANAXAGORE

1. Son arrivée à Athènes	13
2. Sa liaison avec Périclès	13
3. Hostilité de la masse	14
4. Rancunes personnelles	16
5. La situation politique	17
6. Procès intentés aux personnes de l'entourage de Périclès	18
7. Diopeithès et son décret	19
8. L'accusation	24
9. Les accusateurs	30
10. La date du procès	30
11. L'issue du procès	38
12. Conclusion	41

Appendice

Diogène d'Apollonie aurait failli être accusé d'impiété	42

Chapitre II. — LE PROCÈS DE PROTAGORAS

1. Protagoras et la religion	45
2. Son livre « περὶ θεῶν »	46
3. Protagoras s'occupait peut-être d'astronomie et de météorologie	48
4. Les accusateurs	48
5. La date du procès	51
6. L'issue du procès	54

Appendice

Le prétendu procès de Prodicos	56

Chapitre III. — LE PROCÈS DE DIAGORAS

1. Diagoras poète et philosophe 57
2. Diagoras à Mantinée et à Athènes 63
3. Les crimes impies de Diagoras 64
4. Sa tête est mise à prix 65
5. La date du procès 66

Chapitre IV. — LE PROCÈS DE SOCRATE

1. Le problème des sources 71
2. Socrate et les *Nuées* 73
3. Socrate et la religion 94
4. Socrate et la politique 111

Chapitre V. — LE PROCÈS DE SOCRATE (*suite*)

1. Les accusateurs 123
2. Causes de l'accusation 132
3. L'accusation 139
4. Les discours des accusateurs 147
5. La défense de Socrate 157
6. Le verdict 170
7. Conclusion 175

Chapitre VI. — LES PROCÈS DE DÉMADE ET D'ARISTOTE

1. Le décret de Démade 185
2. Démade condamné à une amende 187
3. Aristote suspect de sentiments promacédoniens 188
4. Aristote et Hermias 189
5. Les accusateurs 190
6. L'accusation 190
7. Les bases juridiques des accusations de Démade et d'Aristote 193
8. Fuite d'Aristote à Chalcis 193
9. Dates du procès et de la mort d'Aristote 194
10. Une apologie apocryphe 197

Chapitre VII. — LES DERNIERS PROCÈS INTENTÉS A DES PHILOSOPHES

I. — *Le Procès de Théophraste*

1. L'accusateur 199
2. Causes du procès 199
3. Le procès 201
4. La date du procès 201

II. — *Le Procès de Stilpon*

1. Célébrité de Stilpon 202
2. Son attitude vis-à-vis de la religion 202
3. Son procès 204
4. Date du procès 205

III. — *Le Procès de Théodore*

1. Il est expulsé de sa patrie 206
2. Sa morale scandaleuse 206
3. Son attitude envers la religion 207
4. Le procès... 210
5. Les causes du procès. La loi de Sophocle 213

IV. — *Fin des Procès d'Impiété intentés aux Philosophes*

CHAPITRE VIII. — LA PROCÉDURE EMPLOYÉE DANS LES PROCÈS D'IMPIÉTÉ

1. Les lois contre les impies 217
2. Les différentes formes d'accusation 236
3. Le tribunal compétent 242
4. Les peines 244
5. Sanctions contre l'accusateur téméraire 244

CHAPITRE IX. — CONCLUSIONS

1. Comment les historiens modernes ont expliqué les procès d'impiété.. 247
2. Les projets de législation contre l'impiété des théoriciens de la politique. 248
3. Essai d'explication des procès d'impiété 254
    a) Pourquoi l'Etat poursuivait les impies 254
    b) Le rôle des passions politiques et religieuses 258
    c) Y a-t-il eu une sorte d'inquisition ? 262
4. Athènes seule a-t-elle connu les procès d'impiété contre les philosophes ? 264
5. Athènes a-t-elle été intolérante ? 266

TABLE DES MATIÈRES 269

HISTORY OF IDEAS
IN
ANCIENT GREECE

An Arno Press Collection

Albertelli, Pilo. **Gli Eleati:** Testimonianze E Frammenti. 1939

Allman, George Johnston. **Greek Geometry From Thales To Euclid.** 1889

Apelt, Otto. **Platonische Aufsätze.** 1912

Aristotle. **Aristotle De Anima.** With Translation, Introduction and Notes by R[obert] D[rew] Hicks. 1907

Aristotle. **Aristotle's Psychology.** With Introduction and Notes by Edwin Wallace. 1882

Aristotle. **The Politics of Aristotle.** A Revised Text With Introduction, Analysis and Commentary by Franz Susemihl and R[obert] D[rew] Hicks. 1894. Books I-V

Arnim, Hans [Friedrich August von]. **Platos Jugenddialoge Und Die Entstehungszeit Des Phaidros.** 1914

Arpe, Curt. **Das** $\tau\iota\ \tilde{\eta}\nu\ \epsilon\tilde{\iota}\nu\alpha\iota$ **Bei Aristoteles** and Hambruch, Ernst, **Logische Regeln Der Platonischen Schule In Der Aristotelischen Topik.** 1938/1904. Two vols. in one

Beauchet, Ludovic. **Histoire Du Droit Privé De La République Athénienne.** 1897. Four vols.

Boeckh, Augustus. **The Public Economy of Athens.** 1842

Daremberg, Ch[arles]. **La Médecine:** Histoire Et Doctrines. 1865

Dareste, Rodolphe [de la Chavanne]. **La Science Du Droit En Grèce:** Platon, Aristote, Théophraste. 1893

Derenne, Eudore. **Les Procès D'Impiété Intentés Aux Philosophes A Athènes Au Vme Et Au IVme Siècles Avant J. C.** 1930

Diès, A[uguste]. **Autour De Platon:** Essais De Critique Et D'Histoire. 1927

Dittmar, Heinrich. **Aischines Von Sphettos:** Studien Zur Literaturgeschichte Der Sokratiker. 1912

Dugas, L[udovic]. **L'Amitié Antique D'Après Les Moeurs Populaires Et Les Théories Des Philosophes.** 1894

Fredrich, Carl. **Hippokratische Untersuchungen.** 1899

Freeman, Kathleen. **The Work And Life Of Solon,** With A Translation Of His Poems. 1926

Frisch, Hartvig. **The Constitution Of The Athenians.** 1942

Frisch, Hartvig. **Might And Right In Antiquity.** "Dike" I: From Homer To The Persian Wars. 1949

Frutiger, Perceval. **Les Mythes De Platon:** Étude Philosophique Et Littéraire. 1930

Heidel, William Arthur. **The Frame Of The Ancient Greek Maps.** 1937

Heidel, W[illiam] A[rthur]. **Plato's Euthyphro,** With Introduction and Notes and **Pseudo-Platonica.** [1902]/1896. Two vols. in one

Hermann, Karl Fr[iedrich]. **Geschichte Und System Der Platonischen Philosophie.** 1839. Part One all published

Hirzel, Rudolf. **Die Person:** Begriff Und Name Derselben Im Altertum and Uxkull-Gyllenband, Woldemar Graf, **Griechische Kultur-Entstehungslehren.** 1914/1924. Two vols. in one

Kleingünther, Adolf. ΠΡΩΤΟΣ ΕΥΡΕΤΗΣ : Untersuchungen Zur Geschichte Einer Fragestellung. 1933

Krohn, A[ugust A.] **Der Platonische Staat.** 1876

Mahaffy, J. P. **Greek Life And Thought From The Age Of Alexander To The Roman Conquest.** 1887

Martin, Th[omas] Henri. **Études Sur Le Timée De Platon.** 1841. Two vols. in one

Martin, Th[omas] H[enri]. **Mémoire Sur Les Hypothèses Astronomiques.** 1879/1881. Three parts in one

Milhaud, Gaston. **Les Philosophes-Géomètres De La Grèce.** 1900

Morrow, Glenn R. **Plato's Law Of Slavery In Its Relation To Greek Law.** 1939

Plato. **The Hippias Major Attributed To Plato.** With Introductory Essay and Commentary by Dorothy Tarrant. 1928

Plato. **The Laws Of Plato.** The Text Edited With Introduction and Notes by E. B. England. 1921. Two vols.

Saunders, Trevor J. **Bibliography On Plato's Laws, 1920-1970:** With Additional Citations Through May, 1975. 1975

Plato. **The Platonic Epistles.** Translated With Introduction and Notes by J. Harward. 1932

Raeder, Hans. **Platons Philosophische Entwickelung.** 1905

Ritter, Constantin. **Neue Untersuchungen Über Platon.** 1910

Ritter, Constantin. **Platon:** Sein Leben, Seine Schriften, Seine Lehre. 1910/1923. Two vols.

Sachs, Eva. **Die Fünf Platonischen Körper.** 1917

Schwartz, Eduard. **Ethik Der Griechen.** 1951

Shute, Richard. **On The History Of The Process By Which The Aristotelian Writings Arrived At Their Present Form.** 1888

Snell, Bruno. **Die Ausdrücke Für Den Begriff Des Wissens In Der Vorplatonischen Philosophie.** 1924

Tannery, Paul. **La Géométrie Grecque.** 1887

Tannery, Paul. **Recherches Sur L'Histoire De L'Astronomie Ancienne.** 1893

Taylor, A. E. **Philosophical Studies.** 1934

Wallace, Edwin, compiler. **Outlines Of The Philosophy Of Aristotle.** 1894

Zeller, Eduard. **Platonische Studien.** 1839

Zeno And The Discovery Of Incommensurables In Greek Mathematics. 1975